U0510506

名誉主编◎范　曾
主　　编◎彭修银

民族美学

（第6辑）

中国社会科学出版社

图书在版编目(CIP)数据

民族美学. 第 6 辑/彭修银主编. —北京：中国社会科学出版社，
2023.12
ISBN 978 - 7 - 5227 - 2743 - 1

Ⅰ.①民… Ⅱ.①彭… Ⅲ.①少数民族—美学—研究—中国
Ⅳ.①B83

中国国家版本馆 CIP 数据核字(2023)第 218057 号

出 版 人	赵剑英	
选题策划	郭晓鸿	
责任编辑	梁世超	
责任校对	刘　娟	
责任印制	戴　宽	

出　　版	中国社会科学出版社	
社　　址	北京鼓楼西大街甲 158 号	
邮　　编	100720	
网　　址	http://www.csspw.cn	
发 行 部	010 - 84083685	
门 市 部	010 - 84029450	
经　　销	新华书店及其他书店	

印　　刷	北京明恒达印务有限公司	
装　　订	廊坊市广阳区广增装订厂	
版　　次	2023 年 12 月第 1 版	
印　　次	2023 年 12 月第 1 次印刷	

开　　本	710×1000　1/16	
印　　张	24.75	
插　　页	2	
字　　数	345 千字	
定　　价	139.00 元	

凡购买中国社会科学出版社图书，如有质量问题请与本社营销中心联系调换
电话：010 - 84083683

前　言

本辑为国家艺术基金"南方少数民族民间艺术评论人才培养项目"的结项成果之一。项目学员通过 38 天的集中学习、采风和调研，在充分交流和研讨的基础上形成了本辑的主要内容。

一　回应现实关切

南方少数民族民间艺术是我国南方民族（如畲族、瑶族、苗族、侗族、土家族等）在适应、改造自然环境过程中形成的特有文化现象，带有强烈的地域特征，表现为工艺品制作、绘画、音乐、舞蹈、戏曲等艺术形态。我国美学界和艺术理论界，长期以来对南方少数民族民间艺术理论研究的力度不够，而且能够从事南方少数民族民间艺术理论研究和评论的人才严重缺失，从而导致了艺术展演与理论研究、艺术创作与鉴赏批评之间的"断裂"和"脱节"。

国家艺术基金"南方少数民族民间艺术评论人才培养项目"致力于培养从事南方少数民族民间艺术评论的人才。"求木之长者，必固其根本；欲流之远者，必浚其泉源"。经过采风和实践调研后形成的本辑成果对少数民族民歌生态意识、叙事风格等进行了进一步溯源，如《论土家族民歌中的生态意识》《长阳南曲"雅趣之美"探源及其在当代的心灵重塑意义》《众声喧哗：对〈龙船调〉历史溯源的再思考》《"长在山水间，飘在云朵上"的利川土家民歌》，为进一步深入研究少数民族民间艺术特色打下了坚实的基础。

项目结合人类学田野调查，深入南方少数民族地区进行采风调研，收集"第一手"的活态性民族民间艺术资料，在挖掘和整理资料的基础上，对其进行学理性的分析和淬炼。如《鄂西南土家族乐舞文化田野考察报告——以利川灯歌和"肉连响"为例》《传统与当代的互文——以通道侗族大戊梁歌会、传承人口述史考察为例》《石柱县土家族舞蹈"玩牛"田野调查与研究》《评榕江县乐里镇的斗牛文化》《兼具竞技与艺术价值的赤水独竹漂》等文章，为进一步发掘和研究少数民族民间艺术提供了宝贵的第一手材料。

采风之前，项目希望能以评论带动创作，整合现有的艺术资料并将其创作为既有"方言性"又独具学理价值和审美意涵的艺术作品。在研究和评论的基础上，生产出更多群众喜闻乐见的民族民间艺术作品，以丰富少数民族艺术的创作内容。不少研究者在采风时发现，少数民族民间艺术在传承与创新、传播与发展中存在诸多困难，项目成果中如《利川灯歌中的生活美学及其现实意义》《从农耕言说到身份认同：少数民族艺术传播的空间转向》《混融与嬗变：从"肉连响"管窥土家族民间艺术互动变迁》《民族民间因素与现代艺术形塑——以"贵州美术现象"中的现代性问题为中心》《传承人眼里"灯"的流变——以非遗〈利川灯歌〉为例》等文章对其进行了有益的思考，并提出了相应的对策，从而促进南方少数民族民间艺术的发展和传承。

二　传播审美文化

南方少数民族更多地呈现为一种"多元杂糅"且"共生互补"的文化气质，其艺术作品兼具自娱、实用的双重功能，既反映了民族心理特质，也体现民族血脉传承。少数民族民间文学中的优秀作品，不断地在追求真善美的永恒价值。而艺术的最高境界就是让人动心，让人们的灵魂接受洗礼，让人们发现自然的美、生活的美、心灵的美。

长阳南曲的"雅趣之美"、利川灯歌中的生活美学、土家民歌的气质之美等，无不展示出少数民族崇尚自由与爱情、向往纯真与朴素的浪漫情怀，彰显出自然美与野性美，表达了达观无忧的生活观，凸显了人民性与民族性的高度统一，表现出强烈的使命感与家国情怀。

《身体在场与空间认同——以傩戏为中心的民族审美探源》《论电影作品中恩施土家族民间艺术的审美张力》《鄂西土家族丧仪舞蹈的审美阐述》《傩戏与能剧鬼神面具的民间情怀》《侗族太阳纹的形成及其审美特征探析》等文章，不断总结和提炼少数民族民间艺术作品中传递的真善美，传递了向上向善的价值观，积极引导人们增强道德判断力和道德荣誉感，引导他们去追求一种讲道德、尊道德、守道德的生活。

《混融与嬗变：从"肉连响"管窥土家族民间艺术互动变迁》《"工艺之道"——兼论南方少数民族民间工艺美学观》《变与不变：三江侗族农民画的走向与思考》《湘西苗族鼓舞历史记忆的延伸与评析》《传统与当代的互文——以通道侗族大戊梁歌会、传承人口述史考察为例》等文章，结合新的时代条件，对传承和弘扬中华优秀传统文化、传承和弘扬中华美学精神进行了探索思考。

中华美学讲求托物言志、寓理于情，讲求言简意赅、凝练节制，讲求形神兼备、意境深远，强调知、情、意、行相统一。习近平总书记要求，"要以马克思主义文艺理论为指导，继承创新中国古代文艺批评理论优秀遗产，批判借鉴现代西方文艺理论，打磨好批评这把'利器'，把好文艺批评的方向盘，运用历史的、人民的、艺术的、美学的观点评判和鉴赏作品"。《长阳南曲"雅趣之美"探源及其在当代的心灵重塑意义》以《文心雕龙》"六观说"为视角探究其为何呈现"雅趣"，通过观其位体、事义、置辞、宫商、奇正、通变，分析这种艺术形式中所蕴含的美学特质。《论土家族民歌中的生态意识》《"工艺之道"——兼论南方少数民族民间工艺美学观》等文章则坚守中华文化立场、传承中华文化基因，展现中华审美风范。

本辑作为国家艺术基金"南方少数民族民间艺术评论人才培养项目"成果，研究方向集中，研究角度各异。仅赴利川采风期间，学员就撰写了9篇相关文章，理论探讨与实践创新相结合。在仅月余之教学中，学员在新领域思考选题，并形诸笔墨实属不易，但经诸学者教学之启发，学员交流之互动，采风身临之实感，学员对南方少数民族民间艺术感触颇深，均以高质量完成任务。

文有史论结合者，旁征博引，论证严密；亦有美学探讨者，分门别类，纲举而目张；更有田野调查者，记录口述，挖掘传承；还有工艺探索者，溯源而追流，怀古而创新。但这月余之作，亦偶有资料收集不全、论证阐述推理不够、个别问题思考探寻不深等遗留之憾，现将学员学习成果结集汇编，以供专家学者批评指正。

目　录

1

工艺之道

语言之美

论土家族民歌中的生态意识

罗素平

（浙江万里学院）

［摘要］民间文学是民众自发创作、自由传播的文学，其中蕴含了丰富的生态审美意识。土家族民歌在自然中孕育，在自然中成长，在自然中传播，体现了人与自然、人与人的和谐共存，具有鲜明的生态审美意识，具体表现在"薅草锣鼓"中体现的"万物有灵"观、"十二月体"小调中蕴含的"四时有序"论和"土家族丧鼓歌"中表达的"生命有常"的生死观这三个方面。

［关键词］土家族；民歌；生态意识

土家族主要分布在武陵山区，那里地势险要，长期以来与世隔绝，很少受到外面文明的影响，基本上处于原始社会和农业文明时代。农业文明主要依靠大自然本身的力量来维持人类的生存，极度依赖自然，所以，人与自然的接触较为密切："对自然现象的精心观察，对自然规律的细心体察和描述，成为生产生活之必需，并蔓延渗透到其他一切领域，当然包括文学艺术领域之中。"① 民歌作为俗文学的一种，也受到了影响。土家族聚

---

① 彭修银：《东方美学》，人民出版社 2008 年版，第 92 页。

居地内拥有森林、瀑布、河流，还有悬崖、溶洞、天坑、峡谷、盆地、台地、坡地等地形。峰峦密布、河谷交错的地理为土家族人民提供了山清水秀的生态环境。"靠山吃山，靠水吃水"，人们在享受自然美的同时，还必须克服自然环境障碍以创造更有利的生活环境，处理好"天地人神"间的各种关系。海德格尔以哲学家的视角阐述了这种关系："那被命名因此被呼唤之物，自身聚集为天空、大地、短暂者和神圣者。这四者原初统一于相互存在之中，在四元之中。物使四者的四元在自身中居住。这种聚集、集合，让居住乃是物的物化。天空、大地、短暂者和神圣者的统一的四元，居于物的物化之中，我们称之为世界。"① 而土家人则用歌谣的方式来诠释生态美。在土家族的民歌中，处处体现着人类对自然的赞美和尊重、对人与自然和谐关系的精心维护。土家族民歌几乎离不开山、水、花、草、树木、鸟兽、瓜果等自然物，以及日月星辰、云雨风雷等自然现象，在自然中孕育，在自然中成长，在自然中传播。

根据歌谣表达的内容，土家族民歌可分为仪式歌、劳动歌、情歌、生活歌、游戏歌等类型。这些歌谣表达了土家族人民对人与自然、人与人、人与社会的诸种关系的理解，其核心就是和谐。对世世代代与山水打交道的普通民众而言，他们无法用高深理论来表达自己的观点，只有通过自己的朴实理解、用熟悉而又简单的言语去歌唱，歌唱"天地人神四元"赋予他们的生存财富和环境，并心存崇拜与爱护。具体体现在"薅草锣鼓"中体现的"万物有灵"观、"十二月体"小调中蕴含的"四时有序"论和"土家族丧鼓歌"中表达的"生命有常"的生死观这三个方面。

一 万物有灵——薅草锣鼓歌中的生态意识

在土家族人民的劳动生活中，每逢农作物长势旺盛的夏季，为了帮助

---

① 〔德〕M. 海德格尔：《诗·语言·思》，彭富春译，文化艺术出版社 1991 年版，第 174 页。

农作物的有效生长，人们大多会以村寨为单位，在住户间举行相互帮忙的耘草活动。每逢此时，主东都会请擅长歌乐鼓舞的歌师，站在耘草的田间垄坎击鼓叫歌，土家人称这种文化事象为"薅草锣鼓"。薅草锣鼓的题材非常广泛和丰富，所涉内容包括历史人物、传奇故事、农业知识等，其中占比最大的题材，为歌师鼓郎"见子打子"即兴编创的家长里短、男女情爱、乡野风情等。

过去已有许多文化人类学者对薅草锣鼓进行过艺术文化事象、劳作文化事象方面的论述，但仅限于劳动仪式的简单描摹或音响的音乐本体介绍。其实，土家族"薅草锣鼓"的功能，绝不限于既往诸多学者所谓的实现劳动节奏的统一协调或供劳动者解疲消乏，这些只是"薅草锣鼓"的局部效用。土家族"薅草锣鼓"歌蕴含的真谛，在于土家人基于万物有灵、人与自然万物生命价值完全平等观念基础上的人与自然交感互渗的象征意义，以及以此为基础的、歌乐娱神以求神灵护佑庄稼并助产增收的生命观念。

（一）锣鼓仪式歌中的生态意识

自然崇拜是人类信仰文化中一种极为普遍的现象，它建立于"万物有灵"的观念基础上。原始人类相信自然界的一切事物都具有灵魂，而这些"精灵影响并控制着物质世界中的事件和人的现世生活和来世生活，而且精灵保持着与人的接触，并且会对人的行动感到高兴或不高兴"①，从而对人的行为施与奖赏或惩罚。在这种观念的驱使下，人们往往将在生活中所遇到的种种灾难或疾病归因于对自然神灵的触犯，而将五谷丰登、六畜兴旺、平安健康等视为自然神灵的恩赐，并且在遇到灾害或疾病之时，对自然神灵进行祭祀或祈祷。久而久之，便逐渐形成了普遍的自然崇拜现象。

---

① ［美］泰勒：《原始文化》，转引自《20世纪西方宗教人类学文选》上册，上海三联书店1995年版，第24页。

土家族人民由于受到"万物有灵"观的影响，认为自然界的所有事物，都是具有生命的。在他们眼里，整个自然界都变成了一个活生生的、有血有肉的、充满生命意识的世界。土家族人民认为，既然人类自身是有灵魂的生命实体，那么自然万物也都是有灵魂的生命实体，各种自然现象也都是有灵魂的生命实体活动的结果。所以他们要"以己度物"，以对待人类的方式来对待自然界。这种思维，在薅草锣鼓中有很好的体现。

土家人认为山有山神，河有河仙，即便是一草一木，也都各自有精魂在体。因此，他们薅草农事中的一项重要议程，就是迎送礼敬天神、地灵、山神、岩仙、草精、树灵以及飞禽走兽之灵八方诸神。他们根据各类农事共同的丰收愿景，推己及神，相信所有神灵都与自己一样，讲究诚信，信奉礼法，只要自己诚心礼敬，不论是农事活动过程中的人身安全，还是农事活动后的庄稼长势，乃至丰收年景的预期和希望，都会得到天地万灵、八方诸神的佑护。

如湖北利川市民间歌谣选集中的《请神》歌中所唱：

请神先请哪方神？水有源头树有根。一请东方甲乙木，木高万丈土中生；二请南方丙丁火，火在炉中烧红云；三请西方庚辛金，金银财宝滚进门；四请北方壬癸水，天门走来天门行。大哥跪在灵霄殿，玉帝面前讨封赠。玉帝见他神通大，封为天门土地神。他在天门为土地，风调雨顺国太平。二哥打马地府去，地府走来地府行。双膝跪在阎王殿，阎王面前讨封赠。阎王见他神通大，水能润土万物生。五请中央戊己土，土公土婆养万民。……三哥打马桥梁去，桥头走来桥尾行。双膝跪在龙王前，龙王面前讨封赠。龙王见他神通大，封为桥梁土地神，保佑来往过桥人。四哥打马长街去，街前走来街后行。双膝跪在城隍庙，城隍庙前讨封赠。城隍见他神通大，封为街坊土地神。他到街坊为土地，生意兴隆很公平。只有五弟年纪小，不会骑马和腾云。手拿龙头铁拐杖，山前走来山后行。双膝跪在龙王庙，龙王面前讨封赠。龙王见他神通大，封为山林土地神。他在山林为土地，保佑禾苗往上升。五月端阳去敬他，九月重阳上天庭。①

薅草锣鼓中包含了请神、敬神、送神、驱邪、禳灾等程式，具体场景中的歌词也各有不同。有的不点神名、笼统地请神遣凶，有的请金木水火土五方神，有的请孙行者、二郎神、杨六郎、七仙女、观世音、土地神等。土家人相信天地有神灵、八方有精怪，才会在农事薅草类活动中专用金鼓铜锣礼请迎送。所有这一切，都是万物有灵论的具体呈现，归根结底，他们认为"人与外界自然事物没有分开，人同外界事物同等，处于同一层面上"②。在这种"万物有灵"观的影响下，土家人将世界万物与自己类比，推己及物，形成了一种根深蒂固、传承至今的"万物同情"观，并认为世界除了人类拥有灵魂，其他外部万物也具有生生不灭的灵魂，所有的灵魂都具有平等的地位和权利，人类的活动可能对其他万物的生存造成了本不应有的干扰，人类应对自己的行为担负起责任。所以，"我"与"人"的态度自始至终都应该具备相互谦让、互相尊重的主体间性，人与神之间的关系则应该是人敬神、神佑人，从而形成人事结果与神灵意愿互为因果的关系。

土家人认为"我"和大千世界中万事万物的关系，也是一种彼此融洽、协调、平等的和谐关系。为了族群的繁衍发展，他们必须在山地河谷间烧畲播种、耕耘收获，这样必然会打扰天地山川历日旷久的宁静。有了万物同情的理念，就有推己及人的行为，于是，为了感谢天地万灵、八方诸神对于自身劳动目的的理解，土家人在田地农事活动中采取上香挂红的

---

① 黄汝家主编：《利川市民间故事集》，湖北人民出版社2008年版，第28页。
② 邱紫华：《东方美学史》（上），商务印书馆2003年版，第48页。

方式，对神灵们恭敬有加地礼请迎送，对他们的厚爱和护佑表达感激。一言蔽之，土家人的"薅草锣鼓"及农事前后的请神送神活动，实际上就是他们传承千年未改的"万物有灵"观，乃至万物同情、生命一体化的体现。

（二）通灵锣鼓歌中的生态意识

土家族薅草锣鼓类民歌除了与日常劳动生活息息相关，更能折射出土家人对外部客观世界的感受、认知、理解、掌控、塑造、更新等理念。迄今为止，土家族还留存着的许多原始思维印记，例如万物有灵观、万物同情观，以及由此而来的感情互渗现象。其中的一个主要表现形式，就是土家族薅草锣鼓类民歌中人与农作物神灵之间的感情互渗现象。

在土家人心目中，万物皆有神灵，万物皆能同情，因此，万物之间可以进行感情信息的交流沟通，同样地，人与万物之间也可以进行感情信息的交流沟通。不管怎样的交流沟通形式，都需要借助一定的介质、途径和方式。薅草锣鼓就是他们在日常农事劳动生活中选择的、与各类农作物神灵进行沟通交流的介质、途径和方式。

为了使自己礼敬的各类农作物神灵愉悦舒畅，土家人的薅草锣鼓中也有与农作物神灵直接对话的内容，如在湖北恩施土家族苗族自治州建始县有一首名为《绿皮烟袋五寸杆儿》的薅草锣鼓歌词：

绿皮烟袋五寸杆儿，红胡子苞谷真大胆儿，扯住奴的衣，拉住奴的脚，稀里哗啦，稀里哗啦，听我把话说。绿皮烟袋五寸杆儿，白胡子苞谷真大胆儿，抬起你的头，架起你的式，稀里哗啦，稀里哗啦，打你土疙瘩。

这首薅草锣鼓中的"绿皮烟袋五寸杆儿"，实际上是一个比喻，用烟袋比苞谷棒子；"红胡子""白胡子"，说的是苞谷开花并授粉的各色玉米须；"扯住奴的衣，拉住奴的脚""抬起你的头，架起你的式"，将苞谷拟人，使其在薅草过程中与人体劳作肢体的摩擦变成一种交流沟通方式；将山风吹拂下"稀里哗啦"的响声，当成苞谷回应作答的内容；"听我把话说"，是与苞谷的直接对话；"打你土疙瘩"，意思是说"用土把你盖好"，以保证苞谷对肥料营养的吸收效果。可见，这首薅草锣鼓歌词展示了农人与人格化了的苞谷之间的直接对话。

　　法国人类学家列维-布留尔说："在原始人的思维的集体表象中，客体、存在物、现象能够以我们不可思议的方式同时是它们自身，又是其他什么东西。它们也以差不多同样不可思议的方式发出和接受那些在它们之外被感觉的、继续留在它们里面的神秘的力量、能力、性质、作用。"① 土家人与人格化了的苞谷等农作物的对话，并非真正人与物的对话，因为物不会发出具体的话语，即便有"稀里哗啦"类的声响，也并不具备具体的语义。因此，这实际上是人类与农作物神灵之间的对话，这种对话是土家人对农作物茁壮成长以求年岁丰收等美好愿景的具体表达，其话语的根本出发点受到了"万物有灵"观的影响。

　　由此可见，土家族的薅草锣鼓歌词内容得以产生的思想，依然不能超出"万物有灵观""万物同情观"的范畴，"正因为万物有灵，万物生命的一体化，万物都有拟人性的'同情观'，原始神话、传说在表述事物之间的关系时就必然采用象征的方式、拟人化的比兴手法"②。土家族将这种万物有灵且万物同情的理念深植于心，他们生活在一个神鬼、仙灵、精怪充斥的世界之中，例如山神有巫山神女、盐神有盐水娘娘；另外，一年之中，有许多日子均有祭拜神明的习俗，如正月初三为"烧门神纸"日、四月初八为"嫁毛娘"日、冬月十六为"寒婆婆打柴"日、冬月十九为"太

---

① ［法］列维-布留尔：《原始思维》，丁由译，商务印书馆1981年版，第69—70页。
② 邱紫华：《东方美学史》（上），商务印书馆2004年版，第49页。

阳生辰"等等。我们可以如此作结：土家人与农作物神灵之间的对话，除了凭借农事当日是否顺利等作为收成丰歉的判定依据以外，还通过农作物长势中所显现出来的生命活力状态，来判断农作物神灵是否明白了自己用诚惶诚恐的虔心供奉传递出来的丰收愿景。

土家人从根本上认为世间万物皆有魂灵、皆通人性，而且对人类的言行举止了如指掌。一切现状，都是神鬼、仙灵、精怪对于人类平日言行举止的判罚与赏赐，可见，一切生活中的具体情状，归根结底都是人类自己造成的。土家人相信"同能致同"的万物同情原理，相信人与世间万物皆能实现情感的沟通交流，因此，土家人在薅草农事活动中，将自己对于农作物良好长势的美好希望，借助于歌师鼓郎击鼓叫歌、呼喝应答的形式，向各种农作物神灵虔诚告白并坦言丰收的期盼。所谓"凡音之起，由人心生也。人心之动，物使之然也"，土家族薅草锣鼓中的"音""声""乐"即请神、送神过程中歌乐鼓舞等具体形式；"人心"即关于农作物茁壮成长、年岁丰收的企盼之心；"使之然也"的"物"，即当下正在对其薅草、培土、施肥，长势正旺的农作物。万物有灵、万物同情的世界观，造就了土家人凭借薅草锣鼓以娱农作物神灵的初衷，促成了农作物茁壮成长并获得丰收的万物感情互渗观念。

二　四时有序："十二月体"民歌中的生态意识

"十二月体"是"定格联章"体民歌的一种，即按一年十二个月的时序将某事、某物分十二个段落作完整的描述。它的出现最早可以追溯到《诗经》中的《七月》，至明清以后传播最广，多存在于小调类民歌中，常将大众劳作的经验赋予多种审美品格，比如《十二月花名调》，便采取问答式从正月唱到腊月，既传授了自然知识，又传达了欢快活泼的情趣。

表面看来，"十二月体"民歌的功能，似乎在于以十二个月这样特殊的分节模式、把民众世代相传的生产生活知识以简单易记的形式演唱出来，进而在民众中得到更为广泛的传播。其实，它更是在加深人们对自然规律的记忆、对大自然的了解、对农业生产步骤和过程的掌握，也是中国农耕文明以及传统哲学观念的集中体现，是民众自然观和农业社会秩序构建理念的直接表述。

土家族"十二月体"民歌小调的唱词内容涉及范围很广，有描写劳作之苦的，有哭诉女子嫁到婆家受尽虐待的，有描写女子怀胎的详细过程的，有叙述人物事迹的，有描摹四季不同花草的，有刻画历史及民间传说人物的，有劝慰告诫世人的，还有讲述被抓壮丁、被迫从军之苦的，还有表现女子盼郎的。这些内容的展开都与时节、季节的变换相关联。

（一）表达自然循环往复民歌中的生态意识

土家族地区属于传统的农业经济区，尤其是小农经济占统治地位，而"小农经济的生产方式，日出而作、日落而息的生活方式决定了中国人与大自然之间的密切、和谐的'朋友'关系"①。土家族地区四季分明，而且小气候特征非常明显，有"一山有四季，十里不同天"的说法，因此掌握当地气候变化对农业生产显得尤为重要。土家族人民就利用对自然规律的认识，总结出了很多遵循规律的劳动内容，通过"十二月体"民歌小调的方式来记录和传唱。

比如《十二个月》② 唱的是从正月到腊月分别有什么花：正月茶花满园香，二月杏花开路旁，三月桃花引蜂来，四月海棠又放香，五月石榴红似火，六月荷花满池塘，七月莲蓬浮水面，八月丹桂十里香，九月初放黄金菊，十月花发春小阳，冬月百花都开罢，腊月蜡梅格外香。正月到腊月就是一个循环往复的自然时间，每年都有十二个月，每月都会开这些花。

---

① 梁一儒：《中国人审美心理研究》，山东人民出版社 2002 年版，第 428 页。
② 周立荣等编著：《土家民歌》，湖北人民出版社 2003 年版，第 123 页。

时间无声无息地向前流淌，在事物的重现中，好像流淌的时间会倒回。几十年前一年四季会开的这些花，如今每月同样会出现。还有一首类似的《十二月花名》^①分别唱出每月有什么花：正月迎春花头上戴，二月百合花满山开白，三月桃花满山开红，四月麦子花开，五月金瓜花牵藤上架，六月大鼓花，七月荞花，八月葫芦花牵藤上架，九月菊花满山开黄，十月乱草花遭霜打，冬月雪化飘世外，腊月梅花迎春七，这首民歌完全按照流动的自然时间陈列出每月具有代表性的花，无明显抒情，无叙事，只是将自然界循环出现的物象一一罗列出来，这是对自然现象也是对自然时间的记录。

比如有些是典型的、反映一年四季各类农事活动的歌谣："正月雨水栽树子，二月春分割苕子。三月谷雨撒谷子，四月小满栽秧子。五月锄草草帽子，六月处暑干田子。七月立秋打谷子，八月秋分点菜子。九月交粮背谷子，十月立冬种麦子。冬月耕田草链子，腊月管好菜子和麦子。"^②歌谣规定了一年四季每一个节气，人们应该干的农活。自然界中生存的动植物，都有一定的季节性活动规律，都有相应的节气相适应，土家人对这些物候现象的总结，有力地指导了生产活动。

实际上，节气的观念在中国先秦时期就已形成，这是一种根据太阳运行周期确立起的、用来指导农事的补充历法，是劳动人民在长期的经验积累中、对气候和季节变化作出的总结，也是中国农耕文明的重要成果。人们总是不遗余力地以各种各样的方法记忆节气知识，例如节气歌"春雨惊春清谷天，夏满芒夏暑相连。秋处露秋寒霜降，冬雪雪冬小大寒"，就是将一年中二十四个节气串联起来组成的歌谣。单知道一年有哪些节气而不知道这些节气具体出现在什么时候也是枉然，所以有七言节气歌将月份与节气对应起来，如："一月小寒接大寒，二月立春雨水连；惊蛰春分在三

① 潘顺福：《薅草锣鼓》，湖北人民出版社2006年版，第116页。
② 《农事十二子歌》，载中国民间文学集成全国编辑委员会、《中国歌谣集成·四川卷》编辑委员会编《中国歌谣集成 四川卷·上册》，中国ISBN中心2004年版，第44页。

月，清明谷雨四月天；五月立夏和小满，六月芒种夏至连；七月大暑和小暑，立秋处暑八月间；九月白露接秋分，寒露霜降十月全；立冬小雪十一月，大雪冬至迎新年。抓紧季节忙生产，种收及时保丰年。"节气记忆的目的就是提醒农民的劳作不违农时。

（二）与时偕行的社会时间

自然规律决定着事物的变化和发展，人类需要顺其而行。人与自然的关系，从因为对自然的无知而畏惧自然界的力量，发展到发挥聪明才智观察自然，从而认识到自然循环往复的规律，进而很好地利用自然为人类日常生活和劳动服务。土家族"十二月体"民歌中的社会时间，基本上是与自然时间同步的。因为他们生活在武陵山区，大部分人过着自给自足的农耕生活，他们的日常生活与农耕生活息息相关。而农耕时期的人们对日常生活观察非常仔细，人们的生活大体上顺从于自然时间，根据自然时间规律来安排社会生活，什么时候播种，什么时候收割，什么时候劳作，什么时候休息，都有一定的规律，这从民歌歌词中可以很清晰地看出来。

《红苕歌》《洋芋歌》是土家族"十二月体"农事歌的典型代表，这两首民歌小调在多种歌曲集中反复出现。从中可以看出"红苕""洋芋"是土家人非常重要的农产品，且深受当地人喜爱。比如《红苕歌》①中唱到的"姐"与"郎"之间的互相往来与劳作的时间合而为一，而红苕的播种、生长、收获、贮藏都依据自然时间的变化而进行：正月是新年，是全国人民最重要的节日，"郎"要给"姐"拜年；二月是新春，万物复苏，这时节没有什么新鲜的食物可招待人，所以只能用储藏的红苕煮"红苕根"；三月是清明，开始春耕播种，红苕也要下田播种等待发芽，还需要泼粪，这时节的"郎"非常忙碌；四月是立夏，"并"的红苕长出了青叶，

---

① 黄汝家主编：《利川市民间故事集》，湖北人民出版社 2008 年版，第 131 页。

栽下藤子准备栽种，不过要等到下过雨后，天晴的时候栽了不能成活；五月是端阳，红苕已栽下地，太阳太大把红苕叶晒得看起来黄蔫蔫的，"姐"与"郎"下田看情况，锄头扛在肩上，两人谈家常；六月红苕长成绿茵茵的一片，必须将田里的草薅掉，"郎"整天都忙着薅草；七月是月半，但这时节不能只是过节，红苕必须翻藤子，不翻会互相缠在一起；八月是秋分，下地去看看红苕的生长情况，今年红苕的收成不是很好，还全是"一包根"；九月是重阳，红苕到了收获的季节，收回房子没有地方放，在地下挖个坑存起来；十月小雪降，室外被白雪覆盖没有什么新鲜吃的，就用储存的红苕熬麻糖吃；冬月落大雪，也没什么好忙的了，就留"郎"在家里歇息；腊月到了要过年的时节，卖红苕子称油盐好过个热闹年。这里的"姐"与"郎"农活的安排、节日的庆祝全是依照自然时间：春暖花开，万物复苏，适合播种的季节就播种；夏季阳光充足，雨水充沛，看红苕的生长情况薅草、翻藤；秋季收获；冬季储藏。农忙的时候"姐"与"郎"就在田地里干活的间歇聊聊天，农闲时才能好好聚一下。歌词内容所反映的活动完全没有打破自然时间的节奏，而是顺应自然时间调整劳动生活节奏。

这样细致的唱述相当于对农业知识的传习，可以让人们非常清楚地知道每个时节应该做什么工作。姐与郎的相会也要依据这种自然时间，因为种植技术有限，人们完全属于"靠天吃饭"，不能改变气候的人们却能好好适应变化了的气候。庄稼人在农忙时节一点都不敢懈怠，因为自然时间是不会等人的，它永远按照自己的节律往前行，庄稼人错过了任何一个季节就错过了一年的庄稼，也就错过了一年实实在在的日子。对于庄稼人而言，耽误了农时不只是浪费了时间，更重要的是，也意味着耽误了自己的日子、耽误了自己的生活。时间就是庄稼人的日常生活，就是作为生活在这片土地上的每一个人的自然宿命，也就是说，生活在这片土地上的人们，他们社会生活的安排不会脱离有节律的自然时间。虽说土家民歌小调中私情歌居多，主要是描绘男女感情的小调，但是在这男女感情中离不开自然时间的安排，不管是盼望、相会或是离别都得根据有节律的社会时间安排自己的感情生活，因农忙不得不离开，遇到短暂的农闲或是节日就有短暂的相聚。

比如《采茶歌》①，围绕一年四季茶叶的生长及采摘情况进行叙事。叙述的农事虽然围绕着采茶展开，但并不仅仅是采茶。歌词如下：

> 正月采茶是新年，借你金颜点茶园，茶园点得十二亩，不多不少两吊钱。二月采茶茶发青，姊妹双双进茶林，左手摘茶茶四两，右手摘茶茶半斤。三月采茶叶儿新，姐在家中绣手巾，两边绣的茶花朵，当中绣的采茶人。四月采茶叶儿黄，姐在家中两头忙，忙得屋里茶又老，忙得采茶麦又黄。五月采茶叶儿嫩，买纸敬奉土地神，一来保住茶不老，二来保佑采茶人。六月采茶热茫茫，又栽茶树又栽杨，茶树栽起有人采，杨树栽起好乘凉。七月采茶秋风爽，风吹茶叶满园香，头茶苦来二茶涩，三茶好吃无人摘。八月采茶叶儿稀，姐在屋里盘纺机，坐在机上把郎想，给郎缝件采茶衣。九月采茶是重阳，重阳煮酒菊花香，大姐打酒二姐尝，姊妹双双过重阳。十月采茶过大江，过了大江过小江，过了小江慢慢转，卖了茶叶转回乡。

这里描述了从茶叶刚发芽到茶叶变青、茶叶成熟再到将茶叶制成成品的过程，以此为线索，叙述了女子一年四季的忙碌生活。

人们顺应农时，也就是顺应自然规律，从而实现人与自然的和谐相处。土家族"十二月体"民歌小调几乎都涉及时令、劳动生产过程、风土人情等，从中可以看出他们认识大自然的迫切愿望。顺应农时，既是人们

---

① 徐开芳主编：《恩施土家族苗族自治州民间歌谣集》，湖北人民出版社 2006 年版，第150 页。

让农作物跟上自然时间的变换，也是人们调整自身生活来顺应自然变换的节律。在土家族"十二月体"民歌小调中，除了以农事为主题的小调会严格遵循自然变换规律之外，人们的作息、哭诉、规劝、私会等也都是顺应自然时节而进行的。可见"十二月"不仅对应着动植物生长的十二月，也与人们十二月的生活安排息息相关。

在传统的小农经济模式下，土家族人更为全面地认识到自然与人本就是统一的关系，从而确立起一种自然与人相互合一的生命理念，民众懂得了要顺应自然、尊重自然、顺应四时的变化来从事农业活动。"十二月体"劳动歌谣折射出顺应农时的意识在土家族民众心中已经根深蒂固，上天的恩泽雨露是农民对农产品丰收的最终希望，生命的全部意义在于庄稼的收成。四季更替，在尊重自然规律的前提条件下，他们探索自然的奥秘，顺应时节的变化，乐天安命地努力生活在这片土地上。

三 生命有常：丧鼓歌中的生态意识

生与死是生命的两极，也是人类社会生活中最严肃的议题，古今中外都不乏对这个问题的追问。每一个民族，都在各自探索着死亡这一问题，以缓解和消除死亡的焦虑所造成的人类精神重压，进而形成了各民族极为多样的生死观。

在西方哲学家那里，我们看到的是生与死的永恒对立，两者之间是冷冰冰的否定与被否定关系，其间毫无缓冲的余地。比如法国哲学家柏格森曾经在《创造进化论》一书中悲叹："我们感到，时间之流恰似河流，逆流而上是不可能的。这就是我们生存的基本特征，正如我们所感觉的那样，也是我们所生存的世界的本质特征。"①

---

① 转引自［美］莫·阿德勒、查·范多伦编《西方思想宝库》，中国广播电视出版社1991年版，第138页。

中国古代，众多思想家也都表达过自己的生死观念。比如杨朱认为人要"贵己""重生"，提倡时刻将保全个人的生命作为人生的最高理想，并且认为死亡究其根本是丧失"吾生"价值的体现。庄子却持有截然相反的想法，将"悦生而恶死"看作是人生的一大桎梏。庄子认为如要追求人生真正的"自由"，就一定要超脱地看待死生之变，将生死视为同一——"以死生为一条"。彻底否定生与死之间存在的明显界限，有一种把世人畏惧的死亡视作通往人生自由及幸福唯一途径的意味。庄子的生死观在一定程度上和土家人对于生死的认识是相通的。这种生死观念在土家族丧鼓歌词中表现得十分突出。

土家族丧鼓歌分为跳丧歌和坐丧歌两大类。跳丧一般有二人至四人，他们与坐在棺木旁击大鼓者相合而歌，配合鼓点节奏，边舞边唱；坐丧是人们在灵柩旁击鼓而歌，只唱不跳。丧鼓歌有对歌、盘歌的形式，场面十分热烈。俗说："人死众家丧，一打丧鼓二帮忙。"正如一首歌谣所唱："半夜听到丧鼓响，脚板心里在发痒，你是山上我要去，你是河下我要行，打不起豆腐送不起礼，打一夜丧鼓送人情。"

土家族丧鼓歌歌词的内容很丰富，古今之事均可入唱词。或演唱古人业绩，或缅怀亡人，或教育子女行孝，或叙述历史，或唱讲民间故事，或表现风俗民情，或拉扯闲言趣事，或传递男女之情，还可插科打诨：题材十分广泛，反映着深厚的民族文化积淀。丧鼓歌唱词也有固定和不固定的之分。固定的歌词多是历史演义、民间叙事长诗等，不固定的歌词是那些随编随唱或双方盘歌时出口成章的内容。

很多丧鼓歌歌词中包含了土家人对生死的认识。他们认为生老病死是自然规律，人力不可抗拒。比如下面这首丧鼓歌歌词："天高不算高，人心第一高。……人到一十上学去，要学哪吒去闹海。……人到二十要学艺，要学甘罗把名扬。……人到三十敢上船，桅杆尖上心不乱。……人到四十岁，赶上唐朝薛仁贵。……人到五十有点差，志向也在往下垮。……

人到六十难种田，走路不得上人前。……人到七十难当家，世上有事莫管它。……人到八十烂如泥，志朋老友谈致意。……人到九十要分手，老朋老友在后头。……只要活到九十八，也作只要回老家。三魂七魄返地府，铁打钩子磨完哒。"①

在土家人看来，一个人从出生到童年、少年、壮年、老年，到死便意味着走完了人生的各个阶段。生固然可喜，死也不必痛悲，因为这是生命的必然。在人生的各个时段，土家人都有相对应的英雄名贤作为自己的人生偶像。过了半百之年，人的一生如同抛物线到了顶点，开始往下坠落。好在自己已经成家立业，儿孙满堂，有人接过自己的人生接力棒。如果能活到八九十岁，那么即使是死了，也就好像是睡着了再也没醒过来一般，大有"人生如此，夫复何求"的满足。或病或死，都不是自己的力量可以左右，就只当到世上走了一遭、该回老家了。

土家族人民把自然界、人类社会的一切客观存在看成是一种不可改变的存在，人类的存在就如同自然界的树木花草一样，人类的生老病死也如同自然界春夏秋冬的四季更替一样。社会历史进程也如自然的变迁一样，"周秦汉魏宋齐梁，一代兴盛一代亡"。历史上那么多的英雄好汉、名士圣贤，他们何其威风、何其显贵，但最终也难免一死。"唐王汉王与宋王，如今没有在世上；文王武王与纣王，个个奔驾把命丧；薛仁贵，扶唐王，东战西征，南征北逃，被丁山一箭，射死在白虎关上。"既然连位高权重的皇帝甚至不食人间烟火的神仙都难免要魂归极乐，那么我们这些普通百姓，终日劳作、万事操心，会生病、要死亡，就再正常不过了。土家人的这种对自身的准确定位和对生命的清醒认识是尤为可贵的。

土家人还有一种独特的"以死为生"的生死观念，它把人的生和死看作一个连续循环的过程，认为无论是生或是死都只体现为生命的不同存在

---

① 黄汝家主编：《利川市民间故事集》，湖北人民出版社 2008 年版，第 35—36 页。

形式而已。与佛教的轮回观十分相似，土家人认为生与死是自然衔接的循环轮回。生可以看作死的开始，而死则是生的必然，所以死亡并不值得人们大悲大哀，人的生死循环如同四季交替、寒来暑往的自然现象，完完全全符合天地事物循环的道理。正是出于这样的生死观，土家人丝毫不畏惧死亡，甚至选择用一种乐观豁达的态度看待死亡。

综上所述，土家族民歌中蕴含着丰富的自由、自在、自觉的生态意识。他们认为万物有灵，天地人神是一个可以相互贯通的有机统一体，强调人与万物的平等，珍视和爱惜自然生命。他们崇拜自然、顺应自然、与时偕行，"知时""待时""随时"，作为生态有机体中的一员，认真地生活。同时，他们认为生命是一个永恒的过程，是一个轮回，所以无惧死亡，以歌代哭，乐观地对待它。

高尔基说："民间创作是与悲观主义完全绝缘的，虽然民间创作的作者们生活得很艰苦，他们的奴隶劳动由于剥削者的剥削而失去了意义，而人的生活则是无权利和无保障的。但是尽管有这一切，这个集体却似乎出于本能而意识到了自己的不朽并且深信他们能战胜一切和他们敌对的力量。"[1] 民间文学在任何情况下都希望生命繁荣，以生命繁荣为最高的美。因此，它千方百计地歌颂生命，表现生的快乐。

---

[1]　转引自周扬主编《马克思主义与文艺》，作家出版社1984年版，第37页。

长阳南曲"雅趣之美"探源及其在当代的心灵重塑意义

刘 洋

（中南民族大学）

[摘要] 长阳南曲在发展过程中不仅受到明清俗曲、昆剧《桃花扇》等艺术的影响，也吸收了容美土司宫廷乐曲、土家族皮影戏、山歌、小调等本土艺术元素，同时还和湘西等临近地区的艺术形式互相影响，是土家族和汉族交流融合的产物。其艺术气质虽多元杂糅，但最明显的是独特的"雅趣"。本文以《文心雕龙》"六观说"为视角探究其为何呈现"雅趣"，通过观其位体、事义、置辞、宫商、奇正、通变，分析这种艺术形式中所蕴含的美学特质，进而探寻这些美学特质在当代对人们心灵重塑的意义，即通过"自然"和"无我"，可以拓展人们的心灵空间，让心灵得到舒展，重启心灵力量。

[关键词] 长阳南曲；雅趣之美；心灵重塑

长阳南曲，俗称"南曲""丝弦班"，是湖北长阳、五峰两个土家族自治县流传至今的古老曲种，其中在长阳资丘镇最为盛行，具有浓郁的民族民间特色和鲜明的鄂西山区地方风韵，传承约两百年，被称为"郁香的山花"，又称"丝弦雅乐"。2008年6月7日，长阳南曲经国务院批准列入第二批国家级非物质文化遗产名录。

"唱词文雅、曲调优美、自弹自唱",是长阳南曲的三大特点。土家族常见的艺术形式如利川灯歌等都带有明显的巴风土韵,风格直率、热烈、粗犷,与崇尚白虎的土家族民族性格相契合,唯有长阳南曲柔和婉转,娓娓道来,带有闲适清雅的艺术特点。凡听过南曲之人,皆叹其"雅",然为何有"雅"的感受,学者们主要从两个方面进行过分析探讨。一是关注音乐形态和曲词本身,如罗凌(2009),王凡、张芹(2014),李晓艳(2015),王菊(2015)等,主要考察唱腔、曲牌、音乐表现力等。二是考证长阳南曲的起源,主要有"本地说""外来说"两种:"本地说"如田玉成(2011)"容美土司宫廷说",黄权生、吴卫华(2009)"竹枝歌舞说";"外来说"如陈洪(1994)"明清俗曲说",王峰(2003)"昆剧《桃花扇》说",陈红、田冲(2008)"昆山腔的水磨调说",张为权(2009)"湘西堂戏说"。其中,"昆剧《桃花扇》说"指向性最明确,关注度高,如孟修详、梁惠敏(2009),陈琼、杨容(2014;2020)都对此做过探讨。也有学者如罗凌、罗义华(2009)认为长阳南曲与《桃花扇》渊源关系的证据尚不够充分,且从曲词内容的角度看,长阳南曲算不上"雅",甚可看出其"俗"。

其实,长阳南曲作为一种民族民间艺术可以流传约两百年,与其流传过程中不断吸收民间养分密切相关,也必然会带有通俗化的色彩。阿诺德·豪泽尔说:"精英艺术、民间艺术和通俗艺术的概念都是理想化的概念;其实它们很少以纯粹的形式出现的。艺术史上出现的艺术样式几乎都是混杂形式。"①本文认为所谓的"俗",更趋向于"随俗"和"通俗",这种俗化是因其根植于鄂西南山区的乡村环境中,在发展过程中与当地的皮影戏、民歌、小曲、方言乡音、民俗民风等不断融合,从而有着绵延不绝的生命力。就曲调和表演风格,以及曲词传递的意境和价值观念而言,与

---

① [匈]阿诺德·豪泽尔:《艺术社会学》,居延安译,上海学林出版社1987年版,第270页。

其他民族民间艺术形式相比，长阳南曲确实可以说深具"雅趣"。比如取材于民间传说故事的曲目《螳螂娶亲》，在宣卷调、南戏、锡剧、弹词、桐乡三跳、小热昏等民间艺术形式中都有对应的版本，但长阳南曲的文本却有很强的"雅化"色彩。如开头部分，长阳南曲为："惊蛰春分，不觉又是清明，天气晴和地气温，虫蚁降生齐光临"；弹词为："爱情恋爱大通行，虫儿也想讨妻房"；锡剧为："螳螂自命好长相，手执双刀气势壮"；桐乡三跳为："京杭运河长又长，运河弯弯贯桐乡。河边桑林么一遍绿，有一只么螳螂林中藏。"除长阳南曲外，其他几种艺术形式都采用了开门见山、直切主题的口语表达，长阳南曲却用了起兴的手法烘托氛围，给予故事一个合适的意境。故事情节方面，长阳南曲也用了一种更加含蓄和注重细节的手法来铺陈，虽融入很多方言化词汇，但正是这种融合让长阳南区有了更鲜明的地域特色。田玉成将其唱词特点总结为"雅而不奥，白而不散"，即有雅致的感受但却通俗易懂、自然质朴。关于长阳南曲的源流问题，至今还没有明确的共识，本文亦不作过多探讨，但可以肯定的是，长阳南曲在发展过程中不仅受到明清俗曲、昆剧《桃花扇》等艺术的影响，也吸收了容美土司宫廷乐曲、土家族皮影戏、山歌、小调等本土艺术元素，同时还和湘西等临近地区的艺术形式互相影响，是多元融合的产物。南方少数民族艺术"多元杂糅""共生互补"的文化气质，在长阳南曲中有着直接而清晰的呈现。不过，南曲多元气质中还存在一份独特的"雅趣"，为何会有这种"雅趣之美"？本文以《文心雕龙》"六观说"为视角进行分析探究，通过观其位体、事义、置辞、宫商、奇正、通变，来探寻这一艺术中所蕴含的美学特质。

一 风格意境：乘物游心

多数土家族民间艺术，都带有两个明显的特质：一是群体性，二是互动性。如笔者调研的利川，不论灯歌、山歌、石工号子、小曲，还是"肉连响"、绕棺舞、薅草锣鼓，都是群体性的艺术活动，并且常和节日、某些仪式等有着密切的联系。人们采用群体艺术活动的方式表达欢乐、祝福、希望、力量、勇气等，且在活动进行的过程中，加入很多互动的环节，包括人与人之间的互动，如一问一答、对唱、一人带领群体呼应等，以及人与自身的互动，如身随曲动、人对自己身体的拍打等，这些群体性的互动方式能让人快速地沉浸到一种热烈的氛围中。长阳当地的山歌和"撒叶儿嗬"，也同样具有这种群体互动的性质，不过长阳南曲的位体（整体风格）却大异其趣：演唱形式是坐唱，无专业艺人参与；没有其他肢体动作，无表演，少道白；伴奏乐器采用三弦和云板，通常一个人、一把小三弦就可以起唱，也可以两三个人一起唱，且两三个人一起唱时很少有眼神的互动，语言、肢体的交流，更像是艺人完全沉浸在自我的世界中，"且夫乘物以游心，托不得已以养中，至矣"[1]。

（一）游

观南曲事义（主题），可知各唱段表达的内容，陈洪（1981）将其分为四类，分别是取材于小说、戏本的类别，取材于民间故事和传说的类别，取材于应酬教诲的类别，以及咏物抒怀的类别。田玉成（2003）根据艺人们的演唱频率将其分为常用段子、备用段子、资料段子。常用段子是艺人们经常演唱的十几个段子，基本都是咏物抒怀和教诲类，集中体现了长阳南曲的核心风格，如《春去夏来》《悲秋》《夏日炎天》《渔樵耕读》《四时乐》《高雅人士》等；备用段子是办喜事的人家邀请艺人演唱的一些平时很少唱的段子，如《贺新婚》《弄璋曲》等；资料段子只有少数南曲高手有能力演唱，一般艺人只是将其收录在册偶尔翻看，如《秋景天凉》《渔樵叹世》等。长阳南曲中最典型的曲目是《春去夏来》（又名《渔家

---

[1]　方勇译注：《庄子》，中华书局 2015 年版，第 61 页。

乐》和《悲秋》),属于咏物抒怀的段子。《春去夏来》的演唱频率最高,它包括了南曲头在内的四个核心曲牌:【南曲头】【垛子】【上下句】和【南曲尾】,体现了南曲主要的词曲特点,因此艺人们一般将其作为南曲的启蒙段子,将其称作南曲的"三字经":

> 【南曲头】春去夏来,不觉又是秋,柳林河下一小舟,渔翁撒网站立在船头。【垛子】头戴斗笠,身披蓑衣;手执丝竿,腰系鱼篮。【上下句】但只见波浪滔天忙解缆,柳林之中去藏舟。左边下的青丝网,右边垂下钓鱼钩。钓得鲜鱼沽美酒,一无烦恼二无忧。风波浪里消岁月,荷叶林中度春秋。【南曲尾】南腔北调任咱唱,就是那王孙公子不能得够,喜的是清闲自在不爱风流。①

整个词曲透出一种"远离尘嚣,黄发垂髫,怡然自乐"的意境。资丘镇是长阳南曲的发源地和兴盛地,距长阳县大概需三个小时的车程,位处大山深处。艺人们散居于下面的各个村落,其中南曲"竹林七贤"中唯一健在的田卜栋,至今仍居于五房岭高山上,周围不通公路。2020年调查者前去拜访,步行了一个多小时的山路才到其居所。这样与世隔绝的环境,青山绿水,竹林幽幽,似"忽逢桃花林"。居于此地的南曲艺人们宁静乐观,从直觉的心灵体验开始,超越名利等世俗的"成心",从触摸的三弦、口中的吟唱中发现新的存在,在与曲子和天地的共融中达到乘物游心、与物同化、无拘无束的自由境界。庄子把无限的自由状态称为"游",强调创作主体必须超脱利害观念,发现审美境界。演唱者随春夏秋冬的变换,顺应四时,春沐轻风听燕语,夏季避暑在林间,秋听疏雨落梧桐,冬日踏雪步高岗,如《四时乐》中唱的那样"渔樵耕读""诗酒相酬"。他们不仅

---

① 陈洪整理:《长阳南曲资料集》,湖北省宜昌行署文化局、长阳县文化局,1981年,第165页。

随季节游，也随四时景物畅游，通过自然景观的段子《风》《花》《雪》《月》等展现一种人与自然相融的美。万物之生命即人之生命，人性的本然、自然在与万物同游的过程中得到舒展。

（二）慢

观南曲宫商（节奏、韵律），舒缓悠长、迂回婉转。节奏上以 4/4 拍为主，少量曲目为 2/4 拍。字和曲结合松散，其间多有悠长的拖腔。比如《悲秋》只有 8 句唱词共 66 个字，但演唱时间足有 6 分钟，其中的"咚"字和最后的"梦"字唱得迂回婉转，一个字就拖了 18 拍之长。乐曲以 4 分音符为 1 拍，1 个小节有 4 拍，有些字演唱长度达到 4 个小节，所以会有一唱三叹、余音绕梁的听感。旋律上曲牌音乐有宫调（1）、商调（2）、徵调（5）、羽调（6）四种调式，以宫、商、徵居多。在整个旋律进行过程中，通常以宫调为主调，交替进行其他几种调式。例如核心曲牌【南曲头】一般放在整首曲子的开头，具有"启腔"的作用，旋律以"532615"和"61253"的音型交替进行级进，具有大调式的明朗色彩。【南曲头】由 4 个乐句组成，分别有起、承、转、合的作用。第 1 个乐句落音为"1"，强调了主音"宫"；第 2 句承接，进一步陈述音乐主题，落音为徵调主音"5"；第 3 句转句，落音为羽调主音"6"，使曲调有不稳定的推动感，进而引出最后 1 句"合句"；第 4 句"合句"再次落在徵调主音"5"上，因徵是宫调的属音，因此乐曲有段落暂时完结的稳定感。格律上，南曲讲究押韵与平仄，4 句唱词的 2、3、4 句押韵，比如曲目《春去夏来》的【南曲头】唱词"春去夏来，不觉又是秋，柳林河下一小舟，渔翁撒网站立在船头"[①]，其中"秋""舟""头"3 个字押 /əu/ 韵，而且通常以两个字为 1 组，曲调随词组的平仄抑扬上下："春去/夏来，不觉/又是/秋，柳林/河下/一小舟，渔

---

① 陈洪整理：《长阳南曲资料集》，湖北省宜昌行署文化局、长阳县文化局，1981 年，第165 页。

翁/撒网/站立在船头。"由于节奏、旋律、格律的影响,南曲的"慢",并非只是直线式的缓慢前行,而是如生命的溪流一般蜿蜒、回环;并非激流勇进,而是细水长流;并非停滞不前,而是张弛有度、稳定向前。慢下来方能松弛,进而"观心"和"收摄"。心意在向外抓取、抗拒、评断的时候通常是急切且激进的,在定境观心之时是舒缓而平和的。唱南曲最忌讳心浮气躁,不能急和赶。一是讲究字正腔圆,前字的尾音必须落定之后才能起始后面的字。二是云板的打法,讲究慢而稳,三眼板一板三响,流水板(又称"一字板""无眼板")一板一响,板起板落都在稳定的节奏中。停腔落板,技艺精深的艺人对于哪个字在板上、哪个字在眼上成竹在胸,整首曲目下来丝毫不乱。若是演唱者唱错了板则会被人嘲笑"搞不到板",颇有"谋定而后动,知止而有得"的风格。三是讲究喉头和身体的放松,南曲演唱多用平嗓(真声),一字多腔反复揉韵,韵腔悠长,慢而不拖,才会给人"不绝如缕"的感受。南曲艺人称,"三弦定要弹得黏黏扣揉,南曲定要唱得昏迷不醒",如此才能让曲子细腻婉转、缓慢悠长。

(三)闲

观南曲事义、置辞、奇正(用典、修辞、意象),可感知其中的"闲雅"意境。意境是中国古典美学中的核心范畴,是艺术创造活动的主体将自己的情感、理念、思想、追求投射到客观对象中生成的虚实相生、情景交融的氛围,是主观情感和客观世界的统一。意境美给予人的是一种若有似无的朦胧美和一种不设不施的自然美。中国的古典诗词曲往往都蕴含着欲说还休的意境美,似乎如一幅幅山水田园的画卷。南曲"闲"的意境,常通过自然与人的融合展现出来,比如《春去夏来》中"柳林""河面""扁舟""渔翁""撒网"等意象组成了山清水秀、雾气朦胧、水面如镜、渔翁泛舟、悠然撒网捕鱼的画面,让人仿佛置身于水墨山水画卷中。"自然山水之境是中国古典艺术意境的最高境界……寄情于山水是中国古代文人追求精神自由的最高形式。"① 南曲中这种寄情于山水的闲情雅致经常通过隐喻的方式由"渔翁""樵夫"等意象带入,仅在教诲和咏物抒怀类的段子中,"渔翁"这个意象就出现了超过十次。另外还专门有以"渔翁"为第一人称来叹世抒怀的段子,比如曲目《渔翁自叹》《渔樵耕读》《渔樵叹世》,足见南曲对这个意象的喜爱。"渔翁"在中国古典艺术中象征着一种悠闲安宁的生存境界,如柳宗元《渔翁》中"回看天际下中流,岩上无心云相逐"就借渔翁的形象,表达在山水之间寻求闲适超脱的心境。另外,南曲善于用典,闲情志趣常借典故呈现,如《悲秋》就将秋天与淡淡的相思闲情相融。自古无数文人墨客的作品中,常有着浓浓的悲秋情结。前有战国宋玉《九辩》中"悲哉秋之为气也!萧瑟兮草木摇落而变衰"②,开创文人悲秋之先河,后有李白《秋风词》、杜甫《登高》、刘禹锡《秋风引》、柳永《雨霖铃》、马致远《天净沙·秋思》等,不胜枚举。又如南曲曲目《四时乐》(又名《春夏秋冬》)中,涉及李白的《春夜宴从弟桃李园序》、王羲之的《兰亭集序》、欧阳修的《秋声赋》、孟浩然的《兴雅志》,以及"踏雪寻梅""茂林修竹"等典故。"踏雪寻梅"出自孙光宪《北梦琐言》记载的孟浩然冒雪骑驴寻梅花且常在驴背上寻找作诗灵感的风雅之举,后常用来形容文人喜爱自然风景且于自然中苦心作诗的情景。"茂林修竹"出自王羲之《兰亭集序》中一句"此地有崇山峻岭,茂林修竹",后多用以表达才子士人们的儒雅风流、闲情雅趣。"踏雪寻梅""茂林修竹"皆是一种文人"闲趣"的体现。长阳南曲流传之地位于武陵山片区的清江流域,自然风光秀丽。在一日劳作结束后或是农闲时节,南曲艺人或一人在家自唱自乐,或互相邀约切

---

① 彭修银、刘建蓉:《中国画美学探骊》,北京大学出版社 2012 年版,第 123 页。
② 林家骊译注:《楚辞》,中华书局 2015 年版,第 191 页。

磋唱曲。青山绿水，吊脚楼上，三弦悠扬，如曲子里所唱"闲时简板敲明月，醉后渔歌唱夕阳"①。每年冬闲，是学习排演南曲的最佳时机，这一习俗延续至今，正如唱词中体现的那样，"喜的是清闲自在不爱风流"②。

二　性情修持：虚极静笃

东方美学对美的本质、美的意识的感知和体悟，对性情修持的理解和诠释，在儒家、道家、禅宗的理论体系中都有所阐发，这些理论至今保存完整并具有强大的生命力。长阳南曲作为土汉融合以及多种艺术交互影响的产物，其中同样蕴含着修持性情、修养身心的理念。它讲究演唱环境和心灵的清静、气息在流转之间的把控和延续，以及曲调和生活的素朴。唱好南曲不仅是学好曲子那么简单，更重要的是贯穿其中的个人的身心修持——"清静无为""致虚极""守静笃""见素抱朴，少私寡欲"。

（一）静

观南曲奇正、通变（不凡之处、传承发展中的不变和变化），可以感知到南曲与土家族其他艺术形式的不同之一即是"静"：一是周围环境的静，二是内在的清静。演唱长阳南曲讲究"静"，艺人们提到流传下来的规矩是"三不唱"："夜不静不唱，心不安不唱，逢丧事不唱"③（一说是"夜不静不唱，有风声不唱，逢丧事不唱"④）。南曲艺人想要自娱自乐时一般会在"夜静更深把瑶琴抚弄"⑤。办喜事的人家请南曲艺人们演唱，也会

---

① 陈洪整理：《长阳南曲资料集》，湖北省宜昌行署文化局、长阳县文化局，1981 年，第 158 页。
② 陈洪整理：《长阳南曲资料集》，湖北省宜昌行署文化局、长阳县文化局，1981 年，第 165 页。
③ 陈洪整理：《长阳南曲资料集》，湖北省宜昌行署文化局、长阳县文化局，1981 年，第 5 页。
④ 田玉成编著：《长阳南曲》，湖北人民出版社 2003 年版，第 357 页。
⑤ 陈洪整理：《长阳南曲资料集》，湖北省宜昌行署文化局、长阳县文化局，1981 年，第 163 页。

将其安排在楼上相对安静之处。"人能常清静，天地悉皆归"（《清净经》），人只有到达真正的清静境界，才能更细致地观察与体味天地的变幻、四时的更替，理解人与自然、人与人关系的变化与无常，从而体悟道的内涵，"与天地合其德"，与万物同化。另外，只有潜心学艺和沉心练习，艺人才能真正在南曲上学有所成。南曲的传承靠口传、手传、书传相结合的方式。首先将段子内容烂熟于胸，可以做到倒背如流，接着学习单曲牌，因南曲多为联曲牌，因此最后还要学会把单个曲牌合起来唱，同时要熟记"还头"（间奏），不然无法启腔。学会了演唱、击板，还只能算"半边把式"，还要学会弹三弦，甚至还要学会自做三弦。一般的民间艺术都讲究口传心授，不用识谱也能做到自如演唱，但南曲需要学"工尺谱"。以前的手抄本也用"工尺谱"记谱，比如《春去夏来》的第一句："春去（尺上工）夏来（四上合四）不觉又是秋（合上四合拱合尺工合啊工尺上四合）。"现在为了方便大众学习，有关书籍一般都用简谱记谱，这样看似提高了效率，但南曲唱腔的精髓就不容易学到了。用简谱学习往往唱出来如同唱歌，表现不出南曲的韵味，同时会学得比较死板，难以临场发挥和即兴演奏，不像学工尺谱的人演唱演奏时那般"随心所欲不逾矩"、运用自如。所以真正想把南曲学好，需要"致虚极"，即保持空明的心境，让全部身心进入忘我的状态，在这一状态中记段子、唱工尺谱、弹三弦、击板，同时"守静笃"，即不能急于求成，要保持清心寡欲，以"心斋""坐忘"的方式凝神静气，到达一种"逍遥之境"。从"波动"到"宁静"，从"宁静"到"照见"，这个过程也类似于"收摄"。南曲艺人拉弦时通常不看弦，仿佛弦与手已成为一体，弦亦是身体的一部分。手中拉弦，口中吟唱，行云流水，如此才能深入理解南曲之美，唱出它所传递的美，同时也是在对自身进行心神的养护和心性的磨炼修持，这也是南曲艺人们可以代代安住于大山深处且平和乐观的原因。正如他们所唱的那样，"冰轮高挂，照破浮云；动人玩赏，心骨皎清"①，也许正是"素处以默"，才可"妙机其微"。

(二) 气

观南曲奇正（用以表现作品的特殊手法），可知南曲最有特色也最难驾驭的地方在于气息的把握。气息必须稳定，且气带声走，才能在运用转音、拖音时保持抑扬顿挫且绵延不绝。"若就文学艺术而言气，则指的只是一个人的生理地综合作用所及于作品上的影响，一个人的观念、感情、想象力，必须通过他的气而始能表现于其作品之上……同样的观念，因创作者的气的不同，则由表现所形成的作品的形象亦因之而异。"② 南曲艺人技艺的高低，很大程度上在于气息的运用，比如南曲艺人圈内公认唱腔最好的艺人覃好群在谈演唱技巧时曾说："南曲不是唱出来的，是哼出来的"，强调气息的重要性。艺人们虽没有经过专门的声乐训练，但都有着深厚的"呼吸"基本功，演唱中讲究运用丹田之气，深吸慢呼，且深知呼吸"根"的作用，即根要稳。吸气时慢而深，不耸肩不憋气，面带微笑，换气时不能有喘息声，给人以轻松自然之感。从笔者学习演唱南曲的体验来看，南曲的每个乐句都缓慢而悠长，如果吸气不深，唱两三个字就会因气息不够唱不下去，即便勉强完成也会破坏乐曲的连贯性。若要做到吸气无声且足够深，就要在每次吸气时直接把气带到丹田以下，这和道家的养生理念不谋而合，"古之真人，其寝不梦，其觉无忧，其食不甘，其息深深。真人之息以踵，众人之息以喉"③。调息运气讲究深且长，要有"息以踵"之感。如至人的"气守神全"，斗鸡的"气守神藏"，梓庆的"不敢耗

---

① 陈洪整理：《长阳南曲资料集》，湖北省宜昌行署文化局、长阳县文化局，1981年，第161页。

② 徐复观：《中国艺术精神》，广西师范大学出版社2007年版，第118页。

③ 方勇译注：《庄子》，中华书局2015年版，第95页。

气",全都证明"气"在运载个体精神、承载生命能量上的重要性。呼气时也讲究稳定地慢吐,不然气会泄掉,带不住拖腔。腰部和丹田始终在均匀地控制气息,所以艺人们唱曲看似轻松自在,其实气息一直是凝聚不散的,达到了"形散而神不散"的境界。旋律上行时使气息达到鼻腔,使其和头腔共鸣,声音圆融而不虚,旋律下行时使气息达到胸腔共鸣,声音饱满明亮。因南曲多用平嗓(真声),所以中声区最多,演唱中声区时下巴和牙关都呈松弛状态,使气息自然达到口咽腔共鸣。因为气一直是凝聚的,所以每个字都贴在气上,再加上反复揉韵的旋律、在适当位置的颤音和滑音,就会给人一种吐丝般的"余音袅袅,不绝如缕"之感。虽然"气"不可触及,但我们的确在一呼一吸中感受着生命的律动。"野马也,尘埃也,生物之以息相吹也"[1],"人之生,气之聚也;聚则为生,散则为死"[2]。可见,"聚气凝神"不仅是唱南曲的核心理念,也是人在修养身心时需要注重的观念。

(三)空

观南曲宫商(曲牌、节奏、旋律),可看出长阳南曲并不以繁复取胜,它在曲牌的选择、节奏的控制、旋律的编排上都留有足够的"空间",从而为演唱者和听众提供了丰富的"心理留白"。在曲牌的选择上,陈洪《长阳南曲资料集》有相关记录:现搜集整理到的曲牌有 32 个,南曲腔系 31 个,北调腔系 1 个。南曲腔系包括 4 个核心曲牌:【南曲头】【垛子】【上下句】【南曲尾】;7 个常用曲牌:【渭腔】【数板】【叠断桥】【马蹄】【四平】【银扭丝】【跌落金钱】;变体曲牌 13 个:【月调】【浪板】【香炉尾】【湖腔】【悲腔】【马蹄头】【清江引】【火葫芦】【西腔】【满江红】【银绞

---

① 方勇译注:《庄子》,中华书局 2015 年版,第 2 页。
② 方勇译注:《庄子》,中华书局 2015 年版,第 359 页。

丝】【浪四平】【四季相思调】；一般曲牌 7 个：【南路】【洋烟调】【垂金扇】
【雪花飘】【凤阳调】【杂货调】【剪剪花】；北调曲牌仅有一个：【寄生】。①
在现有的 110 个曲目中，4 个核心曲牌的选用多达 90 次以上，半数以上的
其他曲牌仅使用 1 次或 2 次，由此可见 4 个核心曲牌集中体现了长阳南曲
的审美趣味。罗凌（2009）认为这体现了长阳南曲在曲牌选择方面拒绝繁
复而趋向简约。【南曲头】的 4 个乐句中，前 3 句每个乐句的"还头"（间
奏）都有 2 拍以上，尤其是第 2 句和第 3 句之间，间奏足有 8 拍，这也意
味着艺人在演唱过程中，会出现大量的停顿，到时只有三弦和云板的声音
在回荡，给乐曲带来巧妙的呼吸感。在主音的选择上，长阳南曲以宫调式
为主调，没有过多的和弦与修饰音，而且在 4 个核心曲牌联合依次演唱时，
即【南曲头】【垛子】【上下句】【南曲尾】相连时，会让人发现这 4 个曲牌
间隐藏的相似点：【垛子】的第一乐句和前面【南曲头】的第二乐句旋律
相近，第二乐句和后面【上下句】的第一乐句旋律相近，最后【南曲尾】
的第一乐句和第二乐句很像【南曲头】第一个乐句的变换和分化。因此 4
个曲牌是有呼应关系的，也就是乐曲不断地围绕宫调在作变换，五音的选
择很简单，只是在对其进行各种变化而已。"夫道不欲杂，杂则多，多则
扰，扰则忧，忧而不救"②，正因曲牌、节奏、旋律都留有"空间"，艺人
们在演唱时才能巧妙发挥，在不同心境下即兴赋予乐曲不同的生命。先有
"空"而后才有"灵"，"虚室生白，吉祥止止"③，"空故纳万境"（苏轼
《送参廖师》），借助于"空"的留白是东方美学中极为重要的手法，无论
是诗歌、书法、绘画，还是器物、建筑、园林，都讲究"空"的美感，这
也是传统哲学中虚实、阴阳、有无相生之道的具体呈现。事留不尽之意，

---

① 陈洪整理：《长阳南曲资料集》，湖北省宜昌行署文化局、长阳县文化局，1981 年，第
12 页。
② 方勇译注：《庄子》，中华书局 2015 年版，第 52 页。
③ 方勇译注：《庄子》，中华书局 2015 年版，第 53 页。

则机圆；情留不尽之意，则味深；兴留不尽之意，则趣多。

三 价值观念：淡泊隐逸

艺术形式、艺术风格都能折射出创作者和演绎者的价值观念、思想态度、情绪心理等，在长阳南曲这种艺术形式中，最能体现其价值观的是咏物抒怀和教诲类的段子，常凸显文人的归隐情结。隐逸文化是中国传统文化不可或缺的一部分，自上古就有一系列深入人心的隐士形象，如许由、箕子、伯夷、叔齐、姜太公等。先秦经典中也有许多有关"隐"的思想表达，如"天下有道则见，无道则隐"[①] "道不行，乘桴浮于海"[②] "功遂身退，天之道也"[③] "吾将曳尾于涂中"[④] 等。儒家的"隐"更倾向"不得志而后隐"，道家的"隐"更倾向"保持精神的独立和自由，自得其乐"，两种"隐"的思想对后世文人墨客都产生了深远影响，如竹林七贤、陶渊明、李白、谢灵运、王维、苏轼等。这种"隐"的志趣在长阳南曲中也多次出现，具体表现为"淡""隐""真"。

（一）淡

观南曲位体、事义、奇正（风格、主题、特色），可知其"淡"，一是情绪的淡，二是名利的淡。情绪的淡，表现在曲调多级极少跳进，少有大起大落，唱词并不激烈亢奋，也没有满溢的喜悦和浓浓的哀伤，整体呈现出一种淡然的气氛。如果用《二十四诗品》中对诗歌风格的描述来给这种气氛作一个定义，应该是"冲淡"。这种"淡"和同属武陵山片区的其他土家族曲艺形式形成了风格上的对比，如利川小曲。笔者于 2022 年 7 月

---

21 日和 2022 年 8 月 5 日，分别以面谈和微信交流的形式邀请利川小曲传承人陈启堂先生进行了访谈，传承人谈到两种曲艺最大的不同是：长阳南曲多采用联曲牌，而利川小曲多采用独曲牌，曲牌也几乎没有雷同的。而且就曲牌而言，利川小曲欢快的多些，利川小曲和长阳南曲仅有一支《银纽丝》的曲牌相同，旋律却迥异，且利川小曲感情色彩更加强烈，传达的悲喜情绪更为明显。"长阳南曲中甚至尚未形成悲腔性质的曲牌，只是唱某一支'南曲'曲牌时，从中偶尔插进一句或点滴的'悲腔'，相对地说，南曲中的'悲腔'不甚完整，而且似乎'悲'而不'伤'。"[①] 长阳南曲中固然也有喜怒哀乐的情感表达，但更趋向于一种"乐而不淫，哀而不伤"的中和淡然之美，似乎更强调一种"如如不动"的境界。另外，对于名利的淡漠，南曲中也多有体现，如《看破红尘》（又名《自欢自叹》）中的【南曲尾】："人生在世犹如一场梦，或驾一叶扁舟度度光阴，因此上抛却名利乐得幽清。"[②] 又如《自叹》中【南曲头】："终日奔驰，枉费心机，人生在世有何益？看破红尘笑痴迷。"[③] 这种名利之淡体现得最明显的是《渔翁自叹》和《渔樵耕读》，如《渔翁自叹》整首唱词都在乐逍遥淡名利：

　　【南曲头】渔翁把钓，手执丝篙，独坐船头随风飘，五湖四海任咱逍遥。【垛子】游不尽的溪江河港，观不尽的山水滔滔；见了多少成败，遇了多少富豪。【等板】倒不如闲来钓几尾金丝鱼，随手烹来当酒肴。春夏秋冬长安泰，花前月下坐一宵。读书人儿功名就，种田

---

① 毛侠编：《长阳南曲唱腔研究》，湖北省群众艺术馆，1963 年，第 110—111 页。

② 陈洪整理：《长阳南曲资料集》，湖北省宜昌行署文化局、长阳县文化局，1981 年，第 149 页。

③ 陈洪整理：《长阳南曲资料集》，湖北省宜昌行署文化局、长阳县文化局，1981 年，第 149 页。

人儿望禾苗；学艺人儿分手段，买卖人儿富贵交。可怜红尘无限苦，
惹事惹非惹烦恼。【南曲尾】看破世事为涵养，识透人情莫把家抛。世
间上，争名夺利能值几毫？①

作者借渔翁之口，表达自己对名利的淡泊态度。另如《渔樵耕读》，作
者通过渔翁、樵子、农夫、读书人这四个带有隐逸色彩的人物之间的对话传
达了自己的价值观，最后一句再强化和总结观点："劝世人，或耕或读或作
渔樵。"这种"采菊东篱下，悠然见南山"的淡然情绪和淡漠名利，在笔者
调查到的其他土家族艺术形式中实为罕见。一般的少数民族艺术重情感表
达，情绪的渲染是表现艺术张力的常用方式，而长阳南曲却以淡然的情绪唱
世事、唱心情，任凭风吹雨打，胜似闲庭信步。

（二）隐

观南曲事义、通变（内容、传承），可知南曲从演唱者、传承方式到
演唱内容都有着浓重的"归隐山水"的意味。据现今记录，长阳南曲第一
代代表人物龚复让，琴棋书画样样精通，常背着一把三弦到处游历，收徒
弟、教南曲，是个闲人隐士般的人物。他的南曲从何处学来，又是怎样改
编创作的，他生于何时、离世何时，这些都不得而知。南曲的传承主要靠
家族传承和师徒传承，而且师傅带徒弟都是免费的，后来的南曲艺人们也
经常在不同的村镇间游走，如第四代南曲艺人覃秉令曾身背三弦沿天池河
而上，多次到五峰县境内传艺收徒。第五代南曲艺人田卜栋至今仍居于资
丘镇五房岭村不通公路的高山上。田卜栋的师傅田少岩弟子众多，一生不
爱名利只醉心于南曲，生前专门修建了一栋"南曲宫"，用于弹唱南曲和传

---

① 陈洪整理：《长阳南曲资料集》，湖北省宜昌行署文化局、长阳县文化局，1981年，第
150页。

授弟子。演唱南曲的艺人，有农民、石匠、木匠、篾匠、裁缝等，他们平时靠双手劳动，并不以南曲艺人的身份自居，南曲只是他们生活的一部分。流传下来的手抄文词唱本，以工尺谱记录的南曲文词内容中，可以看出南曲人对山水田园的向往，以及想和山水相伴的志趣，比如《看破红尘》中：

离了红尘，跳出是非门，清闲自在度朝昏，消磨豪气调养性情。寻一所清闲静地，起一间茅屋草亭；打几个竹床藤枕，栽几枝松柏柳荫。闲来江边观鹤舞，闷来池中看鱼行；庄头美酒随时饮，笼内雄鸡任意烹。流水高山遇知己，净水明月作近邻；良朋好友常聚首，叫一个童儿抱瑶琴。或登高岗讲诗句……或是吹弹或歌音……四时随意任潇洒，无拘无束无逢迎。楼台望月动玩赏，信口凭题作诗文。人生在世犹如一场梦，或驾一叶扁舟度度光阴……①

茅屋、草亭、竹、松、柏、柳、鹤、鱼、酒、流水、高山、明月、瑶琴、菊、梅、扁舟，都是隐逸的象征性符号，全篇没有一个"隐"字，却句句吐露隐逸情怀。"天地不仁，以万物为刍狗"②，在天地眼中，人与植物、动物并无差别，生命与生命之间无本质不同，因此，人类社会划分的贫富贵贱在这天地之间终将荡然无存。人以最本真的姿态与鸟兽相亲、与山水融合，达到"天地与我并生，而万物与我为一"③的状态，这是隐逸生活带来的自然美；与诗句、吹弹、歌音、诗文、美酒、瑶琴为伴，这是隐逸带来的生活美；驾一叶扁舟度光阴，身心似不系之舟，这是隐逸带来的自由的生命美。古往今来的"隐"文化，本质上是让人与世界保持一个

① 陈洪整理：《长阳南曲资料集》，湖北省宜昌行署文化局、长阳县文化局，1981年，第149页。

② 张景、张松辉译注：《道德经》，中华书局2021年版，第24页。

③ 方勇译注：《庄子》，中华书局2015年版，第31页。

距离，保持人格的独立，归于山水之间，不为外物所累，同时保持身心的愉悦和自在，以及在自然状态下对道德和人格的修持，终而达到"物物而不物于物"的理想状态。

（三）真

观南曲位体、事义（风格、主题），可见其"真"。"真"首先体现为演唱基本采用真声（本嗓、平嗓），其次是唱词中淳朴本性的流露。首先，南曲的演唱，很少用假声和混声（边嗓），而以真声为主。长阳南曲属于"曲艺"这一类别，会受到相近艺术形式的影响："在中国艺术史的长河中，两门相对接近的艺术彼此跨越，屡见不鲜。如诸宫调、弹词、滩簧等说唱逐渐由说唱向戏曲转变……"① 从艺术史来看，说和唱两种形式有着千丝万缕的联系。从中国文化的历史发展脉络来看，说与唱亦结合紧密，比如诗歌，就是"诗而歌之"，古人云："故歌之为言也，长言之也。说之，故言之。言之不足，故长言之……"② 传统音乐中的吟诵调更是脱胎于我们语言的声调和语调：吟，无乐之歌也；诵，平仄之调也，唱，有乐之歌也。我们平时说话很少使用假声，而南曲用真声演唱的特点也说明它并不追求曲高和寡，而是扎根于当地百姓真正的日常交流中，同时保留了原本曲调中悠长婉转的色彩。它用这种"真"将自己隐于寻常百姓中，长久而不衰。其次，南曲既有真情流露又有对真性情的喜爱，如《高人雅士》中的"真情真意真正有趣"③；《自乐》中的"有美酒，越喜饮，有好花，采几朵"④；

---

① 李家瑞：《由说书变成戏剧的痕迹》，载《国立中央研究院历史语言研究所集刊》（第七本第三分），商务印书馆1973年版，第405—418页。

② 胡平生、张萌译注：《礼记》，中华书局2017年版，第760页。

③ 陈洪整理：《长阳南曲资料集》，湖北省宜昌行署文化局、长阳县文化局，1981年，第168页。

④ 陈洪整理：《长阳南曲资料集》，湖北省宜昌行署文化局、长阳县文化局，1981年，第167页。

《讲四书》中的"贫而无谄，富而无骄，恨只恨，朽木狂简不可雕，喜只喜，言而有信方为妙"[1]。同时也常出现纯朴的地方语汇和风俗习惯用语，尤其在民间故事和传说的段子中最为明显，如《皮金顶灯》中"你婆将回去休要婆婆喳喳"[2]，"婆婆喳喳"是长阳当地方言，有"唠唠叨叨"的意思。"离了她家，来到我家，拦下马车，先拜天地，后拜爹妈"，这里的"拦下马车"，是长阳山区结亲的旧有风俗，据《长阳县志》记载："送亲女客人，交拜行礼，互相称谢，主人予请秀才一人，穿公服，设香案灯烛，置米一升，婿立秀才后，主人请彩舆，男送亲者遣人持名帖，具仪物送秀才，示相请意，彩舆至，秀才对彩舆撒米三，一揖，婿随揖，曰拦车马。"[3] 又如："二人吃了交杯茶"，"吃交杯茶"是长阳山区的风俗，并不是指喝茶，而是指新郎新娘被搀扶入房。正是这些真声、真言、真情、真趣、真生活，让长阳南曲在"雅趣"中有了"随俗"和"质朴"，虽"隐"在大山深处却有着代代相传的力量。

四 在"内卷"中重塑心灵

信息化时代，人们的交往模式、工作环境、职业发展、生存空间等都发生了巨变，进而引发了一系列新的社会现象，如"内卷""躺平"等。"内卷"于2020年被评为《咬文嚼字》年度十大流行语，无疑是近几年的"热词"之一，随着社会发展、人们生活方式的变迁，一些人被卷入一种重度内耗且并未实现个人独特价值的困顿状态中，他们或选择挣扎中的逆流而上，或选择无助性"躺平"，它已经成为一部分人表达焦虑感的象征

---

① 陈洪整理：《长阳南曲资料集》，湖北省宜昌行署文化局、长阳县文化局，1981年，第167页。

② 陈洪整理：《长阳南曲资料集》，湖北省宜昌行署文化局、长阳县文化局，1981年，第131页。

③ 陈洪整理：《长阳南曲资料集》，湖北省宜昌行署文化局、长阳县文化局，1981年，第132页。

性语言符号。怎样在这种困顿中安放生命，使人的心灵空间得到拓展、人性得到舒展与张扬，从而实现心灵的重塑、个体生命的自由释放？或许从少数民族民间艺术中，我们可以找到一剂对抗"内卷"的良方。比如从土家族长阳南曲这一艺术形式中，我们感受到了"乘物游心"的风格意境、"虚极静笃"的性情修持、"淡泊隐逸"的价值观念，找到了其呈现"雅趣"的原因，也体会到这种生于山间、长于水边的艺术形式的自然之力，当然也感悟到了不尽的生活智慧和生命智慧。以上这一切对在"内卷"中焦灼的人们的"心灵重塑"有着启示和实践意义，这种意义集中体现为"自然"和"无我"。

（一）自然

这里的自然，一是指人与自然的融合，从而拓展人的心灵空间；二是帮人找到身心的自然状态，让心灵得到舒展。长阳南曲的"游""闲""隐""真"，全是在和自然万物的相融中才能达到的境界，脱离了其生根发芽的自然环境，便失去了原有的韵味，很多少数民族民间艺术形式都同样如此。当人与自然相融，便会激发出朴素纯真的自然本性和生命天性，丢掉附加于身心的冗余和繁杂，从而极大地拓展心灵空间。另外，长阳南曲中的"真声演唱"和"真情真性"，展示出它遵照人的本然状态，我们在弹唱者那里也常能见到一种享受其中的神情，而现代城市文明人缺少的正是这种自然状态，以及对人对己这种自然状态的尊重、包容和接纳。在今天，"网红"审美文化、"饭圈"文化使人们陷入对美的模式化追捧，带来了容貌焦虑和畸形审美。长阳南曲等少数民族民间艺术，它们产生之初就没有进行刻意的美化，而是在不同地域的风土人情和文化元素中生根发芽，这本质上和我们传统文化中的"自然观"是一致的。《庄子》中《德充符》《人间世》两篇曾描述了王骀、支离疏等一群"畸人"，他们在身体上都有着这样或那样的残缺，生活上面临各种困难，却能顺应自然，不以分别心看待自己的身体和万物，因为既然天地赋予了他们这样的外形，一切都是自然形成的，那么自然的就是美的。城市文明趋向于一种"催熟文化"，在这种催熟的氛围中，更高更快更强成为唯一标准。人们总在赶路，却忘了从哪里出发或者要到哪里，注重"形外"而忽略"修内"，缺少真正滋养人心的精神生活。在我们的文化体系中，"修内"不可或缺，如《礼记·文王世子》："凡三王教世子，必以礼乐。乐，所以修内也；礼，所以修外也。礼乐交错于中，发形于外，是故其成也怿，恭敬而温文。"① 古时王教育孩子，必定会礼乐结合。乐，用来提高人内心世界的美；礼，使人外在的表情、态度、动作合乎礼仪的规范。乐的教育由内及外，礼的教育由外及内，二者互相作用并在心中扎根，然后显示于仪表，因而人在成长中不用强迫和责罚，就会养成恭敬温和文雅的气质。道德、修养、人格都健全的人，对社会的发展会提供一种推动力量。和谐社会首先是人的和谐，其前提是内在生命的和谐与圆融，遵循生命多样化的客观规律和生命本身的价值，遵从生命的自然状态。

（二）无我

无我，是去除二元对立的思考方式，对一切事物不采取"非黑即白"的评判。无评判则无消耗，去除自我生命与他者生命之间的对立，这样才能将小我融于宇宙天地之中，让心灵在无限广阔的空间驰骋。长阳南曲的"静""淡""空"都是一种无我的状态，对于一切外界事物如果能做到让它们自在流经而不去过多地评判，达到"无所住而生其心"的状态，人心在安住中才能得到真正的宁静，进而才有能力去"观照"。"万物无足以铙心者，故静也。水静则明烛须眉，平中准，大匠取法焉。水静犹明，而况精神！圣人之心静乎！天地之鉴也；万物之镜也。"② 不评判就是去除自我

---

① 胡平生、张萌译注：《礼记》，中华书局2017年版，第403页。
② 方勇译注：《庄子》，中华书局2015年版，第206页。

生命和其他生命的对立,包括人与人之间的对立,人与动物、植物之间的对立。"内卷"就是将人和人放在对立的位置,所以才会有人们的患得患失。如果心灵上可以破除自我和他者的界限,就没有了比较和评判。自我和他人本就是一体,只不过以不同的方式在宇宙天地之间存在而已,在宇宙的蕴化之中,生命的气息无时无刻不在转换,陷入"内卷",本质就是陷入了自我和自我的争斗之中。面对动物、植物,人类更难做到无我;因我们把自我和其他生命形式割裂开来,没有以平等心待万物,所以会有动物灭绝、大气污染、冰川消融,极端天气和灾害频繁发生。"号物之数谓之万,人处一焉"①,长阳南曲中多次出现了燕、杨柳、春水、牛、柳林、梧桐、丹桂、虫叫、鸡鸣等自然意象,如果没有这些生命形式与人的共生,南曲的美感也会丧失。"人与自然是生命共同体",中国传统哲学中处处体现着这种生态美学精神:"天之所支,不可坏也。其所坏,亦不可支也"②"智者乐水,仁者乐山"③ 等。少数民族民间艺术作为中华民族共同体艺术瑰宝的重要组成部分,处处折射着这些古老的自然观和生态观。把自我和其他生命形式置于共生互化的位置,人类才能回到生命力和生命精神的源头,重启心灵力量。

结　语

长阳南曲的"雅趣",来源于曲词中呈现的"乘物游心"的风格意境、"虚极静笃"的性情修持方式、"淡泊隐逸"的价值观念传递,这些特征赋予了它独特的美感,而这种美感正是土家族、汉族多种艺术形式交流融合的产物,呈现了文化的杂糅性和中和性,展现了中华文明的血脉传承。同时,发掘长阳南曲这种"慢"艺术的美学特征,亦可以为心灵空间不断受到挤压的现代文明人,找到一剂治愈的良药。

---

① 方勇译注:《庄子》,中华书局 2015 年版,第 259 页。
② 陈桐生译注:《国语》,中华书局 2013 年版,第 151 页。
③ 陈晓芬、徐儒宗译注:《论语·大学·中庸》,中华书局 2015 年版,第 70 页。

利川灯歌中的生活美学及其现实意义

李月晴

（中南民族大学）

[摘要] 美学的理论研究和学科发展只有与具体的生活实践经验以及对生活现象的阐释产生关联，才能有其现实意义和历史价值。因此我们在研究美学问题的时候，必须理论联系实际，引入具体的生活样本和生活素材，进行阐释和分析，才能重构美学以适应新时代的新框架、新内容。民间艺术文化为艺术哲学的当代转向提供了丰富的研究素材和样本，对少数民族民间的艺术评论首先应从理论基础层面进行新的探索，继而转换到民间艺术对美学理论的深化和重构，形成理论研究—艺术实践—理论重构的三重闭环。本文从探究利川灯歌中的生活美学入手，深入分析利川灯歌的歌词内容、音乐语汇、演出造型等三个方面，为生活美学回归日常生活提供研究素材，通过利川灯歌这一民族民间艺术的媒介阐释生活美学的现代意义。

[关键词] 民间艺术；生活美学；非物质文化遗产；利川灯歌

近年来，中国少数民族艺术及其美学研究的蓬勃发展，是中国现当代艺术发展史上一个重要的现象。但由于当代西方艺术学界强势话语输入及国内中青年群体对本民族艺术文化认知的缺失，致使我国民族民间艺术的传播以及针对其美学范畴的深度研究受到诸多阻碍。

一 利川灯歌与生活美学的耦合

当代哲学面临着向"生态美学""环境美学""生活美学"转向，学界开始意识到艺术哲学的发展亟待超越与回归，需要逐步从理论研究领域转向对艺术实践的深度探索。中国社会科学院高建平教授在《美学的超越与回归》一文中提道：美学的超越不是追求一种超越性，而是超出传统美学，关注生活实践、环境生态以及社会文化[①]。但是，当下艺术美学理论主要是基于主流文化的经典艺术及其审美经验形成的，其概念、范畴、命题、范式等都和传统乡民社会、少数民族的艺术审美经验之间有先在性的差异或隔膜[②]。质言之，用现有的经典艺术美学原理来阐释中国民族民间艺术形态并不合适。美学的理论研究和学科发展只有与具体的生活实践经验以及对生活现象的阐释产生关联才具有现实意义和历史价值，因此我们在研究美学问题的时候，必须理论联系实际，引入具体的生活样本素材，进行阐释和分析，才能重构美学以适应新时代的新框架、新内容。

我国民族民间艺术为艺术哲学的当代转向提供了丰富的研究素材和样本。不得不说，二者在历史转角的相互碰撞，是一种奇妙的耦合。笔者认为，当下学界应建构中国少数民族艺术特有的话语范式及其美学理论。对少数民族民间的艺术评论首先应从理论基础层面进行新的探索，继而转换到民间艺术对美学理论的深化和重构，形成理论研究—艺术实践—理论重构的三重闭环，同时也需探索哲学、民族学、社会学、艺术学四种学科交叉理论与实践研究的新路径，从而为传统的民族志研究范式提供新的生长点。

---

① 高建平：《美学的超越与回归》，《上海大学学报》（社会科学版）2014 年第 1 期。

② 彭修银：《国家艺术基金"南方少数民族民间艺术评论人才培养项目"招生简章》，https：//www.scuec.edu.cn/info/1042/5854.htm。

二 从"阳春白雪"到"下里巴人"

"阳春白雪"和"下里巴人",都是公元前3世纪楚国歌曲。《文选·宋玉对楚王问》中记载了一个故事,说有人在楚都唱歌,唱"阳春白雪"时,"国中属而和者,不过数十人";但唱"下里巴人"时,"国中属而和者数千人"。自此之后,"阳春白雪"就用来形容那些供少数人欣赏的小众歌曲,"下里巴人"则指代那些老百姓喜闻乐见的俚俗民间歌谣。土家族历史悠久,源远流长。早在公元前13世纪武丁时期的甲骨卜辞中就有"巴方"的记载。土家族的祖先称"巴人"。据晋人常璩所著《华阳国志》记载,周武王邀集诸侯讨伐殷纣王的大军中,有众多的巴人。巴人打起仗来常常"歌舞以凌",唱着雄壮的歌冲锋。巴人的民歌在战国时期,很有影响。刘邦在汉中时,军队中也有巴人。当他率军平定三秦时,看到巴人在紧张的行军作战空隙载歌载舞、情绪饱满、斗志旺盛,便非常高兴,称它为"武王伐纣"的遗音,乃令人习学之。《后汉书》把这种歌舞称为"巴渝舞"。① 从这些古籍来看,土家族先祖是能歌善舞的民族,同时歌舞表演已经成为他们生活的一部分,可谓真正的审美无功利。在此,本文借用"阳春白雪""下里巴人"的概念分别代指学院派艺术和民族民间艺术。

笔者自幼学习古筝,毕业后一直在高校任教,多年来深耕于民族器乐演奏与教学一线,可以说一直浸润在民族艺术的学院派环境中,很少接触真正意义上的民间艺术。今年暑假,本人有幸参加了彭修银教授主持的"国家艺术基金南方少数民族民间艺术评论人才培养项目",其中的采风实践地就选在了湖北省利川市。采风期间,笔者有幸观赏了当地两个民间团体的现场演出,一是利川市柏杨农民艺术团,二是利川市灯歌演唱团。本

---

① 利川市民族民间文学三套集成编委会编:《利川市民族民间歌谣集》,利川市国营印刷厂1991年版,第4页。

人作为观看演出的"他者",从"在场"的审美体验上对利川灯歌有了更深层的审美观照。观看演出的过程中,笔者深深地被他们的热情勇敢、纯真质朴所打动。他们用原生态的嗓音释放了内心对大自然的崇敬,讲述出土家儿女对生活的热情,以及男女之间炽热的爱情。他们眼神流动着的激情光芒,舞蹈动作迸发出的似火力量,一颦一笑间投射出的向善向美的愿景,将观众引入一种忘我的审美境界,唤起了人类基因里的原始记忆。

2011年6月9日,国务院公布了第三批国家级非物质文化遗产名录,湖北省利川市的"利川灯歌"成功入选。据考证,利川灯歌始于明末清初,距今已有三百余年历史,是一项非常古老的民间文艺活动。笔者在利川采风期间曾两次与利川灯歌非遗申报文本编撰者谭宗派老先生深入交谈,并有幸得到老先生亲笔签名的书籍《利川灯歌》,该书收录了利川灯歌申遗文本、传统灯歌选录、传统薅草锣鼓乐曲选录、相关人物介绍、相关文章集录以及相关音像资料等,可以说是深入研究利川灯歌不可多得的宝贵资料,也是本文研究材料的重要来源。

图1 利川市柏杨农民艺术团现场表演利川灯歌

(图片来源:2022年7月17日,笔者摄于利川市柏杨坝镇)

图 2　笔者（右二）采访利川灯歌传承人

（图片来源：2022 年 7 月 17 日，笔者摄于利川市柏杨坝镇）

图 3　利川市柏杨坝镇非遗传承人（左图）；笔者与

利川灯歌幺妹扮演者谭琴琴（左一）合影（右图）

（图片来源：2022 年 7 月 17 日，笔者摄于利川市柏杨坝镇）

　　当前，社会学、民族学以及艺术学对利川灯歌所做的本体研究较多，在民族志的书写、民族文化的历史变迁、音乐形态的分析、曲调曲式的特征等问题上都已做出了深入研究，为本文的研究也提供了前期基础，但专门从生活美学向度来研究利川灯歌的文章并未见到。环境美学、自然美学、日常生活美学已成为当前全球美学的三大主流。本文的写作正好契合了利川灯歌适应时代的转型与生活美学哲学转型的耦合。美学超越以后还需要回归。这种回归，要重新回到感性，建立新感性。这种美学要面对日常生活的审美化，要面对市场的大潮、新技术带来的新语境，要思考艺术的边界，要将民族、文化、时代的因素纳入美学中进行考量，还要考虑美育与社会改造的关系。①

三　日常生活审美化——利川灯歌中生活美学三重向度的实证分析

利川灯歌是鄂西南土家族灯歌的代表，是濒临灭绝的少数民族传统灯歌的活体遗存。初步整理结果表明，利川传统灯歌在民间仅存五十余首，尚在传唱者不足 10 首。② 利川灯歌是集歌、乐、舞以及造型艺术为一体的演出形式，大多在节庆时进行演出。演出者们挨家挨户地进行表演，划地为台、载歌载舞，表演的最后还会送上对观众的祝福，说一些吉祥的话语。因此，灯歌表演者在当地受到尊重和欢迎。针对现存的灯歌资料，笔者将对它们的歌词内容、音乐艺术形式以及演出造型等方面作分析。

（一）歌词内容的生活化

1. 数字性韵律因子

笔者在整理资料和阅读文献后发现了一个规律，利川灯歌中大部分歌词都运用了数字的序列组合，如《种瓜》中从正月、二月、三月、四月一直列举到十月，歌词内容讲述了瓜从正月进园种植到收割再到十月留下瓜种子的全过程。《龙船曲》第一句是"正月是新年"，第二段开头第一句为"二月是春分"。《采花》则是从正月开始讲到腊月，每个月叙述一种花儿

---

① 高建平：《美学的超越与回归》，《上海大学学报》（社会科学版）2014 年第 1 期。
② 谭宗派主编：《利川灯歌》，湖北人民出版社 2016 年版，第 5 页。

的特征，如"三月桃花红似火""六月荷花满池开""九月菊花人人爱""腊月梅花迎春开"等等。《干妈问病》中，干妈关心干女儿的身体状况时说："一不是冒了风（呢），二不是冒了寒（呢），三顿（那个）茶饭是不思吞……"《识字歌》歌词："一字写来一长坡（嘛），二字两笔平半夺（哇）。……三字写来三横过（呀），四字写来没得脚（哇）。五字好比盘脚坐（哇），六字三点多一合（哇）。七字是个盘脚脚（哇），八字两飘各是各（哇）。九字又把金钩挂（嘛），十字一足拖一合（啊）……"《十把扇子》歌词："一把扇子儿（莲莲儿）二面黄（溜溜）……二把扇子儿二面红，三国英雄赵子龙。三把扇子儿二面青，三国军师是孔明。四把扇子儿二面花，唐朝有个李元霸。五把扇子儿二面黑，夜过巴州张飞爷。六把扇子儿二面绿，大禹治水不回屋。七把扇子儿二面白，秦琼打马山东去。八把扇子儿二面风，夜访白袍尉迟恭。九把扇子儿二面香，扫平倭寇戚继光。十把扇子儿二面光，罗通扫北美名扬。"

种瓜

利川·柏杨

1=C 2/4

♩=72

（灯调·花灯·瓜子仁调）

正月	是新	年(哪	衣	哟	喂)	瓜(呀)子	才进	园(哪	喂)。
二月	起春	风(哪	衣	哟	喂)	瓜(呀)子	才定	根(哪	喂)。
三月	是清	明(啊	衣	哟	喂)	瓜(呀)苗	成了	林(哪	喂)。
四月	是立	夏(呀	衣	哟	喂)	瓜(呀)儿	上了	架(哪	喂)。
五月	是端	阳(啊	衣	哟	喂)	瓜(呀)儿	把新	尝(哪	喂)。
六月	三伏	热(呀	衣	哟	喂)	瓜(呀)儿	正吃	得(哪	喂)。
七月	秋风	凉(啊	衣	哟	喂)	瓜(呀)儿	皮色	黄(哪	喂)。
八月	中秋	节(呀	衣	哟	喂)	要(呀)把	瓜儿	摘(哪	喂)。
九月	是重	阳(啊	衣	哟	喂)	瓜(呀)子	已下	场(哪	喂)。
十月	瓜完	了(哇	衣	哟	喂)	瓜(呀)种	要留	到(哪	喂)。

谱例1

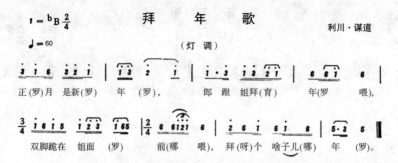

拜 年 歌

利川·谋道

(灯　调)

正(罗)月 是新(罗) 年 (罗)，　　郎 跟 姐拜(育)　年(罗 喂)，

双脚跪在 姐面 (罗)　前(哪　喂)，拜(呀)个 啥子儿(哪) 年 (罗)。

二月是花朝，打开窗眼望，打开窗眼往外望，情郎哥来了。
三月是清明，约郎上山岭，手提长枪进山去，又去一年春。
四月是立夏，约郎来谈话，句句都说知心话，实在难丢下。
五月是端阳，叫郎买麝香，麝香播在罗裙上，风吹二面香。
六月三伏天，叫郎买蒲扇，蒲扇把把枯藤缠，拿去送姣姣。
七月是月半，留郎吃早饭，隔壁小伙旁边站，与你屁相千。
八月是中秋，叫郎打菜油，口含梳子手浇油，梳个望郎头。
九月是重阳，鞋儿做一双，双双鞋儿不走样，拿起送小郎。
十月小阳春，鞋儿无后跟，我郎穿起不顾惜，枉费奴的心。
冬月雪满山，芙蓉对牡丹，虽说是个素打伴，越看越好看。
腊月要过年，胭脂称二钱，双手递给幺姨妹，过个闹热年。

谱例 2

采 花

利川·南坪

(灯　调)

1. 正月 里 采 花(呀) 没 花 采 (呀) 没花采，

(哎 呀儿 哟) 二月 采花 花 才 开(哪呀 儿 哟)。

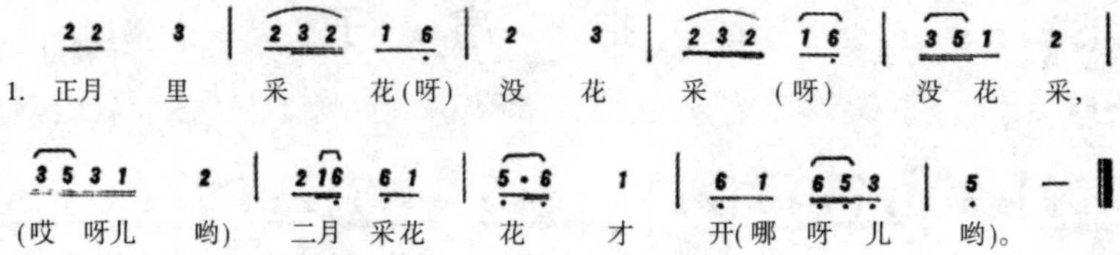

2. 三月桃花红似火，　　　　四月蔷薇架上开。
3. 五月菱角逗人爱，　　　　六月荷花满池开。
4. 七月稻花田中摆，　　　　八月桂花满树开。
5. 九月菊花人人爱，　　　　十月烂草花儿开。
6. 冬月雪花飘窗外，　　　　腊月梅花迎春开。

谱例 3

识 字 歌
（灯调·花灯）

利川·茅坝
演唱：白罗鸣
记录：姚本树

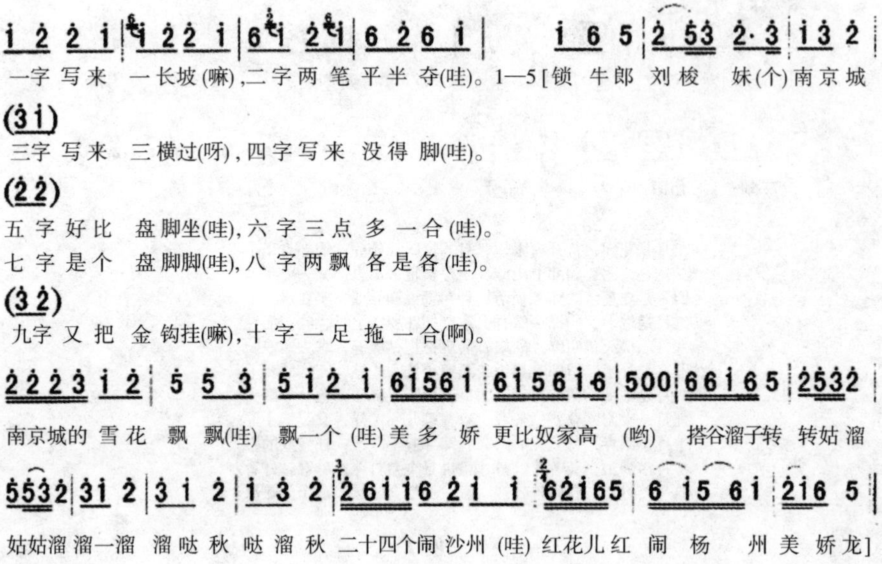

1=C 2/4
♩=96

```
1̇ 2 2 1̇ | 2 2 1̇ | 6̇ 2̇ | 6 2 6 1̇ |   1̇ 6 5 | 2 5̇3̇ | 2·3̇ | 1̇3̇2 |
```
一字 写来 一长坡(嘛)，二字 两 笔 平半 夺(哇)。1—5 [锁 牛郎 刘梭 妹(个)南京城

(3̇1̇)
三字 写来 三横过(呀)，四字 写来 没得 脚(哇)。

(2̇2̇)
五字 好比 盘脚坐(哇)，六字 三点 多一合(哇)。
七字 是个 盘脚脚(哇)，八字 两飘 各是各(哇)。

(3̇2̇)
九字 又把 金钩挂(嘛)，十字 一足 拖一合(啊)。

```
2̇2̇2̇3̇1̇2̇ | 5 5 3 | 5 1̇ 2̇ | 1̇ 6̇1̇5̇6̇1̇ | 6̇1̇5̇6̇1̇6̇ | 5̇00 | 6̇6̇1̇6̇5̇ | 2̇5̇3̇2̇ |
```
南京城的 雪花 飘 飘(哇) 飘一个 (哇) 美多 娇 更比奴家高 (哟) 搭谷溜子转 转姑溜

```
5̇5̇3̇2̇ | 3̇1̇ 2̇ | 3̇1̇ 2̇ | 1̇ 3̇ 2̇ | 2̇6̇1̇6̇2̇1̇ | 1̇ | 6̇2̇1̇6̇5̇ | 6̇ 1̇5̇ 6̇1̇ | 2̇1̇6̇ 5̇ |
```
姑姑溜溜一溜 溜哒秋 哒溜秋 二十四个闹 沙州 (哇) 红花儿红 闹 杨 州美 娇龙]

谱例 4

十 把 扇 子
（灯 歌）

利川·南坪

1=G 2/4
♩=66

```
5 6 6̇1̇6̇ 5 | 5̇ 6̇ | 2̇ 1̇2̇6̇ 1̇ | 2̇ 2̇ | 6̇ 6̇ | 6̇ 6̇ 1̇ | 2̇ 6̇ 1̇ | 2̇ 2̇ 1̇ | 6̇ 2̇ 6̇ 1̇ | 2·6̇ | 5̇ |
```
一把扇子儿(莲莲儿)二面 黄 (溜溜)，辕门 (那个) 斩子(嘛 溜溜哩) 杨六郎 (啊 溜溜 sě)。

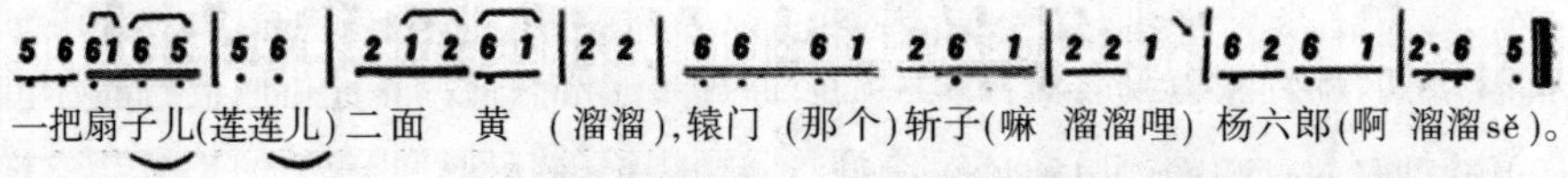

二把扇子儿二面红，三国英雄赵子龙。　　三把扇子儿二面青，三国军师是孔明。
四把扇子儿二面花，唐朝有个李元霸。　　五把扇子儿二面黑，夜过巴州张飞爷。
六把扇子儿二面绿，大禹治水不回屋。　　七把扇子儿二面白，秦琼打马山东去。
八把扇子儿二面风，夜访白袍尉迟恭。　　九把扇子儿二面香，扫平倭寇戚继光。
十把扇子儿二面光，罗通扫北美名扬。

谱例 5

以上歌词，不仅体现出利川灯歌创作者的数学感知能力（简称数感），而且揭示了土家族人民的生活智慧与经验，还体现出他们在歌词编创上的讲究，每一句句尾都是押韵的、对称的，因而非常具有审美价值。《十把扇子》把各个朝代的英雄都罗列在句式中，除了数感、数感背后的生活智慧、韵脚押韵的审美价值还有一定的社会价值。

2. 生活性创作因子

细究利川灯歌的歌词，会发现其艺术创作的对象都来源于生活，充分展示出日常生活对象的特点。如《十把扇子》中的创作对象——扇子都在对句的上半句出现，所对应的下句是各路英雄人物，二者并无实质性的关联也没有审美意象上的勾连，可以说其创作对象"扇子"和其对应的"各路英雄"是为了韵脚的对称性和美感而随机搭配在一起的。《蚊虫五更》《尼姑叹五更》都是以五更作为时间概念，搭配不同的"对象"来创作歌词内容，生活感十足。《帕子歌》《扁担歌》《薅黄瓜》《鸦鹊嘴巴喳》《铜钱歌》《干妈问病》《哥妹二人都快活》《掐韭菜》《柑子林》《龙船曲》《种瓜》等歌词的创作对象都来源于日常生活的点点滴滴，具有随机性特点，歌词内容也充满了生活意趣，生动地还原了生活。

3. 表象性意象因子

《双手巴着妹娃的肩》中，男士裤子破烂了需要妹娃缝补是一种说辞，希望在妹娃家里住一晚增进感情才是言外之意。在哥哥和妹妹一问一答的对话表象中，隐含了二人互生情愫、相互爱慕的情感潜流。《铜钱歌》中的铜钱是表象，用来暗指两个人的感情水乳交融像硬币的两面分也分不开。《帕子歌》歌词中表面上在言说鸳鸯和牡丹难绣得，实际上表达的是再难的事也愿意为了有情郎去完成。这些简单的表象背后有着深厚的情感内核，体现出土家儿女对爱情的勇敢追求。

《种瓜》表面上讲了种瓜的过程，实际上却表达了一种生殖崇拜。从歌词内容来看，《种瓜》从正月唱到十月，描述了瓜从播种、发芽到开花结果的生长过程，是一首标准的农事歌。然而在副歌部分，却出现了"阳雀叫

掐韭菜

（灯调）

利川·柏杨

1=D 2/4

♩=108

轻快地

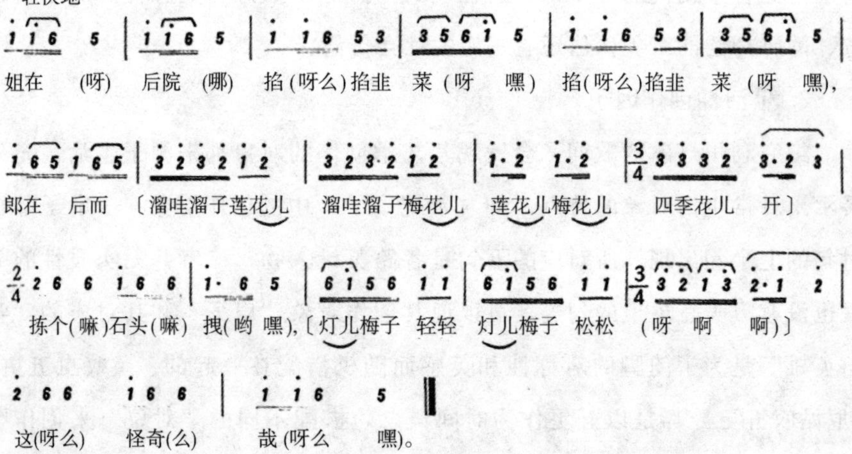

姐在（呀）后院（哪）掐（么）掐韭菜（呀 嘿）掐（呀么）掐韭菜（呀 嘿），

郎在后而〔溜哇溜子莲花儿 溜哇溜子梅花儿 莲花儿梅花儿 四季花儿 开〕

拣个（嘛）石头（嘛）拽（哟 嘿），〔灯儿梅子 轻轻 灯儿梅子 松松（呀 啊 啊）〕

这（呀么）怪奇（么）哉（呀么 嘿）。

谱例 6

薅黄瓜

（灯歌）

1=G 2/4

♩=84

利川·柏杨

奴 在呀 园中啊， 薅哇薅黄瓜 呀，

郎在高坡撒呀把沙。 情郎的冤哪家

哟 嗬嗬，你打落奴的黄瓜 花呀 咦呀喂！里 合子嘟当，外 合子嘟当，

嘛呀嘛子嘟当，冬冬 锵，里合子嘟当，外.合子嘟当，嘛呀嘛子嘟当，冬啊冬锵。

瓜了梅化也香，想啊想起情郎。情 郎 的冤哪家 哟嗬嗬，你

打落奴的 黄瓜花呀 咦呀喂！

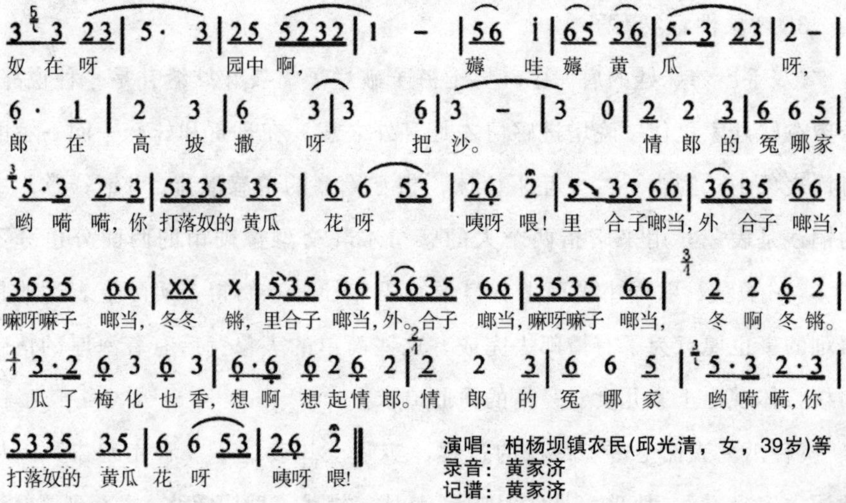

演唱：柏杨坝镇农民(邱光清，女，39岁)等
录音：黄家济
记谱：黄家济

谱例 7

啊抱着恩哪哥"的歌词，讲述舶公和妹娃的爱情。两者看似毫不相干，可事实上却有着千丝万缕的联系。土家先民把"瓜"视为生殖力的象征，民间亦有中秋"偷瓜"送子的习俗。因而主歌表面唱种瓜实则隐喻生育繁殖，与副歌的男女爱情相吻合，体现了土家人原始宗教信仰中的生殖崇拜。① 再如《龙船曲》中的一问一答："问：妹儿哪要过河哇，哪个来推我呀？答：我就来推你嘛!"也同样呈现了男女之间互生好感、你来我往的交流方式。《蚊虫五更》《尼姑叹五更》《闹五更》等都是通过蚊虫叮咬睡不着、半夜五更时翻来覆去、两眼未曾闭等表象来表达心中对情人的思念牵挂或是情人不归时内心的纠结。

双手巴着妹娃的肩

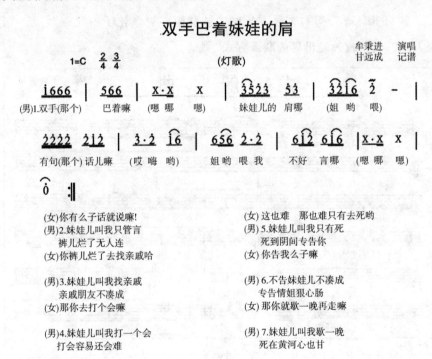

谱例8

---

① 李琼：《土汉文化交融视野下的鄂西南土家族灯歌研究》，硕士学位论文，广西大学，2016年，第42页。

4. 方言性美学因子

利川灯歌中也大量运用了方言的念法，使其与歌词融为一体。如"清""明""正""灯""拳""星"等后鼻音字在恩施方言中念为前鼻音等。据潘国东学者研究考证，恩施土家族地区"以声母 h 代替声母 f 的现象"不是古无轻唇音的遗留，也不是周边汉语方言影响的结果，而是土家语在恩施话中的底层残留成分①。

名扬四海的土家族灯歌《龙船曲》的衬词"八哥鹦（那）哥"又被土家族学者田心桃译为"包左思纳果"，在土家语中为"看那边"的意思②。土家族学者蔡元亨解读了土家族民歌衬词的文化内涵，认为灯歌中的"梭""灯儿妹子"等衬词是"历时中被肢解、被歌化了的咒语"，是"土家人同巴人宗教效验世界的联系方式"③。

谱例 9

---

① 潘国东：《恩施话中的一个土家语底层》，《大舞台》2011 年第 10 期。

② 参见潘顺福《论〈龙船调〉的民族属性》，《湖北民族学院学报》（哲学社会科学版）2004 年第 3 期。

③ 蔡元亨：《土家族民歌衬词解谜》，《中央民族大学学报》（哲学社会科学版）2000 年第 2 期。

鸦鹊嘴巴喳

（灯歌）

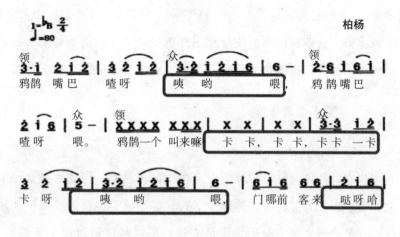

谱例 10

双手巴着妹娃的肩

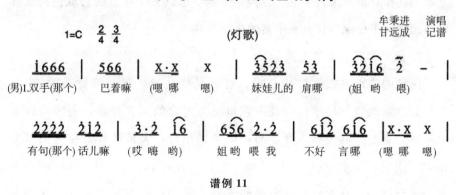

谱例 11

在歌词中大量运用各种衬词衬腔，没有实质的意义，但能起到过渡和融入音乐的作用。如《龙船曲》《双手巴着妹娃的肩》中多次出现"依哟喂""喂呀咗""嘛"，《种瓜》中出现十次的"衣哟喂""瓜（呀）"的"呀"字，以及每句末的"哪喂"都是这一类型的衬词。其他如《鸦鹊嘴巴喳》里的"咦哟喂"、模仿鸦鹊叫声的拟声词"卡卡（qia）"以及"哒呀哈"，灯调《问花》中每句末用到的"呀啊……咧"，《峨眉月儿照三更》中的"哪"，《唱起山歌送情郎》中的"嘛""啊"，《拜年歌》中的"罗"等，不胜枚举。这些衬词不但使得利川灯歌更口语化，便于传唱传播，也为歌词增添了活泼、生活化的色彩，体现了利川人民热爱生活的意趣。

（二）音乐语汇的亲民性

1. 音调简单，传播度广

利川灯歌的曲调特点，按谭宗派老先生的说法是：徵调式最多，羽调式次之；音调以三音腔为主；旋律多下行、多小跳、多级进。由于利川地处山区、丘陵地带，季节分明、生活安逸，所以其风格以欢快秀美为主。根据已有材料分析，利川灯歌的拍子大多是四二拍，简洁明了，朴实闲散中略带活泼，拍子和调式在乐曲中没有变化，节拍和音调均较为简单。加之歌词创作对象均来自生活，音调、节拍、歌词三个维度的合成使得这样的曲调更利于传唱，且具有丰富的生活旨趣。

2. 声腔多变，灵活度高

民歌的传承方式是口传心授，也即是老式的、师傅带徒弟的方式，利川灯歌虽然音调简单，但是声腔口语方言化的地方很多，很多唱腔和土家族方言的声调一致。滑音与衬词紧密结合，大量滑音是在衬词部分得到应用的，其中包括"啊""喂""呀"等常用的语气词。这些词大多都是单韵母字，在发音时，消耗的气息非常小，演唱时艺人会在这些单韵母衬词处加上滑音，使单个衬词时值延长，从而使歌曲的情感得到延伸，听觉上风格韵味更加浓厚，意境更为深化。[①] 声腔变化的滑音与日

① 李家莉：《湖北恩施土家族灯歌的艺术特征及演唱风格研究》，硕士学位论文，江西师范大学，2018年，第6页。

常生活中的语气高度融合，一方面是因为口传心授的传承方式能够较好地保存乐曲的原貌，另一方面是有意将日常生活审美化的体现。在利川灯歌演唱者的眼里，不是艺术来源于生活，而是艺术就是日常生活，它体现在土家人庆祝节日的方式、方言声腔的展现、情感表达的具体途径中，是一种审美的无意识，这正是当前生活美学所要追寻的答案。民族民间艺术的核心和灵魂即日常生活审美化，少数民族人民在多年来的劳动、创造、生产过程中，将自己的情感与智慧的表达转化为审美对象，即民族民间艺术表现形式。声腔的多变和随机性也是其艺术审美的"灵韵"所在，是区别于当代工业化、产业化艺术门类的典型特征。

3. 节奏欢快，互动性强

利川灯歌是当地土家族人逢年过节、沿街沿村、划地为台的一种传统民间歌唱，主要以贺喜祝福，展现农事活动、风光习俗和男女情爱为主题，既多传统唱段，又可即兴创作①。创作出的灯歌节奏通常是欢快的、令人愉悦的、能激发人民美好愿望的。灯歌以节日、喜庆为载体，表现人民大众的美好愿望和对生活的美好追求。节日喜庆是构成民间活态文化的基础，是民众生活的重要组成部分②。灯歌大多采取一问一答、互问互答或者自问自答的演唱形式，幽默风趣，观众的参与感强，易促成表演者与观众的互动，尤其是情歌类型的歌曲，常采取男女对唱的形式，一唱一和、一问一答，表现了当地人民对爱情的美好追求，人与人之间的和谐共生，有的还印证了民间生殖崇拜的文化基因。

利川灯歌的互动性强、群众基础好。笔者在采风期间，从当地的"非遗"传承人那里得知，以前的利川灯歌表演者逢年过节沿街演出的时候，

---

① 谭宗派主编：《利川灯歌》，湖北人民出版社 2016 年版，第 5 页。
② 黄柏权：《鄂西南灯戏的源流及艺术特色》，《怀化学院学报》2007 年第 1 期。

会对每一家说一些量身打造的吉祥话，当地人形容为"见子打子"。见子打子本来是指珠算里三盘清的手法，后来引申为形容一个人做起事来得心应手、技艺纯熟或做事情非常顺利。利川灯歌表演者会根据每一家主人的性格特点、从事的劳动种类、其他家庭成员的情况等，随机编排唱词配上欢快的节奏音调，对该户人家进行歌唱性的祝福和恭贺。主人家常被表演者唱的"好彩头"说得十分开心，会拿出烟、酒、茶、水果等热情招待表演者。在节庆期间带来好预兆和好运气的利川灯歌表演者往往受到当地老百姓的格外尊重。

（三）演出造型的生动性

1. 色彩鲜明，形象生动

利川灯歌的灯是各种各样的灯笼，这些灯笼是用竹条制成的，有八卦灯、鼓鼓灯、螃蟹灯，庄稼的一些玉米、茄子、黄瓜灯等。灯笼里面要烧蜡烛，否则晚上演出就没有灯光。蜡烛的光也不是很强，就这样几十个灯笼照着，供艺人们在场子里面演唱，老百姓就喜欢这样的感觉。[①]以前的娱乐方式很简单，老百姓盼望着过年期间能有做成各式各样、色彩丰富的灯笼，形成一种围火而聚、共同歌舞的互动方式。村民们围坐在一起能勾起观众间的同频共振，增强民族凝聚力、向心力。

采莲船另有跑旱船、玩彩船、船灯等名称。它是用竹篾扎成的宽约3尺、长约9尺的船型道具，用花纸彩绸表扎，上面装有顶篷，有的还在船上扎有莲花、莲蓬。表演时，一少女站在船中，船帮下方围上浅色蓝绸或布，以遮住少女的脚，有的还装一双假脚于表演者腰前，使人感到表演者就像真坐在船上一样。另一老艄公（男青年扮演）执

---

① 曾凡荣：《利川灯歌艺术特点及演唱探析》，硕士学位论文，武汉音乐学院，2016年，第7页。

篙前后划船。① 一般来说，造型道具的色彩常对比强烈，因为只有光照微弱的烛火，道具外观上必须对比强烈、有视觉冲击，老百姓才爱看。多彩的道具也体现了节庆时节欢快喜庆的气氛，色彩鲜明也体现出老百姓对美好生活的向往与期盼。

图4　节庆期间利川灯歌表演现场

（图片来源：恩施州文化和旅游局公众号）

2. 就地取材，来自生活

在采访当地非遗传承人陈文菊的时候，笔者了解到，在最早表演灯歌的时候，各家会拿自己家的花铺盖面子（被套）、枕头套、平日缝制衣服攒下的边角余料等原生态的材料，将其改做成演出的装扮道具。由于当时的经济发展水平相对落后、物资匮乏，土家族人民用自己生活中的各种物

① 李家莉：《湖北恩施土家族灯歌的艺术特征及演唱风格研究》，硕士学位论文，江西师范大学，2018年，第6页。

品作为演出的道具，这也是生活即艺术、生活即美的另一种体现。"玩灯"的感官体验表现出强烈的地方感，承载着人们共有的历史记忆，体现着人们对特定空间的情感。其内容深嵌于社会结构并为人们所共享，增强了人们的社会认同感。[①] 用熟悉的生活材料做演出的道具，体现了人民就地取材来做演出道具的生活智慧，以及勤劳朴素、精打细算、勤俭持家的人文品格。

图5　利川灯歌彩龙船表演现场

（图片来源：恩施州文化和旅游局公众号）

3. 装置简便，易于行动

利川灯歌在节庆期间挨家挨户地表演，从早唱到晚，从街头唱到巷尾。无论何种家庭，都会放鞭炮隆重热烈地欢迎利川灯歌表演者的到来，因为他们带来的是祈福驱厄的好兆头、好寓意。在沿街表演的时候，艺人要从早到晚地演唱好几天，灯笼的装置必须简单轻便、易于行动。其中彩

————————————————

① 陈曦、陈双美：《"玩灯"：艺术感官体验与乡村社会治理》，《民族艺术研究》2002 年第 3 期。

龙船是用竹篾做成船的造型，用彩纸糊上外壳，并由表演者"穿戴"在身上，塑造一种在湖面划船的意象，这与中国戏剧中以简单造型布景虚拟实物的审美追求不谋而合。质言之，民间艺术美学精神与中国传统艺术追求中的"意象之美""美在象外"是一致的。这些生活中的素材，经过了人民智慧的改造，满足了利川灯歌表演者的演出需求。

四　利川灯歌与生活美学的当代转向及其现实意义

利川灯歌在适应新的时代变化时，做出了一些有益尝试。灯歌目前的传承方式主要有：在当地成立灯歌传习所，每年定期开展三期灯歌传承培训；举行"灯歌进校园"活动，培养少儿灯歌队、编排特色课间操，仅最后一项 2021 年就培训了五万余人次；在社区、村寨、景区、机关、企业还有媒体上进行宣传推广等。2022 年还推出了由利川灯歌改编的广场舞七首：《双手搭在妹儿肩》《好久没到这地方来》《采茶小调》《唱起山歌送情郎》《对门对户对条街》《新版摆手舞》《利川红》等。这些都是加上了打击乐的鼓点节奏改编而成的，带有广场舞的风格，具有很强的现代感，并已经得到了广泛的认可。在利川腾龙洞的旅游景区，洞内会举行歌舞表演，它是根据土家族民间歌舞和风俗改编的现代音乐情景剧《夷水丽川》。以上都是文化界在抢救及保护民族民间艺术的道路上付出的努力。

利川灯歌的新时代转型与哲学界生活美学的理论研究转向达成一种耦合。"从理论哲学的视角回归到——人类生活实践本身。美学要获得基本理论的突破，还是要在哲学基本思路上获得新的根基。我们要通过回归现实'生活世界'的哲学转向，来重新定位美学基本理论的基石，从而为突破传统美学的局限提供新的途径。"① "生活美学美善兼顾的立场坚持得越

---

① 刘悦笛：《"生活的"实践与"实践的"生活——从现象学解读马克思美学的经典文本》，《江西社会科学》2005 年第 5 期。

彻底，便越接近社会大众审美经验的原生态。主张美学向生活回归，着力发掘生活世界中的审美价值，提升现实生活经验的审美品格，生活美学之主旨当是以美促善，化美为善，以善为美，志在增进当代人的人生幸福。"① 多位研究学者都谈到了当代哲学研究中"生活美学"的转型问题，而我国非物质文化遗产的抢救与保护也是多年来国家在文化艺术方面投入甚巨的领域，二者在现实发展与科研需求的双重向度上产生了耦合，可以说是开展本文研究的前提，也为今后民族民间非遗的传承与保护、美学的学科发展开拓了一条新的思路，扩宽了研究范畴的边界。基于上述分析，谈谈笔者对此项研究之现实意义的粗浅理解：

（一）有利于美学理论与生活实践相结合，开拓研究的新思路。王德胜教授在艺术学前沿系列讲座"美学与当代生活"中提出其观点：学界面临着理论的不断扩张与生活阐释能力相对弱化的问题，"理论的美学"陷于自我求证的知识满足，生活现实与美学知识体系的关系维系在双方都无法真正相互进入的表面性上，美学愈发概念化，缺失对生活当下的基本感受和直接发现的表达，无法对生活现实做出真正有力的回应。因此，我们在理论研究的同时需要开启新的联系实际、指导实际生活的新思路。

（二）有利于传播南方少数民族民间艺术及其审美文化，为非遗的传承与传播激发新的活力。中国当代艺术由于市场化的运作处于较危险的境地。民族民间艺术是中华优秀传统文化的瑰宝，也是承载中华民族共同体意识的文化基因，因此，对南方少数民族民间艺术内容和审美文化的挖掘，有利于我国民族民间艺术的传承与传播。我们应结合人类学"田野"调查的民族志研究范式，深入南方少数民族地区进行调研采风，获取"第一手"活态性民族民间艺术资料，在挖掘整理资料的基础上，对其进行学

---

① 薛富兴：《"生活美学"面临的问题与挑战》，《艺术评论》2010 年第 10 期。

理性分析和淬炼①，西为中用、古为今用，利用西方哲学的基础理论夯实我国民族民间艺术的理论基础，在此基础上，建构中华民族艺术美学知识谱系。

（三）有利于"理论研究"带动"艺术创作"。当代美学的转向得到了众多学者的共识，如中华美学学会会长、国际美学协会（International Association of Aesthetics）主席、中华美学学会外国美学学术委员会主任高建平在其《美学的超越与回归》一文中提出：研究美学，是研究生活、自然和社会感性的方面。中华美学学会副会长、教育部高校艺术学理论类专业教学指导委员会委员、中国文艺理论学会常务理事王德胜在艺术学前沿系列讲座"美学与当代生活"中谈道："生活的美学"所构建的，是鲜活生命经验的提纯能力、人生活动的意义发现。中国社会科学院哲学所研究员、国际美学协会五位总执委之一、中华美学学会常务理事兼副秘书长刘悦笛提出：回归生活重构美学是中国美学的新方向。中国本土思想中，历来就有"生活美学化"与"美学生活化"的传统，在中国古典文化中，美学与艺术、艺术与生活、美与生活、创造与欣赏、欣赏与批评都是内在融通的。综上，笔者认为，美学的超越与回归，需要引入新的研究材料，从生活中来，到生活中去。创作素材取自民间艺术，以其作为载体，在新时代传播主流价值观，歌唱正能量、人民的幸福生活，歌唱人与自然的和谐、人与人的和谐、人与社会的和谐，更易于被民众接受。二者的结合可以为各自的研究领域生发出新的生长点，为艺术创作提供理论基础。

作为"南方少数民族民间艺术评论人才培养项目"的学员，经过了38天的理论学习与采风考察，笔者深感我国民族民间艺术的博大精深，深知当前艺术评论工作者厚重的历史使命与责任担当。文艺评论肩负着"提高

---

① 彭修银：《国家艺术基金"南方少数民族民间艺术评论人才培养项目"招生简章》，ht-tp：//www. scuec. edu. cn/info/1042/5854. htm。

审美"的职责和使命。而评论家要完成提高文艺创作者和公众审美的使命，就必须首先提高自身的审美能力，提高自身对人类审美普遍经验和美学思想的把握程度。

在新的历史坐标上，我们要始终坚持以马克思主义文艺理论为指导，继承创新中国古代文艺批评理论优秀遗产，通过我们所思、所想、所感、所为赋予我国非物质文化遗产以新的能量，使我国的民族民间艺术获得更好的传承，提高公众审美意识，创造良好的审美生境，使民族民间文化在自由宽松的氛围中得以生发，民众在其审美场域中收获审美的自觉。

无论在何种语境之下，艺术都应该是多元共生的。中华民族美学精神也提倡各美其美、美美与共，五十六个民族都有各自的文化基因与民族记忆，那些镌刻在不同民族同胞生命里的审美体验都值得被尊重和保护。在以铸牢中华民族共同体意识为主线的当代文艺界，无论是学院派的"阳春白雪"还是民族民间的"下里巴人"都应该得到传承保护，让它们携手一道，共创繁荣，为实现中华民族伟大复兴输入源源不断的民族文化血液。

鄂西南土家族乐舞文化田野考察报告

——以利川灯歌和"肉连响"为例

朱　奕　凌　瑾

（湖南师范大学）

[摘要] "利川灯歌"是土家族人逢年过节、喜庆丰收时，沿街沿村、在房前屋后的空地上，以彩龙船、车车灯为主要道具的一种民间歌唱形式。"肉连响"，又名"肉莲湘"，它根据旧时"泥神道"演变而来，是流行于利川市的以拍打身体各个部位发出有节奏的响声为特色的土家族传统民间舞蹈。笔者以湖北恩施利川柏杨农民艺术团和利川灯歌演唱团表演的艺术形态与"肉连响"剧场表演和传统展演的舞蹈形态为对象，重点考察其表演形式和表演内容，通过梳理、深描和深入访谈的方式来解读绚丽多姿的利川民族乐舞文化。

[关键词] 鄂西南土家族；利川灯歌；"肉连响"；乐舞文化

为传播中国南方少数民族艺术，促进南方少数民族民间艺术的传承与发展，进一步建设中国少数民族艺术特有的话语范式和美学理论，笔者于2022年7月16日至23日，在国家艺术基金艺术人才培养资助项目负责人、中南民族大学文学与传播学院首席教授、湖北省人文社会科学重点研究基地"中南民族大学中南少数民族审美文化研究中心"主任彭修银的带领下，与"南方少数民族民间艺术评论人才培养项目"19 名学员谈太辉、罗岚、李月晴、樊姝乐、刘津、李聚刚、韩文超、吴妮妮、刘洋、罗素平、周卫、金枝、常立瑛、郭霁、丁远亮、窦赛、谭琴琴、熊晴怡、杨雅洁等，一同前往湖北恩施利川进行了为期一周的项目交流、采风、创作等艺术实践。随行还有项目组成员刘慧老师、中南民族大学图书馆馆长李庆福及助理秘书孙月。

一　利川地理文化概述

利川周属巴国，秦属黔中郡，汉属南郡，隋至宋属清江郡，元明清置土司制，属施州卫。清雍正十三年（1735）"改土归流"始设利川县。1949 年 11 月 14 日利川解放后仍称利川县，1986 年 9 月撤县建市称利川市。①

利川市，隶属于湖北省恩施土家族苗族自治州，位于湖北省西南边陲，西靠蜀渝，东接恩施，南邻潇湘，北依三峡，与重庆四县两区交界。属亚热带大陆性季风气候；因山峦起伏，沟壑幽深，海拔高度不同，气候差异明显，为典型的山地气候。夏无酷暑，云多雾大，日照较少，雨量充沛，空气潮湿。全境被长江第二大支流清江自西向东横贯，清江是土家族的母亲河，是古代巴人聚居、生息和繁衍的处所，也是四千多年前巴人首领廪君务相掷剑、浮舟而称王的地方。土地总面积 4588.6 平方公里，是恩施面积最大、人口最多的县级市。市境内居住着汉族、苗族、土家族、白族、壮族、藏族、彝族、侗族、畲族、蒙古族、满族等 11 个民族，形成多民族大杂居小聚居的局面。据 2020 年开展的第七次全国人口普查所示，截至 2020 年 11 月 1 日零时，全市常住人口 75.067 万人。其中，土家族人口 41.86 万人，占 55.8%。

---

① 孙绘主编：《利川民俗》，湖北人民出版社 2015 年版，第 1—3 页。

二 利川灯歌考察实录

利川灯歌是我国灯歌中一支濒临灭绝的少数民族传统音乐的活体遗存。初步挖掘整理结果表明，利川传统灯歌民间仅存五十余首，尚在传唱的不足十首，亟待保护。2011 年 5 月 23 日，利川灯歌经国务院批准列入第三批国家级非物质文化遗产名录，遗产编号：Ⅱ-142。[①]

（一）柏杨农民艺术团考察实录

7 月 17 日上午，天气晴朗，团队一行从酒店乘坐大巴来到柏杨坝镇遗宝宝风情馆。柏杨坝镇是利川灯歌的发源地，位于利川西北部，民间文化

图 1　国家艺术基金 2020 年度艺术人才培养资助项目
"南方少数民族民间艺术评论人才培养"团队成员与柏杨农民艺术团合影

（图片来源：2022 年 7 月 17 日，谈太辉摄于遗宝宝风情馆）

---

① 中华人民共和国中央人民政府发布：《国务院关于公布第三批国家级非物质文化遗产名录的通知》，http://www.gov.cn/gongbao/content/2011/content.1884885.htm。

资源十分丰富，素有"民歌之乡"的美誉，先后荣获"中国民间文化艺术之乡""湖北民歌镇""湖北省民歌民间文化生态保护区"等殊荣①。遗宝宝风情馆负责人、利川市柏杨坝镇文体广电服务中心主任陈秀莉和利川灯歌省级非遗传承人谭琴琴将柏杨坝镇本地许多传承人召集于此，成立了"柏杨农民艺术团"。柏杨农民艺术团在遗宝宝风情馆门口给团队带来了精彩的歌舞表演，表演结束后，团队在遗宝宝风情馆内对艺术团的传承人进行了简短的访谈。

1. 歌舞表演

（1）利川灯歌《龙船调》

利川灯歌，又名灯调，是当地土家族逢年过节、喜庆丰收时，沿街沿村，划地为台，以彩龙船、车车灯为主要道具的一种传统民间歌唱形式②。其生活气氛浓厚，衬词多样化，只唱喜不唱忧。如果说利川灯歌是一个大花园，其代表作《龙船调》就是花中之王，它是根据原湖北利川县文化馆音乐干部周叙卿先生1955年在利川柏杨收集记谱的一首传统民歌《种瓜调》整理改造而来。《种瓜调》主要描述瓜从种子播种、发芽到开花结果的生长过程，歌词如"正月是新年，瓜子才进园，二月是春风，瓜子才定根，三月是清明，瓜子成林子……"充满浓厚的生活气息。

柏杨农民艺术团表演的《龙船调》是集歌、舞、戏、乐为一体的艺术形式，主要是对土家幺妹儿婚嫁出门的刻画，表演时打一遍锣鼓、划一遍船、唱一段歌，具有一定的程式性。表演队伍十分庞大，共12人，其中有8名演员："彩龙船"幺妹儿1名、"车车灯"幺妹儿1名、媒婆1名、艄公1名、书生1名、船夫1名、陪妹儿2名。另有4名乐手，分别持锣、钹、鼓、马锣演奏。演员身着五彩斑斓的服饰，表演时用的道具"彩龙

---

① 利川市柏杨坝镇地方志编纂委员会编：《柏杨坝镇志》，金凤印刷厂2017年版，第3页。
② 利川市柏杨坝镇地方志编纂委员会编：《柏杨坝镇志》，金凤印刷厂2017年版，第404页。

船""车车灯""船桨"等也十分吸引人的眼球。整个表演以拿着黑色折扇、披着外胆为黑色内胆为红色披风的书生和手拿竹篙、头戴草帽、腰束丝带的艄公同台亮相开场。接着书生带领"车车灯"里的幺妹儿和媒婆，艄公带领"彩龙船"里的幺妹儿、两个陪妹儿和船夫在圆场一周后同排亮相。随后，艺人们通过唱词对话、动作互动、眼神互换进行表演。最后艄公带着7名演员圆场一周后下场。表演诙谐幽默、妙趣横生。

每个角色表演时的动作各有不同。"彩龙船"幺妹儿在舞蹈时，双手扶龙头，动作以向前进、向后退、原地逆时针摇摆做划船状为主，模仿船在水上荡漾的样子，与书生对戏时动作幅度小，表现出害羞的神态。"车车灯"幺妹儿左手拿手巾，右手持扇，以和书生见面前梳妆打扮照镜子、整理衣领、挽衣袖等动作为主，手中的扇子时而用作梳妆盒，时而又用作镜子。艄公双手持船杆，头戴"日罩子"，通过系腰带、撸衣袖、束裤腿等整理衣着的动作，表现出男性风流潇洒、气宇轩昂的气质。书生右手持

图2　柏杨农民艺术团表演利川灯歌《龙船调》

（图片来源：2022年7月17日，笔者摄于遗宝宝风情馆）

扇，头戴"日罩子"，以和幺妹儿见面前整理衣着系腰带、挽衣袖并与幺妹儿逗趣等动作为主，展现出得意扬扬的神情。媒婆头戴一朵大红花，右手持手巾，步出场后，自己整理打扮的动作不多，主要是给"车车灯"幺妹儿整理衣装。陪妹儿双手各持一个红绣球，随着"彩龙船"幺妹儿的舞蹈前进、后退，似陪在小姐身边的丫鬟。船夫双手持船桨，头戴"日罩子"，跟在彩龙船后面做出划船的动作。

（2）歌舞《莲厢》

《莲厢》是边唱边跳的歌舞表演，由 4 位艺人右手持道具"莲厢"进行表演，一人领唱，众人附和。"莲厢"又名"连响"，该道具由竹竿制成，竹竿两头各嵌着许多直径寸许的小铜钹，两端皆系有数条红细绳，在敲击身体和"甩"的动作中能够不断发出清脆的响声，灵巧生动，自由活泼。舞蹈以两人一对配合表演为主，或转圆圈，或变换队形。演员右手斜举莲厢，脚下走"十字步"，一步一甩，情绪热烈。如果仔细观察的话还可以发现，在 4 位艺人合唱的时候，他们的身后还站着 3 位男艺人同时附和，让整个声音富有圆润、饱满之感（见谱例 1）。

有关莲厢起源的民间传说有许多种，一说是一个名叫莲厢的姑娘，被心肠狠毒的老婆子收养，后又因与阿可必自由恋爱而被养母用吹火筒打死。阿可必痛不欲生，也用吹火筒在自己身上乱打，最后死在莲厢坟前。同寨青年怒不可遏，将狼心狗肺的老婆子扔下岩去，又学着阿可必用短竹棍拍打身体各部位，在两人坟前又跳又唱，以纪念这对痴情恋人。以后每逢春节，寨民必以此歌舞祭祀一番，相沿成习，名曰"打连响"。一般的连响表演，都是用连响拍打身体，又跳又唱，男女同台，参加人数不限。[①]

---

① 彭英明主编：《土家族文化通志新编》，民族出版社 2001 年版，第 264 页。

莲厢

演唱：柏杨农民艺术团
采录：凌　瑾
制谱：陈志岗

谱例1

图 3　柏杨农民艺术团表演歌舞《莲厢》

（图片来源：2022 年 7 月 17 日，笔者摄于遗宝宝风情馆）

（3）民歌《好久没到这方来》

这是一首由 3 名女艺人表演的民歌，表演无音乐伴奏。开场时艺人以丁字位站立，双手自然放在身旁。在表演过程中她们有不少手部动作，比如向前举起、双手握住放在右胯前、轻拍对方身体等。整体表演风格热情爽朗、生动活泼，群众性强。表演中唱词内容不多，有许多"衬词"的演唱部分："好久没到（喂）这方来（哟），这方的凉水长（啊）青苔（哟），吹开青苔（哟）喝凉水（啊）……"她们会换上土家族传统服饰，以青色素衣为主，中间站着的艺人上身着蓝色素衣，下身着玫红色长裤，裤脚绣有西兰卡普的式样。三人站在一起，这大概代表着女儿、妈妈、外婆三辈，暗示出传递与传承，也喻示了民族文化发芽、成长最后成为一棵坚实的大树的过程。

（4）舞蹈《龙船调的家》

《龙船调的家》是由祁付勇演唱、谈焱焱作词、杨军作曲的一首民歌，它也是杨坝镇的镇歌。柏杨农民艺术团表演的舞蹈,就采用了这首音乐作为伴奏,由谭琴琴老师和两位男艺人3人同台表演。动作将划龙船和"肉连响"的元素进行组合编排,表演豪迈、洒脱。开场时两位男艺人在后,面向左斜前方,谭琴琴老师在前,单腿跪地,3人形成一个三角形。音乐起,谭琴琴老师起身向观众挥手,原地旋转一圈后将双手举在嘴边并向前方吆喝,接着向身后的两位艺人挥手。在3人互相示意后,他们在音乐旋律下起舞,时而整齐划一地站成三角形进行舞蹈,时而围圈互动。

图4 柏杨农民艺术团表演舞蹈《龙船调的家》

(图片来源:2022年7月17日,笔者摄于遗宝宝风情馆)

由于舞蹈"肉连响"最初是男子舞,谭琴琴老师将其表演得刚劲有力，表现出男子阳刚、豪迈的气魄。艺人表演时膝盖弯曲重心下移，时而来一段握拳、弓步划船的动作，时而来一段"肉连响"的拍打组合。"肉连响"拍打变化多样，如原地拍腿、脚下走十字步同时拍打双手后拍腿、拍打额头后拍肩接着前后拍脚、围圈击掌等，动作幅度很大。舞蹈中还使用了大量高难度的技巧，如"鱼跃前滚"和"飞脚"等。

2. 传承人访谈实录

表演结束后，老艺人换上了他们日常穿的土家服饰，一排坐到遗宝宝风情馆内，彭教授和李馆长组织老师们对传承人进行访谈，因许多老艺人讲的是方言，所以由谭琴琴老师全程协助翻译。柏杨农民艺术团艺人身份多样，有利川灯歌传承人、打草鞋传承人、锣鼓传承人等（见表1）。

表1　　　　　　　　　　柏杨农民艺术团成员

序号	姓名	性别	民族	出生年份	籍贯	传承人身份	备注
1	谭琴琴	女	土家	1983 年	利川柏杨	利川灯歌州级代表性传承人	饰演"彩龙船"幺妹儿
2	陈秀莉	女	土家	不详	利川谋道	利川灯歌市级代表性传承人	
3	叶红霞	女	土家	1965 年	利川柏杨	布鞋市级代表性传承人	饰演陪妹儿
4	向朝梅	女	土家	不详	利川柏杨	千层底传承人	饰演陪妹儿
5	谭灯梅	女	土家	1970 年	利川柏杨	打草鞋传承人	
6	全友林	男	土家	1946 年	利川柏杨	利川灯歌市级代表性传承人	锣鼓伴奏中的掌鼓人
7	陈文菊	女	土家	1946 年	利川柏杨	利川灯歌市级代表性传承人	饰演媒婆
8	罗启春	女	土家	1960 年	利川柏杨	利川灯歌市级代表性传承人	饰演书生
9	朱远素	女	土家	1961 年	利川柏杨	利川灯歌市级代表性传承人	饰演"车车灯"幺妹儿
10	王孝祝	男	土家	1948 年	利川柏杨	利川灯歌市级代表性传承人	打锣鼓
11	张益祥	男	土家	1969 年	利川柏杨	锣鼓传承人	打锣鼓、利川灯歌、山民歌
12	刘德辉	男	土家	1953 年	利川柏杨	打草鞋传承人	

利川灯歌市级传承人全友林在访谈过程中提到了利川灯歌与现场打击乐队伴奏之间的关系，他说："半台锣鼓，半出戏，没得锣鼓，灯歌就唱不起来。"可见，锣鼓在灯歌的表演中扮演了十分重要的角色，他们相互照耀着彼此。从全友林老艺人的讲话中，笔者还了解到利川灯歌锣鼓采用了川剧锣鼓的节奏，且锣鼓的节奏会随着动作的变换而变化，如灯歌锣鼓开场时都打"5 捶半"，最后结束都打"6 铁环"，彩龙船表演时则为"撞来来来侧"。

图 5　柏杨农民艺术团艺人在访谈间合影

（图片来源：2022 年 7 月 17 日，谈太辉摄于遗宝宝风情馆）

（二）利川灯歌演唱团考察实录

7 月 18 日上午，团队来到利川市诸天村利川影视城参观了解了土家族的风土人情，我们置身土家人民生活场景中，围在火塘边、聆听土家婚俗、亲手磨豆腐……仿佛已经成为他们中的一员。体验了土家人民的日常生活后，利川灯歌演唱团创始人牟联华老师带领我们进入他们的精神世界。我们坐在临时搭建的一块观众席，艺人们就在离我们不到 2 米的开阔水泥地进行歌舞表演，共表演了 18 个节目。节目中包含利川灯歌、民歌、号子、薅草锣鼓等，其演唱内容多为男女情爱和农耕劳作，具有浓厚的生活气息。下午，团队对谭宗派老师与牟联华老师两位文化艺人进行了深入访谈。

表 2　　　　　　　　　　利川灯歌演唱团表演节目单

序号	节目名称	节目类型	节目时长	参演人数
1	《说起唱歌我就爱》	民歌	1′48″	10 人（5 男 5 女）
2	《扁担歌》	利川灯歌	1′39″	10 人（5 男 5 女）
3	《留小郎》	劳动号子	3′50″	7 人（6 男 1 女）
4	《情妹倒不差》	劳动号子	42″	1 人（男）
5	《鸦雀嘴巴喳》	利川灯歌	2′05″	5 人（女）
6	《梳妆歌》	民歌	1′03″	1 人（男）
7	《小小幺妹爱坏人》	民歌	1′32″	5 人（女）
8	《双手搭在妹儿肩》	民歌	2′40″	2 人（1 男 1 女）
9	《拖船号子》	劳动号子	1′20″	8 人（4 男 4 女）
10	《大田薅秧》	薅草锣鼓	1′36″	1 人（男）
11	《姐儿住在河那边》	民歌	2′52″	9 人（4 男 5 女）
12	《十月小阳春》	利川灯歌	2′02″	1 人（男）
13	《对门、对景、对首歌》	民歌	2′40″	9 人（4 男 5 女）
14	《薅黄瓜》	薅草锣鼓	1′32″	5 人（女）
15	《太阳大得很》	民歌	2′25″	10 人（5 男 5 女）
16	《连响》	肉连响	55″	8 人（4 男 4 女）
17	《盼红军》	民歌	1′10″	8 人（4 男 4 女）
18	《闹五更》	民歌	4′25″	8 人（4 男 4 女）

1. 歌舞表演

（1）劳动号子《留小郎》

劳动号子是农民在集体劳动中协同使劲时，为统一步调、减轻疲劳等所唱的歌。境内多山的利川，石头和人们的生活关系密切，劳动号子中的石工号子《留小郎》便诞生了。它是劳动号子的代表作之一，共需 7 人（6 男 1 女）参与表演，由一人领唱和指挥，其他人附和，歌曲风趣幽默，动作生动形象。艺人手持木棍分别表演"抬石""造石""打石""拖石" 4 个劳动环节，每个环节的步伐都有所不同。在"抬石"时，所有人会把木棍叠成"井"字形，将身体重心压低，保持节奏的统一，步伐沉重，演员表情也较为凝重；"打石"时，木棍竖直向下砸，步伐轻盈，演员表情愉悦（旋律、歌词见谱例 2）。

图 6　利川灯歌演唱团为国家艺术基金 2020 年度艺术人才培养资助项目
"南方少数民族民间艺术评论人才培养"团队成员表演

（图片来源：2022 年 7 月 18 日，谈太辉摄于利川影视城）

留小郎

演唱：利川灯歌演唱团
采录：凌　瑾
制谱：陈志岗

嗯 嘞 嗯 嘞 嗯 嘞 嗯 嘞 嗯 嘞嘿 哟嚯 嗯 嘞嘿

哟嚯 抬起 哟 抬起 哟 哟嚯 嗯 嘞嘿 哟嚯 四下 哟 看咯 嚯

哟嚯 嗯 嘞嘿 哟嚯 大路 啊 好走喂 哟嚯 嗯 嘞嘿 哟嚯 踩中啊

间儿 咯嚯 哟嚯 嗯 嘞嘿 哟嚯 采石的那个语来也 哟哟 嗨唑 喂
采滴那个一石头也

采石滴个排也 哟哟嚯点点 红啊哟哟嚯柳 叶 红喂 那个伊嗨
修高哦 楼 哦

accel.

唑 嚯喂 前面有个坎嘞 慢慢往前碾嘞 马上要过河哟 招呼打湿脚哟

翻过这座山嘞 快活似神仙嘞 大山的个翻过一来也 哟嚯喂那伊嗨唑 喂

谱例 2

续谱

（2）利川灯歌《鸦雀嘴巴喳》

《鸦雀嘴巴喳》也是利川灯歌的代表作品之一，在表演中由5位女艺人演唱。鸦雀，又叫喜鹊，是土家族的吉祥鸟，这首歌曲唱词模仿了鸦雀的叫声以其作为衬词，如"卡卡"，还将女子怀胎时不能做的事项列举出来，如"高板凳，坐不得，矮板凳，约不得"。演唱时艺人脸上都洋溢着灿烂的笑容，表演极具表现力，在场观看的人们也都禁不住随着艺人动情的表演附和（见谱例3）。

鸦雀嘴巴喳

演唱：利川灯歌演唱团
采录：凌 瑾
制谱：陈志岗

谱例 3

续谱

（3）薅草锣鼓《大田薅秧》

薅草锣鼓是一种独特的民族民歌艺术形式，自农耕时代就产生了，本质上表达了对土地的崇拜和对丰收的祈愿。其主要形式有文锣鼓和武锣鼓，普遍采用高腔。中国的高腔有南北之分，北方的高腔是带着风沙味，干裂；南方的高腔是带着湿润味，柔和。据了解，薅草锣鼓普遍采用高腔，一是为了增强劳动者的劳动劲头，提高生产力；二是为了威吓野兽。《大田薅秧》是薅草锣鼓的代表作之一，由牟一胜一人进行表演。它以四句七言歌词组成一个完整的曲调，主要描述了在种植水稻的过程中，在插秧结束后劳动者一边薅秧，一边拉家常的情景，其间也有打情骂俏，展现农耕和女子情爱的内容，如"又要低头扯稗子，又要抬头看娇娘"（见谱例4）。

大田薅秧

演唱：牟一胜
采录：凌　瑾
制谱：陈志岗

谱例 4

续谱

薅来 薅去 呀哟 二 哟 无心 呐 肠 啊 哟 嘿 又要 低头 啊

哟 哟 扯稗 哟 子 哎 又要 抬 头 呀

哟二 哟 看娇 哎 娘 啊 哟 嘿 心慌意 乱 呀 哟

哟 老出 哦 哦错 呐 嘿 留了 稗子 呀 哟二 哟

扯了 辽 哎 秧 哎 捡一 个螺 子 啊 哟 哟

甩 过 哦去 呐 打 湿 我 妹 妹 呀

哟 二 哟 花 衣 哎 裳 啊 哟 嘿

（4）民歌《姐儿住在河那边》

民歌是人们在田野劳动或抒发情感时即兴演唱的歌曲，它的内容广泛，结构短小，曲调爽朗，节奏自由。《姐儿住在河那边》是民歌的代表作之一，由9名演员（5女4男）表演，男演员站左边，女演员站右边，排成"顺八字"队形。他们通过男女对唱的形式，表达男女情爱的场面，歌词如下：

女：姐儿（那个）坐在（呀），河那边（呐啊）

男：河那边（呐啊）

女：过去（那个）过来（呀），要船（那个）钱（呐啊）

男：要船（那个）钱（呐啊）

女：早晨（那个）过河（呀），三升（那个）米（呀啊）

男：三升（那个）米（呀啊）

女：黑哒（那个）过河（呀），三斤（那个）盐（呐啊）

男：三斤（那个）盐（呐啊）①

图7　国家艺术基金 2020 年度艺术人才培养资助项目

"南方少数民族民间艺术评论人才培养"团队成员与利川灯歌演唱团合影留念

（图片来源：2022 年 7 月 18 日，谈太辉摄于利川影视城）

---

① 笔者据 2022 年 7 月 18 日利川市利川灯歌演唱团表演影像资料整理。

2. 表演者访谈

在艺人们表演的空隙，笔者通过现场笔录的方式，对利川灯歌演唱团进行了简短采访，发现演唱团女艺人最初进入这个演唱团的动机是"热爱"，她们单纯喜欢唱歌，闲暇时间就聚在一起唱。她们的嗓音实实在在地感染了在场所有人，她们的笑容纯真质朴。男艺人们的身份则有所不同，其中有民歌传承人、文化艺人等，具体信息见表3。

表3   利川灯歌演唱团男性成员表

序号	姓名	年龄	民族	身份
1	牟联华	61	土家	团长
2	黄大中	61	土家	成员 （当地人称"土家阿宝"，利川山民歌市级传承人）
3	牟一胜	67	土家	成员 （牟家山民歌第一位传人）
4	王广生	49	土家	成员 （利川山民歌市级传承人）
5	周辉	42	土家	成员

3. 文化艺人访谈实录

在欣赏了丰富多彩的表演后，下午项目组邀请谭宗派和牟联华两位文化艺人给我们描述了他们的所见、所闻、所想、所思，主要围绕民族传统文化传承与发展中需要注意的问题，针对如何培养民间艺术人才进行了系统的访谈。

（1）谭宗派

谭宗派，男，湖北利川人，现年87岁，文物博物副研究馆员、中国当代文博专家、利川市文化名人、恩施州民族文化守望者之星。有"土家奇人""土家文化活字典""土家文化活化石"之称。近几十年他的工作就是收集利川民间的歌谣、舞蹈。

在访谈过程中，谭老先生重点围绕"如何培养民间艺术人才"这一问题，从两个方面进行了阐述。首先，就是要追寻传统村落的历史文化根源。要真正把传统的民间歌曲和民间舞蹈保护好、传承好，追寻传统村落的历史文化根源是第一要务。一切要从这个根出发，不同的根就有不同的花、不同的果，独特的根结出的花和果才独特。谭老先生提出三个寻根方法：从文献上去寻根，从历史的发展进程上寻根，从现在遗存地名和语言上寻根。其次，努力谱写地方民族特色和特点。

图 8　访谈谭宗派

（图片来源：2022 年 7 月 18 日，笔者摄于利川影视城）

随后，谭老先生讲到他想要完成的两个心愿。一是希望自己将来能助力"土家山寨"加入世界级非物质文化遗产的行列；二是希望用自己这些年收集的许许多多利川歌谣和舞蹈，创作一台专属于利川的"土家大歌"。老先生今年 87 岁，还活跃在保护、传承与研究利川民俗文化的一线，笔者希望也能通过自己的努力，推动民间传统文化一代一代不断传递下去。

（2）牟联华

牟联华，男，湖北利川人，生于 1962 年 9 月 28 日，现年 61 岁，是利川灯歌演唱团的团长。

在访谈过程中，牟联华表示，传统民间文化的宝藏急需保护与传承。他从两个方面对这一紧迫性进行阐述：一方面是从事民间文化艺术传承的艺人已经不多了，有许多已经老了唱不动了，如果不加紧抢救的话，很多优秀民间文化会面临后继无人的局面；另一方面，在保护与传承的道路上，不是一般人就能做的，需要一定的文化底蕴，需要对历史文化进行研究，这是考虑到民歌具有一定的地域性、文化性、生活性。

随后，他谈到传统民族文化传承与保护在当今社会、经济发展中需要解决的问题。第一，要找到契合点，尽可能保存原来的风貌，在发展和弘扬中传承民族文化；第二，为与时代接轨，当改则改。由于现代年轻人在审美、兴趣爱好上发生了变化，革新是必需的，就像杨军[①]老师所说"把民族音乐时代化"。如现在传唱度很广的民歌《六口茶》，它最早就是由谭宗派老先生在利川船头寨龙水文庙听到一个老人唱的《五口茶》改编而来。《六口茶》基本上沿用了《五口茶》的歌词，是本地和外地相结合的产物。至今，利川原生态民歌已经收集到 2000 多首了。牟联华最后说道："我以前是爱好民歌，现在更多的是出于一种历史责任感。"

---

① 杨军，土家族，中国音乐家协会会员、中国音乐文学会会员、湖北省音乐家协会民族音乐委员会常务副主任、恩施州音乐家协会常务副主席，二级作曲。

图9　国家艺术基金 2020 年度艺术人才培养资助项目

"南方少数民族民间艺术评论人才培养"团队成员与谭宗派和牟联华合影

（图片来源：2022 年 7 月 18 日，谈太辉摄于利川影视城）

三　"肉连响"考察实录

"肉连响"，又名"肉莲湘"，男子舞蹈，它根据旧时"泥神道"演变而来，创生于湖北省恩施土家族苗族自治州利川市都亭、汪营、南坪一带，现流行于全市。表演时艺人上半身赤裸，下半身着短裙。表演风格热情奔放、粗放狂野。艺人脸部表情丰富，身体两边送胯幅度较大，腿部多颤抖。表演最初无乐器伴奏，由艺人清唱，后来加入手铃、足铃、环铃、头铃等乐器，现多用音乐作为伴奏。舞蹈主要以用手掌拍打额头、肩膀、手臂、手肘、腰、大腿等部位发出响声为特色。2008 年 6 月 7 日，"肉连响"经国务院批准列入第二批国家非物质文化遗产名录，遗产编号：Ⅲ-52。

（一）"肉连响"剧场展演

7月20日上午，笔者和罗岚、樊姝乐受湖北省利川市"肉连响"民族文化传艺馆馆长，湖北馨艺幼教集团党支部书记、董事长，湖北利川"肉连响"文旅开发有限公司总经理，国家级非物质文化遗产名录项目"肉连响"省级代表性传承人刘守红的邀请来到利川传媒剧场进行舞蹈"肉连响"的采录工作。我们到达利川传媒公司2楼，走出电梯就通过闻声找到了剧场里正在排练的刘守红及其团队。他们此次表演是为录制湖北省第九届少数民族运动会的参赛作品，不是传统形式的"肉连响"舞蹈，而是全民健身的健身操。

1. 表演形态

"肉连响"剧场表演由12名演员（6女6男）完成。表演有音乐伴奏，动作较复杂，舞蹈队形变化丰富多彩，主要由一男一女配合舞蹈，生动灵活，热烈欢畅。在以前，"肉连响"只有男性跳，发展到今日，性别已不再受限。此版本的表演把"肉连响"中的传统动作元素和健身操加以融合，使得作品更具表演性。

基本体态为俯、仰及屈蹲，步伐上多用颤步、十字步、流动步伐。开头时众人立于台中，双手十指打开交叉、抬头仰望，领舞将帽子托起，以表达土家人民对美好生活的向往。随后他们散开呈斜线队形，模仿劳作时耕田、纺织的动作，形象化地表达了人民的生活日常，体现了男耕女织的和谐场面。队形随后变成两个大方阵，在每个方阵前面都站着一位领头人展开斗舞，以颤步拍身为主展开一系列动作，并运用快速拍肩、拍腿的动作形成圆圈队形，进行相互穿插，从而表现田间男女嬉戏打闹的热闹场景。接着，使用男女"双打"、单人"十六响"等大幅度舞姿表达土家人民在劳作丰收后的喜悦、对生活的热情。结尾时，队形收缩还原至开头，领舞抬头遥望远方。具体队形变化如图10所示：

"肉连响"剧场表演队形图

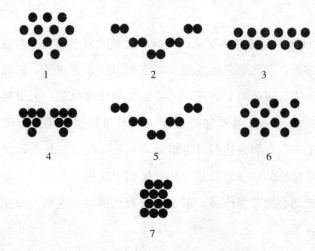

图 10　"肉连响"剧场表演队形

（图片来源：2022 年 8 月 29 日，李俭绘制）

图 11　笔者与"肉连响"剧场表演演员、摄影师和导演合影

（图片来源：2022 年 7 月 20 日，刘丽娟摄于利川传媒剧场）

在服饰上，表演者不像传统"肉连响"只穿一条短裙而舞，他们头戴插有羽毛的红色头巾，男生上半身赤裸，但肩膀部分做了修饰：在土家族西兰卡普花纹垫肩周围缝有许多红色短布条，给人一种庞大、强壮的视觉效果。女生则穿着印有西兰卡普花纹的上衣，一件缝有许多红布条的"披肩"延展到肩膀两端，只露出两只胳膊。服装颜色以红色和黑色为主。

整个作品展现了土家人民的日常生活、劳作的美好景象，表现出土家人民对于生命的认知，以男女群舞的方式，表现出年轻人对美好生活的向往。

2. "肉连响"剧场表演演员访谈实录

（1）导演潘稳禾

潘稳禾，男，35岁，土家族，利川市文旅局传承馆展示部主任，也是此次"8·8全民健身日"活动中"肉连响"剧场表演的编导。

中场休息时，笔者找到负责录制节目的导演潘稳禾，进行了简短的采访，主要探讨了舞蹈"肉连响"成为现代全民健身操的意义，以及它对传统的传承与发展的启示。

在访谈中笔者了解到，"肉连响"作为湖北省第九届少数民族运动会中的竞技项目之一，经过二度创作加工，已变成了一个全民都可以参与的、人人都可以参加的项目，这对于舞蹈"肉连响"的传承可谓是迈出了十分精彩的一步。传统的"肉连响"主要由艺人表演，套路性的动作较少，技巧性动作较多，学习难度较高，不太容易去普及。再加上现代年轻人兴趣爱好、审美情趣日新月异，不太容易接纳旧事物。但是这个版本把现代极具科学性的"操"融合了进去，跟随时代"全民健身"的热潮，让"肉连响"的动作更加丰富且适合普罗大众。具体对话内容如下：

朱奕（以下简称"朱"）：您好，今天我们是来跟随传承人进行跟踪拍摄的。他（刘守红）说上午"肉连响"的拍摄内容具有表演性质，即是经过了二度创作加工，而下午则更偏向于传统表演。刚刚在拍摄的过程当中，我也发现舞蹈整体结构十分有意思。他作为"肉连响"的传承人，跳的舞蹈既延续了以前的内容，也有自己再创作的部分。同时在录制期间我发现，您的指导迎合了媒体大众的要求，使"肉连响"吸收接纳了很多其他方面的新的内容。我觉得以现在的团队来看，成员基本以青年人为主，现在还有一些幼儿园小朋友也在跳，和以前的演出群体有了较大的变化，您是怎么看待这样的转变呢？

潘稳禾（以下简称"潘"）：首先，今天上午我们跳的这个版本，是湖北省第九届少数民族运动会中的竞技项目之一，就是把"肉连响"本身的东西向外延伸，变成一个全民都可以参与的、人人都可以跳的项目。之前的"肉连响"就是艺人们自己表演，它套路性的内容比较少，技巧性比较多，这不太容易去传承，学习难度较高。我们今天录的这个版本也是要参加那个全国全民健身的一个活动，本着将它向外传播的初心进行改编创作，让它更方便年轻人去学习。像以前的"肉连响"，从舞蹈动作上来说，它基本上就没有解放双脚，几乎是在原地跳了，我们这个版本把现代科学性的一些操式融合进去，这不仅解放了他的双脚，更能起到一个健身的作用，而且让"肉连响"的动作更加丰富且具有观赏性。

朱：挺有意思的。我们有时候在写这方面的文章时，但没有深入到这一步。比如说学校学生其实也在想：我们要怎么样编呢？学院派创编的思路应该如何？您刚刚讲"全民建身"这个是你们进行此次舞蹈改编的契机，所以对"肉连响"的动作是有要求的，包括您刚刚说到的解放双脚，我觉得是非常富有创造性的一点，希望您可以继续帮我们科普一下。

潘：一般来说，非遗传承保护有三个方面。首先是保护，就是要把原始的、祖先留下来的、原汁原味的东西把它保护好，那就是现在的传承人在做的事情。他们其实本身跳的这个就是原生态的，一步一步被传下去。其次是传承，想要传承我们就需要顺应时代，要符合大众审美。比如以前的"肉连响"，它是只有节奏没有音乐的，也没有什么唱词，可能在大家看起来会有些枯燥乏味，没人愿意进一步了解，那如何传承？其实"肉连响"里面是有它的规律的，有 3 拍的，也有 5 拍、8 拍、12 拍的，我们根据舞蹈节奏，搭配匹配的音乐然后设计动作，让它契合大众口味。还因为这个版本它需要迎合竞技体育和全民健身，所以动作跟舞台上的创作又不一样。全民健身就是要人人都能跳，当然这个版本也要符合参赛水准，所以里面有些动作还是比较难，但是全民健身的东西其实无所谓，只要喜欢你自己也可以去改，我给你提供一个这样的音乐，提供一个动机，你随便怎么跳都可以，但是动作是"肉连响"的，音乐可以随便用。最后是舞台上的艺术创作，艺术创作的话，就需要顺应比赛的主题，迎合时代，同时要保留住精华，然后将它无限放大。我觉得不能说艺术的二次改编和传统保护是不一样的，不能说这个人跳的不像"肉连响"就不是"肉连响"了，这其实无所谓的，我觉得只要好看，就是一种创新式的传承。

朱：是的，您也启发了我们的学生，因为她是舞蹈创编，但对于舞蹈创编还有很多不理解的地方，更多时候都是在二手文献上进行加工改造，甚至只是对传统进行程式化的创编。

潘：对，你要看传统的，觉得唯有原汁原味的能打，但是这样的它就不利于顺应现在的时代。就像我们如果要去央视录个节目的话，它是需要有商机的。

朱：您是哪个单位的？

潘：我们这个单位叫文旅局，文旅局下面有很多二级单位分管不同的专业，文化馆是负责群众文化的，传承馆是搞非遗传承保护展演的，还有一些是专业演员。虽然说有的人跳得不一定专业，但是他既然从事这块工作自己就需要上台。

朱：那您在这里面负责导演和编导，您也要跳吗？

潘：是的。

朱：您是舞蹈专业出身吗？

潘：我那个时候学的是歌舞专业。像这种县市级的单位，每个人要负责很多的东西。因为我们只有这样几个人，不像专业舞蹈团舞蹈演员很多、歌手很多。

朱：是的，我发现演员团队的结构层次都不一样，所以刚才这个舞蹈里面的人和这片土地契合得特别好。他（刘守红）是传统的，参加者中还有我们传统的工作人员、文化工作传播者，还有传承人、传承人的后代，还包括学校的老师和老师的孩子。

潘：他（刘守红）这里面有点复杂，他创办的一个学校又是"肉连响"的另外一个传承基地。这个操的动作最开始是从西方传来的，中国不光是"肉连响"，还有好多舞蹈都没有解放身体，只是在原地跳很久，但是西方传过来的动作它活动的范围更大，有契合我们舞蹈要求的地方，所以就中西结合了一下。

朱：对，等于您把西方的理念、一些动作创新性地融入非遗舞蹈中。我很想了解一下，这个舞蹈背后有很多传说，为什么里面会有很多拍打自己的动作呢，是因为高兴吗？

潘：首先它是男生跳的，因为那个时候生活条件不好，有好多乞讨的人要去逗你开心，就会做一些滑稽诙谐的动作；其次就是我们利川这个地方很冷，跳和拍打是为了发热，让身体暖；最后就是大家开心。

朱：我觉得这个很有意思，确实很多包括舞蹈在内的非遗传统都与当时人们的生活息息相关，很有现实意义，与其他舞蹈相比更多了一些亲切感。

潘：之前我们去参加全国第十届少数民族运动会，是纯男生跳的，获得了银奖。我们这里面有一个很现实的东西，就是男演员特别少。本来跳舞的男性就少，而且我们这个地方很难向外招生，也没有跟歌舞团合作，艺人们都是各有各的工作领域。我们之前也准备过一个版本尝试直播，还是不一样。

朱：您有没有参加过五年一次的全国少数民族舞蹈调研？

潘：暂时还没有机会参加，可能这边其他的歌舞团参加过，但我认为没有跳出我们这边的精髓。

朱：掌握其精髓后，（"肉连响"）可以很出彩。

潘：是的，一定要把那种饱含本体生命特征特质的东西跳出来，把感情完全融入进去，展现出完全的生活。要根据这个当时的感觉去讨生活，但是他也有他的情绪，情绪发泄的时候他有安静沉默的一面。这个角色的这种情感的复杂的心理要通过创作展现出来。

朱：对，它不仅是一个体育项目，注重对身体的展现，更兼具了内心的表达。

图 12　笔者采访导演潘稳禾

（图片来源：2022 年 7 月 18 日，樊姝乐摄于利川传媒剧场）

潘：慢慢发展到今天，专家觉得这个东西可以演变成全民健身的形式，让大家都来跳，老少皆宜，就像摆手舞一样。

朱：是的，谢谢您提供的这些宝贵的信息。

潘：不客气，我们都希望这个东西越做越好，希望大家都能认识"肉连响"、了解"肉连响"、学习"肉连响"，让非遗文化更多地走进大众视野。

（2）演员

随后，笔者依次对演员们进行了访谈。参加此次比赛的演员主要是利川市文广局非遗传承馆职工，还有"肉连响"传承人刘守红及其传承基地利川市馨艺幼儿园的教师们（见表 4）。

表 4　　　　　　"肉连响"剧场舞蹈演员表（含导演）

序号	姓名	性别	年龄	民族	职业或单位	毕业学校	备注
1	潘稳禾	男	35	土家	利川市文旅局传承馆展示部主任	不详	导演
2	王汤佳鑫	男	28	土家	文旅局宣传部职工	四川音乐学院	摄影师
3	刘丽娟	女	40	汉	文旅局办公室主任	湖北省艺校	负责人
4	刘守红	男	35	土家	国家级非遗项目"肉连响"省级代表性传承人；利川市"肉连响"民族文化馆馆长；利川市"肉连响"传习所所长；利川市第七届党代表；利川市"肉连响"文旅开发有限公司总经理；利川市馨艺幼儿园党支部书记	湖北师范大学	演员
5	张波	男	43	汉	利川市文旅局文化工作推广者	不详	演员
6	文倩	女	26	土家	利川市馨艺幼儿园	不详	演员
7	孙安琪	女	21	土家	利川市馨艺幼儿园	不详	演员
8	曾晓丽	女	22	汉	利川市馨艺幼儿园	不详	演员
9	邓敏	女	23	土家	利川市馨艺幼儿园	不详	演员
10	吴中豪	男	26	土家	利川市文旅局专业演员	恩施艺校	演员
11	李东徽	男	24	土家	利川市文旅局专业演员	湖北省艺校	演员
12	陈鸿	女	31	苗	文广局非遗传承馆职工	湖北省艺校	演员
13	李肖	男	35	汉	文广局非遗传承馆职工	湖北省艺校	演员
14	张洁	女	41	苗	利川市文广局非遗传承馆职工	湖北省艺校	演员

图 13　笔者采访"肉连响"省级代表性传承人刘守红

（图片来源：2022 年 7 月 18 日，樊妹乐摄于利川传媒剧场）

（二）"肉连响"传统展演

结束上午的剧场展演拍摄后，笔者一行又随传承人刘守红及传承基地艺人来到利川市腾龙洞景区进行《悬圃利川》微电影的拍摄，主要以传统的形式进行表演。

腾龙洞是利川市热门的旅游风景区，是国家级 5A 级旅游风景区，其主洞口高 74 米，宽 64 米，洞内最高处 235 米，初步探明洞总长度 52.8 公里，其中水洞伏流 16.8 公里，洞面积 200 多万平方米。

1. 表演形态

"肉连响"传统展演由 7 名男子进行，形式是载歌载舞。鼓声伴奏，有唱词。动作幅度大，力量感强。舞蹈队形变化多样，或呈圆形，或呈八字形。表演粗犷豪迈、诙谐幽默。在变化为圆形队伍时，他们边唱边舞，由一人主唱，多人附和，唱词内容为："一送姐姐嘛一顶帽，捡的一个是烂瓜瓢，抠坨黄泥巴来补到，戴起将将在额头啊，哟呵嘿，闹年节哟节哟节，哟，呵，洋灯海棠花儿香香。"①

图 14 "肉连响"传统展演

（图片来源：2022 年 7 月 20 日，笔者摄于腾龙洞洞口）

舞蹈主要以击打手、肩、腿、脚和旋肘的动作为主，膝盖弯曲，体态前倾，脚步变化多样。整个舞蹈以传承人刘守红的一阵击鼓声开场。"咚咚咚咚咚咚咚咚……"站在两旁的人嘴里吆喝着"啊"，像战士般、气

---

① 据 2022 年 7 月 21 日利川市"肉连响"传统展演成员滕飞口述史资料整理。

势腾腾地向斜前方冲出，队伍排成八字形。接着，他们有节奏、有规律地拍打自己的胸脯、双手、大腿，以这样的气势充分展现出男子的阳刚。紧接着他们又跑成两列，两人相对以击掌的形式互相拍打，带来阵阵响声。鼓声停止，刘守红放下鼓棒，队伍排列成圆形，他们边唱边跳，手上的动作以"10响"为一组，拍手掌、拍手背、右手拍额头、左手拍额头、右绕肘、左绕肘、右手举起向下拍打右大腿外侧、左手举起向下拍打左大腿外侧、右手向前拍打左脚、左手向后拍打右脚，不断重复。这些是"肉连响"最典型、最基本、最核心的动作。接着他们把重心压低，大腿打开呈半蹲状，"螃蟹式"地围圆转圈，双手向侧面和同伴击掌。最后所有人集中亮相，用一声浑厚的吆喝声"嘿"宣告表演结束（见图15）。

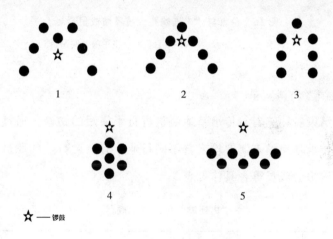

☆——锣鼓

图15　"肉连响"传统展演队形图

（图片来源：2022年8月28日，李俭绘制）

在服饰上，传统展演与上午剧场表演所着服饰有所不同，它更接近于"肉连响"原貌。演员上半身赤裸，下半身着黄色短裙，赤脚而舞。在他们的手腕、手肘、脚腕和膝盖处都系有黄色流苏绳。除刘守红头戴饰有粉红花纹的黄色绣头巾以外，其他人都戴红色头巾。

图 16　笔者与"肉连响"传统展演成员合影

（图片来源：2022 年 7 月 20 日，罗岚摄于腾龙洞洞口）

2. 表演者访谈实录

拍摄结束后，笔者与传承基地演员进行了简短的访谈。通过交流，笔者了解到传承基地的表演者均来自不同行业，有金融行业的职员、自由职业者、武术协会成员等，具体见表 5。

表 5 　　　　　　　　　　"肉连响"传统展演成员

序号	姓名	性别	年龄	民族	籍贯	职业或单位	文化层次或毕业学校
1	刘守红	男	35	土家	利川	国家级非遗项目"肉连响"省级代表性传承人；利川市"肉连响"民族文化馆馆长；利川市"肉连响"传习所所长；利川市第七届党代表；利川市"肉连响"文旅开发有限公司总经理；利川市馨艺幼儿园党支部书记	湖北师范大学（本科）
2	胡斌	男	41	汉	利川	不详	函授本科在读
3	余彪	男	33	土家	利川	自由职业	本科
4	牟鑫	男	36	土家	利川	金融顾问	高中

序号	姓名	性别	年龄	民族	籍贯	职业或单位	文化层次或毕业学校
5	滕飞	男	30	汉	利川	利川市武术协会会长	华中科技大学（本科）

四 田野调查总结

在此次考察中，笔者既完成了简单的节目采录，又深入地与艺人进行了交流。它让笔者深刻地体会到，进行田野工作的次数越多，阅历、经验也就变得越丰富，对所要调查的艺术之本质的把握也就越准确。考察过程中，我们除了能获得有关当地乐舞文化的知识、增加对资料的认知深度，还能提高我们对其他少数民族文化的理解力。这不仅对中国民族民间舞蹈的发展有益，而且对我们自身专业素养的提升也有很大的帮助。

通过田野考察，笔者还发现，利川灯歌和"肉连响"两种艺术形式的成员构成有差异。在具体年龄层次上，利川灯歌两个艺术团的成员中老年人居多，平均年龄 59 岁；"肉连响"表演团队的成员则相对年轻化，平均年龄 32 岁。在职业构成上，前者成员主要是传承人，有利川灯歌传承人、千层底传承人、打草鞋传承人等；后者成员身份则较为多样，有幼师、专业演员、职工等。在文化层次上，前者受教育程度偏低，大多是农民出身；后者大多受过良好教育，有部分毕业于高等院校，拥有较稳定的职业与收入。针对以上现象，我们应该让更多年轻人去认识和学习利川灯歌，可以把曲谱印刷成册送入课堂，或改编歌曲、录制成音乐，让它为广场舞这一大众娱乐形式伴奏。

谭宗派老师曾在访谈时说道："利川是块封闭的宝地"，恩施利川还有很多宝藏尚未发掘，希望大家能多关注非遗传承与保护，让祖辈们留下来的、原汁原味的优秀传统文化得到传播和弘扬！

众声喧哗:对《龙船调》历史溯源的再思考

吴妮妮

(清华大学)

[摘要] 自20世纪五六十年代以来,《龙船调》以其浓郁的民族风情和强大的艺术生命力,从湖北利川走向了全国乃至全世界,已成为中国民间音乐的代表作以及世界民族音乐的经典曲目。但对于《龙船调》的编创历史,特别是其编创者的身份,学界却历来存在一些争议,主要存在着两种不同的叙事版本。本着尊重历史、正本清源的初衷,本文通过田野调查、专家访谈以及相关文献的对照研究,对《龙船调》的收集整理和编创历史进行了初步梳理。在基于史实的基础上保持客观中立的态度,通过"互文性"的阅读来分析、澄清可能有的"误读",并给出合理的"判断",避免以偏概全。最终将综合各方面资料,将其客观地呈现在读者面前:不仅要看到两种截然相反的"能指",更应该看清争论背后的"所指",并从众声喧哗中准确把握艺术经典文本的主音和主调。

[关键词]《龙船调》;利川灯歌;原生态音乐;文本编创;互文性

——妹娃要过河,是哪个来推我嘛?

——我就来推你嘛!

这句《龙船调》中的经典对白，在人群中可谓传唱甚广。《龙船调》作为湖北利川民歌，它唱遍了中国、唱响于世界、唱上了太空，是中国音乐的经典代表作之一，也是世界民族音乐中一颗闪亮的星。今夏，笔者有幸参加了中南民族大学首席教授、博士生导师彭修银主持的国家艺术基金"南方少数民族民间艺术评论人才培养项目"，并跟随彭老师一道赴恩施利川地区进行田野调查和采风，来到《龙船调》的故乡——利川柏杨镇，近距离聆听、唱起那熟悉的旋律，也由此引发一些深入的思考。

问渠那得清如许，为有源头活水来。笔者在知网、万方、读秀等数据库查阅资料后发现，对《龙船调》收集整理的历史，存在两种针锋相对的说法。《龙船调》是根据利川柏杨镇灯歌《种瓜调》改编得来，在这一点上，业内已形成共识，但《龙船调》究竟是如何从一首质朴的地方民歌摇身一变成为舞台艺术经典的？有哪些人参与其中，他们又分别扮演了怎样的角色？本着尊重历史、正本清源的初衷，笔者对《龙船调》的收集整理和编创历史进行了初步梳理。

一 两种说法：编创者的"真伪"之辩

谈及龙船调，就不能不提利川灯歌。灯歌（又名灯调）是当地土家人逢年过节时，沿街沿村，划地为台，以彩龙船、车车灯为主要道具的一种传统民间歌唱。据利川柏杨 17 代灯歌嫡系传人全友发说：利川灯歌始于清初，最先是由落第秀才谭功朝（鼓师、歌师傅）和吐祥（清至 1949 年该地属湖北利川，新中国成立后划归今重庆市奉节县）乔国富（外号"乔幺妹"）等人把本地传统民歌、锣鼓和花灯表演结合起来形成的。中华人民共和国成立前已历朝、福、久、远、艺、康、永、长、德、高、年、乐、九、田、美、佐 16 代，距今约有三百年的历史。① 2011 年，利川灯歌作为

---

① 中国非物质文化遗产网发布：《利川灯歌》，https：//www.ihchina.cn/project_details/12778/。

一个新增项目,成功申请到"国家级非物质文化遗产代表性项目"。其后,利川灯歌逐渐进入学界视野,与此同时也为大众所熟知。学界虽然普遍认为《龙船调》是由利川灯歌改编而来,但对其收集整理的过程有两种不同的说法。

一种说法认为《龙船调》是由周叙卿、黄业威收集整理。1993 年 8 月,由湖北科学技术出版社出版发行的《利川市志》中记录了这样一段文字:

> 由周叙卿、黄业威搜集整理的利川民歌《龙船调》(亦名灯调、花灯、种瓜、瓜子仁调),长期在柏杨、城关、汪营、忠路一带流行,是演唱采莲船的主要曲调之一。1956 年 2 月,经过初步整理编成《龙船舞》,参加恩施地区第一届民间歌舞文艺会演,评为优秀节目。1957 年 3 月,汪营农民歌手王国盛、张顺堂在北京举行的第二届全国民间音乐舞蹈比赛大会上演唱了《龙船调》,深受欢迎。①

一些专家学者,在利川市官方出版的各类方志、书籍或期刊、报纸中皆采纳了上述观点。如《利川市柏杨坝镇志 1646—2015》②、谭宗派主编《利川灯歌》③、黄中骏《论民歌〈龙船调〉的历史传承、艺术特色和启示》④、潘顺福《论〈龙船调〉的民族属性》⑤、施咏《幺妹过河——〈龙船

---

① 湖北省利川市地方志编纂委员会:《利川市志》,湖北科学技术出版社 1993 年版,第 440 页。原文为"周绪卿",笔者更正为"周叙卿"。

② 利川市柏杨坝镇地方志编纂委员会编:《利川市柏杨坝镇志 1646—2015》,利川市柏杨坝镇地方志编纂委员会,2017 年,第 404—410 页。

③ 谭宗派主编:《利川灯歌》,湖北人民出版社 2017 年版,第 105 页。

④ 黄中骏:《论民歌〈龙船调〉的历史传承、艺术特色和启示》,《中国文艺评论》2019 年第 10 期。

⑤ 潘顺福:《论〈龙船调〉的民族属性》,《湖北民族学院学报》(哲学社会科学版)2004 年第 3 期。

调〉音乐分析——中国民歌音乐分析之十二》①、李兆普《利川民歌〈龙船调〉收集与整理经过》②、李淼《土家族民歌〈龙船调〉的历史渊源及其发展衍变》③、郑晶晶《〈龙船调〉——从利川灯歌到世界名歌》④ 等。

另一种说法则认为《龙船调》是由毛中明、杨建知、杨玉钧三位老人根据《种瓜调》集体改编而来。在《〈种瓜调〉如何唱成〈龙船调〉——三名老人讲述〈龙船调〉编演历程》一文中写道：

> 日前，毛中明、杨建知、杨玉钧三名老人以亲历改编者的身份，讲述了《种瓜调》如何唱成《龙船调》的。⑤

另外，在武汉音乐学院官网上，关于《龙船调》也有这样一段描述：

> 毛中明，著名二胡演奏家，当年带领杨玉钧、杨建知等，进一步采风，把一首在历史长河中尘封了多年，只有上下两句的利川民歌《种瓜调》加工改编成一首深受广大群众喜爱的《龙船调》。1959年全省文艺汇演成就了《龙船调》的辉煌，由此一路高歌猛进，《龙船调》成为世界25首优秀民歌之一。⑥

此外，赵娟、余开基在《关于〈龙船调〉编创历史之考证研究》（下文简称"赵文"）一文中明确提出：

———————————

① 施咏：《幺妹过河——〈龙船调〉音乐分析——中国民歌音乐分析之十二》，《音乐生活》2018年第10期。

② 李兆普：《利川民歌〈龙船调〉收集与整理经过》，《武汉文史资料》2007年第6期。

③ 李淼：《土家族民歌〈龙船调〉的历史渊源及其发展衍变》，《大众文艺》2010年第9期。

④ 郑晶晶：《〈龙船调〉——从利川灯歌到世界名歌》，《楚天都市报》2012年9月4日第38版。

⑤ 杨念明：《〈种瓜调〉如何唱成〈龙船调〉——三名老人讲述〈龙船调〉编演历程》，《湖北日报》2012年3月4日第9版。

⑥ 何玉倩：《访谈毛中明老师》，https://yjxy.whcm.edu.cn/info/1091/3874.htm。

《龙船调》是以毛中明、杨玉钧为首的原恩施地区歌舞团编创集体，根据周叙卿收集整理的利川民歌《种瓜调》改编创作的音乐作品。他们创造性的艺术劳动，为这首世界级民歌的成功问世做出了不可磨灭的贡献。《种瓜调》的搜集者周叙卿先生虽已作古，然而没有他收集的《种瓜调》，也就没有《龙船调》今日的辉煌。但没有毛中明、杨玉钧等慧眼识珠，成功地将其改编为《龙船调》，《种瓜调》可能永远不会为人所知，只能在民间音乐资料库中束之高阁了。①

作者在这里直言不讳地指出：《龙船调》是由毛中明、杨玉钧等根据《种瓜调》改编而来。他们还说，上述观点参考了《荆州文化》1988 年 8 月 4 日发表的周守宏的《〈龙船调〉沿波讨源》，《恩施日报》2012 年 2 月 18 日刊载的毛中明、杨玉钧、杨健知的《〈种瓜调〉如何成为〈龙船调〉》，以及同年 4 月 7 日记者岳琴的报道《亲历者说：龙船调由集体再创作——〈龙船调〉与文化精品名牌路》，《琴台之声》2012 年第 4 期毛中明、杨玉钧的《歌曲〈龙船调〉的创作纪实》等文章②。这些期刊报纸一致认为：

原恩施地区歌舞团毛中明、杨玉钧等在 1958 年为参加"建国十周年湖北省全省民间音乐舞蹈汇演"将《种瓜调》加工改编成今天的《龙船调》，1959 年 9 月 1 日"湖北省庆祝建国十周年全省民间音乐舞蹈会演"中，在武昌湖北剧场，由杨玉钧、向彪等演唱的《龙船调》首次与省会观众见面，并受到热烈欢迎，他们才是真正《龙船调》的创编者和首唱者。③

---

① 赵娟、余开基：《关于〈龙船调〉编创历史之考证研究》，《黄钟》（武汉音乐学院学报）2014 年第 3 期。

② 赵娟、余开基：《关于〈龙船调〉编创历史之考证研究》，《黄钟》（武汉音乐学院学报）2014 年第 3 期。

③ 赵娟、余开基：《关于〈龙船调〉编创历史之考证研究》，《黄钟》（武汉音乐学院学报），2014 年第 3 期。

　　"赵文"中主要质疑的点在于：没有相关证据能证实 1956 年 2 月《龙船舞》的演出和 1957 年 3 月《龙船调》的进京演出。据此，作者坚持认为：在 1957 年之前，只有周叙卿收集整理的《种瓜调》而没有《龙船调》。

　　事实究竟如何呢？笔者进一步查阅资料后发现，周叙卿之子周华曾在《父亲周叙卿与〈龙船调〉》一文中这样写道：

　　1953 年仲夏，父亲在柏杨采风。……他转身飞奔到农民歌手丁鸿儒家，请教他这是一首什么歌。丁鸿儒笑着说："这是一首种瓜调，玩彩龙船时唱的，都是唱的瓜儿，没什么新鲜的。"在父亲的要求下，丁鸿儒放开歌喉完整地唱起了《种瓜调》，父亲在采风本上记下了主旋律和一年四季种瓜得瓜的 10 段歌词。丁鸿儒唱完后，父亲根据记谱唱给他听。此后，又反复修改，从而整理出了《种瓜调》的词曲脚本。

　　1955 年，父亲再次深入柏杨，找到文化站工作人员和当地的民间艺人，将《种瓜调》加工排练出来，参加全县农村业余文艺汇演，获得一致好评，并被推荐参加了恩施地区的调演。利川县文化馆的舞蹈工作者黄业威对《种瓜调》的表演进行了大胆的创新，去掉彩龙船这一实物道具，以夸张虚拟的表演增加了歌舞的情趣，给观众留下更好的审美视角。父亲也再次对脚本进行修改润色，除衬词外，全部重新创作了歌词，并定名为《龙船曲》到恩施参演，获当年全地区文艺调演一等奖。

　　1956 年，湖北省举办第一届戏曲观摩演出，父亲想起了汪营小溪口的农民歌手王国盛、张顺堂。他在《龙船曲》的基础上再次进行词曲修改，定名为《龙船调》，积极推荐王国盛、张顺堂赴省演出。先是二人对唱，后来一个唱、一个吹木叶，最后合唱，充分展示了农民歌手高亢嘹亮的音域、刚柔相济的演唱技巧。不久，省文化局指定《龙船调》于 1957 年参加全国首届音乐戏曲观摩演出，不久又被确定

为进中南海汇报演出的节目之一……①

除了周华一文可以对"赵文"中质疑的内容进行澄清说明，谭宗派先生在《利川灯歌》中也对 1956 年和 1957 年发生的事件做了如下描述：

我们在编修《利川市文化志》时，对《龙船调》的收集整理从当事人、档案记录、已有文献和演唱老艺人等多方面进行过认真调查，那时不仅收集记录人之一黄业成还在，参与调查的老艺人还在，听到了他们关于在柏杨坝收集《种瓜调》，后来整理成《龙船调》在恩施汇演的详细叙述，而且，还查到了周叙卿第一次的整理稿原件。那份原件是用五线谱写成的，上面清楚地写着："《龙船曲》，柏杨丁鸿儒唱，叙卿、业成记，应谷（应谷为周叙卿笔名——作者注）整理。"②

…………

从 1956 年 2 月，《种瓜调》以《龙船舞》的形式，参加"恩施地区第一届民间歌舞文艺会演"，后取消彩龙船的表演，只唱歌曲，正式定名为《龙船调》算起，到 1966 年 5 月"文化大革命"开始为止，为第一时期。在第一时期的十年时间里，我们可以查到的有关《龙船调》的书面文字记录材料（因周叙卿、黄业成的多数记录整理资料都已在"文革"中遗失）现存很少。可以查到的较有影响的演唱人员和节目也只有 1957 年 3 月，由周叙卿推荐汪营农民歌手王国盛、张顺堂参加在北京举行的"第二届全国民间音乐舞蹈比赛大会"上首先演唱《喊喊调》（高腔山歌）、《喊喊调·对门对户对条街》未受欢迎后，才加唱《龙船调》，以及王玉珍演唱《龙船调》等少数几份文字或口头

① 王月圣主编：《龙船调的故乡》，湖北人民出版社 2005 年版，第 350—351 页。
② 谭宗派主编：《利川灯歌》，湖北人民出版社 2017 年版，第 121 页。

资料。我从 1983 年 3 月至 1989 年 7 月所从事的修志工作是在党委直接领导下的政府行为，是一件十分严肃认真的工作。《龙船调》收集整理传唱史事已载入《利川市文化志》《利川市志》和《恩施州志》。这些史实不仅经过本地文化工作者、领导的反复核实和评审，而且也经过省、州当时参加《文化志》修订工作的老文化工作者、老领导的反复核实和评审。应该说，它们是真实的，可信的。①

以上文字，不仅对《利川市志》部分记录中、表述得不太清楚的地方做了更为详细的陈述，也对《利川市志》的官方权威性给予了说明。尽管如"赵文"中所说的那样，1956 年和 1957 年的两次演出，因为特殊的历史原因，并没有留下相关的文字记载。但根据当地现存的资料表明，周叙卿与黄业威是一起在利川县文化馆工作的同事，他们也一起收集整理了《种瓜调》，且有文献记载表明，黄业威是跳舞出身，如果涉及音乐记谱应该是以周叙卿为主，而加入黄业威记谱，应该是与其参与改编《龙船舞》有关。据此，认为黄业威与周叙卿一起将《种瓜调》改编成《龙船舞》是可信的。对于周叙卿后来主导、将《龙船舞》又改编成《龙船曲》一事，又因找到了周叙卿所记录的《龙船曲》原谱而得以确认。总言之，龙船调是由种瓜调改编而来，种瓜调是周叙卿、黄业威在利川柏杨采风期间，根据丁鸿儒的演唱收集整理而来。

相对于周华的表述，笔者更倾向于谭宗派的观点。因为在 1957 年"第二届全国民间音乐舞蹈会演"上，湖北代表团的原始演出节目单上并没有王国盛、张顺堂表演的《龙船调》这个节目。尽管周华、谭宗派的观点不尽相同，但都一致表明是周叙卿发现并推荐了农民歌手王国盛、张顺堂赴北京参加会演，只是没有直接演唱《龙船调》，而是在表演了《喊喊调》与

---

① 谭宗派主编：《利川灯歌》，湖北人民出版社 2017 年版，第 126 页。

谱例1

《落魂腔》之后加演了木叶吹版的《龙船调》。为此笔者也专门上网搜索到了木叶吹版的《龙船调》，的确别有一番韵味。

1956 年和 1957 年两次演出因没有记录而受到质疑的部分虽然说清楚了，但《龙船调》真的是古已有之，抑或根据《种瓜调》改编而来的呢，这一点仍有待澄清。

另外，谭宗派在《利川灯歌》一书中提道：

> 我便从《中国民间歌曲集成·种瓜》一篇中看到了这样一行脚注文字："（灯歌·花灯·龙船调）。鄂西南·利川县。王鸿儒唱周叙卿、黄业威记。"……文献资料说明：《龙船调》来源于《种瓜调》。《龙船调》和《种瓜调》都只是"灯歌·花灯·龙船调"中的一种传统音乐曲调。①

---

① 谭宗派主编：《利川灯歌》，湖北人民出版社 2017 年版，第 129—130 页。

而在《利川市民族民间歌谣集》中亦有如下注释：

龙船调（山歌·灯调），鄂西南·利川市　土家族。①

谭宗派先生的说法与上文记载说法略有出入。前者认为《龙船调》是一直以来就存在的。《龙船调》不仅是作为一首作品存在，也是一个曲牌名，而且最初表演时会使用彩龙船作为道具。此外，《利川市民族民间故事集》中专门提到了《龙船调》的来历：

就说说《龙船调》吧！……

原来，这《龙船调》和美好的恋爱故事融合在一起，使它变得更富有情趣，更富有韵味。……

从此，清江源头，齐岳山下，就兴起了正月十五定亲，清明划船赛歌，唱《龙船调》过河成亲的习俗。②

…………

如今，鄂西利川的《龙船调》已打破国界，漂洋过海，被列为世界优秀民歌了。③

这段文字从另一个侧面印证了谭宗派关于《龙船调》古已有之的观点。此外最有价值的一段话莫过于其末尾的这篇文字：

---

① 利川市民族民间文学三套集成编委会：《中国民间故事集成　湖北卷　利川市民族民间歌谣集》，湖北民族学院印刷厂1991年版，第25页。

② 利川市民族民间文学三套集成编委会：《中国民间故事集成　湖北卷　利川市民族民间故事集》，利川市民族民间文学三套集成编委会，1989年，第172—177页。

③ 利川市民族民间文学三套集成编委会：《中国民间故事集成　湖北卷　利川市民族民间故事集》，利川市民族民间文学三套集成编委会，1989年，第172页。

讲述者　黄锡银，男，78 岁，初中，土家族，农民。家住利川都亭关东岩洞湾。

谭桂香，女，68 岁，文盲，土家族，农民。家住利川都亭关东岩洞湾。

搜集整理者　黄汝家　司警
搜集时间　　一九八四年二月
流传地区　　都亭（汪营、忠路、柏杨等地）①

最后这段文字，在表明讲述者身份的同时，也对《龙船调》古已有之的说法给予了印证。民间故事、民间歌曲都是来自民间的宝藏，是人民群众生活的有机组成部分，也是社会生活的一面镜子。从草根大众的原生态叙述中，往往可以窥见事物发展的历史脉络。

谭宗派先生之所以这么说，或许是出于对历史真实的全部掌握和了解，或许是为对历史事实进行"合法化"而做出符合逻辑的言说，究竟是哪一种原因尚不得而知。但不管怎样，研究者都应该尽量秉持一种客观、中立的态度。

二　一种假设：文本的互文性言说

经过上述探讨，《龙船调》收集整理的历史就呈现得相对比较清楚了。事实上，对事物真相的认知本就不是一蹴而就的，很多都需要站在前人的肩膀上，在不断的努力探寻中一步一步地获得。以《关于〈龙船调〉编创历史之考证研究》一文为例，如果仅仅因为缺乏其他材料佐证便对前人说法一概否定，这种做法显然有失公允。

---

① 利川市民族民间文学三套集成编委会：《中国民间故事集成　湖北卷　利川市民族民间故事集》，利川市民族民间文学三套集成编委会，1989 年，第 178 页。

从现代文艺理论研究视域来看，任何一个单独的文本都是不自足的，其文本的意义是在与其他文本交互参照、交互指涉的过程中产生的。由此，任何文本都是一种互文。诚如哥伦比亚大学教授米歇尔·里法泰尔所说，"文本不是指向它自身之外的客体，而是指向互文本。文本单词的意义不是由所指涉的事物决定，而是由预设的其他文本决定"①。对于前人的"言说"，不仅要看他们说了什么并查找相关历史证据作为支撑，同时还应该广泛查阅其他文献资料，尝试在基于史实的基础上保持客观中立的态度，通过"互文性"的阅读来分析、澄清可能有的"误读"，并给出合理的"判断"，避免以偏概全。

而历史的有趣之处就在于，那些很难考证的东西，很多时候是真假参半、虚虚实实地混在一起。作为学术研究者，重要的工作之一就是在面对这些相互抵牾的史实时能够拨云见日、寻找到历史的真相。因此，在考证《龙船调》编创的这段历史时，我们不仅要看"说什么"，即是否有历史史料的支撑、佐证，还要看"谁在说"，即言说者是谁、其代表了什么样的身份、其言说是否具有权威性诸如此类的问题，还要考量"怎么说"，以及在什么"地方"说。

梳理上述关于《龙船调》编创历史的争论，主要目的不是评价谁对谁错，而是希望能够综合各方面资料，将历史客观地呈现在读者面前。不仅是看到两种截然相反的"言说"，更要看清两种不同"言说"背后被不同思维、动机和背景所遮蔽的一种相互映射、彼此关联的关系。相信许多对《龙船调》感兴趣的人，或许也会像笔者在收集整理《龙船调》相关资料时那样，产生这样的疑问或疑惑。知网等文献数据库中关于《龙船调》的研究文章，大都是将上述两种不同的观点全盘接受，但在事实真相的发掘上却缺乏相对深入扎实的研究。

---

① Micheal Riffateerre，"Interpretation and Undecidability"，*New Literary History*，1981（12）.

近期，笔者相继采访了武汉音乐学院学报《黄钟》的主编孙晓辉教授和武汉音乐学院的周耘教授（杨匡民老师的学生）。孙晓辉老师明确表示，她倾向于支持毛中明老师的说法。孙晓辉老师曾看过毛中明老师提供的曲谱、报纸等材料，觉得是可信的，所以才采用了毛老师的观点并将其编撰到武汉音乐学院的校史中。而周耘老师则认为，因为周叙卿、黄业威和杨匡民老师均已去世，这个问题是说不清楚的。其原话如此：

> 据一般而言，《龙船调》属于花灯调，是被发现、收集的传统民歌。但我似乎也听到有人说过有其他人参与改编，但是又没有像云南的《弥渡山歌》那样有明确的词、曲作者。因为年代久远，这个事情是很难说清楚的。杨（匡民）先生在的时候有可能会一起来关注这个事情，这样就能弄清楚。但当时好像我们又没有人对这个事情有兴趣，所以也就没有人关心、继续考证了。①

事实上，毛中明老师明确提出异议是在 2012 年前后，而那时杨匡民老师还健在。他们作为武汉音乐学院的同事，或许彼此之间是认识的，且 2011 年利川灯歌"申遗"也刚刚成功，相关信息的获取、确认也较为便捷。如果毛中明老师坚持求证，笔者认为存疑的问题应该是能够说清楚的。2014 年"赵文"全文都没有提到杨匡民老师，既然都去武汉音乐学院采访了毛中明老师，为何不再多求证一下呢？据笔者推测，很有可能杨匡民老师并不支持毛中明老师的说法。作为第一个将《种瓜调》收进大学教材的学者，杨匡民老师应该十分清楚到底是谁收集、整理的《种

---

① 2022 年 8 月 6 日，笔者通过微信请教周耘教授相关问题。本段文字由笔者根据采访内容整理而成。

瓜调》。

在《龙船调——关于一首歌的非虚构记忆》中，学者王玲儿曾明确提及与杨匡民老师的对话：

———您还记得这首歌是谁收集整理的吗？

———周叙卿。

———您见过他本人吗？

———有两次吧。

———您将这首歌最先写进了教科书，有没有想到《种瓜调》会有今天？

———我不写进教科书，也会有其他人将它写进去的……是这首歌太好听了。①

通过本次梳理，笔者发现，厘清关于《龙船调》编创历史的争议对于如何看待和处理类似学术公案具有一定借鉴意义。赵娟、余开基在《关于〈龙船调〉编创历史之考证研究》一文提出：

1962 年 5 月，《龙船调》被收入《湖北民间歌曲集》、1979 年编入《恩施地区民歌集》。笔者为此查阅了《湖北民间歌曲集》，在《湖北民间歌曲集》第 489 页与《恩施地区民歌集》（下册）第 22 页中发现只有"花灯《种瓜》（瓜子仁调）"，并无现今演唱的《龙船调》。不知"龙船调大事记"中的这些说法从何而来。持与"龙船调大事记"相同观点的文章与报道中，对于周叙卿如何改编《龙船调》的过程几乎没有任何较为具体的论述，一笔带过，且自相矛盾，至今也找不到

---

① 王玲儿：《龙船调——关于一首歌的非虚构记忆》，长江文艺出版社 2017 年版，第 168 页。

令人信服的证据支撑。①

关于这部分的陈述，有一部分确为客观事实。当时记录的的确不是《龙船调》而是《种瓜》。但"赵文"说《恩施地区民歌集》（下册）第 22 页中发现只有"花灯《种瓜》（瓜子仁调）"则不够精准。实际上，《恩施地区民歌集》（下册）完整记录的内容如下：

《种瓜》【利川 柏杨】（灯调·花灯·瓜子仁调）②

这说明《种瓜》确为利川灯歌的一种。杨匡民老师还在《恩施地区民歌简介》一文中提道：

此外，还有可以加唱的狮子舞与龙灯。

解放后，灯调民歌逐步出新和发展，成为舞台歌舞形式。③

之后，杨匡民老师还参与了 1988 年由人民音乐出版社出版的《中国民间歌曲集成（湖北卷·下卷）》，此时对于《种瓜》的实际收录已更新为如下内容：

种瓜（灯歌·花灯·龙船调）鄂西南·利川县。④

---

① 赵娟、余开基：《关于〈龙船调〉编创历史之考证研究》，《黄钟》（武汉音乐学院学报）2014 年第 3 期。

② 湖北省恩施行政专员公署文化局编：《恩施地区民歌集（简谱本）》（下册），内部资料，1979 年，第 22 页。笔者将原书名中的"简普"改为"简谱"。

③ 湖北省恩施行政专员公署文化局编：《恩施地区民歌集（简谱本）》（上册），内部资料，1979 年，第 8 页。笔者将原书名中的"简普"改为"简谱"。

④ 《中国民间歌曲集成》全国编辑委员会编：《中国民间歌曲集成 湖北卷·下卷》，人民音乐出版社 1988 年版，第 841 页。

因此，如果只抓住一点不计其余，并据此想要推翻关于《龙船调》的全部历史记忆，显然是不够客观的。同时这也提醒民间音乐工作者，在标记著述信息时一定要准确。《龙船调》的收集整理过程所遭遇的误读就是最好的例子。事实上，在后来修订的《利川县志》中，上述表述不够准确的文字就已经被删掉。

此外，在研究过程中，笔者还发现了一些似乎仍有待商榷的表述和结论。

其一，很多公开的报道都曾谈到《龙船调》被联合国教科文组织认定为世界最优秀的 25 首民歌之一。中共湖北省委的机关报《湖北日报》，在《从文化符号到发展品牌——利川龙船调的另一种唱法》一文中提道：20世纪 80 年代，《龙船调》即被联合国教科文组织评为世界 25 首优秀民歌之一[1]。亦有研究者表示：据联合国教科文组织 1986 年调查统计，《龙船调》是全世界流传地域最广的十首民歌之一；1991 年 10 月，联合国教科文组织又把《龙船调》作为全世界 25 首优秀民歌之一向全世界公布。[2] 这些说法中，联合国教科文组织选定《龙船调》为世界 25 首优秀民歌之一的时间节点并不一致，且经过笔者在国际互联网和联合国教科文组织电子资料库等途径查证，尚未发现支持上述任何说法的明确证据。这种宣传语对《龙船调》的传播和推广尽管起到了一定的积极作用，但在使用时还是有必要采取客观严谨的科学态度，小心求证，还原真相。

其二，有很多记谱信息都将"丁鸿儒演唱"误记为"王鸿儒演唱"。类似这种"误记"希望也能在将来得到更正。

作为独具特色的原生态民间音乐经典，《龙船调》的编创和传唱离不开"言说"过程也即参与其文本定型的每个人的努力，这更像是一个齐心协力推动其传播、演唱的过程。借助田野考察的机会，近距离观察这些经

① 刘长松：《从文化符号到发展品牌——利川龙船调的另一种唱法》，《湖北日报》2010 年11 月 5 日第 5 版。

② 覃太智、覃发扬：《利川土司文化概观》，湖北人民出版社 2011 年版，第 121 页。

典在当下有些什么样的变异以及发现那些"被建构"的可能性，这将是在梳理厘清《龙船调》有关历史文本基础上的另一值得研究的课题。

本文在写作过程中得到中南民族大学彭修银教授、中南民族大学图书馆馆长李庆福教授、武汉大学陈水云教授、中央音乐学院宋瑾教授和杨民康教授、武汉音乐学院周耘教授和孙晓辉教授、原恩施州利川市文化馆副馆长谭宗派先生还有作家王玲儿的支持。

从农耕言说到身份认同：少数民族艺术传播的空间转向

——基于利川民歌传播现状的民族志考察

常立瑛

（中南民族大学）

[摘要] 随着社会结构和秩序的变迁，少数民族艺术传播机制发生变化。在农耕文明时代，少数民族艺术文本生产具有言说表征，建构了社会共享意义系统，承担着生命保存、劳动实践、集体记忆书写等功能。以经济场域变迁为主要驱动，少数民族艺术逐渐失去了农耕言说的功能，进入城市文化空间。城市中的兴趣社群以少数民族艺术为载体，带着童年的记忆与想象来寻求文化上的身份认同，中间的断裂使其成为熟悉的他者化体验。而知识、经济、制度等因素构成的文化权力建构了文化空间，并呈现不均衡发展。文章最后讨论未来的两种走向，一是促进民族文化的大众化发展，二是将其挪用拼接在文化工业中，使其成为后现代语境下的民族符号。

[关键词] 少数民族艺术；文化传播；农耕言说；身份认同；空间转向

随着城市化与工业化空间的扩张，农耕文明的生存场域受到了挤压，少数民族艺术传播空间发生了转变，其文本生产、传播路径、文本接受面临着现代性困境，并呈现出新的特征。少数民族艺术是中华民族的历史记忆，带有素朴的生命意识和农耕文明的伦理特征，它的生命力和传播力曾经如何存在、当下现状如何、未来面向何处并以何种表征存在于社会文化生活中，是本文重点思考的问题。通过对湖北利川民歌进行田野调查，笔者试图回答少数民族艺术传播空间的转向问题。

一　问题意识与研究方法

2022 年 7 月利川灯歌州级传承人谭琴琴在"南方少数民族艺术评论人才培养项目"的会议中发言，她说利川民歌旋律动听、内容丰富，歌唱了土家人的劳动生活，不过目前来看，只有年龄大一些的人才会唱一些，土家族年轻人会唱当地民歌的越来越少了。曾经在日常生活中活跃的民间文化日渐式微，这是少数民族艺术共同面临的困境。如果将其嵌入历史文化语境与社会结构变迁中去理解，少数民族艺术传播与文本接受其实是一个社会学和传播学交织在一起的问题，本文试图从少数民族艺术与其社会生活之间的关系、文化想象与现实勾连、意义表征建构与社交交往、文化身份的认同等方面来寻求解释。

本文旨在探究三个问题：第一，通过对利川民歌传播现状进行田野调查、对利川民歌传承代表进行深度访谈，来积累利川民歌传播现状中的主体性实践经验；第二，探究利川民歌的文本生产机制，分析民歌在农耕文明社会中传播的驱动力是什么、发挥着何种社会功能，以及东方文化审美究竟以何种表征存在；第三，探究利川民歌在现代社会场域下，传播空间逐渐由农村转向城市的内在因素以及文化接受视域是如何形成的。通过以上三点对利川民歌传播空间的转向进行解释。

本研究通过参与式观察法、访谈法、文本内容分析法等路径，洞察利川民歌传播空间转向背后的社会文化因素，包括传播实践现状、文本生产机制、身份认同等问题。笔者于 2022 年 7 月中下旬在湖北利川进行田野调研，调研地点为利川城区、柏杨坝镇、毛坝镇、谋道镇苏马荡景区。笔者分别观看了利川市"牟联华民歌团队"、柏杨坝"谭琴琴团队"、毛坝"柏义双团队"的民歌演出，还与牟联华、牟一胜、王广生、袁娟、田敏、周辉、周文翠、庞芙蓉等人进行了 0.5—1 个小时的面对面访谈，与受访人吴峙林进行的是微信访谈，访谈时间集中在 2022 年 7 月 18—24 日，访谈地点为受访人家中或工作单位。在此过程中，笔者尽量减少主客二元对立视角，尽量以主体间性的文化视角走进田野，让本人这位拥有异质文化背景的他者能够更有效地与受访者进行对话，将参与式观察和访谈深描化，并对受访者使用手机媒介传播利川民歌的情况进行长期的跟踪观察。综合网络信息，将人、物、地点、时间、社会作为辩证统一的整体，在人文历史脉络中对其进行理解，使其具有代表性和普遍性，并直指问题核心：少数民族艺术在当下传播空间的转向机制，及其文化意涵与意义指涉的内在演变。

表 1 受访者信息一览

编号	姓名	性别	年龄	职业	利川民歌掌握情况	学习渠道	备注说明
1	牟联华	男	61 岁	党校退休/培训学校经营者	100 首左右	从小耳濡目染，后来组建利川民歌团队	经常带领团队无偿演出、传播利川民歌
2	牟一胜	男	67 岁	农民	基本上都会唱	父亲是一代歌王牟奇祥，跟着父亲学唱民歌	州级非遗传承人
3	王广生	男	49 岁	个体户（副食烟酒零售）	100 首左右	从小耳濡目染，后期又专门收集歌曲	市级非遗传承人
4	周辉	男	42 岁	个体户（经营药店、民宿）	40 首左右	从小耳濡目染，后在牟联华老师团队学习	参加过 2019 年《中国好声音》

续表

编号	姓名	性别	年龄	职业	利川民歌掌握情况	学习渠道	备注说明
5	吴崎林	男	24岁	舞狮乐队演员	20首左右	19岁开始学习唱灯歌，爷爷的哥哥是灯歌演员，从小耳濡目染	曾在登封塔沟武术学校学习3年武术
6	谭琴琴	女	39岁	利川灯歌演员	100首左右	从小耳濡目染，外婆是民歌演唱者	州级非遗传承人，柏杨坝镇文体广电服务中心二区人才
7	袁娟	女	50岁	退休职工	20首左右	在牟联华老师团队学习	社区文艺骨干
8	田敏	女	59岁	退休医生	20首左右	在牟联华老师团队学习	利川民歌爱好者
9	周文翠	女	55岁	农民/村干部	60首左右	由毛坝镇组织统一培训学习	市级非遗传承人
10	李兰英	女	64岁	农民	100首左右	由毛坝镇组织统一培训学习	傩戏《打土地》市级传承人
11	庞芙蓉	女	32岁	个体户（茶叶经营）	—	—	周文翠儿媳妇，早年在深圳工作

二　文献综述

（一）农耕言说

　　索绪尔指出应将语言和言语区分开来，语言指的是一般规则和信码，是一套社会文化惯例的产物，组成了社会规则的基本结构和秩序。此处"语言"是广义上的，各种视觉形象、以身体为载体的动作、能够表达出复杂关系的音乐背后也有"语言"。言语则包括口语沟通、书写或者描绘等在内的主体使用语言系统的规则和结构生产出来的内容。言语是社会性的语言实践，是借助社会体系内共享的文化信码进行的意向性实践。语言和言语概念的提出，为理解不同社会形态下人类交流符号意涵提供了理论支撑和解释视角。在农耕文明中，语言的"广义"表征较为明显，并且是动态实践的，如带有共享意义的行为（舞蹈动作）、声音（语言、音乐）等。农耕社会依赖一套共享符号的言语建构社会，由于口头的突出特性，在本文中将言语定义为言说。以口语言说为代表的"声音语言"，相比书面文字，并不需要精英式的训练和学习，在日常生活的交流交往中便可掌握习得，是农耕文明时期最早也是最重要的交流媒介之一。

口语言说促进了农耕文明的发展与延续，带有农耕社会的意涵。农耕地区以一家一户为基本的生产单位，在对生产工具和生产资料的占有中，人力、物力、畜力都能得到充分的利用。因具有较多的人身自由，劳动人民在精神层面能够发挥出更多想象力，他们用熟悉的、代代相传的话语体系去描述、分析、理解他们所看到、听到以及亲身经历的，自在自为地建构言说空间。口语言说是农耕文明得以发展的媒介物质，是最基本、灵活的沟通手段。费孝通先生认为乡土社会中不需要文字，因为面对面的社群有共同的经验和共享意义系统①，在此基础上，仅仅使用简单的言语，就可以进行正常的社会生产与交往。农耕文明下的口语言说，可以更确切地概括为"农耕言说"。它是农耕文明下，在同一稳定的区域社会中，劳动人民自主自发地创作出的意义共享的语言，是一套进行日常生活交往、集体劳动、维护社会秩序的言语实践系统。农耕言说是中华文明价值、知识、实践体系表征的运作方式，与社会秩序、文化传统、人伦思想相互形塑。由于少数民族地区地理位置偏僻，交通不便，农耕文明形态持续时间更长，少数民族艺术在社会交往中承担了语言符号的功能，是农耕言说的重要体现。

（二）身份认同

身份与认同的概念需要进一步厘清。"同一""身份""认同"三个概

---

① 费孝通：《乡土中国》，上海人民出版社 2006 年版，第 10—14 页。

念的英文单词均为 identity。identity 源于古法语 identite 和晚期拉丁语 identitas，由词根 idem（"同一"）构成，所以 identity 的基本含义强调的是同一性。有关 identity 最早的探讨出现在哲学领域，柏拉图、海德格尔都将"同一"与"差异"进行互相比照。20 世纪 60 年代以后，由于全球化进程加速，人口流动加剧，identity 从哲学的范畴逐渐进入对社会、性别、国家和文化属性认同的探讨中。[①] 根据利科的观点，identity 有两种基本含义：身份和认同。身份是名词，是指个人或群体在固定的地理环境下，根据某些明确的特征、依据和尺度，进行镜像式的心理投射，赋予自我身份定位，是相对固定的、内在的参照尺度[②]；认同是动词，是指寻求一种文化认同的行为，人们会通过文化建构和时间的积累，产生一种叙事认同，也即通过主体的叙事再现自我。认同中主体建构的重要性被强化，斯图亚特·霍尔认为身份认同通常处在一个未完成、建构性的状态。[③]

现代社会中，认同危机是一个现代性现象[④]。当扎根于传统社区、亲属体系、地缘关系等的集体归属感被运动式的、外缘性的社会变迁剥夺并取代，身份焦虑和认同游离使主体无法得到先验自我的支撑，人类生存的意义感和身份归属感受到了严重的冲击。由于认同具有同一性和连续性，身份认同的内因常与伦理道德、人生的意义相关联。随着中国社会不同程度地主动或被动卷入城市化、工业化的变迁中，人们在谈及过往时不知身归何处，身份认同成为一个困扰许多人的难题。经济文化变迁冲击了原有生活空间，这在少数民族地区更为明显。

---

① 廖炳惠：《关键词 200：文学与批评研究的通用词汇编》，江苏教育出版社 2006 年版，第 129 页。

② 阎嘉：《文学研究中的文化身份与文化认同问题》，《江西社会科学》2006 年第 9 期。

③ ［英］斯图亚特·霍尔：《文化身份与族裔散居》，载罗钢、刘象愚主编《文化研究读本》，中国社会科学出版社 2000 年版，第 209—211 页。

④ J. E. Davis, *Identity and Social Change*, New Jersey: Transactions Publishers, 2000, p. 137.

身份认同在现代性语境下,是一套复杂的话语诉求,背后有与主流话语体系衔接、满足群体心理、生产象征符号等一系列社会文化心理的驱动。身份认同从农耕言说的实在经验不得不走向现代社会的抽象想象。

(三) 空间与文化空间

恩格斯在《政治经济学批判大纲》中对"空间"的概念做过阐释,他认为资本主义的发展趋势是"以时间消灭空间":通过改进运输和传播工具,减少在两地之间货品、人和信息运输交流的时间,从而最大限度地实现资本扩张。此处提及的空间,更多指涉人类社会生产关系、生产方式以及日常生活的整体存在所占据的空间。拉什和厄里认为资本并没有消灭空间,而是在这个过程中变革了社会秩序、对主体重新进行了建构①。列斐伏尔与他的观点相近,认为从一种生产方式转换到另外一种生产方式,必然伴随着新空间的产生②。在传播政治经济学方面,英尼斯试图在媒介形式、时间与空间、权力和结构之间建立联系,认为传播过程在空间化过程中占据核心地位③。

在哲学与人类学领域,自然空间外的空间主要指人化的空间,其中包含各种社会关系、生产、活动、交往、组织等,是人类有目的的劳动应用。福柯认为空间、时间、社会存在是三位一体的,三者一道构成了具体的人类社会。海德格尔对空间的思考,更多体现在人与空间环境的关系上,这种关系具有张力,最终指向了一种文化空间:人类诗意地栖居。梅洛-庞蒂提出身体就是最原始的空间,强调空间中身体主体在场的重要性,只有身体空间在场,才能在这个世界中看到不同的视角和方位。存在主义

---

① [英]斯科特·拉什、约翰·厄里:《组织化资本主义的终结》,征庚圣等译,江苏人民出版社 2001 年版,第 9 页。

② [法]亨利·列斐伏尔:《空间的生产》,刘怀玉等译,商务印书馆 2021 年版,第 23 页。

③ [加]哈罗德·英尼斯:《传播的偏向》,何道宽译,中国大百科全书出版社 2021 年版。

哲学给空间带来了更多人文观照。

一方面，物理空间在交通与通信的发展中被压缩；另一方面，文化空间让人类的生存空间得到超越与自我保存。2003 年 10 月 17 日联合国教科文组织第 32 次会议正式通过的《保护非物质文化遗产公约》第 2 条"定义"中对非物质文化遗产的最终认定也指向了"文化空间"①。文化空间成为一种文化演变的场所，它是人类精神世界的在场证明，当商品化的资本力量不断在压缩物理空间时，文化空间将是文化反省与文化自觉的抵抗性场域。

三 利川民歌传播现状的田野考察

（一）何为利川民歌

《中国音乐词典》对民歌的定义为：民歌是劳动人民为了表达思想感情而集体创作的一种艺术形式，它源于生活，又对生活有着广泛深入的作用②。从该定义中可以看出，民歌这一概念中有这样一些要点：创作主体为劳动人民，创作形式为集体创作，内容来自日常生活的表达，同时对生活实践又有着理论上的指导作用。山民歌是在民歌的基础上，将歌曲的最初传唱空间限定为"山"的自然环境。由于利川属云贵高原东北的延伸部分，山地、峡谷、盆地及河谷平川相互交错，因而又有将利川民歌称作山民歌的说法。

在利川传唱的民歌不仅有在大山的场景中诞生的，还有在田间地头的生产劳动、婚恋社交、节庆娱乐中产生的，因此，本次研究中采用了"利

---

① 《联合国教科文组织人类口头和非物质遗产代表作申报指南》，文化艺术出版社 2005 年版，第 2 页。

② 中国艺术研究院音乐研究所《中国音乐词典》编辑部编：《中国音乐词典》，人民音乐出版社 1985 年版，第 268 页。

川民歌"这一概念。利川民歌涵盖了在利川范围内，由土家族劳动人民集体创作传唱、用来表达日常生活的诸多口头活态艺术形式。以歌唱场景与功能作为分类标准，主要可以分为灯歌、号子、小调、田歌四种。灯歌为春节期间上九日至元宵节展演花灯时唱的民歌，比如《种瓜调》（后来被改成《龙船调》）；号子是为了在劳动时互相鼓气唱的歌，比如穿山号子；小调通常指那些在日常社交娱乐时唱的民歌；田歌是在田间地头劳作时唱的民歌，比如薅草锣鼓。四种民歌内容和曲调又有一些交叉。

（二）利川民歌传承实践

利川每个人都能够哼唱上几句民歌，但由于为生计奔波，很少有人再专门学习歌唱，利川民歌不可避免地遭受着现代化的冲击。当问起一些艺人他们跟谁学的，大多数回答都是小时候跟着家人、邻居耳濡目染学会的。这种非专业性正好说明了利川民歌的有机性和整体性，它流传于日常生活的人际撒播之中。利川民歌的系统学习和传承，目前主要由政府主导并由民间团体来担纲，会进行一些群体性的学习、排练、演出。较为有影响力的团体组织有毛坝"柏义双团队"、柏杨坝"谭琴琴团队"、利川市"牟联华民歌团队"。

毛坝镇"柏义双团队"，以柏义双为核心演唱人物，团队由毛坝文化站组织领导。2003年政府开始重视非物质文化遗产的传承，由政府文化部门主导的集体学习民歌的活动由此开启。团队成立初期召集了20人左右，队员文化水平较低，还有一些人不识字。学习班将曾经流散在民间的当地民歌进行收集整理，找到一些老人来教大家唱歌。每逢日期末位数为2、5、8的晚上进行3个小时的学习，一共坚持练习唱歌10年。周文翠高中文化，是村干部，积极参与民歌传承活动。包括周文翠在内的不少人，在练习唱歌的过程中，逐渐爱上了民歌。如今文化站也会安排他们进行演出，主要面向观光游客、考察领导、高校采风团等，演出服装均由文化站

127

提供，每人每次演出的酬劳为 50 元。唱民歌并非一份全职工作，一些人要外出谋生计或者帮忙带孙辈，现在团队只剩下 10 人左右在活动。主力歌手柏义双因煤气中毒而嗓子受伤，对唱歌产生了较大影响。镇里一些会唱许多民歌的老人逐渐去世，民歌的传承也越发困难起来。年轻人都出去学习或者工作，对民歌接受度很低。周文翠在 10 年间大概学了 100 首民歌，并对歌谱进行了收集整理，她说毕竟有些人会唱歌，但是不识字，她是带着文化责任感在做这件事，包括这次接受采访。

柏杨坝是利川民歌灯歌的重要发源地，是著名歌曲《龙船调》的故乡（《龙船调》改编于利川灯歌《种瓜调》）。聂成与刘林安曾经是柏杨坝著名的歌手，会唱许多灯歌，聂成 2022 年患了脑梗，说话不是很清楚，刘林安 80 多岁，腿脚不是很方便。柏杨坝团队目前以"80 后"的新生代谭琴琴为代表。谭琴琴自幼跟随外婆学唱灯歌，深受影响，现从事灯歌演唱与推广事业。她在 2019 年创办了遗宝宝风情馆，对土家传统工艺品进行展示售卖，灯歌队也常以此为据点进行演出。2020 年谭琴琴将利川市柏杨坝镇歌《龙船调的家》改编成特色课间操，现已推广至全镇 12 所小学。她还在 2018 年注册了抖音号"土家幺妹谭琴"传播利川灯歌。

利川市"牟联华民歌团队"是民间自发组织的非营利性的兴趣社群。牟联华在 2012 年创办了利川民歌艺术团，目前团队人数在 50 人左右，年龄从 20 多岁到 70 岁出头，主力队员主要集中在 40—50 岁年龄段，团队成员从事的职业有公务员、事业单位工作人员、医生、教师、个体工商户、农民等，经常参与活动的有 20 人左右。牟联华是党校退休干部，现在经营一家公务员培训学校，他每周末都会在教室里组织利川民歌排练学习活动，他会邀请民歌歌手牟一胜免费给队员做培训，同时团队也常面向外地企事业单位、高校采风团队、旅游团队、当地居民村民进行免费演出，借此机会传播利川民歌。

在农村与城市的不同空间中，利川民歌的文本生产者、传播者、传播动力呈现出不同的特点。在城市里的利川民歌演唱者通常具备一定的经济基础,他们演唱多出于爱好和文化自觉,而在农村,往往因为经济和制度的动因,人们会被组织起来学习演唱。从审美角度来说,利川民歌在城市文化空间中更具有无目的性和无功利性。利川民歌传播空间有逐渐从农耕社会团体转向城市兴趣社群的趋势。

(三) 利川民歌传播的结构性困境

民歌是自然农耕生活里劳动人民集体的劳动创作,过去通常会在特定的生活文化空间内生产传播,然而在资本与技术全球化的驱动下,劳动人民的生活空间受到了严重挤压。这种挤压带来了利川民歌传播传承的结构性困境,挤压包括三个方面:其一,经济与技术挤压农耕空间,随着城市化与工业化齐头并进地发展,20世纪80年代以后,许多农村人随着经济开放的大潮迁移到城市工作居住,农村老龄化、空心化问题较为普遍,民歌传唱失去了言说的载体;其二,流行文化挤压农耕文化,比如周文翠的儿子、媳妇都不怎么会唱民歌,他们更喜欢流行歌曲,儿媳妇庞芙蓉认为这些民歌听起来有点土,可见流行文化重塑了欣赏趣味;其三,制度化挤压有机化,比如毛坝的李兴爱,既会跳绕棺舞,又会唱民歌,但是他被政府仅认定为是绕棺舞的非遗传承人,在制度规则的形塑下,民间文化的有机性被结构性地割裂。

随着农耕文化空间被城市文明挤压,利川民歌逐渐失去了传播的动力和语境。传承人的老龄化、利川民歌数量上的流失和乐手创作能力的逐渐衰减,民间文化生命力日渐式微。

四 农耕言说与社会交往

利川民歌是这样一种农耕言说,它是在面对面的沟通交流中建立起的,基于人际传播的意义共享系统,带有东方美学中素朴的生命意识,体现了整体性的"我—你"关系。利川民歌传播场是在自然、农田中,是在人们的生活之中。它承载着农耕文明的社会交往功能，对于提高劳动效率、实现生命的延续与自我保存、书写集体记忆都有着重要的价值。

（一）唱歌与言说

牟一胜的父亲牟奇祥，被称为一代歌王，据说可以"唱上三天三夜"，能够看到什么就唱什么，也即根据固有的曲调，即兴创作出歌词。民歌的诞生即是如此，朴素的劳动生活为人们提供了无尽的创作素材。比如流传至今的《扁担歌》《薅黄瓜》《闹五更》《掐韭菜》《种瓜调》《太阳大得很》，从歌名就上可看出它们是对劳动生活场景的生动言说。利川民歌生长在生活场景之中，利川民歌就是他们的"语言"，他们唱的就是自己的生活，唱出来也就相当于说出来。人与自然界的事物可以在精神领域相互沟通，这是东方民族审美文化中最基本的自然文化哲学根基。[1]

由于"说"与"唱"之间界限模糊，民歌也给言说提供了感性和直觉性的社会想象。利川民歌在内容上偏向"口语化的说话"。民歌中常涉及自然环境、动物、季节、生活场景等内容，比如"太阳""鸦鹊""门""妹儿""姐儿""河水""十月""五更"等。这些意象通常在意指上是直白而明确的，这也是民歌作为日常语言功能的表现。牟一胜说父亲牟奇祥"唱三天三夜"，唱《太阳大得很》唱了180多段，从早唱到晚，早上看到太阳就唱太阳，中午看到河流就唱河流，晚上看到月亮升起来就唱月亮，有唱不完的歌。正因为唱歌就是说话，是在将看到的景观转化为语言，而非恪守清规戒律的艺术创作，从而才能呈现一种自由洒脱的状态。

中国农耕文明时期，人与自然会被作为一个有机的、统一的整体去把握[2]。有机的农耕文明更多体现在人与自然交融共存的生活状态。通过对

---

[1]　彭修银：《东方美学》，人民出版社2008年版，第93页。

[2]　彭修银：《东方美学》，人民出版社2008年版，第91页。

自然规律的细心洞察，人们形成了一定的感性认识和理性认知，随着时间积累，农耕言说逐渐形成了那种神秘的先验心态结构。牟联华展示了一条视频，内容是队员在溪水边唱歌，他说："有些歌就得在青山绿水中唱，才能唱出那个'味儿'，他们懂得想要传达的内容是什么、谁是那个特定的接收对象。"利川民歌是唱给人和自然听的，人要在场，自然也要在场，只有音乐与自然、生命紧密结合，文化想象与自然场景融合共生，才是完整的一首民歌。这种有机性和整体性，正好说明了利川民歌与言说之间的等量关系，只有具备完整的语境，才会生产出相应的意义。

（二）社会交往：生命、劳动、集体记忆

利川民歌作为当地的语言，具有相当大的信息量和较强的社会功能属性，学会唱歌类似于学会社会交际的通用语言和生产技能，就可以参与意义共享、社会交往。利川民歌的所指从社会功能上分为三类：促进社会交往、提高劳动效率和保存集体历史记忆。

交往和劳动是人类生存的本能意识和必要手段，在农耕文明中，它们自然而然地嵌入在人际传播之中。首先，生命自我保存与传承需要建立在人际交往的基础上，这也就解释了为什么利川民歌中以情歌居多，并且采用了男女对唱的形式。周文翠说自己的爷爷与奶奶相识于在山上对歌。你来我往的唱歌对话后是以歌定情，进而结合成家庭繁衍子孙后代、延续生命。之所以会产生这种独特的现象，是由口语传播的内容与形式、由居住地的生活样态带来的。山区道路崎岖、交通不发达，山民教育程度普遍偏低、识字率不高。唱歌只需要口语表达，无须借助其他工具，物质性依赖较低，且可以突破一定的空间限制。将声音生成特定的符号进行传播对话，而这种符号的所指在同一区域内会共享同一个意义系统，所以民歌就成了人们交往传情、繁衍生息的语言媒介。

在现代语境下，很多人会认为"情欲的感官性"难登大雅之堂。《扁担歌》中有歌词如下："情姐爱我白大米，我爱情姐好风流。头上青丝一大把，脚下现出三寸金莲。"不仅将感情表露，还传达了性的暗示。牟一胜说他曾经将父亲唱的民歌中的"黄色部分"删掉，再教给别人。谭宗派表达了不同看法，他认为歌词中的生殖崇拜映射着对生命的崇拜。人类生命的自我保存体现为对生殖的崇拜，这也是生存的本能。由上可知，交流与生命保存的本能紧密联系在了一起。

其次，利川民歌的言说是一种重要的提升劳动生产效率的手段。穿山号子和薅草锣鼓是以一种集体歌唱的形式出现在劳动场景中的。与其说利川民歌的集体创作是硬性需求，不如说是集体劳动建构了利川民歌的结构。薅草锣鼓是在田地中不断敲打锣鼓唱歌，以节奏带动活动热情、缓解劳动的枯燥。穿山号子中有大量的衬词，其目的在于为劳动打节奏，是歌曲化了的口号，艺术化了的劳动。利川民歌提升劳动效率的社会功能嵌入人际传播当中，是人类改变自然过程中的委婉协商，带有东方式的含蓄、人性关怀与情趣。

最后，利川民歌的传播是对集体历史记忆的书写。在毛坝夹壁村，有一座恢宏大气的贺龙广场。毛坝是利川著名的革命老区，1928年至1924年6月，贺龙将军率领工农红军在这里"十进十出"，留下了许多传奇故事。毛坝的周文翠说她们经常唱的《盼红军》这首民歌，是由上一辈传下来的，村里人都因为这首歌知道了这段历史。民歌反映、记录、传播着社会变迁：小调《童养媳》讲述了18岁姑娘嫁给3岁小儿的苦难命运，《点兵歌》则批判战争给个体家庭带来的伤害。到了今天，利川民歌成了利川地区劳动人民的历史记忆，它呈现了生活在这里的人们曾经是谁、经历了什么、对谁在言说，它以民歌为媒介，以口语传播为形式，"书写"并保存了这份集体记忆。

语言的言说将社会交往、劳动、历史记忆放在一个可被转述和阐释的符号形式中，在人际间通过口语传播的方式使信息流动，从而共享意义，最终在人群中达成文化契约。在农耕文明语境下，传播就是人们在社会交往中协商意义、身份和关系的过程。利川民歌在人与人之间进行意义生产与交换，形成特定文化指向，人际间的社会交往会以民歌为参照，对周围所发生的事情做出富有意义的解释，从而去"理解"世界，并由此形成价值取向相近的文化共同体。

五　城市社群身份认同与空间转向

（一）"熟悉的他者"：童年的消逝与回归

马克思在《政治经济学批判》导言中讨论了希腊艺术的魅力，认为希腊人是正常的儿童。这里的童年不是年龄概念，而暗示在文明史的早期，希腊人对世界拥有的诗性想象。在农耕文明中，人们保守，生活稳定，生产关系简单，把劳动看成本质力量对象化的结果。由于生产力和生产关系尚未充分发展，人类拥有更丰富的创造能力。农耕文明时期诞生的利川民歌代表着利川人的童年。当现代来临时，童年便消逝了。

20 世纪 80 年代改革开放以来，许多人由于工作、学业、家庭等因素迁出农村，逐渐向城市流动、迁徙，成为新一代城市人。农村空心化、老龄化问题较为严重，利川民歌失去了传唱的主体和语境。曾经的农村人，变成了现在的城市人。由于生存空间的转换，利川民歌所依存的农耕社会交往空间，被现代工具理性空间取代，其社会交往功能也不再适用于当下人们的生存生产需要。对于新城市人来说，利川民歌的记忆仅存在于童年。童年父辈邻里生活中哼唱的民歌，在时代的大幕拉上后匿身，储存在集体记忆中，沉淀在深层的潜意识里。

牟联华 2010 年参加了利川市京剧兴趣社团的活动，他发现偶尔有人会唱一唱利川当地的民歌，他听到后颇感惊喜，因为利川民歌从形式、内容、题材上都非常丰富，就像一块被时光尘封的宝石。于是，2012 年他自发组建利川民歌艺术团，并吸引了利川民歌爱好者积极加入，他们在团里只唱利川民歌，他说当时就预感到这一定是一个有价值有意义的事情。利川民歌艺术团的成立，是偶然中的必然。当解决了经济上的问题后，精神上的寻根就会变得重要起来，人们会被身份认同的问题——我是谁，我来自哪里所召唤。

牟联华说，现在很多年轻人对利川民歌不感兴趣，年轻人唱民歌的越来越少。但是，当你有了一定阅历以后，闲下来之后，才会发现利川民歌是多么有魅力。队员袁娟、田敏均为退休人员，她们从 2012 年以后开始在"牟联华民歌团队"学习灯歌。她们年轻的时候忙于工作，孩子长大以后有了时间，开始喜欢上了利川民歌，并为能够演唱利川民歌感到自豪，珍惜每一次演出机会。田敏曾经为了一次演出机会，自费专程从外地坐高铁回来，免费表演完后再返回。在这个过程中，个体必须依附于城市兴趣社群，才能够去实践来自童年的文化自觉。

"牟联华民歌团队"队员田敏、袁娟、王广生、周辉均表示，他们小时候常听大人唱民歌，有了这样的影响熏陶，就会不知不觉地喜欢上这个调调。田敏是苏马荡人，她父亲是一名灯歌演员，小时候每逢过年上九日到元宵节，村里会格外热闹，唱车车灯、彩龙船。后来她上学读书，又进城成为一名医生，后来再也没有回到过农村。城市移民的童年文化空间伴随着迁徙而消失。直到她退休，遇到了牟联华利川民歌艺术团后，才又激活了童年的记忆。她对利川民歌投入了大量时间和精力，在每周培训课上进行学习，还免费登台表演唱歌。消逝的童年在暮年后再次回归，在利川民歌的传唱中，两个空间被连接了起来，让她在文化身份上找到了认同。文化身份的回归带来了既像他者又非他者的体验。城市兴趣社群通过利川民歌实现的身份认同，是"熟悉的他者化"体验。

随着利川民歌传播空间转向城市，熟悉的他者化主体是介入性的，而非原生性和有机性的。利川民歌失去了文本产生的农耕空间，而且在现代文明下，理性工具的同一规定性成为解决手段。在城市文化空间中，利川民歌文本被固定下来，由自由的农耕言说转变为固定的艺术形式，从开放走向闭合，被固定在"博物馆"中，成为一种仅供观瞻的民族记忆、符号、象征。利川民歌的现代身份认同，是童年消逝后的再次回归，但是这种回归带着他者化的经验，诗性的想象与创造力处在被禁闭的状态。

（二）空间转向：经济、制度、知识与文化权力

王广生经常回农村去采集利川民歌、收集歌词，他说现在在农村会唱民歌的老人不多了，大部分都在 80 多岁的年纪，他们有的不识字，全靠记忆来唱，唱的歌曲也不是很完整。在过去，能够掌握民歌，便拥有了一种文化权力，可以在当时的社会结构中获得社会交往的优先特权。然而，随着农耕文明被现代城市文明取代，农耕文明的文化权力逐渐式微。随着利川民歌主要传播场域转向城市，一种文化空间被另一种文化空间取代，这种文化权力也随之转向城市。随之而来要面对的是：经济结构、知识话语、制度影响也必然会卷入文化的权力框架中。

从团队活跃程度、队员参与度、对外沟通频次上考量，影响力最大的是利川市区的"牟联华民歌团队"，他们与政府、商界、高校均有沟通往来。牟一胜说，现在对利川民歌了解最深的，除了谭宗派老先生，就是牟联华老师了。牟联华在退休前是党校干部，具备良好的知识文化水平，他曾经在新疆少数民族高级干部培训班、武汉传媒学院开设过讲座。知识关系着话语的权力，有知识就会拥有更多的有关利川民歌的话语权和解释权。同时，他还通过创业贴补为利川民歌的发扬传承提供了所需的资金。另外，像王广生这样的民歌爱好者，经常自发去乡村采集民歌，向那些 80 多岁还在唱歌的老人请教。城市退休员工则将利川民歌作为兴趣爱好，自发记录，并将利川民歌表演场景发布在个人社交媒体上。相比在农村，他

们拥有的知识和经济资源可带来更多物质性实践，城市文化空间从而也就拥有了更多的文化权力。这种文化权力体现在他们能够传播、建构利川民歌的现代表征。

制度对文化框架的影响，微观上与个人选择及目标相关，宏观上和社会共享的目标、框架、意识形态相关。王广生是市级山民歌传承人，他说，作为非遗传承人，每年会接受几场培训，内容是学唱一些比较有名的民歌，包括恩施地区的歌曲在内，另外每年会收到政府补贴的专项经费，每年两三千元。通过这个机会，传承人之间也会有一些交流互动、形成圈子。王广生爱唱民歌，经常在社交媒体上发布团队在大山、溪水边歌唱的视频，在亲属长辈生日宴上也会一展歌喉，他比较欣慰的是获得了利川山民歌传承人的称号。制度之于微观个人，积极地促进着主体的文化自觉和制度化实践。不过，当来自民间的文化活动，只有得到合法化承认才能更好地进行时，其有机性便会降低，也会在某种程度上结构性地削弱主体的文化自觉。

宏观制度层面，政府文化部门行使的文化权力，主要体现在试图建构一个文化空间，并且鼓励民间非营利性团队积极投身进去，促使利川民歌从"博物馆艺术"回归到大众生活中。目前，文化部门选出8首利川民歌进行改编，相应编排了8支广场舞。推广过程中，政府首先培训社区文艺积极分子，然后再进行社区推广，广场舞的实践主体以中老年人为主。在利川部分地区，一些非营利性团体会组织活动，激发儿童学习民间文化的热情，比如将"肉连响"作为体育运动在一家幼儿园推广，谭琴琴在柏杨坝小学推广《龙船调的家》舞蹈使其成为课间操。整体来说，文化空间的建构更偏重于中老年群体和小学及学龄前儿童群体，他们有一定的自由文化空间，还未被现代性的工具理性充分挤压。青壮年群体成为以利川民歌为代表的土家族文化中的边缘参与者，参与少数民族艺术表演的年轻人，仅将它当作职业生存手段，而非社会交往的必需品和带来身份认同的精神承载物。在采访中笔者得知，利川文化部门专项经费不足，也是制约文化空间建构的重要因素。

利川民歌传播空间转向城市兴趣社群，社群成员通过文化身份，找寻"自己是谁，来自哪里"的答案。随着空间与主体转向，文化的权力也随之转移，农耕文明的社会交往属性消失，在城市文化空间中，利川民歌的传播受到了经济、制度、知识话语等因素的影响，加上主体经验的多元性，使其呈现出结构化场域中不平衡的发展样态。少数民族艺术从农耕言说走向大众传播，在文本生产上发生了不可逆的改变，这也是现代化发展带来的不可避免的后果。

（三）少数民族艺术两种走向刍议

变化是永恒的话题。古希腊哲学家赫拉克利特认为世界的内在本原像火一样变动不居，处在永恒的生成状态，世界万物是生成性的关系。亚里士多德对运动变化进一步总结，认为事物的运动，是在不变载体的基础上，从一个状态向另一个状态的变化。显然，亚里士多德对变化有着更深刻的洞察，世界万物的变化并非毫无根据，而是以质料为本，进行的形式状态转变。他还把运动定义为"潜在的现实化"[①]。少数民族艺术在社会经济文化发展中，进行着演化与演进，这是历史维度的客观规律。质料是少数民族艺术相对固定的属性，也可以称质料为原型、母题、理念型相等，这些是固定不变的内核。在形式上的变化，会受到现代性和后现代性框架的影响，比如全球化背景下的自我认同、媒介发展与消费社会驱动。

在城市文化空间不均衡发展中，少数民族艺术未来可能会有两个走向。一是基于文化身份上的认同，以文化基因进行文化再生产，建构区域性大众化的民族文化空间。这里可以参考法国文化空间的建设，比如推行

---

① 赵敦华：《西方哲学简史》（修订版），北京大学出版社 2012 年版，第 70—71 页。

传统节日仪式、进行艺术创作互动、开放公共场馆等①，让大众更多地接触到民族文化，消除艺术与大众生活间的藩篱，使其以另一种有机的形式融入生活中。利川民歌的大众化在城市文化空间中同样具有良好的发展趋势，比如推广利川民歌广场舞、发展兴趣社群、建设音乐喷泉广场等丰富大众日常的活动或设施，使利川民歌在区域内得到了更多的关注与认同。利川民歌的城市文化空间转向，使原生态美学走进现代化语境，而农耕言说朴素且带有整体感的美学精神，或许是缓和"我—他"关系的现代性困境，打破以孤立的人为中心的原子化倾向，实现人与自然、人与社会、人与自我和谐发展的重要途径。

少数民族艺术未来第二个走向，是得到后现代主义式的拼接挪用，转化为商品化的文化产业。文化全球化时代，传统的少数民族艺术形式很难以一个独立完整的形态发挥作用，它必将进一步分解为无数的"碎片"，成为未来现代美学形态的有机组成部分②。碎片化是后现代主义的明显特征。碎片化将整体割裂，使拼接和挪用成为可能。少数民族艺术在二次元游戏、服装设计、虚拟人物设定上均体现出明显的拼接色彩。脱离原生态的环境，数字化与商品化的文化工业生产使其得到了呈现与再传播，此时也建构起了民族符号表征与神话。

六 结语

利川少数民族地区由于地理位置原因，交通不发达，文化交流与冲击较少，变化相对较慢，在长期以来的农耕劳动中，形成了民间独特的有机文化形式。改革开放后，其城市化与工业化进程也稍滞后于我国中东部大部分地区。

① 陶喜红、姜楠：《民族文化大众化与文化空间的拓展——以法国文化传播实践为例》，《中南民族大学学报》（人文社会科学版）2019年第2期。
② 彭修银：《东方美学》，人民出版社2008年版，第10页。

少数民族艺术是在封闭稳定的农耕文明下形成的社会交往语言，建构着社会共享的意义系统。少数民族艺术文本生产是整体性的、东方美学的表达，强调了天人合一、人与自然和谐发展的理念。同时，少数民族艺术与生命的自我保存、劳动实践、集体记忆等紧密勾连在一起，实用主义是少数民族艺术农耕言说的内在驱动机制。少数民族艺术在农耕文明下的传播语境与文化空间建构以农耕言说为核心。

随着社会经济发展，以工具理性、商品化社会为表征的现代性空间，逐步挤压着原始的农耕文明空间，阻断了少数民族艺术的有机生长。寻求身份认同的城市兴趣社群，以少数民族艺术实践的方式进行了文化抵抗。文化的权力转向城市，经济基础、知识话语、制度影响三者整体上促进了少数民族艺术在现代语境中的发展，建构了新的文化空间。新的文化空间的底色与动力，来自对农耕文明的怀念、对族群童年的诗性想象与文化身份的回归。这种身份认同与回归，是走出童年后的再度返回，中间过程是断裂的，因此在少数民族艺术的身份认同上，产生了一种熟悉的他者化经验。由于主体经验的局限性和现代性挤压，青壮年群体在少数民族艺术文化实践上的参与感与认同相对薄弱，其城市文化空间发展处于不均衡状态。

当然，在不均衡发展中也蕴藏着"潜在的现实化"，少数民族艺术与未来将如何连接，或许可以从后现代性主义语境中寻找答案。从时间文化走向空间文化，以碎片化与非线性叙事解构中心，民族文化大众化，建构大众化的文化空间，少数民族艺术可以通过上述途径来实现身份认同与美学功能。另外，碎片化元素在文化工业中被拼接挪用，融入后现代的语境下，表征为商品化的民族符号。从农耕文明到现代社会，再到通向后现代空间的未来，少数民族艺术传播空间的转向，为文明的演进过程提供了一个文化上的活态样本。

"长在山水间,飘在云朵上"的
利川土家民歌

李聚刚

（贵州安顺学院）

[摘要] 从地理环境上讲，利川处于南方山脉文化向河脉文化的过渡地带。在地形上，利川境内山水相间、河谷平川相互交错，本就是山地文化和河流文化共生的地方。独特的地理环境和生存环境让土家人选择以民歌的形式来进行交流、表达思想情感。从人文环境上讲，利川处在巴蜀文化与荆楚文化的交汇地带，利川本身属于这两种不同文化的"插花地"。在历史上大规模的人口迁徙中，许多长江中下游的艺术特征逐渐融入利川土家民歌中，形成了独特的山脉文化与河脉文化融合的特征，故称利川土家民歌为"长在山水间"。由于较为特殊的地理环境以及相对复杂的历史，利川土家民歌不断吸收其他文化类型或者其他区域民歌的艺术特征，形成了自己多元化的艺术风格。利川土家民歌总体追求"乐而不淫，哀而不伤"的审美境界。崇尚自由爱情，彰显纯真朴素的浪漫情怀；崇尚自然美，追求人与自然的和谐；带有野性美，饱含生命意识；崇尚达观无忧，追求生活化的诗情画意；崇尚家国情怀，凸显人民性。利川生态极佳，云海缥缈，云雾袅绕，美如仙境。利川土家民歌带有一种由山水滋养的"润"，

歌声似乎飘在云朵之上，在高远之处萦绕徘徊，民歌里描绘的图景犹如飘在云朵上的画卷，故又称为"飘在云朵上"。

[关键词] 利川；土家民歌；山水

一 有关利川土家民歌概念界定的问题

利川是世界优秀民歌之一《龙船调》的故乡。在利川，土家民歌无处不在，它集中反映了利川深厚的民族文化以及浓郁的民族风情。如果说《龙传调》是利川的一张名片，那么以《龙传调》为代表的利川民歌就是所有利川人的精神食粮。近年来，随着几首代表作品的传唱度越来越高，利川土家民歌也像陕北民歌、广西山歌等一样逐渐成为中国民间文艺的一个标签。不过直到今天，还没有人明确地给"利川土家民歌"作出概念上的界定，以至于很多人只知道《龙船调》，却不知道《龙船调》隶属于利川土家民歌，甚至很多人仅因《龙船调》被宋祖英演唱过这一事实，而将其误判为湖南湘西土家族民歌。所以，单独给"利川土家民歌"作出明确的概念界定显得十分必要，这才符合利川作为"中国土家民歌之乡"的身份。

众所周知，定义一个艺术形式从来都不仅仅是简单地用地域概念为其加一个限定词，某种艺术形式除了有其流行的地域范围标识以外，还必须有其独特的可供辨识的特征，甚至在很多时候地域标识并不是其最主要的特征。比如，黄梅戏虽然起源于湖北黄梅，但却闪耀于安徽安庆。1949年后的几十年，享誉全国的黄梅戏演员严凤英、王少舫、马兰、韩再芬等都是安徽人，《天仙配》《女驸马》等享誉海内外的黄梅戏剧目也都是安徽省黄梅戏剧团的作品，最早把黄梅戏申报为国家级非物质文化遗产的也是安徽省黄梅戏剧团。尽管如此，黄梅戏依然叫作黄梅戏，而不是安庆戏。由此可见，对一种艺术形式的定义根本上还是要看其自身的艺术特性。因为黄梅戏的基本艺术特征都是在湖北黄梅奠定的，为黄梅戏大剧种的最后形成提供了充分的先决条件，即便是扩散流传至其他地区，但黄梅戏的基本艺术特征基本上都得到了保留延续，变化不大，所以黄梅戏只能叫黄梅戏。与此相反，京剧虽然脱胎于从安庆古镇石牌乡野间发源的徽剧，但四大徽班进京后进行了不断的交流、融合、吸收、改良，最终才形成京剧，由于京剧拥有许多不同于原来徽剧的艺术特征，所以京剧便不再是徽剧，而是依照其新的形成地域为其赋予了新的名称——京剧。同样道理，给利川土家民歌下定义也不能简单地说"利川土家民歌"就是在利川土家族聚居区流行的民歌，而应该归纳出利川土家民歌独特的具有辨识性的特征，然后才能对它做出有效的概念界定。

民歌有三大特征：其一，由劳动人民创作；其二，带有一定民族风格特色；其三，带有一定的地域标识。通过比较就能发现，利川土家民歌并不像陕北民歌、广西山歌等有明显的地域腔调，不容易让听者做到听声辩类。其原因有以下几点。第一，利川地处湖北省西南边陲，西靠蜀渝，与重庆四县两区交界，无论生活习惯还是生产方式都跟四川接近。《龙船调》的"家"——柏杨镇是在 1952 年 9 月由四川奉节县第八区划归利川县后改名而来的，原来由四川万县管辖的谋道、大兴、百胜三个乡也是在 1956 年 1 月才划归利川县管辖。因此，利川方言跟重庆方言相差无二，这也导致利川民歌很容易被外地听者当成四川或者重庆民歌。第二，利川是武陵山土家族聚居区的重要组成部分，武陵山区各土家族生活聚居区有着相似的地理和生态环境，利川土家族和黔东北土家族、湘西土家族尤其是渝东土家族属于同宗文化，民俗民风民情上具有较多的相似性，所以利川民歌也容易被外地人误认作重庆土家民歌。第三，随着历史上大规模的人口迁移，外来人群带来了其他的歌唱艺术形式，在不断融合过程中，利川民歌吸收了大量的外来元素，尤其是长江中下游地区一些民间戏曲的特征，比如说利川灯歌一定程度上带有江南灯戏的影子。第四，不同于湘西土家族至今仍保留土家语并沿用以土家语唱山歌的风俗，利川土家族地区受到中原汉文化影响较多，人们基本只使用汉语，其民歌风格也多有模仿汉族民歌的迹象，像陕北民歌、天津快板、豫剧，甚至是流行歌曲的曲调或者旋律似乎都能在利川民歌中找到一些踪迹，在某种程度上，吸收的外来文化会冲淡自身的文化特征，让利川文化的辨识度降低。出于以上原因，利川土家民歌与相邻地区的民歌以及其他艺术形式存在一些类似的东西，导致其整体辨识度不高，这都给利川土家民歌概念的界定带来了难度。

二　利川土家民歌的生长环境

通常来讲，一种民族性文化的形成不仅仅有内部的原因，也有与外来文化互鉴带来的影响。相对封闭是保持民族文化民族性的重要条件，但文化互鉴也提供了促进民族文化发展的动力，利川土家民歌的形成与发展亦是如此。

（一）利川土家民歌生长的地理环境

从地理位置上讲，利川西靠蜀渝，东接恩施，南邻潇湘，北依三峡。利川所在的恩施土家族苗族自治州属中国地势第二阶梯末端、云贵高原东延部分，与其相邻的渝东、湘西、黔东北均属武陵山区，其间崇山峻岭林立，属于典型的南方山脉文化区。而东部以长江三峡为出口，与其相通的江汉平原又是中国南方河脉文化的代表。由此可知，利川正好处于南方山脉文化向河脉文化的过渡地带。

从本区地形上讲，利川地处巫山流脉和武陵山北上余支交会部，山地、峡谷、丘陵、山间盆地及河谷平川相互交错。利川的东部是石板岭，西有齐岳山，西南有福宝山，北边有座寒池山，四个大山把利川包围了起来，形成了山中盆地。钟灵山—甘溪山—佛宝山呈东西走向，横亘于市境中部，将全境截分为南北两半。北部为利中盆地，清江自西向东横贯利中盆地，平川大坝与山地丘陵镶嵌两岸，土地肥沃，物产丰富，为有利之川，故名"利川"。利川虽为高山所环抱，但山原之间的若干河谷却成为利川得天独厚的对外交通走廊。发源于境内的清江、郁江、毛坝河、梅子水、磨刀溪等河流，顺着地质构造和山势走向奔流出境。从自然条件上讲，利川原本就是山地文化和河流文化共生的重要地方。

在上古鄂西地区，山高林密，环境险恶，土家族先民们在同外来势力和险恶的自然环境作斗争的过程中，创造保存并发展了自己民族独特的文化和艺术。由于诸多历史因素，土家人大都分部散居住在群山峻岭、深山峡谷中，人们通常是以民歌形式来进行交流、表达自己的思想情感。同时，由于土家族有语言而无文字，文化的传承也是通过民歌的形式来实现，因此民歌是土家人极为重要的一种文化交流手段。土家族长期生活在相对隔绝的原始生态环境之中，生活的艰苦与相对闭塞的生存状况，让他们在生产生活中创作民歌以自娱，使人们得到了极大的放松与快乐，人们通过民歌来传承文化和传递感情，随着时间的推移，民歌成为土家族一种具有综合表现力的艺术形式。

历史上，恩施南接潇湘，西临渝黔，境内水道险急、群山阻隔，任几千年封建王朝更迭，恩施始终塞于一隅。利川古称"蛮獠杂处""蛮夷杂处"或"苗蛮杂处"之地，长期属于少数民族聚居区。长期居住在利川境内的少数民族以土家族、苗族及侗族为主，这些民族各自在小集居的范围内保留着相对的独立性和封闭性，这种独立性和封闭性有利于各少数民族文化独特性的保留与传承，土家族亦然，在长期的历史变迁过程中，土家族始终保持着自己的一些民族风俗和习惯。民国时期，利川境内多民族大杂居小聚居的局面已经形成。在历史上，利川地区作为多民族杂居之地，在共同的生存区域内存在各民族之间文化相互借鉴的现象。

（二）利川土家民歌生长的历史文化土壤

湖北省有着悠久的民歌历史，自古就有"郢人善歌"之说。据传说，尧舜时代"楚歌"已初步形成，相传帝舜南游时弹五弦之琴，以歌"南风"。歌中唱道："南风之薰兮，可以解吾民之愠兮；南风之时兮，可以阜吾民之财兮。"闻名于世的《楚辞》就是诗人屈原在搜集、加工、改造南方民歌的基础上创作的。据《湖北通志》载："楚国南郢之地……杨歌，郢中田歌也。其别为三声子、五声子、曰樵声，通谓之杨歌，一人唱，和者以百数。"① 可见，湖北民歌源远流长，当地爱唱歌者众多。利川虽不在荆楚文化的核心区域，但也受到荆楚"善歌"文化的辐射，再加上历史上利川地区的巴人后裔土家族本身就"善歌舞"，所以利川自古民歌文化都很发达。

土家族是一个历史悠久的民族，有民族语言，没有本民族文字，通用汉文。早在周王朝时期，利川土家族祖先巴人族群就被封为子国。秦灭巴，统一六国后，在巴人住地设郡置县，推行全国统一文字。从唐至明，封建王朝曾先后对西南少数民族实行羁縻州府和土司制度。到了明朝，还在少数民族地区设置卫所，不仅有外省籍军户编入，也有大量本地士兵编入，密切了汉民与土民的关系。同时，明朝政府举办儒学，"文武相维，土流间用"。1735年，清政府在此地进行改土归流，次年置利川县，改变了利川地区"蛮不出境，汉不入洞"的状况，促进了各民族的互学互鉴与交往、交流、交融。由于派入的各级官员推行儒家政治与文化，汉族的风俗大量涌入，促进了风俗文化的交流交融，土家族民歌也受到很大影响。利川土家族地区或多或少都在持续受到汉族文化的影响，与湘西、黔东北的土家族相比，利川土家族带有更加明显的汉化迹象，利川土家民歌中也

---

① 湖北省地方志编纂委员会编：《湖北通志》，湖北人民出版社2010年版，第233页。

常混有明显的中原文化元素。

从文化区位上讲，利川地区处在荆楚文化、巴蜀文化、中原文化等几种文化形态交锋的前沿，利川可以受到周边各种文化的辐射，各种文化在这里相互渗透交融，可以说在利川存在各种"文化插花地"。在历史上"湖广填四川""改土归流"等大规模的人口迁徙中，很多长江中下游地区的移民来到利川，把长江中下游带有典型的河脉文化特征的民歌带到利川，并逐渐融入当地原住民的山歌文化里，形成了独特的山脉文化与河脉文化融合的特征。从利川民歌《龙船调》原型《种瓜调》来看，就不难理解这种文化融合的典型性。正如有的学者所说："从音乐层面看，《种瓜调》的音乐元素采用了长江流域灯戏的重要特征，而灯戏的发展与传承具有河脉文化的典型性；从歌词的衬词来看，《种瓜调》又具备了鄂西、川东山歌的重要特征，具有山脉文化的典型性。"[①] 另外，利川又是古盐道的重要枢纽，南来北往的客商流民很多，盐贩子、布客、山货客、"挑老二"、背子客们都会在利川打尖住店，在此歇脚的客商挑客们与当地人互相学习彼此的文化，尤其是交换歌谣小曲，如果仔细研究就能发现利川民歌里吸收了各地的"南腔北调"。

综上所述，利川民歌在长期的发展过程中，不断融合其他文化类型或者其他区域民歌的艺术特征，形成了自己多元化的艺术风格。尽管这让它与其他民歌相比辨识度较低，但这也可能是利川民歌为何能从众多地域民歌中脱颖而出、成为广为传唱的音乐作品的原因。从历史发展来看，文化借鉴在利川一直都是一种习惯，既是文化习惯，更是生活习惯。让多种文化元素通过利川民歌和谐地展现，本就带来了一种新的艺术呈现方式，这让利川民歌身上自带"通俗"元素。包括汉族在内的各个民族的听众应该

---

① 黄中骏：《论民歌〈龙船调〉的历史传承、艺术特色和启示》，《中国文艺评论》2019 年第 10 期。

都能在利川土家民歌里找到自己熟悉的元素，这容易使大多数听众产生亲切感，很容易引起大众的共鸣和认同，从而让他们迅速地喜欢上利川土家民歌，并且喜爱者数量多于其他地区的一些"原生态"土家民歌，利川土家民歌在全国人民心中的"熟识度"也很容易提升。比如，《龙船调》《幺妹住在十三寨》以及利川附近地区出产的《六口茶》《山路十八弯》等，都能迅速地传唱于全国的大街小巷，甚至在世界范围内的影响也越来越大。民歌本来就是为了娱乐生活，所以利川人听到好听的旋律或者歌调就会借鉴过来，加入本地本民族的内容进行演唱，这也奠定了利川民歌的接纳度和共鸣水平，它所承载的文化属性注定了利川民歌会不断出现传唱度极高的经典作品。比如，《六口茶》就是根据天津快板的旋律创作的民歌歌曲，曲调的主旋律中仍有天津快板的元素。其节奏明快，朗朗上口，歌词风趣，易于流传。1984年，利川土家族民间学者谭宗派下乡时，在谋道大兴收集到一首《五口茶》，其唱词内容几乎和恩施的《六口茶》一样。此外，双探妹是全国很多地方都有的民歌曲牌，但利川土家民歌的《双探妹》则带有一些流行歌曲的句调，其中一句跟流行歌曲《中国娃》非常接近。

三　利川土家民歌的辨识特征

利川土家民歌从内容和形式上讲有三大特征。其一，带有一定的利川方言等地域性标识。其二，带有一定的土家族语言习惯。其三，带有一定的土家族风俗习惯。

（一）利川土家民歌的方言特征

湖北省是民歌大省，自古就有"郢人善歌"之说，民歌的分布广泛，各地民歌的体裁形式和音调风味各不相同，甚至相差甚远。湖北省地形多样，人口构成复杂，各地风俗习惯也不尽相同。湖北拥有三大方言系统与多个片区，语言的内部差异十分明显，省内各地方言各不相同。按湖北境内的方言声调、民歌音调、体裁形式、歌词文学的特点等可以把全省划分为鄂东北区、鄂东南区、鄂中南区、鄂西南区、鄂西北区五大民歌区域。利川土家民歌属于鄂西南区，从艺术形式和演唱语言上看，利川土家民歌使用的方言与湖北其他区域的民歌大不相同。利川是武陵山土家族聚居区的重要组成部分，鄂西的清江流域乃古代巴人的发源地。据记载，廪君从长阳溯着清江西上，至恩施立国，其后裔继续扩大版图，开枝散叶，遍布清江、酉水及巫山余脉。在此过程中，一部分巴人西进入川，使川东南为古巴国南境。按《华阳国志》的说法，巴国的地域范围大致北起汉中、南至恩施，东起峡江、西及泸黔。所以，利川土家族与川渝土家族文化属于同宗文化，在历史上不仅习俗相似，各个历史时期使用语言也几近相同。

　　湖北所处的地理位置以及自身的地形与交通条件使得这里始终处在南北方移民运动的前沿。在统一六国过程中，秦国迅速完成了楚地的文化征服，作为楚国本土语言的古代楚语南下湖南，成为今天湖南方言的前身。清江流域在元代中期才被划进湖北地区，之前均属蜀地，这片区域地形险峻，山河纵横，有武陵山脉、巫山峡谷，与今天的重庆不可分割，却与江汉平原格格不入。此外，历次民族融合中总有大量的北方人口迁移到湖北，逐渐在荆楚大地形成了具有北方特色的语言体系，至明朝初年在湖北西部与武汉一带已经基本形成了今天的西南官话体系，并通过"湖广填四川"大移民将这一方言体系填入川渝滇黔等大西南各省。此后，以武汉为中心的江汉平原地区由于受到中原官话和荆楚底色的方言的影响，逐渐形成了口音不同于川渝等地的西南官话—武天片。相较于武汉等地，地理位置和生活环境都与川渝东部区域更为接近的恩施一带的方言则带有浓重的"成渝腔"，再加上利川一部分乡镇在新中国成立初本来就是从重庆划拨到湖北的，所以利川话基本上跟西南官话—成渝片—渝东话一样。利川土家民歌每一句歌词后面都会依据当地的语言习惯加上尾韵，对此有人说过：

148

"《龙船调》在演唱'我''金银''娃'等字的时候，习惯唱成'我嘛''金儿银儿''妹娃儿'，这样的尾韵明显受到川渝片区语言环境的影响。"① 因此利川土家民歌听起来总带有浓郁的"成渝腔"。

利川地区土家族历史悠久，原本土家族有自己的民族语言。在历史上这一地区曾广泛使用土家语，后来由于与汉族杂居，土家语逐渐被汉语取代，尤其在改土归流之后，汉语强势进入这一地区，从而使土家语的使用范围不断缩小，今天利川地区已经几乎无人能熟练使用土家语了。不过，日常语言中依然保留了土家族语言的遗存，大多集中在称谓、时令、天象、气候和方位词等。比如，土家族《哭嫁歌》词中一些亲属称呼以及号子音乐和丧鼓音乐中有一类特殊衬词还是沿用了土家语的发音。此外，一些土家族习俗或者事物名称的原始叫法也得以保留，比如，"撒叶儿嗬"这个名称本身就是沿用了土家语的叫法。鄂西不同片区的土家族方言之间也都存在一定的差异，尤其是衬词的用法不太一样，有时仅凭民歌的衬词用法就可以判断是属于哪一个片区。因此，本地人就很容易辨识出利川民歌与鄂西的其他几个片区的民歌的不同之处。在利川土家民歌中有把土语用汉字标注或者把土语当衬词用的情况，很多民歌的衬词其实是土语的汉语音译。例如："劳动号子抬梁树歌中常用的衬词'嗬、嗬火柳叶的红也'，土家族民歌《双手搭在妹儿肩》中的语气词'嗯呐嗯'，《龙船调》中的'呐依哟喂''金（那）银（儿）梭，银（那）叶（儿）梭''哦吹喂呀咋，哦吹喂呀咋'，这都是土家语作衬词的表现。"② 丰富多变的汉语化的土家语气衬词使民歌的节奏更加明快，对比鲜明，旋律更为流畅完整。

综上所述，利川土家民歌方言基本构成模式为：西南官话成渝片加一些土家语遗留词汇发音。

---

① 邓志朋：《湖北土家民歌〈龙船调〉衬调的文化性内涵》，《锦绣》2020 年第 7 期。
② 蔡元亨：《土家族民歌衬词解谜》，《中央民族大学学报》2000 年第 2 期。

（二）利川土家民歌的形式特征

利川民歌形式多样，题材丰富，大体上分为四大类：情歌、田歌、劳动号子、习俗歌，其中习俗歌（孝歌、哭嫁歌等）、劳动号子具有明显的利川地方文化色彩以及方言曲调特征，这跟土家民族生活的相对封闭性有关。情歌则不然，它的变动性很大，海纳百川，会吸纳外来的唱腔、曲调，甚至歌词。比如《双探妹》不仅利川地区有，省内鄂北神农架等地有，湖南、贵州等地也有。此外，《六口茶》《薅黄瓜》等原本不是在利川创作的作品，在利川基本人人都会唱，带有明显的"利川化"的倾向。

利川土家民歌在形式上有兼容并蓄、多元丰富的特征。比如，利川灯歌就是本地传统民歌结合玩灯特点世代演唱而成，别具特色。歌唱内容多为本地风俗人情和男女情爱，语言质朴，方言方音，衬词多，衬词美，民族特色十分浓郁。巴山楚水，舞的是龙舟竞渡，演的是彩龙飞舞，唱的是上山砍柴、园里种瓜、妹娃拜年，生活、劳动情景展现得趣味盎然，巴、楚文化完美结合，山地文化与河流文化融合统一。

利川土家民歌多是词、乐、舞的结合，利川灯歌、打喜花鼓、唱摆手歌、唱撒叶儿嗬等均是如此。利川民歌演唱过程中多互动交流且互动形式多样，有男女互动、演员观众互动、自我情绪互动等，带有强烈的情感。石工号子更是一种集体共振式的互动。而《六口茶》则采用"一口一问，一口一答"的形式。《六口茶》随着时间的推移，已经脱离了对单纯品饮茶水之景的展示，它已经融入了情俗，有了情感的升华，表现出了土苗青年追求爱情和美好生活的理想。土家人跳撒叶儿嗬时，舞蹈的参与者均随掌鼓人的鼓点和唱腔随时变换曲牌、节拍和舞姿。当唱到情感高涨时，掌鼓者还会绕开鼓座加入舞者行列，间或用鼓槌在鼓上敲击节拍。

由于"生在山水间"，利川土家民歌从腔调上讲，完全不同于西北地区的"花儿"、信天游、秦腔那般高亢嘹亮，也不同于江南水乡民歌的娟秀软柔。利川土家民歌没有西北民歌那么"干"，也不像江南水乡小调那么"水"，而是一种由山水育化出的"润"。像《山路十八弯》《幺妹儿住在十三寨》等土家民歌一样，利川民歌唱完后，它的语音总像是在高远之处萦绕徘徊，似乎飘在云朵之上。利川土家民歌尽管在措辞上跟临近的重庆土家民歌很像，但从腔调上讲还是有所不同。比如重庆秀山土家族民歌在音色、节奏和力度以及润腔方式上都跟利川土家民歌存在差异。秀山民歌在旋律上以级进音程为主，也有纯四度、纯五度音程穿插其间，甚至出现了小七度、纯八度的大跳音程，使音乐增添了几分动感，秀山民歌的终止式一般在"徵"音上结束。而利川土家族民歌总体追求乐句齐整，字、句的结构相对规整；用韵讲究平仄，要求不能损害音节的和谐；歌词及唱腔轻重格律比较明显，在倒数第二个有语义音节上加重音，后面可以加衬词落在强拍上。利川土家民歌从音乐上讲，多运用以小三度（La Do）为核心的［La Do Re］三音列，旋律线平稳。其旋律风格虽然难以表现出波澜壮阔的气势，却能恰到好处地表现出青山绿水、鸟语花香的世俗风情。

四　利川土家民歌的气质之美

利川土家民歌"思无邪"，总体追求"乐而不淫，哀而不伤"的审美境界。除了具有愉悦身心、沟通情感的效用之外，利川土家民歌还具有良好的社会教化意义。

（一）崇尚自由爱情，彰显纯真朴素的浪漫情怀

利川土家儿女历来向往美好爱情，表达爱意的媒介就是那一首首动听的情歌，民歌很多时候都被用作异性间交往的媒介，爱情在利川土家民歌中处处可见。利川土家情歌意境优美深远，田野乡间恋人们的欢声笑语、吊脚楼里的儿女柔情无不展示出纯真朴素的浪漫。情歌中的男女爱得纯朴

天真，爱得真挚热烈，爱得浪漫甜蜜。从内容上看，利川土家情歌中有很多内容都在表达自己对恋人的爱深情真，描述青年男女相处时的欢愉，表达自己对情人的相思之苦，等等。歌曲里描绘的情景有纯情少男少女的"思春"和"独相思"，把少年男女对爱情的渴望表现得淋漓尽致；有年轻男女的"逗情"，大多描述年轻单身男女以歌探情、以歌传情的场景；还有青年男女"热恋"场景，大多是对热恋男女的内心世界所作的透视。此外，在封建时代旧的统治秩序下，有些青年男女迫于封建势力压迫或父母的强势干涉，彼此倾心的小情侣却无法自由恋爱，这样一来，反映"偷恋""偷情""苦情""抗争"之类情歌就会大量出现。比如，有首土家民歌里就这样唱道："姐儿十八春，爹妈不放心，高打垣墙紧关门。墙儿九板高，门儿九道销，你是神仙也难捞……小郎设下计，明日赶场去，赶场买张杉木梯。杉木梯儿长，搭在姐屋上，鹞子翻身上屋梁。对门有人望，装个盖瓦匠，只说瓦匠盖绣房……"[1] 面对社会和家庭阻力，这些男女会设巧法"偷恋""偷情"，勇敢追求纯真自由的爱情。不论是少男少女"思春"，还是青年男女恋爱，"思念"都是情歌里最永恒的主题：暗恋时的单相思之苦，热恋时片刻分离带来的相思之苦，被父母拆散的相思之苦，情郎外出守疆报国或因服役而分离的相思之苦，等等。"朝天一望天有云，朝姐一望姐有心。天有云头难见日，姐儿有心难拢身，相思病儿害得深。"[2] 相思歌堪称利川土家民歌中的上乘之作，带有奇特的想象美，产生于无比真切的感情。

在中华人民共和国成立之前，在封建婚姻制度的禁锢下，年轻男女对婚姻自由的渴望颇为强烈，会通过情歌的方式抒发出来，土家婚恋歌中唱道："男子唱：一副石磏两半分，哥妹背起把水沉。要沉索性沉到底，变

---

① 田发刚编著：《鄂西土家族传统情歌》，中央民族大学出版社1999年版，第95页。
② 田发刚编著：《鄂西土家族传统情歌》，中央民族大学出版社1999年版，第167页。

对泥鳅在一起,吃口泥巴吐口气。女子和:铁打链子九尺九,哥镣颈项妹镣手,砍嗒脑壳链子脱,砍嗒双手链子丢,情不脱来意不丢。"[1] 此歌表现了相爱中的男女为爱抗争,为守护内心爱的火焰至死不渝。利川土家族民歌歌颂天性解放,追求自由爱情,但这都只是针对单身男女,对自由爱情的追寻也不能越出社会公共道德的框架。因此,土家民歌里还有很多展现男女"恩爱""忠贞"的内容,恩爱忠贞是人们对婚姻爱情的道德要求,土家族青年男女在爱情生活中同样被要求一心一意。比如"阿哥放心去开差,银锁丢在妹心怀。金打钥匙哥带去,钥匙不到锁不开"[2]。歌中表达了女孩子为等待情郎,一心一意坚守爱情的决心,表现出一种高尚的情操美。利川土家民歌歌颂真挚专一的爱情,鼓励青年男女自由恋爱,同时也会批判不道德的男女行为,批判不专一不纯洁的爱情。比如:"劝姐儿不要昧良心,水性杨花不定根。一更起风二更息,寅时下雨卯时晴,翻起脸来不认人。"[3] 这首民歌阐发了爱情中的道德准则,强调真正的爱情要专一。从爱情观上讲,利川土家民歌"思无邪",具有很好的社会教化作用,尊重人性的同时谨守社会公共道德,真正表现出了"乐而不淫"。

(二) 崇尚自然美,追求人与自然的和谐

在漫长的谋生过程中,大自然为土家人提供了满足生活和心灵需要的基本的生存条件和价值来源。在与环境和谐相处的过程中,土家人找到民歌这种艺术形式,土家族民歌成为土家人愉悦身心和交流情感的重要途径。利川土家民歌中经常表现出对自然万物的喜爱,喜欢在歌词中拿山峰白云、江河溪流、日月星辰、鸟兽虫鱼、花草瓜果等自然物象作比喻,处处透露出山水相间的灵气,犹如飘在云朵之上的仙乐。土家人通过歌声赞

---

[1] 湖北省恩施行政专员公署文化局编:《恩施地区民歌集》,内部资料,1979年,第103页。

[2] 湖北省恩施行政专员公署文化局编:《恩施地区民歌集》,内部资料,1979年,第84页。

[3] 田发刚编著:《鄂西土家族传统情歌》,中央民族大学出版社1999年版,第176页。

美自然景物，抒发内心情感，彰显了人与自然的和谐。对于土家族来说，民歌早就已经渗透到他们生产、生活的各个领域，深入他们的精神和信仰之中，在民歌中他们能找到先民们生活的韵味和生命的意义。利川土家民歌里有一种叫"木叶情歌"，它是土家人用木叶吹奏出来的一种音乐。木叶情歌以歌传情，是千百年来土家小伙向心上姑娘求爱的独特方式。土家后生随手摘下树叶奏出的乐声，婉转脆亮，余音袅袅，充满了浪漫的诗情画意。原生态的乐器、原生态的声音、原生态的歌曲、原生态的爱情故事，展现出自然与人的融合。"喜者歌其乐，愁者歌其苦，饥者歌其食"，土家人正是以这样的生活理念与大自然保持着亲密的关系，构成一种人与自然、感性与理性相融合的心态。有人评价利川民歌说："见过城市喧嚣，才懂得它的珍贵。"利川土家民歌不只是歌谣，更是一种贴近自然的生活，有着草野的青、泥土的厚、人性的真。

（三）带有野性美，饱含生命意识

一直以来，土家人都崇尚淳朴直白，他们表达情感是非常直接的，带有一些原始的野性美。在历史上，土家族的婚姻比较自由，改土归流以前，土家青年男女处于恋爱自由、婚姻自主的社会环境中，男女双方经过自由恋爱，只需征得双方父母同意，经巫师作证，即可结为夫妻。在恋爱过程中，热恋中的男女会用对歌的形式大胆地传情。比如女逗男："月亮出来像把筛，照到山下九条街，九条街上买把锁，问郎会开不会开？"男应女："为郎今到姐乡来，身带钥匙十二排，一十二把金钥匙，总有一把套得开。"[①] 这首歌词里表现出青年男女试图冲破禁忌的冲动，这种冲动是年轻人成长经历中正常的情感表现。在中国古代叙事中，钥匙和锁经常用来暗指男女生殖器，钥匙开锁比喻男女性事。这些带有性寓意的民歌的创

---

① 田发刚编著：《鄂西土家族传统情歌》，中央民族大学出版社 1999 年版，第 157 页。

作初衷并非引导年轻男女发生两性关系,而是引导年轻人正确对待两性关系,这些民歌在婚育知识隐晦而匮乏的古代社会充当了婚前性教育的媒介。土家族青年男女通过对唱情歌逐渐拉近彼此的情感距离,由恋人关系向夫妻关系逐步转化。土家族青年男女对唱情歌是一个循序渐进的过程,最开始所唱情歌内容多是夸赞对方的俊俏或乖巧,表达倾心爱慕之意;进入恋爱阶段,情歌逐渐增加描述二人相处欢愉、倾诉相思之苦的内容,表达对彼此的爱深情真。在男女关系逐渐深化的过程中,带有性寓意的元素逐渐融入对唱情歌中。由此可见,年轻男女们通过民歌这种形式进行情感宣泄甚至性暗示是土家族风俗和文化习惯的一个重要体现,这种文化习惯是和当地人们的生存和生活习惯息息相关的。现在,土家族聚居区依然保留了"女儿会"的习俗,即每年农历七月十二日,青年男女通过"女儿会",在唱歌跳舞中寻求彼此中意的对象,二人情投意合即可进入婚恋期。

在历史上尤其是土司统治时期,中原文化在利川传播并不深入,土家人带有一些原始形态特征的民族风俗。即便是"改土归流"以后,利川土家民歌中仍然保留了许多"撩""挑逗",甚至性暗示等反映男女原始情欲的元素,这些都是土家族先民在落后的生存条件下为了族群壮大、人口繁衍而重视原始生命力的体现,比如《薅黄瓜》的唱词:"姐在园中薅黄瓜,郎在外面钉瓦渣,情郎我的冤家郎,钉了我的黄瓜花。……瓜子梅花香,想(哎)想情郎情郎我的冤家郎,钉了我的黄瓜花。"① 在很多地方,黄瓜某些程度上暗喻着男根。有学者认为《薅黄瓜》歌词反映的是"青年男女恋人间的挑逗,有着一定程度的性暗示"②。利川土家民歌中有很多对生命之根的崇拜,比如《种瓜调》中瓜的意象。在土家族地区,瓜是生殖崇拜的隐语;瓜多子,历来被视为多子多福的象征。"食色,性也",人是高级

① 利川市民族民间文学三套集成编委会:《中国民间文学集成 湖北卷 利川市民族民间歌谣集》,利川市国营印刷厂1991年版,第189页。

② 谢亚平:《土家族情歌婚恋历程中的性文化意向》,《怀化学院学报》2004年第6期。

动物，既有着超越动物性的人性（礼法道德），也有动物性的生理需求和繁衍后代的原始愿望。"饮食男女，人之大欲存焉"，利川土家情歌里一方面带着隐匿的情感诉求，另一方面包含着对两性关系的寻求，这体现了土家人浪漫无邪的天性。在人类社会发展史上，民歌在很大程度上展现了人类在情感和性方面的追求，古今中外皆是如此，中国以《诗经》最为典型，这是民歌所承载的社会功用。中原文化追求含蓄美，对男女感情或男女之事的表达都非常隐晦。改土归流之后，土家族受到中原文化的影响越来越深，两种文化特质在土家族中不断融合，带来的结果是利川土家民歌也有了隐晦美、含蓄美，虽有野性但不低俗，不过，土家情歌依然没有丢失自己体贴人性人情、自由奔放的特性。比如说利川土家民歌中保留了"幺妹子儿啊小哥哥，苞谷林里耍哟青杠林里坐"这样让人浮想联翩的情歌句子，"阳雀""抱着嗯哪哥"等隐藏着情感的衬词也得以保留，使得利川土家民歌并没有完全失去其生长的原生态的环境与土壤，一定程度上保持了原始的野性美。

（四）崇尚达观无忧，追求生活化的诗情画意

利川地处湖北省西南边陲，在远古时期这里群山纵横、水道众多，山险水恶的生存环境让利川土家先民表现出了顽强的生存意志和坚韧的生命力，也养成了利川人洒脱无羁、豁达乐观的生活态度。不过，山水相间的地形环境，也让此地拥有了多样化的生存空间，多个少数民族族群在此聚居，利川成为多种少数民族文化相互交叉的地区。就像有人所说："这让土家人获得了巨大的思想自由和开放的心态。在这样的环境里，利川的先民保持着乐观的生活态度和对文化的尊崇，他们在自然中保留了本真的天性，创造并传承着民族的文化。"[1] 在利川有一种说法："三天两头不唱歌，

---

① 熊晓辉：《湘西土家族民歌与鄂西土家族民歌的比较研究》，《民族音乐》2008 年第 2 期。

喉咙好像虫在梭。抬起石头喊号子,薅草锣鼓唱上坡。出嫁要唱'哭嫁歌',送亡要唱'板凳歌'。修屋要唱'上梁歌',整酒要唱'说席歌'。逢年过节连更唱,两口子床前也盘歌。幺妹子儿啊小哥哥,苞谷林里耍哟青杠林里坐。大老汉儿啊幺婆婆,吊脚楼上唱哟火炉边上搓。一天喊得二郎叿啊,个个都是耍乐啰!"① 可见,利川民歌几乎融入了土家人生活的方方面面,男女老少几乎每人都能在民歌中找到快乐。无论什么形式的利川土家民歌,都是以娱乐众人为目的,充分展示出利川人民豁达乐观的生活态度。比如"薅草锣鼓"慷慨激昂,此起彼伏,催人奋进;"扯谎歌"开心逗趣,让人心向神往,捧腹大笑;利川灯歌主要以祝福吉祥的拜年词和各种传统唱段为主,载歌载舞,旋律优美,歌词诙谐生动,能营造节日喜庆气氛。

在利川民歌中几乎找不到忧伤的东西,即便是孝歌也追求"哀而不伤"的表达。利川土家民歌早期受到图腾崇拜和万物有灵思想的影响,后来鄂西地区道教盛行,道家思想尤其是庄子的达观与逍遥渗入土家族文化,使土家族民歌逐渐带有了"仙气"。土家族是一个在死亡面前都充满达观精神的民族,在土家人看来,人的生死有如四季的变化,他们把生命消逝看成一个自然过程。利川土家族历来都有丧事喜办之俗,他们认为老人辞世是顺应了自然规律,所以要用歌舞来庆贺,这充分体现了土家人豁达的生死观。治丧期间,无论是跳绕棺舞,还是跳撒叶儿嗬,音乐都是高亢欢快,舞步往往健美勇武,歌词上是歌舞者看到什么就唱什么,想到什么就唱什么,少有悲凄之感。每唱完一首,最后大家都会高声合唱一句"跳撒尔嗬喂",或"解忧愁噢"。粗犷的歌词和明快的曲调扫去了死者家里悲痛凄婉的气氛,人们用欢歌和鼓乐致哀,为死者家人驱散忧愁。撒叶儿嗬歌舞中显示了难能可贵的积极的人生态度,贯穿着豁达通脱的生命观

---

① 谭宗派:《利川知行录——谭宗派文章精选资料集成》,内部资料,2021年,第5页。

念。土家族的农村并不认为唱孝歌是不祥之事、代表着亡人之音，相反，他们认为这种歌唱起来热闹顺口，是一个消遣的好方式。因此，土家族孝歌与摆手歌、哭嫁歌、薅草锣鼓一样，都是土家人热爱的民歌样式。

（五）崇尚家国情怀，凸显人民性

习近平总书记曾说："希望广大文艺工作者坚守人民立场，书写生生不息的人民史诗。"利川土家民歌中饱含家国情怀，有很多内容都是在表达对国家的爱、对父母长辈的孝、对亲人的关怀。《龙船调》之所以以龙船命名，其实是利川人民为了祭祀屈原，表达对诗人爱国情怀的崇敬而创作的。孝是中华民族的传统美德，除了一些利川民歌会在歌词中教导人们孝敬长辈之外，利川民歌中还有一个专门表达孝道的歌曲类别，即利川孝歌。利川孝歌采用"奠酒吟诗"的形式，表达对逝去老人的感激，表达对长辈的追思，这些都是中国孝道文化的表达形式。撒叶儿嗬歌的内容十分广泛，包括追忆民族起源、讲述民间故事、叙述父母得到养育之恩等。土家人爱唱歌，会唱歌，喜爱利川土家民歌的人数多，人民的参与程度高，利川民歌有着广泛的群众基础。利川就像是一个民歌大花园，各种形式的民歌在此争芳斗艳。利川土家民歌中有很多素材来源于劳动，跟老百姓的劳动生活息息相关，其中田歌和劳动号子就是利川土家民歌很重要的两种类型。田歌中的薅草锣鼓是在田间劳作中形成的一种艺术形式，可以起到指挥生产、鼓舞干劲、愉悦精神的作用。其实在薅草锣鼓中也有很多咏唱爱情的作品。因为很多土家情歌都是源于生活、源于劳作，青年男女在劳动中萌生爱情，在劳动中也爱对唱情歌。劳动号子是人们在体力劳动过程中编唱并为劳动服务的民歌。在所有民歌形式中，劳动歌产生得最早。鲁迅先生说："我们不会说话的祖先原始人，在共同操劳得特别吃力的时候，懂得唱歌谣，来减轻肌肉的疲乏，来鼓舞工作的热忱，来集中注意力……"号子的节奏极为短促，歌词也比较单一，劳动者会随着节奏调整身体的动作，作为一种语言艺术，劳动歌最突出的艺术特点就是它强烈的节奏感。此外，即便是被人视为对唱情歌的《龙船调》也是由利川灯歌《种瓜调》整理改编而成，《种瓜调》分十个月叙述种瓜的经过，是一首标准的农事歌。利川民歌随着劳动的发展而发展，也在随着时代的进步而前进。

民歌就是劳动人民的歌，是广大人民群众在社会生活实践中，经过广泛的口头传唱形式逐渐发展起来的、和人民生活紧密地联系着的歌曲艺术。既然"民"在"歌"前，就说明了脱离了人民，它只是"歌"。民歌来自人民，也应该为人民服务。民歌是文化生活凝聚物，表达的是人民的所需所求，人民需要的才是最好的。利川土家民歌处处表现出土家儿女对美好生活的向往，从利川民歌的发展历程来看，利川民歌一直以服务生产生活、愉悦人民身心、积极引导社会风气为宗旨。在历史进程中，利川土家民歌的创作与改良一直都在与时俱进，不断满足当地人民的生活需求，许多利川民歌艺术家们深入生活、深入群众、深入实际，创作出一批又一批人民喜闻乐见、寓教于乐的优秀作品。

结　语

在历史发展过程中，独特的地理环境和生存环境让土家人选择以民歌的形式来进行交流、表达思想情感。从地理环境和地形环境上讲，利川是山地文化与河流文化的交汇共生之地，由于历史诸多因素，他方文化不断融入利川民歌中，使利川民歌既有山地民歌的豪放，又有水乡民歌的柔情，故称之为"长在山水间"。由于复杂的历史原因，利川民歌在长期的发展过程中，不断吸收其他文化类型或者其他区域民歌的艺术特征，形成了自己多元化的艺术风格。多种文化的元素通过利川民歌得到了和谐的展现，这让利川民歌很容易引起大众的共鸣，诸如《龙船调》《六口茶》（六口茶虽非创作于利川，但却在利川极为风行，老少皆能唱诵）等利川民歌的经典作品犹如飘在云朵之上，在国内外传唱度极高。另外，利川土家民歌的精神气质，借用孔子评价《诗经》的话"一言以蔽之，思无邪"，总体上追求"乐而不淫，哀而不伤"的审美境界。崇尚自由爱情，彰显纯真朴素的浪漫情怀；崇尚自然美，追求人与自然的和谐；带有野性美，饱含生命意识；崇尚达观无忧，追求生活化的诗情画意；崇尚家国情怀，凸显人民性。利川生态极佳，云雾袅绕，美如仙境。利川土家民歌既有山地民歌的"干"，也有江南水乡民歌的"水"，带有一种由山水滋养的"润"，就像《山路十八弯》（采风于长阳，但与利川土家民歌风格相同）、《幺妹儿住在十三寨》那样，歌声似乎飘在云朵之上，在高远之处萦绕徘徊。利川土家族民歌里描绘的图景犹如飘在云朵上的画卷，里面有对天地祖先的感恩，有对神秘自然的想象，有对美好爱情的渴望，有对幸福生活的向往，故又称为"飘在云朵上"。

舞蹈之韵

混融与嬗变:从"肉连响"管窥
土家族民间艺术互动变迁[*]

窦　赛

（中南民族大学）

[摘要]"肉连响"发轫于"泥神道",传承于湖北省利川市的都亭、汪营、南坪一带。作为国家级非物质文化遗产,"肉连响"承载着土家族这一独特文化群体的集体记忆、价值观念、地方知识和社会认同。民族交往交流交融是一个在时间和空间上同步推进的过程,本研究力求为中国大艺术史的研究提供一个具有原创性和本土化的案例,立足于中国本土的艺术资源,针对"肉连响"进行个案分析,并尝试推进当下学界有关中国传统艺术创造性转化与创新性发展的研究。

[关键词]中华民族共同体意识;"肉连响";土家族;艺术生境;审美转向

土家族地方舞蹈"肉连响"为国家级非物质文化遗产,流传于湖北省利川市的都亭、汪营、南坪一带。"肉连响"多由男子表演,他们上身裸

---

　　* 本文系中南民族大学校级教研项目"视觉艺术在铸牢中华民族共同体意识课程教学中的应用研究"(JYX21079)的阶段性成果。

露，下身仅着短裤，演出过程中会用手掌击打额、肩、脸、臂、肘、腰、腿等身体裸露部位，并伴随击打部位的转移不断地改变身体的倾斜角度，因而被形象地称为"肉连响"。

"肉连响"作为非物质文化遗产，承载着在一定区域内共同生活的土家族的集体记忆，是优秀传统文化的活态传承。从其艺术形态嬗变过程，亦可窥见由于文化迁徙、民族交融而产生的审美形态、审美趣味转向，为中华优秀传统文化转化与创新提供了一定的范式研究价值。

一 巴人军舞与"泥神道"："肉连响"艺术生境溯源

"肉连响"的起源尚无定论，一说源自古代巴人军舞"巴渝舞"，一说来自新中国成立前穷人乞讨艺术"泥神道"，另有将其与唐五代"莲花落"、闽南"拍胸舞"进行类比，从时间和空间上对不同的生成语境进行索骥溯源。

（一）"性犷而悍"：巴人军舞与"肉连响"

相传巴氏之子"廪君"率巴氏、樊氏、晖氏、相氏、郑氏五氏族人定都恩施，形成了巴人部族，后经历漫长的岁月，发展成现在的土家族。故土家人为巴人后裔，巴人军舞与"肉连响"为同一族群在不同历史时期创制的艺术形式。

"肉连响"与巴人军舞的源流关系可从古人传记、地方志古籍中推知一二，如《史记·司马相如列传》集解引郭璞曰："巴西阆中有俞水，獠人居其上，皆刚勇好舞，汉高募取以平三秦。后使乐府习之，因名巴俞舞也。"[①] 后有《绎史·武王克殷》引《华阳国志》载："周武王伐纣，实得巴、蜀之师。巴、蜀勇锐，歌舞以凌，殷人倒戈，故世称之曰武王伐纣，

---

① （汉）司马迁：《司马相如列传》，《史记》卷一百一十七，中华书局1982年版，第3039页。

前歌后舞也。"① 由此可知巴人军舞气势威猛，使得商纣之军临阵倒戈。借此推演，巴人军舞与"肉连响"有诸多共通之处，如同为男性裸身表演，舞风尽显刚勇且皆以鼓乐伴奏。

巴人军舞起源说，是对"肉连响"起源的有益考证，但又似缺乏明确证据，以男性裸身表演为特征不足以形成其排他性。自唐以降，便有汉族人迁徙至土家族居住地，至元明之际，大量汉族人因避战、屯军等原因迁入鄂西。清雍正十三年（1735），清政府对土家族地区实施改土归流，规定"男子十岁以上，不许擅入中门，女子十岁以上，不许擅出中门""嗣后务其严肃内外，分别男女，即至亲内戚往来，非主东所邀，不得擅入内。至其疏亲外戚，及客商行旅之辈，止许中堂交接。"② 自此，汉文化在土家族地区得到广泛传播，使土家族的艺术生境发生改变，女性在民风民俗中展露渐少。20世纪中期后，"肉连响"的艺术表达形式逐渐明确，女性已不参与民族民间艺术展演。类似情况还有同属国家级非物质文化遗产的利川灯歌，其演员一般由"一生"、"三旦"（幺妹、丫鬟、媒婆）、"一丑"（艄公）组成，"三旦"虽为女性角色，但在早期表演形式中，均为男性反串，未有女性参与。相较起来，巴人军舞以男性为参演主体，因其产生于战时的政治、社会环境，其原因是显见的。不同的人文社会环境，蕴含不同的文化因子，表现形式的相似或相同或许从另外一个层面暗合了巴楚文化一以贯之的审美基因，却不足以确证二者的源流关系。

"肉连响"与巴人军舞舞风一致，皆粗犷威武，且有鼓乐伴奏。据"肉连响"传承人刘守红所描述，"肉连响"本无唱腔，仅以击打身体发出响声，并未伴有乐器。舞蹈依托优美动作和肢体语言声响给人以艺术享受，其伴音仅为舌头和手指的弹动，而雷鼓、手足铃铛的加入仅为后期艺

---

① （清）马骕：《武王克殷》，《绎史》卷二十，中华书局 2002 年版，第 296 页。
② （清）乾隆：《鹤峰州志》，《故宫珍本丛刊》第 135 册，海南出版社 2001 年影印本，第 4 页。

术形态发展过程中的衍生。概言之，究其原始形态，未有鼓乐伴奏。这种完全"生"于自身、"成"于自身的艺术形式给予观者极大的视觉冲击：演员剥离了"繁复"的演出服装，仅着短裤，覆泥巴于身体，最大限度地还原到自然状态。至于舞风粗犷，鉴于"肉连响"定型较晚，结合传承人吴修富老人（第六批国家级非物质文化遗产代表性传承人）的参军经历，刘守红老师（第二批省级非物质文化遗产代表性传承人）的武术修习背景，当日常的生活实践转化成艺术性的符号语言，"性犷而悍"的审美文化自然得以沉淀彰显。

（二）"泥神道"至"肉连响"：佛缘探究

"泥神道"一词在利川传承人及当地民众的认知中，指代一种乞讨艺术。据当地民间艺人描述，"泥神道"表演动作较拘谨，采用一种含胸的体态。乞讨者携带稀泥覆于身体，随后进行拍打，同时融入了一些示弱、乞讨以及祈求等的表意动作。根据"肉连响"第一代传承人吴修富的口述，"泥神道"即是"肉连响"的灵感来源与雏形，这种说法也最受利川当地民众认可。

"泥神道"无明确记载，不过我们可从"泥神"一词对其窥知一二。"泥神"在唐五代白话小说《八相变》与《太子成道变文》中有所提及，二者均为唐五代白话小说中的佛传题材，演绎了佛祖释迦牟尼诞生、修道与成道的经历。佛教中通常把佛陀一生之化仪，总名为"八相成道"，又作八相作佛、释迦八相、八相示现、如来八相等。《八相变》中载："大王今若不信，城南有一泥神，置世已来，人皆视验……行至神庙五里以来，泥神被北方天王喝一声，虽是泥神，一步一倒，直到大王马前，礼拜乞罪。"[1]"大王道：'圣者寻常多操恶，今日礼拜甚人？'泥神道：'不是礼拜

---

① 李时人编校：《八相变》，《全唐五代小说》卷九五，中华书局2014年版，第3308页。

大王，礼拜大王太子。''何故？''太子有三十二相，八十种好，项背圆光，紫磨金色。在家作转轮王位，出家定证佛身，所以礼拜。'"[1] 在《太子成道变文》中又载："更有化生玉女，现身来擎金瓶，前后散众名花：八部龙天，左右护卫。太子、大王，鸾驾全仗而行，近到迦毗罗城，早有一场宝异。摩醯首罗神圣自古释种钦虔，士庶供养祗恩，无不从心获益。大王思忖，欲定是非：'将向庙中，合知所以'。毗沙门空中嗔怒一喝，喝去泥神，趋走太子辇前，一步一礼：'乞罪！乞罪！咄咄泥龛土像身。'大王欢悦，见者无不警（惊）嗟。非外道不能出矫诈之言，非天魔不能思（肆）（妒）害之意。便将太子入到龙城，救下宫人，严持侍养。"[2] "泥神"在《八相变》中着墨不多，却扮演着一个极为重要的角色，在此为摩醯首罗神，判定了"太子""出家定证佛身"，证其真身为"牟尼大世尊"。"泥神道"中"泥神"与此佛教尊者是否为一人尚未可知，鉴于可循迹的文献较为单一，暂且将其援引至此。

古时"道"本与技艺相通。《周礼·春官·大司乐》中提及邀请老师时要邀请"凡有道者有德者，使教焉，死则以为乐祖，祭于瞽宗"。郑玄注："道，多才艺者。"[3] 又如《神农杂子技道》为介绍各种各样技术的一部著作。现代汉语中，也有茶道、剑道等表述。中国古代哲学中关于"道""技"之辨不遑多论，"道以技显""技因道进""由技至道""道进乎技"……可见"道"有一义为掌握了某个操作性的技艺，且不仅仅是在理论上掌握了它的规律，而是真正的驾驭，超越了单纯"技"的层面，如"庖丁解牛"那般"以神遇而不以目视，官知止而神欲行"。

"泥神道"中的"道"，大抵可以作此理解，它带有强烈的实践性，与

---

① 李时人编校：《八相变》，《全唐五代小说》卷九五，中华书局2014年版，第3309页。

② 李时人编校：《太子成道变文》，《全唐五代小说》外编卷二五，中华书局2014年版，第4538页。

③ （清）阮元辑：《大司乐》，《十三经注疏》卷第二十二，中华书局2009年版，第1700页。

操作技术密切相关，又超乎技，与自然本性融合为一。结合"泥神"一词产生的语境，"泥神道"或为佛教中国化过程中产生的布道技艺，流经于此地，消匿于彼时。

佛教中国化在某种意义上是两大文明融会创新的历史进程，是"印度佛教"与中国文化互动、互补、共生、合流的过程。至后乞讨所用的"泥神道"或借鉴了布道技艺中的程式。中国自古崇尚"天人合一"，"求神"与"求人"间边界混沌，"神"的身上多有"人"气，而当乞丐的生命受到胁迫时，以"人"作"神"，求于四方，亦似无不可。

（三）多元民族艺术混融："美美与共"

唐五代"莲花落"与"泥神道"在历史发展演变与传播路线上十分相似，后表现形式一主"乐"，一主"舞"。而闽南"拍胸舞"与"肉连响"在舞蹈制式、艺术表达上有颇多相通之处，因而有不少学者将其两相对照，从舞蹈本体进行律动、形态、功能方面的学术梳理，但二者生产地域相去甚远，原始图腾信仰迥异，终为花开两朵，各表一枝，在此不作细究。

值得一提的是，在我国瑰丽的石窟壁画造型中，存有为数不少的裸身舞伎，如云冈石窟一、二期的飞天造像，人物粗壮健美，大都赤裸上身，斜披络腋，赤足。敦煌石窟第 249 窟侧壁的飞天画像，就是富有阳刚之气的男飞天，其上身赤裸，双臂振起，跳向空中，舞姿雄健。

近至鄂西当地"撒叶儿荷"的土家族跳丧舞，也属于男性舞。动作模拟猛兽，粗犷古拙，明显有巴人军舞之刚勇神韵。清《宜昌府志》称其"沿蛮旧习犹有悍风"[①]。这些都说明古代巴人军舞并未完全失传，其神韵仍在土家族多个舞种中存在，定型较晚的"肉连响"或正好凭此丰厚的文

① （清）聂光銮修，（清）王柏心、雷春沼纂：《（同治）宜昌府志》上，崇文书局 2018 年版，第 11 页。

化资源承载了远古巴人军舞的遗风。

民族艺术的多元"杂糅"与"共生"，"互融"与"共通"，"交流"与"仿象"总是循着人类社会发展的脉络。民族艺术的积淀与成型揭示着"人"这个主体在审美实践过程中会不断"吐故纳新"。"各美其美"和"美美与共"之间需要通过"美人之美"，也就是交流和交融来达成。

土家族聚居地地处山地，为巴楚文化、中原文化、湖湘文化交汇区，自然山地屏障与人文历史演进催生出"文化沉积带"，民族艺术资源丰厚。在土家族历史上，多民族之间的艺术交往以及由此而产生的跨门类艺术、美学思想，是中华传统艺术文化、中华美学精神的有机组成部分，是中华民族文化"多元一体"格局形成和发展过程中的生动标本。

二 交流与接受："肉连响"当代艺术表达的两次转向

（一）"隐"到"显"：从散落无序走向有意识的美学实践

"泥神道"与"肉连响"虽有源流关系，其肢体语言中隐含的审美因子却迥然不同。"泥神道"重在共情。"泥神道"传承人陈正福（又称陈政福、陈"踮脚板"）比吴修富小 6 岁，在沿街行乞时，常上身赤裸，下身着裤衩，以盆装稀泥，将稀泥涂满头顶、脸、胸及肩、臂，并沿街拍打，使稀泥四溅。同时口里念着："泥神道，泥神道，顶顶咚咚三大炮。火药出完了，要几个火药钱。"或念："泥神道，泥神道，泥神道来了硬是要。"于是端起泥盆向摊主讨钱。冬日寒风习习，摊主既同情又怕泥，基本都会给予施舍。

南方的冬日阴冷潮湿，小乞丐穷困潦倒，衣不蔽体。往身上拍打湿泥造成体感更加寒冷。在表演中呈现的视觉符号——"裸身""泥巴""击打""龇牙咧嘴"的怪诞表情并不是乞讨行为的必备元素，更似一种艺术化的仪式感。这种"艺术化"的处理消弭了主体之间的界限，让观者能够更好地"设身处地"产生"直感"和"同感"，通过积极主动的努力达成共鸣，使观者从内在的情感上感受到"切肤的寒冷"与"生命的祈求"，"同情"作为主体自我感情与他者内心世界进行相互作用的产物，共振也就因此产生了。

"同情"的产生依赖于作为主体的"自我"与同作为主体的"他者"内心的共振。正如一千个观众眼中有一千个哈姆雷特，"泥神道"传承人吴修富在"介入"这片场域时投射在内心的是对艺术的"惊异感"。

吴修富第一次与"泥神道"遭遇时才17岁（另有一说为22岁），那时的他是一名理发师。他看到门外聚集了许多人，便放下手里的活也挤了进去。探头一看，原来是叫花子正在跳舞。细问旁人，才知叫花子跳的舞蹈叫作"泥神道"，即过去的行乞者在乞讨时进行的一种表演。见小乞丐边拍打边跳动，表情夸张，吴修富觉得十分新奇。他看得入迷，觉得非常过瘾，不知不觉就爱上了这套舞蹈动作。

1986年，在湖北举行的第一届少数民族运动会上，吴修富为台下的观众，在观看了运动会特色项目的展示和表演后，他便萌生了在舞台上表演"肉连响"的想法。后经组委会同意，吴修富首次登台表演了"肉连响"。没想到现场反响热烈，大获成功。此后，吴修富多次受邀参加全国民族运动会并进行"肉连响"的表演。1988年，比利时等国家的专家来到利川腾龙洞参观，看了吴修富的表演也是击节赞叹。2005年，吴修富将"肉连响"带到了中央电视台，让这种艺术形式走向了更为广阔的受众。

得益于以上这些机缘，"肉连响"借此发轫，其传播逐渐从"隐"至"显"，从民间的散落无序走向有指向性的美学实践。

黑格尔认为："艺术观念一般都起源于人们看待事物时所产生的新鲜感和惊异感。而艺术的发展进化过程就是不断摒弃感觉的无意识化，延续惊异感的过程。"①"肉连响"传承人对"泥神道"的"惊异"，国外专家对

---

① ［德］黑格尔：《美学》第2卷，朱光潜译，商务印书馆1979年版，第22页。

"肉连响"传承人的称赞，说明了土家族地区文化生态的嬗变。多样的生态文化产生了不同的艺术生产场域，促进了民间艺术与审美观念的改变，形成了对新、奇、美的追求，推动了"肉连响"从"小众"到"大众"，从"田野"到"城市"，从"乞人"到"悦己"的审美转向。而民间艺术的"方言性"走向，反映出"肉连响"所蕴含的独特的社会价值和民族认同感。

（二）"肉连响"当代嬗变、艺术转场及传承反思

2008 年，"肉连响"进入国家级非物质文化遗产名录，在申遗准备阶段及进入非遗名录后，其艺术表达因"被表达"的强烈需求，获得更多关注与推介，转向更为"混融"且"勃发"的状态。随着当代新媒体技术的快速发展，国家惠农政策的持续发力，铁路公路线网的建成，脱贫攻坚与乡村振兴的有效衔接，社会人文环境变迁、人对自然的改造都进入时代"加速度"。新的时空背景下，"肉连响"在其传承模式、表演场地、服化妆造以及接受人群上都显示出新的特征。

在传承上，"肉连响"传承人刘守红打造了"1＋6"的传承模式。其中"1"是利川馨艺幼儿园传承基地（恩施州首批民族文化传承基地），在基地中，"肉连响"被植入幼儿教育，以早操和午间操的形式进行"肉连响"幼儿美育。"6"是六进，即进机关、进社区、进校园、进村寨、进景区、进专业院团。概言之，是在以一种近乎"全覆盖"的传播路径、"无差别"的传播策略推进"肉连响"的传承。一方面，刘守红和师傅吴修富一样，积极参与政府安排的各项文化赛事和民间组织的商业演出；另一方面，他非常积极地将"肉连响""推销"到利川的各类社群和团体。

仅以某一传承人的想法、理念为传承现状作概括恐失之偏颇。不过，"肉连响"作为民族民间艺术，其创造主体和传承群体都相对边缘，是一种"小众群体的大众文化"。目前仍以师徒传承和亲缘关系传承作为传承

模式，因而，典型的传承人在其中的确发挥着举足轻重的作用。

在表演场地的选择上，"肉连响"在早期更接近群众表演艺术，无固定场所，只要有观众，艺人就可以即兴完成一场表演。近年来，非物质文化遗产身份的确立，让"肉连响"传递的信息更加"集中"，在艺术生产中也出现了固定的、标志性的表演场地。2021年，中央电视台综艺频道《我们的家》节目组，在推介"肉连响"时使用的表演场地为大水井古建筑群、龙船水乡景区外广场、腾龙洞洞口。利川市官方发布的"肉连响"教学视频，也在大水井古建筑群、腾龙洞洞口取景。由此可见，"大水井""腾龙洞"连同"肉连响"已成为"名片式"的文化"套餐"，能够从人文景观、自然景观、民间技艺上多层面、立体化地阐释城市形象。

大水井古建筑群位于利川柏杨坝镇，地处巴蜀、巴楚文化交融带，占地面积两万余平方米。据《李氏族谱》记载，乾隆年间，湖南岳阳年成歉收，李氏族人难以为继，李廷龙便携其弟廷凤入川。几代人下来，攒钱积粮，大兴土木，修李氏祠堂，建学堂庙宇，成为川东豪族。李氏家族修建的祠堂、庄园融合了西方建筑与土家建筑的特色，外立面与内饰兼具精美的木雕石刻和别致的彩瓷浮雕。庄园前殿仿西式洋楼，置弧形拱廊，青石地幔、台基、台阶、柱础皆为传统石作；主殿为硬山顶式，抬梁式木构架；小姐楼及绣花楼各一座，楼上采用了土家吊脚楼特有的建筑方式；其他用房因地制宜，不拘格套。

简言之，大水井古建筑群与当地典型的干栏式木构建筑风格迥异，其建筑价值更多地体现在精湛的建筑工艺和多民族交往交流交融的历史痕迹上。大水井作为"肉连响"艺术表演场地，它传递出来的氛围与艺术本体并不违和，反倒是相得益彰。

一些少数民族的恋土情节使他们固守在一定的时空之中，对所属文化有着强烈的认同感。民族艺术作为民族共有的"本质力量对象化"，往往带有向内凝聚的精神内核。"肉连响"作为民间艺术虽根植于土家族地区，但技术发展与人口流动使得各种文化形态和艺术形式在地域间形成不断的碰撞和融合，极大地促进了文化的交融。以"大水井"为艺术生产场的做法，在传承和保护各民族自有艺术形式的同时，也推动了各民族共享的艺术形式的发展。

在表演人员、服化妆造方面，审美趣味的转向更为明确。首先是表演主体的变化。2007年11月5日，湖北省武汉市承办的第八届中国艺术节上，女性"肉连响"表演者首次登台亮相。在广场舞盛行的当下，"肉连响"再次"摇身一变"，似乎为融入这个新的舞台做好了各方面的准备。服化妆造也随着舞台化表演的需要逐渐发生变化，从最初的只着裤衩、上身赤裸，到今天为了舞台效果，着红色为主的演出服装，同时饰以发带、腕铃、脚铃等。

在接受人群上，"肉连响"虽然是以传统舞蹈的类别入选非遗名录，近年来却逐渐转向，朝健身操转化。通过传承人的不断努力，"肉连响"后又成为湖北省第九届少数民族运动会新增竞赛项目。不过，"肉连响"处于转型期的尴尬也是显而易见的，如作为体育参赛项目却缺少成熟的评判体系。

诸多民族文化产业项目起源于生活，评判体系源自参与者的约定俗成，项目内涵和外延拓展受"圈内机制"制约，亟须建构产业评判指标体系，推进产业良性发展。传承人刘守红对"肉连响"评判体系的建构提出了几点建议：一是体位评判规则亟须规范，如击打的部位需明确，规范左右脚步及前后体位，明确手臂、肩、腿等屈伸角度，明确滑步的方位角度等；二是评判艺术水平的标准有待明确，如有双人展演动作单一，音乐与体姿节拍不合，多人展演动作参差不齐，展演者表情缺失，展演者缺少互动等情况需相应扣分；三是对道具服饰的评价也应纳入进来，有音乐曲调单调、服饰类型较少、道具种类稀少、伴奏乐器单一等情况应酌情扣分；四是印象评判标准亟待完善，涉及展演者与观众缺少互动、对观众评判处理不够、展演技艺与观众联系不紧密等问题。

结　语

各民族交往交流交融是一个在时间和空间上同步推进的过程。每个特定文化群体所传承的集体记忆、价值观念、地方知识和社会认同都是通过象征符号体系的构建和意向的表达而实现的。

文化认同是最深层次的认同，代表了一种身份的构建和归属，反映了民族共同体对自己身份的识别。增强中华文化认同是形成各民族团结、维护祖国统一的心理基础和情感纽带，是建设各民族共有精神家园的文化纽带，对铸牢中华民族共同体意识具有长远性和根本性作用。

民族艺术作为人类的生活情景、历史文化及心理体验的形象化表达，记录着艺术创作能力提升的历史。通过对"肉连响"的艺术个案分析，可以解读人类在不同历史时期看什么、怎么看、如何用艺术手段表达看的结果，及其背后所蕴含的文化内涵问题。同时，民族艺术是民族精神的缩影和文化内涵的重要载体，既蕴含丰富的身份认同因子，又具有外显性，能够很好地进行文化认同的传递、强化，在潜移默化中完成认知—认同—践行的心理发展过程。

2014 年中央民族工作会议之后，"中华民族共同体意识"成为备受关注的研究主题词。习近平总书记在党的十九大会议上正式提出"铸牢中华民族共同体意识"，并推动其写入党章。习近平总书记在党的二十大报告中也指出："以铸牢中华民族共同体意识为主线，坚定不移走中国特色解决民族问题的正确道路，坚持和完善民族区域自治制度，加强和改进党的民族工作，全面推进民族团结进步事业。"

本研究始终以铸牢中华民族共同体意识为出发点，以民族艺术为载体，从以下四个方面发力：梳理多元一体民族艺术之流变，溯本清源；挖掘中华民族共有文化符号，守正创新；提炼民族艺术交流交融案例，凝心聚气；丰富民族文化本土经验，增强认同。以"有形、有感、有效"的研究描述并分析其艺术形象背后所蕴含的族群特质与民族文化内涵，力求为中国大艺术史的研究提供一个具有原创性和本土化的案例，并尝试推进当下学界有关中国传统艺术创造性转化与创新性发展的研究。

传统与当代的互文

——以通道侗族大戊梁歌会、传承人口述史考察为例[*]

朱　奕　　陶泽文

（湖南师范大学）

［摘要］笔者于2020—2022年间多次前往湖南省通道侗族自治县进行田野考察，对2021年"大戊梁歌会"民俗活动进行了实录，还对国家级非遗侗锦织造技艺代表性传承人粟田梅老师进行了访谈。本文将从侗族民俗活动与趣味性游戏、非遗语境与多点舞台、侗族传统服饰道具与时尚元素，以及非遗技艺与文创产品的互文中，展示出侗族民间文化的全方位发展和文化重建过程。

［关键词］通道侗族；大戊梁歌会；侗锦；粟田梅；传统与当代

湖南省通道侗族自治县历史悠久，先秦时期为荆州西南要地，东周时系楚黔所辖，秦代属象郡，汉唐五代时未独立置县①。自北宋崇宁二年（1103）

---

* ［基金项目］本文为2021年湖南省普通高等学校教学改革研究重点项目"数字人文背景下苗族舞蹈教材的开发与实践"（HNJG－2021－0049）和2022年湖南省研究生科研创新项目"新文艺政策下红色基因在本土舞蹈创编中的应用"（X20220501）的阶段性成果。

① 汉高祖五年（公元前202年）置武陵郡镡成县。东晋为武陵郡舞阳县地。南朝为沅陵郡龙标县地。唐代为叙州潭阳郡郎溪县地。五代为诚州属地。

改罗蒙县为通道县，"通道"之名始显于世。元代属靖州路。明清仍属靖州，相沿未改。民国时期仍为县级政区。1954 年 5 月 7 日，经中央人民政府政务院批准，成立通道侗族自治县，系湖南省最早设立的自治县。其后，靖州、通道两县几经分合，通道县之治所也嬗递于双江、县溪之间。至 60 年代，县治迁回双江。1981 年，黔阳地区改称怀化地区，通道县随属。1998 年撤怀化地区，设地级怀化市，通道随属至今。①

通道侗族自治县地处湖南省西南边陲，位于湘、桂、黔三省交界处，被誉为"南楚极地""百越襟喉"，是楚越之分界、中原与西南之通衢②。全县侗族人口占比 77.9%，县内随处可见侗族建筑、歌舞、服饰、习俗，素有"侗族文化活态博物馆"的美誉。从古至今，汉文化与侗文化在此不断交流融合，形成了独具地方特色的民间文化。

一　通道侗族自治县田野考察实录

（一）"大戊梁歌会"的源起

"大戊梁歌会"是一种历史悠久、规模庞大、影响力颇广的侗族传统民间活动，也被称为侗族人民的"情人节"。据历史记载，宋陆游《老学庵笔记》中记有："在辰、沅、靖州等地，友伖伶，伖傥……男未娶者，以金鸡羽插髻……农隙时，至一二百人为曹，手相握而歌，数人吹笙前导之。"以上内容清楚地描绘了宋代时侗族"芦笙踩堂"的盛况。明邝露《赤雅》载："侗亦僚类，不喜杀，善音乐，弹胡琴，吹六管，长歌闭目，顿首摇足为混沌舞。"明田汝成《行边记闻·蛮夷》中载有："侗人……暇

---

① 通道侗族自治县人民政府官网发布：《通道概况》，http：//www.tongdao.gov.cn/tongdao/c101121/singleArticle2021.shtml，2022－01－19/2022－08－01。
② 何银春、施晓莉：《节庆共享与铸牢中华民族共同体意识的湖南实践——以大戊梁歌会为例》，《民族论坛》2020 年第 4 期。

则吹芦笙、木叶，弹二弦、琵琶，臂鹰逐犬为乐。"可见吹芦笙、木叶，弹琵琶，拉牛腿琴和演唱侗歌于明代已经在侗族地区广泛流行。由此可见，"大戊梁歌会"始于宋，兴于明、清。据古代《侗款》和民间歌谣记载，旧时牙屯堡外寨（旧时称五通）有位长相俊俏的肖姓姑娘爱上了在她家做长工的小伙子扪龙，但遭到父母亲的反对。为了追求婚姻自主和恋爱自由，肖女和扪龙"相沓"①离村。由于黑夜沉沉、大雨倾盆，两人双双于洪水之中遇难。后来，人们为纪念这对勇于向封建婚姻制度抗争的青年男女，就在农历三月的大戊日相约到梁蒙山对歌。数百年来，每年的大戊日（现定为4月17日至19日三天），湘、黔、桂三省（区）交界地区成千上万名青年男女都要盛装打扮，云集在梁蒙山对歌，来这里感受人与人之间的真情。经过代代相传，参与歌会的人数越来越多、规模也越来越大，这场青年男女相聚的盛会也就成了当地一个民间传统习俗。由于是在大戊日到梁蒙山上唱歌相会，人们便把这一传统习俗称作"大戊梁歌会"。"文化大革命"时期，唱侗歌、跳哆耶被视为"四旧"而被冷落，人们不敢上山聚会唱歌，歌会被迫停止，一度濒临消亡②。直至20世纪80年代后，歌会又有了复苏的迹象，当地政府自2003年至今，已经连续举办了17届"中国侗族大戊梁歌会"。2006年"大戊梁歌会"被正式列入湖南省非物质文化遗产名录，2014年又被列为"湖南省重大民族节庆活动品牌"之一。2018年以后，"大戊梁歌会"重回龙门山举办，文艺演出、招商引资、学术研讨、旅游推介、非遗展示等活动均融入歌会之中。政府机构、民间团体、社会组织之间相互配合和支持，取得了良好的社会反响，实现了社会

---

① "相沓"是侗族地区的一种婚姻形式，由于父母亲不同意或干涉，青年男女便连夜出走他乡，待育儿育女后再返回家乡，这种婚姻，过去侗族视为正常现象，不仅不受歧视，甚至颇受尊重。

② 何银春、施晓莉：《节庆共享与铸牢中华民族共同体意识的湖南实践——以大戊梁歌会为例》，《民族论坛》2020年第4期。

和经济效益的互利共赢。① 2021 年，以"让世界'侗'听"为主题的大戊梁歌会于 4 月 16—18 日在位于通道侗族自治县的皇都侗文化村和芋头古侗寨两个会场同时举行。活动内容丰富多样，其中包含山歌对唱、芦笙舞、哆耶舞、侗帕舞、锤布舞、侗族非遗器乐演奏等民俗表演，以及一些趣味性民俗活动，如侗锦展示、抢鱼塘、划谷桶、抢侗锦、合拢宴、吃油茶、打糍粑、篝火晚会等。形式多样的民俗活动引来万千游客驻足，让他们与当地村民一道，共同享用"大戊梁歌会"这一文化艺术盛宴。

（二）皇都侗文化村会场民俗活动实录

2021 年 4 月 17 日下午 1 时，团队成员从通道汽车站乘车前往皇都侗文化村。恰逢阴雨连绵，由于路面湿滑，山路崎岖，公交车行驶较慢，在启程约 40 分钟后到达了目的地。袅袅炊烟环绕在侗寨村落和山谷之间，刚踏入侗寨的团队成员一下就被这古朴神秘、若隐若现的美景深深吸引，让他们对此行的田野考察充满了无限的期待。皇都侗寨由头寨、尾寨、盘寨和新寨四个村寨组成，距县城双江镇约有 10 公里。这里没有城市中的车马喧嚣，有的只是鸟虫鸣啾。由于村寨山清水秀，风景如画，且蕴藏着原汁原味、古色古香、丰富多彩的侗族民俗文化，这里先后获得了"中国经典村落景观""湖湘风情文化旅游小镇""国家 4A 级景区"等荣誉称号。

表 1 大戊梁歌会：皇都侗文化村活动内容

序号	活动时间	活动名称	活动地点	表演者	观众
1	15：00—15：40	"侗锦旗袍秀"	新寨寨门—高盘溪—鼓楼广场	侗族妇女	游客、村民
2	16：10—16：30	"芦笙踩堂"	鼓楼广场	皇都艺术团	游客、村民
3	16：40—17：05	"侗族婚礼秀"	头寨鼓楼—月也—鼓楼广场	皇都艺术团	游客、村民

---

① 姜莉芳、吴波：《侗族民间节会文化意蕴及传承与弘扬》，《湖南社会科学》2020 年第 4 期。

续表

序号	活动时间	活动名称	活动地点	表演者	观众
4	17∶10—17∶30	"打糍粑，吃油茶"	鼓楼广场	皇都艺术团、村民	游客、村民
5	18∶30—20∶00	"侗听皇都"文艺晚会	室内演出场	隆回县金石桥商会的会员、隆回县侗乡民众、游客	隆回县金石桥商会的领导、会员，隆回县侗乡民众、游客

1. "侗锦旗袍秀"

下午3时，民俗活动正式拉开帷幕，团队成员首先观看的一个民俗表演是"侗锦旗袍秀"。侗族织锦是中国最具民族特色、工艺水平最突出且保存最完整的民间工艺之一。在此表演中，百余名身材高挑的侗族妇女们穿上了印有侗锦花纹的新式旗袍，并在头、颈、胸、腰、手、脚的部位佩戴了精美的侗族银饰。走在队伍前列的12位表演者，她们的服饰颜色较为

图1 "侗锦旗袍秀"

（图片来源：2021年4月17日，陶泽文摄于皇都侗文化村）

鲜艳，主要以蓝色、黄色、玫红色、红棕色为主，侗锦图案也较为复杂和多样，佩戴的银饰也更显华丽。除靠前的表演者之外，其余所有演员都身着蓝白相间的侗锦旗袍，她们每人手持一把红色油纸伞，完成打伞、抱伞、转伞等动作的变换。她们在大戊梁歌会主题曲《戊梁恋》悦耳动听的旋律下，排成一条长龙迈着优雅的步伐，从新寨寨门出发，中途穿过高盘溪，最后再走到鼓楼广场，在表演中展示出中国传统服饰和非遗侗锦技艺的独特魅力。

2. "芦笙踩堂"

下午 4 时 10 分，团队成员前往鼓楼广场前坪观看第二个民俗表演"芦笙踩堂"。芦笙舞俗称"芦笙踩堂"，起源于古代播种前祈求丰收、收获后感谢神灵赐予和祭祀祖先的仪式性舞蹈，现已成为侗族人民在庆祝丰收和喜庆佳节时表演的自娱性舞蹈。此表演中，14 位年过半百的老艺人们双手持芦笙，身着蓝色的侗族芦笙鸡尾服，衣服的腰部、下摆均镶有黄色金边和彩色花纹，腰部以下由一串串毛茸茸的白色鸡毛连接而成。10 位演员们围成一个圆圈，圆圈内有 4 位表演者手持近 3 米高的芦笙演奏，围圈的表演者则用地筒进行低音伴奏。仔细观察还能发现，每只芦笙上都系有一条红色丝带，经询问后得知，红色丝带象征着喜庆热闹的节日。随着芦笙曲渐渐响起，表演者们开始跟随节奏用脚后跟左右摆动，每次摆动一个来回后，两腿膝盖会半蹲一次，然后再向前迈一步，就这样反复循环、围圆起舞。民间艺人们在表演中有温柔与细腻的一面，但也不乏潇洒与活泼。尽管在雨天，这些民间艺人们依旧用最饱满的热情为前来观看的游客表演他们本民族独具特色的芦笙艺术，让笔者深深感受到老艺人们对本民族文化的热爱与敬畏。

3. "侗族婚礼秀"与"打糍粑，吃油茶"

"侗族婚礼秀"是侗族民俗文化最具代表性的一种形式，下午 4 时 40 分，芦笙艺人们作为迎亲队伍，吹奏起芦笙曲走在队伍的最前端，从头寨鼓楼启程，拉开第三项民俗活动"侗族婚礼秀"的序幕。芦笙曲声音悦

图 2　"侗族婚礼秀"——迎亲队伍

（图片来源：2021 年 4 月 17 日，陶泽文摄于皇都侗文化村）

图 3　"侗族婚礼秀"——抬轿

（图片来源：2021 年 4 月 17 日，陶泽文摄于皇都侗文化村）

耳，宛转悠扬。热情的游客们随演员们同行，组成了大型的迎亲团队，一同前往位于月也的新娘家中。新郎到了新娘家门口，首先要经过一道"高山流水"的门槛，侗家女子们在新娘家门口唱着旋律优美的侗族拦门歌，以此迎接新郎和前来迎亲的客人们。男方也需要回唱一首歌曲，以表诚意。在月也迎亲结束后，新娘会向一同前来迎亲的客人们分发侗族特色甜茶，这是新人在祝愿每一位前来迎亲的客人的生活都能幸福甜蜜。笔者在品尝完甜茶过后，就随迎亲队伍踏上返程。在回程路上，新娘坐在由4位青壮年用肩膀扛起的一把长椅上，椅子上缠满红布和绿色的植物——鱼尾藤。据当地人讲解，一般在庆典活动上侗族人民都会选择一些颇具动感的植物装饰花轿，营造出喜气洋洋的氛围。

新婚夫妇返回鼓楼广场后便开始进行第四项民俗活动——"打糍粑，吃油茶"。新婚夫妇每人手持一个木槌，在鼓楼广场中央交替敲打放置在石臼里的糍粑，将其舂至绵软柔韧后，再将舂好的糍粑分发给游客们进行品尝。打糍粑原是侗乡人民过新年必做的一件事，寓意着五谷丰登，现如今逐渐变成了一种表演形式，以娱乐活动的方式呈现给游客，并让游客一道参与其中。游客在吃糍粑时，也会配上油茶一起享用。

4."侗听皇都"文艺晚会

因阴雨持续，原本要在鼓楼广场上演的侗戏表演临时取消，直接进行室内文艺晚会——"侗听皇都"的表演。此晚会是为庆祝建党100周年，由皇都侗文化村和隆回县金石桥商会联合举办的，表演是由金石桥商会的会员以及隆回县的侗乡人民共同完成。晚上6时30分，演出在隆回县选送表演的扇子舞中拉开帷幕，开场节目结束后，隆回县政协常委、金石桥镇商会会长郑大长进行了致辞。会长表示，为庆祝建党100周年，他特意来到美丽的红色旅游胜地通道与大家一起来感受侗乡的少数民族特色文化，并表示非常期待今晚的精彩演出。在讲话过后，第一个节目是全体起立高歌《没有共产党就没有新中国》。团队成员们融入这激昂的氛围之中，与现场观众一同高歌，热血沸腾。在活动的主体部分，依次表演的是：隆回县带来的《鬼步舞》、阳清华老师演唱的《草原上的月亮》、侗族舞龙社区带来的侗族舞蹈《这就是我的侗乡》、隆回县金银花合唱团的刘倩老师带来的歌曲《五星红旗》、隆回县带来的水兵舞《望川的河》、侗乡人民表演的《琵琶歌》、金石桥商会会员带来的花鼓戏《你待同志亲如一家》、大刘老师带来的歌曲《等待》、舞龙社区的群众带来的唱跳节目《十九大精神暖人心》、金石桥商会会员表演的《鬼步舞》等 10 个形式多样的节目。在此次隆回县金石桥商会举办的舞台表演上，既有传统的侗族民间乐舞，又有现代的广场舞、通俗歌曲等多种类型的节目，使金石桥商会的会员们亲身感受了通道侗族多样的民间乐舞文化。这是一次侗文化与汉文化交流与碰撞的产物，也是红色文化与民族文化相融合的体现。

（三）芋头古侗寨会场民俗活动实录

4 月 18 日早上 8 时，团队成员登车，约 40 分钟后抵达了"大戊梁歌会"的分会场芋头古侗寨。此建寨历史悠久，寨内所保存的建筑，无论是从整体到局部，还是从布局到工艺，都带有侗族传统的民族特色。那里的建筑具有很高的文化与艺术价值，还是一部生动的历史书①。虽然阴雨连绵，但依旧没能阻挡前来观看演出和参加活动的游客们。到达目的地后，团队成员沿着山路径直前行，在芦笙广场正好撞见中国第一部乡村振兴题材电影《在河之洲》在芋头古侗寨举行开机仪式，有幸观看了开机仪式全程。在开机仪式结束之后，团队成员便开始观看"大戊梁歌会"芋头古侗寨会场的民俗表演活动。该活动主要集中在上午举行，由"对歌""打歌""行歌""哆耶"四个部分组成，表演节目的演员均来自通道侗族自治县萨岁艺术团。表 2 为"大戊梁歌会"芋头古侗寨民俗活动内容：

---

① 吴祥雄主编：《湖南侗族风情》，长沙岳麓书社 2003 年版，第 163—164 页。

表2　　　　　　　　大戊梁歌会：芋头古侗寨民俗活动内容

序号	活动时间	活动名称	活动地点	表演者	观众
1	10：00—10：15	"对歌"	芦笙广场	通道侗族自治县萨岁艺术团	游客、村民
2	10：30—10：40	"打歌"	民宿凉亭	通道侗族自治县萨岁艺术团	游客、村民
3	10：45—10：55	"行歌"	乾隆古井	通道侗族自治县萨岁艺术团	游客、村民
4	11：00—11：25	"哆耶"	龙脉广场	通道侗族自治县萨岁艺术团	游客、村民

1."对歌"

上午10时，团队成员开始观看第一个民俗表演"对歌"。"对歌"是侗族琵琶歌中的一种主要歌唱形式，也是侗族青年男女谈情说爱的重要途径。在表演过程中有男女二人对歌和男女群体对歌两种不同的形式。现如今的琵琶歌表演，还融入了侗帕舞的元素，使其表演形式更加多样与新颖。在"对歌"表演中，8位女子头戴银花冠、银簪，耳戴银环，颈戴3盘到7盘项圈，手臂着银镯，手指戴银戒，庄重华丽。她们手持琵琶站在

图4　"对歌"

（图片来源：2021年4月18日，陶泽文摄于芋头古侗寨）

185

鼓楼的二楼平台，随着琵琶弹拨的乐曲和哼唱的琵琶歌，身体左右扭转随之摆动。男子们上身着蓝色为主的侗族服饰，下身着黑色裤子，裤子底边镶有蓝、黄、红三色交织的彩色花纹。他们每人手持一条长木凳跑向广场中央，随后坐在各自的木凳上打量着楼上美丽的侗家姑娘们，并挥手向她们示爱。伴着清脆的侗歌，美丽的侗族姑娘们将8块宽约1米、长约4米的侗锦从二楼垂下，她们手持侗锦底端，通过身体的左右晃动和双手的上下抖动，使原本静态的手工艺品以动态的形式生动地呈现给观众。这样跨界融合的表演形式不仅将巧夺天工的非遗侗锦技艺展现了出来，也为舞蹈的表演增添了动态的舞台背景，极富美感。

2. "打歌"

上午10时30分，团队成员来到民宿凉亭，开始观看第二个民俗表演"打歌"。伴随娓娓动听的侗族大歌，侗家女子表演了一支侗家锤布舞，展现出侗族历史悠久的锤布文化。六位侗家女子左手握住侗锤上端，将其底端置于地面呈垂直状态，右手抓住侗帕一角。伴随侗锤击打地面的节奏，她们左右脚前后交替，踏步点地，右手随上半身的上下摆动时而将侗帕甩至右肩斜上方，时而将右手伸直、将侗帕举向头顶上方逆时针绕动，尽显飘逸。女子们通过横排、竖排的队形交叉变换，使原本静态的侗锤道具焕发出勃勃生机，为游客们展现出一部尽显侗家人民劳作文化的民间艺术作品。

3. "行歌"

沿着古驿道继续向上走，上午10时45分，团队成员来到乾隆古井旁开始观看第三个民俗表演"行歌"。美丽的侗家姑娘每人手抱一把红纸伞，列竖队沿石阶向下走。挑着两个水桶的芋头新娘唱着悦耳动听的侗歌走在队伍中间，其余的女演员一同将手中的伞打开，表演绕伞、转伞、抱伞等动作，伴着现代气息浓郁的侗族乐曲欢快起舞，展现出侗家儿女勤劳淳朴、热情好客的性格。新娘独自一人从石阶上走下来，至乾隆古井旁时，深鞠三躬，感恩还愿，之后用木桶挑上神灵井水，并向每一位侗家姑娘的桶中都倒入一些井水。最后她们满载着希望，唱着幸福山歌，沿着石阶一路直上。

4. "哆耶"

虽然恰逢雨季，山路泥泞，但也没能挡住游客们的热情，团队成员们沿着石阶一路直上，跟随演员来到位于芋头古侗寨最高处的龙脉广场。上午 11 时，第四个民俗活动"哆耶"准备上演。哆耶舞是在寨和寨之间举行的集体歌舞活动，男女分队，围成圆圈，载歌载舞。人们在跳哆耶舞时没有尊卑贵贱之分，没有语言隔阂，没有"授受不亲"，人人忘我而唱，忘我而舞。舞台上的演员们牵手搭肩围成圆圈，齐声高唱"呀啰耶哦，耶啰耶啰呀……"女子们在圆圈中间踏歌而舞，她们每向前迈三步就原地停一步，按此步伐顺时针绕圈，保持脚步一致、摇摆幅度统一。女演员们在舞动的同时唱着耶歌与男声相互应和。群众也被浓厚的民族风情所感染，情不自禁地加入其中，与淳朴的侗族人民载歌载舞。此时此刻，芋头古侗寨的龙脉广场萦绕着悦耳动听的耶歌和人们的欢声笑语，展现出侗族人民热

图 5　琵琶歌与侗帕舞

(图片来源：2021 年 4 月 18 日，陶泽文摄于芋头古侗寨)

187

情好客的淳朴民风以及对美好生活的无限向往。

二 国家级非遗侗锦织造技艺代表性传承人粟田梅访谈实录

笔者及湖南省级精品在线课程"湖南少数民族舞蹈"团队成员一行于2022年7月9日晚上6时18分乘坐G6063次高铁前往怀化市，此行主要是对国家级非物质文化遗产侗锦织造技艺代表性传承人粟田梅进行采访以及对中国侗锦传承基地进行田野考察工作，同时也为团队成员创编的侗族女子群舞《云衣侗锦》收集第一手创作素材，力求探寻非遗侗锦的缘起与发展，传承与弘扬优秀的侗族非遗文化。

（一）锦绣匠心织侗锦，编织侗乡幸福路

图6 粟田梅老师

（图片来源：2022年7月10日，
陶泽文摄于中国侗锦传承基地三楼）

7月10日早上8时，团队成员徒步至通道汽车站乘坐中巴车前往被誉为"大戊梁歌会的原生地""侗锦侗歌的发源地""中国侗锦的传承基地"的牙屯堡镇。1小时45分的路程中陆续有乘客上车，乘客中有手提行李的返乡青年，也有手拿蔬菜瓜果和活禽赶往集市售卖的当地村民。整条线路宛如"中国结"缠绕交织在山谷间，沿途错落有致的侗族村寨更是尽显自然、原始与古朴。

上午10时15分，团队成员抵达终点站牙屯堡镇后，首先前往国家级非物质文化遗产侗锦织造技艺代表性传承人粟田梅老师经营的侗锦门店。粟老师是党的十九大代表，怀化市通道侗族自治县牙屯堡镇文坡村党委书记，曾获得过"全国三八红旗手""全国劳动模范""中国优秀织锦工艺传承人""中国织锦工艺大师"等多项荣誉。粟老师穿着低调朴素，谈吐亲切和蔼，一见面便赶忙邀请团队成员到门店中休息，并品尝她提前准备好的解暑西瓜。粟老师表示她非常欢迎年轻人来侗乡了解侗锦织造技艺，谈起侗锦的传承与创新时，粟老师更是热情满满，津津乐道，并邀请我们前往"中国侗锦传承基地"参观。

图 7 粟田梅老师经营的侗锦门店

（图片来源：2022 年 7 月 10 日，陶泽文摄于牙屯堡镇粟田梅老师经营的侗锦门店）

在短暂交谈过后，团队成员跟随粟田梅老师从牙屯堡镇出发，一同前往位于牙屯堡镇文坡村的"中国侗锦传承基地"。短短 6 公里蜿蜒崎岖的山路，却留下了粟老师十余年的足迹与汗水，她用双脚丈量大山，用侗锦织造技艺带领村民们走出了一条脱贫致富路。昔日贫困的文坡村，如今旧貌换新颜，到达村口后最先映入眼帘的便是印有"湖南省美丽乡村示范村——文坡村"字样的石墩，继续沿着村路和石桥向前走，过了寨门便能看到集侗锦展示、织造、交易于一体的"中国侗锦传承基地"。

（二）感侗锦传承基地之韵，赏侗锦织造工艺之美

粟田梅老师带领团队成员依次参观了基地一层的侗锦服饰展区，二层的侗锦制作区，三层的文创产品区、研学交流区和粟田梅劳模创新工作室，以及四层的儿童娱乐区。成员们在基地中可以尽情领略侗锦织造的全过程：从选棉、轧棉、卷棉，到纺纱、盘纱、煮纱、上浆，从络纱、排纱、牵经、穿扣、梳沙，再到上机、织造、织锦，每一阶段的织造工作都在织娘娴熟的技术和流畅的动作中完成。

在基地三层的研学区，粟老师与团队成员在交谈时讲道："侗锦有2000多年的历史，其纺织共有10多道工序。以前讲究男耕女织，男的就是耕地犁田，女的则要织锦，一般在12岁起就要开始跟随自己的母亲学习织锦，以前女人如果不会织锦是很难嫁出去的。传统的侗锦有'素锦'和'彩锦'之分，用最原始

图8　正在织侗锦的织娘

（图片来源：2022年7月10日，

陶泽文摄于中国侗锦传承基地二楼）

图 9　中国侗锦传承基地

(图片来源：2022 年 7 月 10 日，周士钦摄于中国侗锦传承基地前坪)

的做法制作彩锦，需要通过整经、穿扣、穿重、埋色、补色、勾挑、纬纱等一系列工序完成编织。每纺一块一尺的侗锦需要一千多根纱且侗锦大都以几何形构图为主，因此丝线必须一根根数好、排好，不能有丝毫差错，数错一根便要重来。即便熟练的织娘，一天也只能织一寸多。"①粟老师在讲述时不禁拿起手边用侗锦制作而成的文创抱枕向笔者展示，她一边指着上面的蜘蛛纹一边说道："蜘蛛在侗族人民心目中是美好希望的象征，侗锦上的每一个图案都表达着对神明的崇拜和信仰，从日月星辰到飞鸟走

---

① 2022 年 7 月 10 日 11 时，国家级非遗侗锦织造技艺代表性传承人粟田梅老师在文坡村"中国侗锦传承基地"三楼口述。

兽，每一个花纹都蕴含着特殊的含义，比如手拉手的哆耶纹就代表着侗族踩歌堂的场景，展现出侗族人民手拉手的团结和幸福美好的景象。"

在交谈间隙，团队成员邀请粟老师观看了原创侗族女子群舞《云衣侗锦》，并向其讲述了舞蹈作品的创作缘由和表现内容，粟老师在仔细观看作品后激动地说道："真是太棒了！这种以舞蹈表演的形式去展示和弘扬非遗侗锦文化我还是第一次见到！"粟老师表示，这种动态的舞台表演让原本静态的侗锦工艺品"活起来了"，给人耳目一新的视觉效果。她希望有更多的年轻人能够以更加多样的形式去展现和宣传侗锦文化，同时也希望国家对那些 15—20 岁学习侗锦技艺的青年给予一定的政策和经济扶持，培养更多的后继人才。

图 10　女子群舞《云衣侗锦》剧照

（图片来源：2021 年 12 月 20 日，张清懿摄于湖南师范大学音乐学院琴房舞蹈教室）

3. 文坡迈上致富路，村民唱起幸福歌

在侗锦传承基地交谈过后，粟老师带领团队成员行走于村落间，领略当地的自然风光和人文景观。提起文坡村的脱贫之路，粟老师时而激情澎

湃，时而娓娓道来。自2011年当选文坡村支部书记后，粟老师就以十足的干劲踏踏实实为民办事，她说："最初的文坡村到处是旱厕、猪圈、牛圈和烂棚，走的路全部也都是泥巴路，尤其是下雨天非常难走，村子里自来水也没有，村民们都是挑水喝。我首先向政府争取了'饮水消防'工程的项目，在政府的扶持下，自来水从20多里之外的水源地引到村子里，各家各户都喝上了自来水，当地的老百姓也开始愈加信任我。之后我便召集70岁以上的老人开会，登记旱厕、猪圈、牛圈和烂棚具体是哪一家哪一户的，然后再召集村支两委和全村党员开会，将拆除破旧建筑的沟通任务安排给各位党员。我始终认为党建引领这一块儿十分重要，我让党员与村民面对面进行对话，党员与村民沟通之后再来向我汇报。若遇到个别不同意拆除的村民，我就会亲自到村民家中做思想工作。就这样，在村民们的共同努力下，我组织的村里的青年党员将全村100多处破旧建筑统一进行了拆除。待拆除之后，我又为了村子里的基础设施建设向政府申请了'沿河道路'的项目，在得到了一定的资金扶持后买来了沙子和水泥，每天早晨6点天微微亮，我就会从镇上沿着山路徒步至村子，开始打锣召集村民做事。最开始全村也只有六七个村民做事，但我的坚守村民每天也都看在眼里，做公益的村民越来越多，逐渐发展到每天有100多人，他们的干劲也越来越足。就这样，在施工了将近1个月的时间后，一条由侗锦图案拼接而成的特色沿河道路完美建成。"① 团队成员们仔细观看着沿河道路上由石子铺就而成的侗锦花纹，不禁感叹：是粟老师与村民们共同铺就了全村的致富路、幸福路，沿河道路的建设更是为乡村振兴注入了新的动能，文坡村也因路而兴、因路更美。

---

① 2022年7月10日12时20分，国家级非遗侗锦织造技艺代表性传承人粟田梅老师在文坡村沿河道路旁口述。

图 11　牙屯堡镇文坡村村貌

（图片来源：2022 年 7 月 10 日，陶泽文摄于牙屯堡镇文坡村）

三　田野反思

"互文性"这一概念最早由法国批评家茱莉亚·克里斯蒂娃于 20 世纪 60 年代率先提出，是后现代、后结构批评的重要术语，强调了文本的一个重要特征，也即文本间相互依赖、相互影响关系。笔者多次前往湖南省通道侗族自治县进行田野考察，通过对 2021 年"大戊梁歌会"民俗活动进行实录以及对国家级非遗侗锦织造技艺代表性传承人粟田梅老师进行采访，下文会从侗族民俗活动与趣味性游戏、非遗语境与多点舞台、侗族传统服饰道具与时尚元素，以及非遗技艺与文创产品的互文中，展示出侗族民间文化的全方位发展和文化重建过程。

（一）民俗活动与趣味性游戏的互文

随着文化的变迁与旅游业的飞速发展，"大戊梁歌会"的活动内容也在发生着日新月异的改变。最初的歌会上只有"抬肖女上戊梁""盘歌"等传统性民俗活动，而在如今的歌会现场，观众不仅可以欣赏到独具侗族特色的传统表演"芦笙踩堂"和"哆耶"，还可以看到像"对歌""打歌""行歌""侗锦旗袍秀""侗族婚礼秀""打糍粑，吃油茶""篝火晚会"这样的新式民俗表演和趣味性活动，显现出一种传统与当代的互文共生①。传统的民俗活动中，参与主体只有当地村民或艺术团的演员，随着趣味性活动的融入，众多游客也能参与其中，同样可以成为歌会的"主角"。例如"哆耶舞"的原始形态来源于侗族人民的生产生活，属于侗族人民在祭祀、狩猎前后操练的一种表演性活动。如今在芋头古侗寨"哆耶"的表演项目中，来自萨岁艺术团的演员们会走下舞台邀请游客跟随他们的步伐一同围圆圈起舞，游客在亲身体验之中不仅感知了哆耶舞的基本节奏，掌握了基本步伐，同时也感受到了侗族人民的无限热情。在"侗族婚礼秀""打糍粑，吃油茶"的娱乐活动中，游客们能亲身体验侗族婚礼秀，可以跟随迎亲团队一同前往新娘家中迎亲，待迎亲结束后，新婚夫妇会在芦笙广场打糍粑，并向游客们分发甜油茶。"打糍粑"原是侗乡人民过新年必做的一件事，寓意着五谷丰登，现如今被变成一种表演式的趣味娱乐活动呈现给游客，并让游客参与其中亲身体验，这无不体现出一种互文性。在侗家人民传统的生活中，人们手拿侗锤代表的是一种劳作文化，如今在"打歌"表演中，侗锤与侗帕相互融合，伴着悦耳的侗歌，演员们左手击打侗锤，右手舞动侗帕，这一创新的表演形式

① 赵书峰、杨声军：《语境·身体·互文·权力：音乐表演民族志研究再思考》，《音乐研究》2021年第3期。

不仅展现出传统与当代的互文，更进一步保护和弘扬了历史悠久的侗族锤布技艺。"大戊梁歌会"如今已成为侗族的一种文化符号，通过在当今活动中加入娱乐化表演、趣味性活动，增强了游客的参与度，不仅弘扬了侗族优秀的传统乐舞文化，更是推动了乡村的振兴，促进了当地旅游。

（二）非遗语境与多点舞台的互文

2021年侗族"大戊梁歌会"的表演地点设在了皇都侗文化村和芋头古侗寨，而在两个会场中又建立了"室内"与"室外"两种表演语境。例如"芦笙踩堂""琵琶歌舞""侗帕舞""哆耶舞"就利用了室内、室外两种表演空间交替进行展演。最初侗族人们在跳"芦笙踩堂"时必须在鼓楼前的鼓楼坪进行表演，而此次歌会中的芦笙舞则是在鼓楼广场和室内演出厅交替进行表演。在室外演出时表演者是站在鼓楼广场中央。在身后鼓楼的映衬下，芦笙舞的表演尽显民族风情，与老艺人们手持的芦笙道具融为一体，浑然天成。周围观看的游客们也被感染，不时动起脚步，慢慢随着芦笙曲的节奏踏步起舞。游客们虽然手上没有芦笙，但他们手拉手一同起舞的景象也是其乐融融。此情此景展现出一种传统与当代的互文，民间的传统文化在当代生活中逐渐衍生出一种新的表现形式。在室内，芦笙舞艺人在吹奏芦笙时，身后的LED电子屏会同步播放录有侗寨美景的视频，与舞台上表演的芦笙舞交相辉映。相较来看，室内演出时现代化的多媒体技术运用较为广泛，而室外演出更能体现侗族原生态的风土民情，两种表演融合体现出一种传统与当代的互文。

哆耶舞的表演空间不受限制，不论屋内屋外，均能起舞。此次歌会中，哆耶舞在室内和室外两种空间均有表演。皇都侗寨室内演出厅的舞台空间有限，由表演者排布而成的圆圈较小。而在芋头古侗寨山顶的龙脉广场，表演空间更大，容纳的表演者更多，视野也更开阔，演员动作的幅度也更大。如今哆耶舞经常出现在侗族人民的日常生活中，在不同的表演空间中都能呈现出气势宏大、形象壮美的氛围，使人们沉浸在"此时无声胜有声"的艺术美感之中，也逐渐成为侗族特有的一种文化符号。"琵琶歌舞""侗帕舞"这两种将非遗文化与舞蹈艺术相结合的表演形式也使笔者记忆犹新。这三种舞蹈的表演空间虽都有室内、室外两种，但其舞蹈表演形式近乎相同，表演者会根据表演空间的大小适当调整队形，但对舞蹈动作的展现并无影响。在室内表演时，电子屏幕会根据不同舞蹈风格匹配相对应的背景视频或图片。在室外演出时，演员的身后一般则是侗寨鼓楼、民宿凉亭等极具侗族特色的建筑物，更能显现出侗族原生态的民族风情。无论是在何种环境下进行表演，侗族人民都希望用更新颖、更易于大众接受的表演形式向外界展现和传播侗族文化。总之，如今的表演语境更加多样化、现代化，相较于以往单一的表演空间，当下呈现出一种非遗语境与多点舞台的互文与共生。这种随社会发展与变迁被重新建构的表演环境，更加迎合现代观众的审美，也将成为民族旅游文化中的一种流行趋势。

（三）侗族传统服饰道具与时尚元素的互文

在"大戊梁歌会"皇都侗文化村会场表演的"侗锦旗袍秀"节目中，非遗侗锦、旗袍服饰与舞台表演艺术三者进行融合，百余名身材高挑的侗族妇女穿上带有侗锦元素的深蓝色旗袍，头部、颈部、腕部都配以精美的侗族银饰，她们手握一把红色油纸伞，行走于侗寨鼓楼之间，将静态的侗锦图案以动态美的形式呈现给观众，画面优雅与壮观。这样新颖的表演形式不仅仅展现出侗族人民对幸福生活的美好向往，同时也展示了巧夺天工的非遗侗锦技艺和生生不息的织锦精神，无形之中也促进了侗锦文化的传播与商业价值的提升。侗族锤布距今已有数百年的历史，是以手工的方式去制作出色彩鲜艳、图案精致的侗帕和形式多样的花腰带，像这样的手工劳动已成为当地妇女的一种必备技能①。在芋头古侗寨会场"打歌"表演中，伴着悦耳的侗歌，六位侗家女子手握侗锤表演出一支侗家锤布舞，将侗族历史悠久的锤布文化展现得淋漓尽致。此节目将侗家人民的传统劳作工具与精美的侗帕相融合，以舞台表演的形式动态呈现，展现出一种传统与时尚的互文。"哆耶"这一篇章中的《琵琶歌》是在位于芋头山顶的龙脉广场舞台进行表演的，舞台后区有四块木质屏风作为背景，舞台两侧均建有现代元素浓郁的侗寨鼓楼，用来作为音控区和演员休息区。伴着充满现代摇滚元素的《侗家姑娘爱唱歌》（张玮演唱版），男演员们手抱侗琵琶，脚踩木凳一端，女演员们手拿侗帕站在木凳上，随着强烈的节奏前后摇摆并舞动手中的道具。舞台效果极富冲击力，在场的游客也受到了感染，甚至站在台下随着音乐节奏模仿起演员们的舞蹈动作，展现出一派热闹景象，呈现出传统的民间乐舞与现代时尚元素互文的舞台展演模式。

（四）非遗技艺与文创产品的互文

团队成员在采访国家级非遗侗锦织造技艺代表性传承人粟田梅老师时了解到，自2014年起我国持续加大对贫困地区的投入支持力度，推进精准扶贫，扶贫开发事业取得显著进展。粟老师在同年争取到了"市扶贫工作队"的项目，2016年9月"中国侗锦传承基地"建设完工。粟老师用双手毫无保留地将侗锦织造技艺传授给更多的织娘，每到寒暑假，侗锦基地里除了当地的村民之外，还会有来自祖国各地的热爱侗锦织造技艺的专家、学者、游客来到这里学习和了解侗锦。例如，来自湖南大学设计与艺术学院的20多名青年学生经常利用假期来到侗锦传承基地与织娘相互结对，一对一地接受指导，利用侗乡传统的侗锦进行创意设计，使侗锦充满新鲜活

---

① 余婕、胡小军：《侗族锤布文化的生存现状与舞台化展演——项目研究总结》，《北方音乐》2018年第19期。

力，焕发出勃勃生机。随着时代的发展，侗锦基地出品的文创产品并不局限于服饰领域，在样式上也更加多样化，实用价值也逐渐增强，如侗锦旗袍、侗锦抱枕、侗锦帆布袋、侗锦背包、侗锦钱包、侗锦围巾、侗锦 T 恤、侗锦领带等产品所示。相较于传统的侗锦工艺品，这些经过创新设计的文创产品销量得到了大大提升，这也体现出非遗侗锦技艺的当代文创产品的互文。如今，来自侗锦传承基地的琳琅满目的侗锦产品已远销英国、德国、法国、意大利、新加坡等海外各国，牙屯堡镇文坡村也在粟老师的带领下于 2018 年顺利脱贫摘帽，不仅老百姓的日子富了起来，全村面貌更是焕然一新。粟老师在发展与打造文创产品的基础上，依旧不断培养着新时代织娘，她希望传统的非遗技艺可以更好地传承下去。

结　语

"民间文化的生命力根植于民间社会中的展演之中，其存在的意义主要体现在社区人们的使用，一旦脱离了鲜活的社会生活，丧失其功能，等待它的命运便是作为标本放在陈列室展览。"① 回顾在湖南省通道侗族自治县进行的田野工作，笔者每一次踏入侗乡都能亲切地感受到当地人民的淳朴与热情，以及民间艺人们对本民族文化的挚爱与敬畏之情。在多次的田野考察中，从侗族民俗活动与趣味性游戏、非遗语境与多点舞台、侗族传统服饰和道具与时尚元素，以及非遗技艺与文创产品的互文中，可以看出侗族民间文化的多方位发展和文化重建过程。随着时代的发展与变迁，侗族人民将以崭新的姿态迎接未来。

---

① ［美］理查德·鲍曼：《美国民俗学和人类学领域中的"表演"观》，杨利慧译，《民族文学研究》2005 年第 3 期。

湘西苗族鼓舞历史记忆的延伸与评析

樊姝乐

（玉林师范学院）

[摘要] 历史记忆是民族共同体成员共享往事的过程和结果。湘西苗族鼓舞作为中华鼓舞之一，其间贮藏着苗族民间传说、鼓社制度、农耕生活、英雄人物、风俗仪式等一系列的苗民历史记忆。在苗族现实生活与节日庆典中，湘西苗族鼓舞是"鼓"与"苗民"的融合，体现出人的本质力量的对象化。湘西苗族鼓舞守护着湘西苗族独特的文化，流淌着苗族的根基血脉，传承着苗族精神文化。湘西苗族鼓舞能够声声唤醒湘西苗族的历史记忆，激发中华民族共同体的情感共鸣。理解湘西苗族鼓舞不仅应聚焦在其独特的舞蹈身体语汇上，同时还要将其放入现实特定的语境，在历史记忆的长河中寻源溯流，揭示其独有的文化内涵，更要认识到苗族鼓舞艺术本体价值与民族文化自觉、自信、自强的关系。以湘西苗族鼓舞来探察苗族历史记忆是增强中华民族成员团结性的一种途径。

[关键词] 湘西苗族鼓舞；历史记忆

一 探寻历史记忆的源头：鼓舞中华

中华民族的鼓舞历史源远流长。先秦古籍《易经》中有记载："圣人立象以尽意，设卦以尽情伪，系辞焉以尽其言，变而通之以尽利，鼓之舞之以尽神。"① 虽然不能确定此"鼓"究竟是真实存在的鼓还是作为激励意义的象征，仍说明鼓与舞早有紧密的联系。于平认为，"鼓舞是中华民族在其文明曙光出现时便具有的乐舞活动"②。湖北省博物馆陈列的曾侯乙墓穴出土的一套精美的编钟，还有 4 件与鼓相关的文物，其中中室 3 件分别是扁鼓、有柄鼓、建鼓，东室 1 件是彩漆悬鼓。这些鼓都是木腔皮面，形制有别，证明 2400 多年前的木鼓已经有了多种类型及用途。凌纯声和芮逸夫的《湘西苗族调查报告》中，使用了两幅南阳石刻鼓舞图来说明苗鼓与其外形的联系③。涉及苗鼓与其他鼓的可能关系，还有学者认为，"苗族鼓舞是苗族先民通过不断实践和发展创造出来的，但是苗族鼓舞中用的'鼓'，应该是通过学习汉族也就是以前的'华夏族'而创造的"④。笔者认为，虽然博物馆的建鼓与南阳石刻鼓舞图及今日苗族鼓舞竖放的方式一样，但现有资料也只能说明苗族鼓舞与当时的艺术可能有一定的共生关系，而且苗族鼓舞作为中华鼓舞形式之一，应该是古来有之。学界专家有不少认为苗族鼓舞源于汉代以前，产生于苗族祭祀礼仪活动中。《楚辞》中记载，"扬枹兮拊鼓，疏缓节兮安歌，陈竽瑟兮浩倡"⑤，这里的"枹"指的是鼓槌，"拊"指敲击方式，整句说明了鼓的使用方式，同时也说明了其演奏场合。许多文章都是以《楚辞章句》中记载的"昔楚南郢之邑，沅、湘之间，其俗信鬼而好祠，其祠必使巫觋作乐歌舞以娱神"⑥ 为依据，进而说明了湘

① 杨天才、张善文译注：《周易》，中华书局 2011 年版，第 599 页。

② 于平：《中华鼓舞的历史影踪与文化密码》，《民族艺术研究》2011 年第 5 期。

③ 凌纯声、芮逸夫：《湘西苗族调查报告》，商务印书馆 2003 年版，第 159 页。

④ 王一波、陈廷亮、咏梅：《浅析苗族鼓舞的起源和发展》，《北京舞蹈学院学报》2008 年第 1 期。

⑤ 转引自罗婉红《文化生态视域下湘西苗族鼓舞的变迁与调适》，《贵州大学学报》2015 年第 4 期。

⑥ 转引自罗婉红《文化生态视域下湘西苗族鼓舞的变迁与调适》，《贵州大学学报》2015 年第 4 期。

西受古楚地区"好巫淫祀"的影响，而"巫""舞"在当时是相通的。此时的苗楚边界是模糊的，湘西苗族鼓舞体现出一种苗楚巫风自然崇拜的求生意识，与当时苗族生产力低下的山地生活模式及恶劣的自然环境是相互呼应的。伍新福在《中国苗族通史》中也探讨了巴楚与苗文化交融共生的可能性。学者们大多赞同苗族文化是打开屈赋神秘大门的一把钥匙。清代段汝霖《楚南苗志》中写到了苗俗跳鼓："手摇铜铃口喃喃，然召请诸神，另一人击竹筒，并以一木空其中二而俱蒙生牛皮做鼓形……"①以此说明苗族鼓舞在民俗节庆中的祭祀祈神之用。在这场民俗中，男子穿着五色衣服或披上红色毡，以马的尾巴织乌纱冠首。男子在外圈，女子在内圈，他们旋转，举手蹀足，不徐不疾地在芦笙中起舞，从午时跳到日暮。唐代的樊绰在《蛮书》中记载了《夔城图经》中的一段文字：夷事道，蛮事鬼。初丧，鼙鼓以道哀。其歌必号，其众必跳……俗传正月初夜，鸣鼓连腰以歌……俗三月八日为大节，以陈同享，振铎、击鼓、师舞为敬。以上进一步说明了唐代已经凸显出鼓舞的祭祀功能："庆神俗为之神鼓，于秋冬时，椎牛椎猪隆重举行祭典，宾客毕至，演乐行法时行之。年鼓出于公众游戏：神鼓属于典祭庆祝。"②石启贵在《湘西苗族实地调查报告》中也说明了日常生活的鼓与祭祀鼓在使用的时间与地点上的不同之处。苗民认为"击鼓能通神""击鼓可招魂"，通过击鼓形式呼唤祖先、上苍五谷娘娘神、六畜神回来，能够帮助苗民在恶劣的环境中实现五谷丰登、六畜兴旺、风调雨顺、益寿延年的目的。在片段化的文本中可以洞察到祭鼓是自然崇拜与农耕文化的延续。这种祭祀是最神圣的信仰，在历史实践中积累并演化成为集体审美意识，是苗族精神生命得以长存的原因之一，与此同时，鼓舞也是舞蹈与音乐等其他艺术形式的融合，所以"鼓舞"是知音、神圣、

---

① （清）段汝霖：《楚南苗志》六卷，北京图书馆藏清乾隆二十三年刻本，第664页。
② 石启贵：《湘西苗族实地调查报告》，湖南人民出版社2002年版，第346页。

团结的象征。

《苗族古歌》唱道:"姜央(黔东南苗族先祖)兴鼓社,全疆的共和。得富大家有,得福大家享。"还有木鼓词1曰:"击木响咚咚,爸妈心挨拢。击木响哒哒,爸妈乐哈哈。商量去涉水,议论去爬山。寻找地方住,寻处好吃穿。"木鼓词2曰:"你击鼓,我应声。岔队要靠拢,拖后要紧跟。"①虽然这些古歌出自黔东南而非湘西苗族,但是从这些苗族古歌的口述文本与伍新福的苗族史的互证中可以得出:炎帝、黄帝与苗族祖先蚩尤三族大战于中原的涿鹿,蚩尤战败以木鼓结社迁徙,迁徙途中鼓有鼓舞前进的作用。虽然"鼓社"这一苗族社会制度是否与迁徙有关未曾证实,但苗族"鼓社"的确是以血缘关系为纽带、按照宗支组织起来的祭祖单位,也是构成苗族氏族制度的基本单位。苗族"以鼓为社""分鼓立社",黔东南苗语"江略"就是鼓社的意思。② 正是这样使得苗鼓成为苗族各大支系共同的精神象征,苗鼓也成为苗族传承和延续的圣物,"鼓社"制度也意味着"鼓"成为苗族社会权力的象征。

湘西苗族鼓舞作为中华鼓舞的一部分,它是以花垣、凤凰、吉首为文化圈的腊尔山台地苗族地区的代表性的舞蹈形式之一。2006年第一批国家级非物质文化遗产名录就将湘西苗族鼓舞纳入其中。湘西苗族鼓舞从中华鼓舞中走来,所构建起的集体历史记忆,是共同体意识得以生成、延续的精神纽带。湘西鼓舞扑面而来的气势美连接着中华民族的过去、现在和未来,能塑造出民族难以忘却的历史共识。鼓舞作为中华民族共存共生的具体形式,更能强化中华共同体意识。它凝聚着民族情感,提升了民族精神,使其更具有明确的指向性,为现实的代际传递寻找到历史文化的根源提供了具象的依据。

---

① 龙庆凤、隆名骥:《从"三鼓"看苗族鼓舞的发展》,《湖南社会科学》2005年第4期。
② 伍新福:《中国苗族通史》(上),贵州民族出版社1999年版,第58页。

二 守护历史记忆的储存：书声互文

苗族语言属于汉藏语系中的苗瑶语族苗语分支，湘西地区属于东部方言区，笔者在苗族调查研究的过程中，发现湘西东区方言区多将鼓舞乐融为一体，形成了"花鼓舞""团员鼓舞""猴儿鼓舞"等多种鼓舞形式。而黔西北地区以芦笙乐舞为主，如"滚山珠"等形式。基本上，在不同方言区域，乐舞也有差异分布的特点。由于苗族是无字民族，首先可以从苗族的传说中去追索湘西苗族鼓舞的踪影。

传说是一个社会群体对某一历史事件或历史人物的公共记忆①。有关湘西鼓舞起源的传说故事创造了苗族的英雄人物。剥皮蒙骨击鼓的苗族英雄的传奇故事有两个版本。其一是王一波、陈廷亮、咏梅在《浅析苗族鼓舞的起源与发展》中转录的魔王与法术高强的苗族夫妇的故事。相传苗族曾出现过害人的魔王，经过三天三夜苦战，它死于苗族夫妇的棍剑之下。战后苗族先民们剥下魔王的皮，蒙在空心的树干上制成所谓的最早的"鼓"。② 其二是蒋浩、姚岚、石明灯在《湘西苗鼓艺术》中引述的苗族英雄故事，也即苗族英雄"贵乃贵卡"、"保国"、魔鬼"假嘎"及魔鬼妻子"假宜"之间发生的故事。在苗族英雄杀死作恶多端的魔王并剥皮剔骨蒙鼓后，又出现了一段新的故事，其妻"假宜"召集所有恶魔进行报复，把苗山九岭九冲吃得只剩一岭一冲，也有写把十二山十二坪吃得只剩一山一坪。此时，苗族又一位英雄"保国"闻讯赶到，团结苗民联合"贵乃贵卡"战胜魔鬼。③ 这个故事在湘西及贵州松桃等地区都有流传。在第二个拓展的故事中，还配合了苗鼓特有的鼓点节奏来讲述这个故事："咚咚咚，

---

① 万建中：《民间文学引论》，北京大学出版社 2006 年版，第 187 页。

② 王一波、陈廷亮、咏梅：《浅析苗族鼓舞的起源和发展》，《北京舞蹈学院学报》2008 年第 1 期。

③ 蒋浩、姚岚、石明灯：《湘西苗鼓艺术》，《怀化学院学报》（社会科学）2003 年第 4 期。

咚咚咚，九岭九冲剩一冲，叮叮叮，叮叮叮，九山九坪剩一坪。"① 现在苗族鼓舞很多都以此鼓点为基础，形成三点鼓、五点鼓、七点鼓、九点鼓等基本节奏，使其成为律动的核心灵魂。

湘西鼓舞起源传说故事反映了苗族的历史事件。"轩辕"黄帝与苗族首领"蚩尤"逐鹿中原是为华夏子孙所熟知的故事。王一波、陈廷亮、咏梅在文章中提道："鼓是黄帝最早用于军事的发明创造。蚩尤是战争之神，以金为兵器，战无不胜。后来，黄帝创造出了鼓声齐鸣的军鼓，消灭了蚩尤。苗族先民在'逐鹿中原'将'鼓'的神威带入了苗族。"② 故事说明了华夏民族之间互相吸收借鉴优秀文化的典型意识，同时鼓舞的起源中也反映出在历史关键事件中鼓舞起到的重要作用。

湘西鼓舞传说故事解释了苗族鼓舞的种类。蒋浩、姚岚夫妇及石明灯在《湘西苗鼓艺术》中还写到了"猴儿鼓"这个特殊的苗族鼓舞种类的来源。它讲述了一群猴子在香火供奉的寺庙中偷吃供果时无意碰到了鼓，从一开始受到惊吓转到主动击鼓的故事。这里面还有猴王与猴子场景，被苗族同胞看到后，将猴子击鼓的故事经过及猴子外部形象编成生动有趣的"猴儿鼓"，"猴儿鼓"从而在苗区流传开来。③ 从这个故事中还可以发现，人们潜意识中认为鼓与神圣的寺庙是有联系的。故事以"猴"即以动物来喻人打鼓，此时的猴与人有着共通性，反映了人的神权意识的慢慢瓦解，同时可以推测出"猴儿鼓"与其他祭祀种类的鼓舞类型相比，形成期较晚。

湘西鼓舞传说反映了苗族的文化心理。据《中国民族民间舞蹈集成湖南卷　下》记载："传说花鼓是古时石家两姐妹敏拔、敏朗创造的……

---

①　蒋浩、姚岚、石明灯：《湘西苗鼓艺术》，《怀化学院学报》（社会科学）2003 年第 4 期。
②　王一波、陈廷亮、咏梅：《浅析苗族鼓舞的起源和发展》，《北京舞蹈学院学报》2008 年第 1 期。
③　蒋浩、姚岚、石明灯：《湘西苗鼓艺术》，《怀化学院学报》（社会科学）2003 年第 4 期。

据传敏拔、敏朗两姊妹聪明过人，在跳日跳月、跳花节会她俩就凿石为鼓，炼制金条击鼓，从此后人才有了鼓打。"① 这则传说反映了苗族的文化心理，交代了敏拔、敏朗姐妹两人的聪慧，交代了跳日跳月、跳花节等节日在鼓舞记忆中的重要位置，同时交代了花鼓舞种类的起源与湘西苗家吴、龙、廖、石、麻几大家族中石家的关系。在黔东南地区"还有说剥牛魔王的皮蒙鼓打或模仿猴子、摹仿啄木鸟编成的"② 的故事，摹仿啄木鸟的民间传说以及与蝴蝶妈妈、枫木树相关的鼓的传说虽非产自湘西地区苗族，但是这些民间传说构成了苗族鼓舞所有支系的集体记忆的文本依据。现在很多故事传说是把黔东南与湘西的民间故事融合在一起形成的，可能在两个族群中受到了互相影响，历史记忆一旦模糊，在重新建构时候，强势文化凭借其影响力会吸收更多的知识与文化来更新记忆储存。王明珂认为历史记忆可以被视为集体记忆的子集，主要是指在一个社会认定的"集体记忆"中，以"历史"形态呈现与流传的那部分，族群由此追溯其共同起源及其历史流变过程，以诠释当前族群各层次的认同与区分，本质上是族群借以形成共同体认同的记忆③。在历史传说的口述史料与文字资料中，不乏瑰丽的想象与缜密的逻辑，但以"三重证据法"为基础的研究是守护苗族鼓舞艺术历史记忆的储存的根本事实依据。我们所看到的历史文本，有它们的结构和符号，历史文本和历史情境对应，文本结构和情境结构对应。因此，我们可以分析历史文本内的结构与符号，以了解作者所处的社会情境。④ 这也是人依据故事文本及世代的口传身教，以苗鼓为文本的结

---

① 中国民族民间舞蹈集成编辑部编：《中国民族民间舞蹈集成 湖南卷 下》，中国舞蹈出版社1991年版，第1463页。
② 《湘西苗族》编写组：《湘西苗族》，《吉首大学学报》（社会科学版）1982年第3期。此书在中南民族大学图书馆6楼苗族类型书板块中。
③ 王明珂：《历史事实、历史记忆与历史心性》，《历史研究》2001年第5期。
④ 王明珂：《在文本与情境之间：历史人类学的研究方法反思》，《青海民族大学学报》（社会科学版）2015年第2期。

构与符号在具体实物中进行历史回忆存储的重要方法，以便随时开启感受历史的记忆。

三 发掘历史记忆的情境：身教传习

身体可以成为记忆的容器，在很多时候身体可靠程度远远大于大脑，身体的反应能直接表现其心理深层次的意义。湘西鼓舞是身体必须参与的民间艺术形式，其社会心理活动直接受当时当地社会情境的影响，社会环境只有通过情境才对整体社会心理起到传输历史记忆的作用。苗族鼓舞的历史文本仍在不断地丰富与完善中，苗族鼓舞传习以身体为载体，在社会民俗环境中不断变化表演语境，形成不同的社会情况，最具体集中表现在非物质文化传承人在湘西的广场、学校等具体情境里的言传身教。作为意义的文化凭借舞蹈者的身体符号由此实现了传承与交流。①

花垣县非物质文化传承人梁二来夫妇是花垣县职业学院的教师，他们在职业学校课堂学习鼓舞。梁二来老师同时也在花垣团结广场教苗族鼓舞，凭借她的努力让花垣县团结广场形成了以苗鼓为主要特色的苗族民间广场舞。随着刘红铃、石梦这些新一代苗族鼓舞的爱好者在网络和社会上越来越被大家熟知，越来越多的人参与到了广场中的苗族鼓舞的练习中。梁二来老师在花垣县城花垣广场中的鼓舞是具有特定情景。由于人员构成的复杂性，梁二来老师会教授"八合鼓""迎宾花鼓"等动作比较简单的套路组合。学习不仅是愉悦身心强身健体的过程，更是唤起集体民族记忆的过程。以苗鼓为媒介，可以调节人与人之间的情感交流，让他们久而久之在鼓舞的敲打声中得到精神上的享受与共鸣。以鼓舞为共同的爱好的聚集也体现着该地区的性格特征。中华民族长期享有家国一体的伦理价值观

---

① 孙继黄：《作为解释文化的舞蹈人类学》，《河南教育学院学报》（哲学社会科学版）2021年第 3 期。

念，即个人效忠于家族、家族效忠于国家，这既是国家意识在基层社会的投射，也是不同民族不同群体主动选择的社会整合方案①。靠苗族鼓舞广场舞建立起的场域与空间让个人更加具有归属感，对于家庭和谐具有促进作用，进而有助于民族、国家达到更高水平的团结。

国家级鼓舞非物质文化传承人洪富强老师创作的"八合鼓"主要是在湖南省非物质文化遗产苗家八合拳的基础上，将传统套路大手七式分解为二十四式的八合拳，并与鼓舞融合形成的武术鼓舞。此时的苗族鼓舞成为一套存储的容器，不仅是将武术藏在了苗鼓的动作中，更是以人的身体为载体表达湘西民族的风骨。《撼山鼓》也是属于此类的传承武术鼓舞，一般由苗族身强力壮的男士表演。梁二来老师教授的鼓舞，会在洪老师的武术鼓舞中有所创新，把武术中的弓箭步、吸腿、点步等加入鼓舞中。鼓舞节奏比较缓慢，以大的手臂划圈为主，比较适合广场舞初学者，既可规范动作、对基本功有所提升，又能使动作更加舒展流畅协调。花垣苗族同胞在此武术套路上创造出了《苗鼓神韵》，这套组合目前融合了快节奏与大的跳跃动作，如元宝跳、踢腿跳等。鼓点节奏相对较快，需要体力、节奏性、协调性等共同参与其中，成为民间检验苗族鼓舞水平的一套试金石套路。只要当学员的广场舞舞蹈套路学到一定程度，被鼓舞队里的同胞认可，就可以参加湘西苗族的各类活动及仪式，这是对苗族鼓舞学习者的最大肯定。他们会在所谓的"摆转"表演中完成丰富的鼓舞动作，并得到观众的肯定，这种"肯定"为鼓舞创造了良好的社会情境。这些非物质文化传承人在广场上的鼓舞教授，使得他们既生活在现实中，又有可能与过去将来的文化记忆产生关联。

凤凰县非物质文化传承人龙黎明老师，最熟悉凤凰县的鼓舞传承情况。龙黎明的爷爷龙国安，早年在凤凰县三江镇友好村表演猴儿鼓非常出

---

① 麻国庆：《公共记忆与中华民族共同体认同》，《西北民族研究》2022 年第 1 期。

名，他的父亲是三江镇文化站的站长，到他这一辈已经是第三代鼓舞传承人了，他也经常去三江镇小学教鼓舞。他对苗族鼓舞有着特殊的情感，家庭的传承环境是社会情境最有力的支撑。他在凤凰县城白天和晚上会分两班风雨无阻地在广场和空地教热爱鼓舞的人跳舞。他的夫人龙丽芝也从爱好者慢慢变成了传授者。这种以家庭为核心的鼓舞学习与传授，是活态的言传身教的示范与说明。

洪富强老师、梁二来老师、龙黎明老师等湘西一大批鼓舞非物质文化传承人在专门的传习所、学校、广场尽心尽力地传授鼓舞。他们通过鼓舞释放了民族情感，表明非物质文化传承人是"社会记忆秩序"合法化的体现。他们以言传身教的方式在广场、传习所、教室等舞动的空间里不断地扩大其影响力。非物质文化遗产传承人的个体记忆透射出苗族民族记忆及湘西地域记忆，这些集体记忆都是构建中华民族集体记忆的基础，中华民族集体记忆也是各民族共同体意识的重要基础。[1] 随着时代的发展与变迁，湘西苗族鼓舞已经成为该地区苗族人民最喜爱的民间艺术形式，是他们精神生活不可分割的一部分，深刻地留在了苗族同胞的身体血脉里，在苗族同胞的思想中整合形成集体历史记忆。

四　传承历史记忆的符号：动作叙事

"叙事是人类的一种精神行为，存在于一切时代，一切地方，一切社会。"[2] 苗族鼓舞作为苗族一种特有的文化艺术现象，是湘西地区的历史文化沉淀，也是本民族审美及情感表达的重要方式。它蕴含着湘西苗族地区的传统信仰、价值观念和行为规范。苗族鼓舞作为可回忆的"永久性"实物，是承载历史文化的容器，它从远处的历史中走来，可以描述一件件往

---

① 麻国庆：《公共记忆与中华民族共同体认同》，《西北民族研究》2022年第1期。
② 徐惠冬、刘振华：《舞蹈叙事学研究》，文化艺术出版社2019年版，第1页。

事、记录一次次情感体验，在鼓与人的互动舞姿中维持苗族的集体记忆。

鼓舞种类丰富，套路多样，动作呈现不同的形态特点。根据鼓舞动作的基本形态可将其归纳为四种类型。第一类是模拟农耕的过程，也即通过鼓舞运动过程讲清楚劳动生产的过程。如锄地、挖土、犁田、插秧（种稻谷）、踩田、割谷、打谷子、上餐等动作都参照着农耕的顺序，这里有与民歌非常相似的时间观。鼓舞用身体动作记录下农耕的进程，农耕文化活动循着事物发展的程序，符合人们的接受心理。在身体舞动时不仅在特定节奏的步伐中完成了身体空间转换，同时也把农业故事表述得条理清楚，详略得当，自然顺畅。鼓舞中对衣食住行的展现也反映了苗族生活的智慧，比如鼓舞的动作套路中有专门的对纺纱、织布的记录。在三江苗族博物馆也展出了纺纱织布用的工具，说明了当时苗族采用男耕女织的方式来维系当时社会的生产生活。还有推磨、挑粮、打铁等动作形态也融入鼓舞动作中，让人们在学习鼓舞的同时认识苗族的一些生产形态，以及整个社会的生产生活。涉及农耕生活的动作男女皆可表演，多出现在男女花鼓舞等传统套路中。不妨说，苗族人民是用身体和鼓把农耕的时间与事件顺序记忆在鼓舞的套路之中。

第二类是与苗族生活相关的动作。与女子生活相关的动作如梳头、包头帕、左右插花、挑花、洗脸、背小孩、踢毽子等。此类动作一般是在"花鼓""迎宾鼓"等女子鼓舞中出现，可以是女子单人花鼓舞，可以是双人花鼓舞，也可以是以集体的形式表现。鼓舞有时候是记录女子一天从早到晚发生的事件，如早晨起来的梳头、包头帕、挑花等梳妆打扮的鼓舞动作，这些生活装扮性动作，体现了苗族女子的共同审美追求，也代表了一种精神信念，也即不断地完善自我、超越自我、追求美。鼓舞有时候是记录女子一生的际遇，如背小孩等鼓舞套路，也表达了对美好生活的向往。与男子生活相关的动作如开车、打铁、隔山雷、举鼎舞、扯须等，表现了男人的阳刚与职责。社会分工的明确性也体现在鼓舞套路的叙述中。

第三类是模仿动物及植物的动作或形态的动作。如黄牛摆尾、猫儿洗脸、狮子滚球、大鹏展翅、古树盘根、黄龙缠腰等。此类动作在男子舞蹈较多，动作风格比较古朴、刚劲、英勇，表现了苗族男子的力量之美。属于此类的"猴儿鼓"不仅表现了人与动物之间的密切关系，更表现出猴子的形态与动作特点。"猴儿鼓"中，边鼓的节奏基本固定，但是击鼓的"猴子"可能会依据情况而产生一定的节奏变化，显得灵活多变。边鼓敲击者与表演者有着高度的默契，边鼓敲击有轻重缓急、抑扬顿挫，带有一气呵成的艺术魅力，是对表演者的提示和制约，同时也有鼓励的作用。猴子心理状态的变化及剧情的发展要符合逻辑，戏剧结构的存在是"猴儿鼓"有别于其他鼓舞的重要艺术特点。"猴儿鼓"有戏剧性的艺术结构并贯穿在鼓舞艺术表演中，鼓舞艺人可能会依据自身的情况、当地环境、时间、观看的人员来改变剧情，也可能会增加或者减少其中的表演环节。

第四类是军事武术与幻想情节的鼓舞动作。如陈鼓催兵、猛虎下山、霸王举鼎、背剑、观音坐莲、雪花盖顶、大翻天印等。男女都可舞蹈，以男生打鼓的舞蹈居多。动作大气刚劲、威武雄壮，展现了苗族男子英勇无畏的气概。有时候可以用鼓棒打鼓，有时候还可以赤手空拳打鼓。动作粗犷有力，节奏鲜明。从动作的名称中可以看出，鼓舞中描述的或是战争中或是英雄仙佛身上发生的故事情节。"大翻天印""观音坐莲"这两个带有佛道神话色彩的套路名称，说明苗族的民间传说及佛、道教的智慧也融入了鼓舞中。湘西苗族鼓舞语汇丰富多彩，在传统的基础上不断创新发展，做到了雅俗共赏。

除了以上四大类，凤凰县还有设"拦门鼓"的风俗习惯，意思是新郎在娶苗族新娘或者是第一次去新娘家拜年的时候，会在新娘家的门口摆上一面鼓，进门前新娘和新郎必须合跳一次花鼓舞，于是就慢慢形成了一男一女形式的双人花鼓舞。苗鼓按功能形式还可以分为"拦路鼓""年鼓""迎宾鼓"等。凤凰非物质文化传承人龙黎明以凤凰县南方长城的历史为故事线，创造了《修长城鼓舞》，其中动作叙事性极强，展现了修建者打石头、背石头、擦汗等动作，同时介绍了凤凰县境内古长城的功用。在这些鼓舞动作形态、套路中，可以发现很多与苗族一路成长相关的故事，这些故事反映了湘西苗族族群的人生观、价值观、审美观。以身体与鼓的互动形态为特定的规约性符号，这些是湘西苗族人想象共同体的基础。

五　唤醒历史记忆的效用：仪式表达

费瑟斯通认为，"集体记忆是家园感的支柱，它本身依赖仪式的操演、身体的实践和纪念的庆典"，需要强调的是，我们过去的意识并不主要来自书写的文本，而是靠行动的仪式操演和仪式语言的形式①。湘西苗族鼓舞从原初的鼓乐到当代的非物质文化遗产，每一个仪式操演都已深深嵌入湘西人民日常生活之中，成为湘西重要的身份标签和文化象征符号。"文化记忆也有可能发生在过去的事件或神话传说等公共的集体记忆之中，后来慢慢发展建构在庆典仪式性的社会交往或节日里。节日和仪式定期不断地重复保证了巩固起来的知识的传达和传承，同时构建其'传统的发明'并由此保证了文化意义上的认同的再生产。"② 苗鼓与苗族的各项节日民俗活动"鼓社节"（鼓会）、锥牛仪式、四月八、赶秋、调年等都分不开，这些苗族同胞的节日里印刻着他们的集体记忆。苗族的节庆是民族的一次文艺盛会，有时候某个节日会聚集起数十万人，可见它在苗族影响之深广。

节日中的集体记忆、审美模式以及活态的艺术形式，将人们的意识联结成一个"历史共同体"，这也是民族成为民族的原因。节日对于传统的回溯，表征着族群特有的社会历史和文化模式，连带着打开了个体与社

① ［英］麦克·费瑟斯通：《消解文化——全球化、后现代主义与认同》，杨渝东译，北京大学出版社 2009 年版，第 129 页。

② ［德］扬·阿斯曼：《文化记忆：早期高级文化中的文字、回忆和政治身份》，金寿福、黄晓晨译，北京大学出版社 2015 年版，第 51—52 页。

会、审美积淀与艺术创造的活态空间。① "四月八"的跳花节是苗族每年都会定期举办的重要活动，苗族鼓舞是其中必备的节目。如凤凰三江跳花节的场地置于山谷之间，周边的群众会爬上屋顶来观赏这别开生面的鼓舞仪式，其他相邻村镇的人也会穿着最隆重的苗族服装前来。2021 年凤凰三江苗族 "四月八" 跳花节的跳花坪上有一面大大的横幅，上面写着 "2021 年凤凰三江苗族四月八跳花节·东方情人节"。在庆典上，三江镇代表队表演了大型鼓舞《我们的名字叫苗族》，凤凰县金雷苗鼓队表演了苗族花鼓舞《喜迎四月八》，凤凰县苗学会花鼓队表演了苗族花鼓舞《鼓舞凤凰》，从这些表演节目名中可以看出节日中的花鼓表演形式非常丰富多彩。现场接受采访的苗族同胞中，有几个人连续二十多年参加 "跳花节"，近几年因为疫情，节日仪式的举办受到了影响。在笔者与他们交谈中，他们又回忆起了过去篝火烂漫、鼓舞阵阵、人声鼎沸的 "四月八" 跳花节。仪式性的重复在空间和时间上保证了群体的聚合性②。在旅游文化高度发展的今天，这种人文景观的重现让本族群形成了高度一致的审美认知。它不仅承载着湘西苗族的历史记忆和文化记忆，同时蕴含着湘西苗族群众追求幸福的心理诉求，还强化了基于共同信仰的地域社会关系和地方认同，具有多重文化意蕴与社会功能。

吉首高铁站的通车是全民性的喜庆时刻，2021 年 12 月，政府和民众组织了别开生面的通车仪式，其中的鼓舞是仪式中不可或缺的部分。沿着高铁轨道，两旁都有身着蓝红银色衣服的彩色的身影，人手一鼓，分不清到底是鼓还是人，此时的人与鼓已经高度融合在 "苗鼓" 中，将人性注入这欢腾的时刻。这个仪式的特别之处在于它不是依托于传统的节日，没有

---

① 吴震东：《记忆、经验与共同体——审美生境视域下的民族艺术与节日审美》，《中南民族大学学报》2016 年第 4 期。

② ［德］扬·阿斯曼：《文化记忆：早期高级文化中的文字、回忆和政治身份》，金寿福、黄晓晨译，北京大学出版社 2015 年版，第 51—52 页。

可重复性，不像四月八或者是赶秋的节日活动那样年复一年周而复始地举行。此外，这里的仪式庆典既是由政府主持举办，也是由广大民众自发形成的。所以这个高铁通车仪式具有非常现代的意义。鼓舞表演者穿的都是苗族的各种盛装，以湘西特有的蓝布绣花衣服为主，还镶嵌着各类银饰叮铃作响。鼓舞采用的圆形鼓面在场域中形成了特有的空间装饰，不论是鼓的大红色彩还是圆形鼓面的颗粒感都点缀了高铁站的建筑，为这个特定的空间带来了无限的喜悦感。在表演者、观赏者热情洋溢的叫喊声中，只有鼓的齐奏声能盖过他们的兴奋，营造出更加雄壮的气势，同时也反映出了湘西苗族奔放洒脱的审美情趣。高铁通车的时候主要以跳《迎宾鼓舞》为主，突出热闹的场面与喜庆的感觉，在场的打鼓者与观赏者在视觉听觉中唤醒了在场身体体验。在场的人都可以通过击鼓体会其动觉经验的美感，即节奏与身体动律的协调统一。这种动觉经验首先体现在膝盖与边鼓的微颤相互呼应，达到了精神高度集中的愉悦状态。其次在膝盖弹动的大幅度动作中变化身体的空间，偶尔左右手交替击鼓，手臂一般有上下前后划圈的动作，形成以身体或者鼓为中心的各种动态弧线的连接与转换。特别是鼓槌后面还系有红色长绸，这些长绸在空中的延伸滞留带来一种飘逸感，把观众与舞者带入一个五彩缤纷应接不暇的梦幻世界中，让他们体验到节日的狂欢氛围。此时的共同体验将在场的每一个人带入近乎神圣的空间里，让他们在肃然起敬中感受现代高速发展的社会与古老庆典的相互辉映，以一种集体无意识的力量，引导着族群成员回溯到心灵记忆的深处。苗族鼓舞艺术是保存集体记忆和实现族群身份认同的有效途径，也是苗族历史过程中值得铭记的文化成就。

结　语

　　共同的集体记忆，能将不同宗教信仰、不同风俗习惯和不同文化环境的人们团结起来，造就一个紧密的共同体。这些集体记忆的培养有赖于对共同历史背景的了解，对共同忧患经验的体验，对共同光荣瞬间的追忆，对共同信仰的追寻。苗族鼓舞已经成为苗族文化生命的一个部分，是苗族历史鲜活的写照。苗族"鼓"也已经成为一个特殊的符号，具有特别的象征意义。苗族的鼓不仅是物品，更是人民智慧的结晶与化身，当人们随着身体舞动与鼓发生联系的时候，鼓是人的本质力量的对象化，此时的鼓与人统一为一体，还在集体族群中实现了记忆承载的功能。

身体在场与空间认同

——以傩戏为中心的民族审美探源

刘 津

（湖北美术学院）

[摘要] 傩戏是托生于田野的中国民族民间戏曲的重要代表。占卜、预知、驱鬼、逐疫、治病等是它的功能诉求。头戴面具进行表演是傩戏最突出的艺术特征。这种植根民族民间的演剧样式以其独特的身体语言和空间呈现方式对戏曲孕育和发展产生了根本性的影响。有别于西方戏剧强调表演者与演员的"合一性"以及演出情节的"整一性"，傩戏中表演者会在表演场域中"跳进跳出"，与天地人神展开多向度的沟通交流，具有"间离性"的艺术风格。由于特殊的地理位置和历史沿革，出于民间祭祀和法事等表演需要，傩戏的艺术风格和文化形态保留得比较完整。20世纪以来，中国传统戏曲如何在西方戏剧观的强势话语输出之下，回到民族民间戏曲的源头进行寻根，对建构本体艺术话语具有重要的学术价值。

[关键词] 傩戏；身体在场；空间认同；审美探源

在华夏文明中，"傩"是历史久远并广泛流行的具有强烈民族艺术色彩的社会文化现象，它起源于汉族先民的自然崇拜、图腾崇拜和巫术意识。从艺术特色上看，戴着面具表演是傩戏最为突出的特征，它浓缩、积

216

淀着人们强烈的情感、思想、信仰和期望。从演剧功能上看,先秦两汉时期,傩仪的核心是驱鬼逐疫;汉代以后,傩仪不断地发展变化,逐渐在歌舞中增加了故事情节,丰富了表演,与民间歌舞、戏剧相互影响,逐渐演变为酬神还愿的傩戏,成为具有浓厚娱人色彩和戏乐成分的礼仪祀典。作为民族民间戏剧的代表,傩戏很少受到外来艺术的影响,现今还保留着古朴的风貌。回望与反思傩戏的独特的艺术价值,复归其根,能够为当代戏曲艺术的中国话语建构提供镜鉴。

一 身体在场

王国维在《宋元戏曲考》中指出,中国戏曲起源于巫觋。傩戏自原始巫术发端,而后历经以歌舞娱神、娱人的历史阶段。巫文化受佛教轮回观的影响,彼此相互融合形成了系统的鬼神文化。随着历史的变迁,儒家文化的兴起导致巫的社会地位式微,但巫风早已渗透到人们的生产生活中,祭祀活动中的避邪驱鬼、招魂、祈雨舞等民间仪式也都是巫文化的典型代表。在傩戏的萌芽期,表演者会通过身体的舞蹈或在仪式中表达生与死的主题、喜怒哀乐的情绪或是向上天表达丰收、降雨等诉求。凭借身体动作、仪式,人们与自然达成了一种沟通,可以说,是人以身体为媒介实现了人与自身及周边世界的沟通和交流。

(一)作为媒介的身体

"身体"是表演者的一个最自然的工具、技术对象和技术手段。傩戏早期的表演形态以上古巫觋歌舞为载体。巫觋,古代称女巫为"巫",男巫为"觋",合称为"巫觋"。古代祭祀神鬼,要用人来装扮成灵保或尸作为神鬼所凭依的实体。古代的巫觋以歌舞娱乐鬼神为职业,巫觋被视作能通鬼神。《楚辞》称巫为灵,称神亦为灵,而装扮成灵保的亦为巫。在傩戏仪式中,通过演奏降神之乐,巫成为神的体现,代神言行。

"巫觋"具有亦人亦神的二重身份,他们会以身体为媒介,沟通天地人神,具体有两种方式。一种是请神附体,请神附体有请神、探源、抓鬼和谢神四个步骤。这一做法,被视为后世戏剧之萌芽。另一种途径是通过"走阴差",即"灵魂出走",也就是巫觋的灵魂可以离开肉体,到神鬼所在的地方。汉族的问仙,苗族的苗家稻,都是类似的通神的形式。而"通神"的第一媒介就是表演者的身体。

表演者以身体为媒介感知、理解及表达,以一种可感的、行动的肉体形式居于我和世界之间,它既是"我"的一部分,同时也是世界的一部分,在此场域中,表演者召唤并酬谢神,以身体为媒介来经营自身与"诸神"之间的关系。表演者与观看者在傩戏表演中的生命绽出方式分别是"摹仿"与"观",表演者借助于非日常化的极具夸饰效果的装扮(如傩戏面具)以及经过规训的肢体来与自身的自然状态拉开距离。

(二)作为技术的身体

傩产生于原始人类驱除灾疫的诉求。在傩戏的萌芽期,在宗教热忱的驱使下,上古先民们通过头戴面具、穿着仪典服饰,以一整套完备而复杂的动作程式,如跪拜、祈福、献祭、歌舞等,结合仪典用语、仪典器具等外部符号,来传达一种内在的精神信息。有关驱傩仪式最早的文字记录见于《周礼·夏官司马·方相氏》:

> 方相氏,掌蒙熊皮,黄金四目,玄衣朱裳,执戈扬盾,帅百隶而时难,以索室殴疫。
>
> 大丧,先柩。及墓,入圹,以戈击四隅,殴方良。[1]

---

[1] (汉)郑玄注,(唐)贾公彦疏:《周礼注疏·夏官司马·方相氏》,上海古籍出版社1990年版,第474页。

商周时期方相氏驱傩活动已发展为一种固定的用以驱鬼逐疫的祭祀仪式。以恶逐恶的观念，是原始人类赶鬼或驱傩意识的基础。掌蒙熊皮，黄金四目，黑衣红裤，执戈扬盾这一凶神恶煞的特殊装扮，赋予了方相氏兼驱阴宅和阳宅恶鬼，同保人世冥间安全的重要作用。方相氏不属于巫官，而隶属于司马。方相氏"执戈扬盾"的形象与武士战斗之貌如出一辙，故唐代杜佑《通典》将大傩列入"军礼"。在傩戏仪式上法师要唱叙其来历，称为"根生"，类似戏曲中的"自报家门"，通过唱念做打、身体动作组合来言志。"副末开场"或"家门大意"则来自佛教僧侣的沿门唱经、化缘，然追溯其最早的源头仍然是驱傩者的沿门逐疫。在这种宗教仪式典礼中，装扮表演的成分进一步加重。比如，傩戏表演中的彩色面具可分列为一末、二净、三生、四旦、五丑、六外、七贴旦、八小生。其表演俗称"跳傩"，场面多伴以锣鼓。按行当角色之分戴"脸子"，也即彩绘面具，这成为傩戏表演者最为独特的视觉艺术表征。傩戏面具来源甚古，可以追溯至远古先民的纹面，在纹面基础上再度对线条进行夸张变形，既增加了神秘感，对疫鬼增加了威慑力，又给人以审美感受，增添了娱人功能。

傩的本质是民族民间朴素的鬼神信仰，其核心目的是运用完整的仪式与鬼神达成共识以趋吉避凶。在傩戏的表演过程中，不同的舞步代表不同的方位与行进方向。以五行定位，按照八卦方位举步，结合咒语表演。这种步伐沿袭史书中记载的"禹步"，丰富了傩戏观演。在此，表演者通过唱念做打的身体动作，通过言语的假借，将暗示性的社会情境转化为直观的戏剧情境，逐渐具象化为前戏剧形态。早期傩戏活动以演员的身体来沟通天地进行巫祝、占卜、祈愿；中期则通过"歌舞一体"的活动达到礼仪教化的功能性作用；成熟期则通过演员纯熟的表演技艺实现由娱神向娱人的转变。从人神交流演变到现在人人相娱的民间艺术形式，这是傩戏的表演形式演进的大体轨迹。

（三）作为知觉的身体

傩戏中表演者以身体为媒介，以身体为技术手段，发挥其在场效应、传播效应。傩文化是以鬼神信仰为核心，以各种各样的请神逐鬼活动为其外在显现并以祈福免灾、沟通人—神（人—天）为目的的一个完整系统。西方哲学家梅洛-庞蒂认为："身体的空间性不像外部客体的空间性或'空间感觉'的空间性那样是一种位置的空间性，而是一种处境的空间性。"① 理解空间的前提是先理解身体，而要想真正理解身体，必须先理解身体存在的空间性；要想真正把握身体存在的空间性，必须将身体还原到身体经验本身之中。

中国美学充分肯定与尊崇身体，将精神与身体视同一律，始终坚持身体一元论，推崇多元包容、和合统一的哲学和美学观念。中国古人信奉万物有灵的哲学，他们把世界看作一个神秘的领域，世上一切生物都有灵魂，山川草木、鸟兽鱼虫，都可以与人类进行灵魂交感。正如伽达默尔说的："戏剧只有在它被表演的地方才是真正存在的。"② 在傩戏观演活动之中，表演者以身体为中介，世界被感知为一个有意义的整体。人之思也总是在身体场之中的"身体"化了的"思"，而仪式化的"身体"就是身与心的合一。

人类表演的本质是人的生命的勃兴展开状态——身体的表演，是身心一体的彻底解放和自由完善，是"形（躯）—（精）气—心（神）"形神相合的生命整体呈现（身体—心性），而这就是身体表演的审美化，或身体表演美学的核心问题。在傩戏表演中，表演者的身体是一种将身体技术、情感、意志和认知融为一体的身体知觉场。

---

① ［法］梅洛-庞蒂：《知觉现象学》，杨大春、张尧均、关群德译，商务印书馆 2021 年版，第 147 页。
② ［德］伽达默尔：《真理与方法》上卷，洪汉鼎译，上海译文出版社 1992 年版，第 150 页。

二　空间认同

傩戏是宗教色彩浓郁的民族民间剧种。布景、道具与服装体现了以小处寓大意，以小空间创大境界的造物思想。场地的布置在有限的空间里创造出完整的神、鬼、人三界。古代傩戏仪式举行的空间、时间都具有两重性，既是物理上的、客观的，又是观念上的、主观的。无论是天然祭所还是人造祭所，都同时具备现实的物理空间和虚构的观念空间这两个维度。

（一）傩戏的物理空间

在现实的傩戏仪式场，山洞、峰顶、树下、墓地以及神庙前的广场等成为傩戏仪式表演发生的真实空间。无论是能够沟通天地的带有"神圣性"的大树、祭坛还是空间里有特殊意义的物象，它们虽然是实际的存在，但同时也代表着人们头脑中的一些神圣的观念。它们的作用是将仪式空间神圣化，使得傩戏的仪式空间与日常居所相区别。

从傩戏表演场地的布局来看，民间祭祀仪式和仪式表演场地的坛场布景一般分为简易型、普通型和复杂型。简易型以划地为场为主，普通型和复杂型的傩坛布景与演出时间、地点及经济能力相关，布置丰富程度不同，但主要道具大同小异。傩祭仪式多在居家的堂屋（厅堂）里举行，在堂屋里会摆上法桌和纸糊的神殿，其中挂满神像、画符，表演时会动用法器以及音乐、舞蹈、咒语、幻术等手段。堂屋以扎的"龙厅宝架"最为宏伟，它是以竹篾和各种彩色剪纸扎成的宫殿型三叠楼式的架子，放在堂屋正中傩神木雕像前。它指代的是"三清殿"，里面供奉的即是傩公傩母。堂屋、堂屋里的一桌二椅以及其他日用家具都构成了客观空间，傩坛的神灵谱系集中在傩案上，巫、道、儒、释在傩坛里各有各的位置。在傩仪中，掌坛师一般使用铃、鼓、法剑、师刀、令牌、卦等法器，道具品类不多，但精要便携。武将使用的刀枪剑均为木制，便于在小场地施展。戏中

221

所需要的生活道具，一般就地取材，充分体现出民间智慧。傩坛布局最重要、最关键的特征在于隔断（隔坛、隔墙）的装设，因为装设了隔断，就有了外坛与内坛（就傩坛而言）、前台与后台（就戏场而言）的分别，从而带来了物理的傩戏仪式空间与虚构的观念空间的二元划分。天门隔断（隔坛、隔墙）设在靠近大门三分之一（或五分之二）处，隔断用竹子编制骨架，上面糊纸，做成一道横直的隔墙，隔墙正中开一长方形的门，称天门，左右各留一道门进出，左边门上写"进以礼"，右边门上写"退以礼"。隔断两侧的通道就是演员上下场门的门道，也就是说，鬼门和上下场门实际上是同一个门，而鬼门的历史则更为古老，戏台之"鬼门"即由道场之"鬼门"而来，演员上下场的门道被称为"鬼门道"的原因也就在此。

普通型、复杂型的傩坛和戏场既用来举行祭祀仪式，又用来表演仪式戏剧，既带有宗教祭仪傩坛的特征，又具有仪式戏剧戏场的特征。请神仪式将各路神灵的阴兵阴将迎到傩坛之后，作为客观空间的堂屋就成为充满肃穆、神秘感的神圣空间、观念空间了。所以，可以将其视为一种从民间宗教祭仪向原始戏剧发展、演变过程中的过渡形态。

（二）傩戏的观念空间

傩戏的舞台空间的生成具有特殊性，它由表演者的身体拟态动作、仪式性的砌末装置、观看者驰骋的想象力共同作用而得以呈现，舞台空间具有"虚的实体"的观念空间特性。观者在观看傩戏表演时，会产生两种空间形态：第一个是直观看到的舞台空间和自己所处的看台空间，即物理形态的空间，这个空间是固定的、有限的，但又是最基本的；第二个是表演者通过念、唱、做、打等表演手段构造的傩戏空间，观者跟随演出者的表演，不自觉地进入剧情中，随着戏剧情节的发展而"心随物转"，这是演出者构造的虚拟舞台空间，同时又是观看者进入和接纳的戏剧空间，这个空间是由表演者和观看者共同感知的"意象空间"，具有虚拟性、假定性、瞬时性、想象性的特点。

想象力在傩戏观看活动中表现得非常突出，不需要实景实情，舞台的物理空间就可以对观看者的视知觉联想起到推动作用。演出时经由表演者表演而产生的观念空间也深刻地影响着审美接受。如上所述"意象空间"实际上包含了观看者的想象和情感，是发散的，是带有感情色彩的，因而，观念空间具有"想象空间"的特征。

（三）物理空间与观念空间的二元同构

傩戏的表演和观看都涉及"双重意识"，都涉及媒介与对象的关系。戏剧的双重性则更加复杂。再现型戏剧是从媒介看出对象，表现型戏剧是从对象看出媒介，再现表现型戏剧则体现了对称的双重性。中国传统傩戏在总体上接近再现表现型戏剧。[1] 傩戏空间的生成呈现出复合层次：一是表演者的身体在场；二是舞台场地布置、舞台砌末形成空间的二元同构。

邓晓芒在《对中国传统文化的现象学还原》一文中提道："在文艺领域中，所有的现象学还原的最终目的就在于还原到这样一种纯粹审美的态度……在这种意义上，作品的美就是人类所共同拥有的普世价值，是人类共同的精神财富。而所谓纯粹审美的态度，就是指对艺术本质即对象化的情感的共鸣。"[2] 傩戏中表演者的身体通过技术化和艺术化的手段，最终是要达到"传递情感、营造空间认同"的目的，因此，傩戏中的身体程式化呈现就不仅仅是单纯的技巧的显示，而是情感本身的传递方式。在傩戏表演领域，表演者通过夸张的服饰和表演，给观众带来视知觉的张力，以化实为虚的方式营造空间和民族心理认同。在此，艺术审美的感知恰恰不是

---

① 彭锋：《双重性与三重性——兼论戏剧类型和写意戏剧的特征》，《戏剧艺术》2020 年第 3 期。

② 邓晓芒：《论中国传统文化的现象学还原》，《哲学研究》2016 年第 9 期。

在对象性的世界，而是通过构成对象性世界的媒介物的逐步"消逝"、隐匿和虚化，而使林中的"空地"这个意象性的"世界"呈现出来。① 海德格尔意义上的"世界"指的不是一般的对象世界，而是指让这一世界成为世界、让这一世界成为可能的东西，即"世界之为世界"。海德格尔说："那具有世界这一特征的东西，就是敞开本身，亦即所有非对象性东西的整体。"这一点能够很好地说明发轫于民族民间的傩戏艺术的特征。

舞台布置上往往是空场，但随着演员身体的移动，表情、姿势、手势等动作的参与，构造出一个虚拟的世界。景物的舞台呈现，除了用砌末写景外，大量的造型任务都是由演员的表演来承担的。一桌二椅，程式化的跪磋步，驱傩仪式的声音，演员的着装打扮、面具，上场门、下场门，素幕等，有的媒介物看似很具象，如桌椅，但在傩戏的表演场域之中，无论是具象还是非具象的对象物，都只是构成对象性世界的媒介物，这些媒介物通过色彩、音响、形态等，构成可供观赏的艺术空间。空间的审美并不停留在表象的层面，而是在对象性媒介物"消逝""隐匿""虚化"——审美意象的生成的层面。而这一前提恰恰是建立在演员的身体在场以及与空间同构的基础之上。

三　探源与反思：寻找傩戏的现代生长点

在当下全球化、共时性的文化格局中，理应深入挖掘东方文化与东方美学的深层内涵，寻找傩戏的现代生长点，在与西方文化的交流对话中实现其现代转型②。与"现代"同行，是戏曲传承与发展的历史使命。在东西方戏剧观念互参的时代语境中，剧场艺术创新常聚焦于"空间"的演变之上。以传统傩戏为引，由表及里地探讨当代如何更好地赓续传统、展望

---

① 邹元江：《梅兰芳表演美学体系研究》，人民出版社 2018 年版，第 681 页。
② 彭修银：《东方美学》，人民出版社 2008 年版，第 24—25 页。

未来，对传承与创新戏曲艺术有着重要的时代意义。

（一）探源：虚拟性与间离性

中国古代时空观念是以《周易》为哲学美学根基的，易经八卦、阴阳五行不仅仅是一个时空关系系统，更是一个时空运演系统。四时和五行的配合运行基本上形成了中国人的时空观念。其核心是"空间的时间化"，宗白华认为，中国人最根本的宇宙观是《易传》中所说的"一阴一阳之谓道"①，阴阳二气化生万物。

> 中国人的宇宙概念本与庐宇有关。"宇"是屋宇，"宙"是由"宇"中出入往来。中国古代农人……从屋宇得到空间观念。从"日出而作，日入而息"（《击壤歌》），由宇中出入而得到时间观念。空间、时间合成他的宇宙而安顿着他的生活。②

这种观念进而成为中国生命哲学发展的根基，也成为中国艺术精神的依据。更进一步说，在"时间"与"空间"的关系之中，"时"与"动"占据了更为重要的位置。在傩戏表演中，则突出地表现为空间的虚拟性和表演的间离性。

1. 虚拟性

中国古代戏曲表演有着以虚写实的艺术特点。"虚拟性"是其区别于西方古典戏剧的重要特征。在傩戏仪式中，舞台表演则既受时间制约，又受舞台空间限制。表演者在傩戏仪式中通过一系列虚拟动作展开表演，这些虚拟动作有想象、夸张、省略、装饰。在此，虚拟之"虚"意指虚掉戏

---

① 黄寿祺、张善文译注：《周易》下，上海古籍出版社 2010 年版，第 381 页。
② 宗白华：《宗白华全集》第 2 卷，安徽教育出版社 2008 年版，第 431 页。

中与角色发生关系的环境（如跋山涉水）和实物对象（如船、马）。环境和对象虽然虚掉了，但也要通过拟态的动作显现其存在。所谓剧戏之道，出之贵实，而用之贵虚。傩戏的虚拟并不是对实物现象作原封不动的复制，而是表演者以虚拟性的身体表演创造出有无相生的戏剧情境，解决舞台艺术时空的有限性与想象时空无限性之间的矛盾，这也从一个侧面展现出中国的表演智慧。

2. 间离性

傩戏中表演者会在表演场域中"跳进跳出"，与天地人神展开多向度的沟通交流，具有"间离性"的艺术风格。表演者在登场之时，扮演的是类似于今天舞台中的"主持人"的角色，他/她虽然活动于表演区，却游离于剧情之外，以局外者之姿，沟通演员与观众。戏开场前的引子，常放在全剧开头，既交代全剧的背景，又预示后来的情节。在一开始就将情节"和盘托出"，在这种"间离性"的剧情结构中，观看者对故事梗概的预先知晓，使他们既从情节中获取教益，又从精湛的技艺表演中获得愉悦。傩戏表演中这种间离性表达对戏曲的舞台呈现也产生了深远的影响，成为别具一格的民族美学特征。

（二）反思：寻找傩戏的现代生长点

傩戏经历了漫长的发展历程。它从先秦巫舞发轫，功能上经历了从娱神到娱人的变迁。出于民间祭祀和法事等表演需要，傩戏的艺术风格和文化形态保留得比较完整。植根民族民间的傩戏以其独特的身体语言和空间呈现对戏曲孕育和发展产生了根本性的影响。

中国古代哲学崇尚以无为本，它重整体、重模糊、重感性直观，孕育了独特的观察和把握世界的方式。在傩戏仪式中的观演活动中，主张通过表演者的身体动作向观看者传递信息，直接抓住整体中有决定意义的本质的东西，体悟和利用宇宙大化而达到心灵自由。这种认知方式直接影响了傩戏的艺术呈现方式。西方文化和美学思想的发展所走过的是一条与中国完全不同的道路，游牧和航海生活使西方人从一开始就特别注重对外部自然规律的探索。西方的审美意识是从对自然的肯定和礼赞中孕育生长起来的，对实在、明晰、确定性的追求是西方文化发展的内在动力。[①] 我们应通过中西文化内在结构的对比，找寻傩戏所具有的中国传统美学品格。

全球化语境下，中国传统戏曲在西方戏剧的强势话语输出之下，如要回到民族民间戏曲的源头进行寻根，不仅应从外部形式进行探求，还应将傩戏放置在古代民族民间表演活动中去考察其审美特征。一方面是"正本清源"，辨识表演者的身体呈现、空间认同等方面的独特审美价值；另一方面，重思戏曲空间的民族美学特征，不是简单的回归与复兴，而是立足于民族民间文化，寻找傩戏的现代生长点，这对建构本体艺术话语具有重要的学术价值。

---

① 彭修银：《东方美学》，人民出版社 2008 年版，第 15 页。

论电影作品中恩施土家族
民间艺术的审美张力

周 卫

（黄冈师范学院）

[摘要] 电影艺术是一门综合性的艺术，南方少数民族民间艺术作为中华民族文化艺术的重要板块，在影视作品中得到了记录和传承。电影作品为民间艺术的传播和传承提供了媒介途径，民间艺术也在影视作品中，通过参与故事和情节的叙事，构建出奇观性的视听语言，呈现出诗性的美学空间，在诸方面展现出强大的审美张力。本文以《1980 年代的爱情》(2015)、《漂洋过海来爱你》(2016) 等电影为例，试图探讨我国土家族的民间艺术，如民歌"哭嫁"、舞蹈"撒叶儿嗬"、民间传说公母寨和神龙溪纤夫、土家族建筑吊脚楼、民族服饰西兰卡普等，是如何在电影作品中发挥其独特的审美张力的，并为民间艺术如何更好地以影视作品为载体进行传播提供可行的建议。

[关键词] 土家族；民间艺术；奇观电影；二元对立

一　土家族民间艺术与电影的联姻

恩施土家族地处鄂湘渝三省市交界处，被学者们誉为"文化的聚宝盆"。

鄂西土家族的民间艺术包含文学、民歌、舞蹈、婚俗、民间传说、建筑吊脚楼、民族服饰西兰卡普和民族手工艺等诸多组成部分。比如"哭嫁"歌是土家族民歌的代表。土家族的舞蹈种类也很丰富，跳丧舞（"撒叶儿嗬"）、摆手舞在影视作品中都有呈现，而摆手舞和肉连响等，在地方政府的倡导下，被改编成广场舞和学生课间操，以一种新的形态在当下社会中进行传承和传播。土家族吊脚楼半靠山水，依山而建，被誉为巴楚文化的"活化石"。土家族民间手工艺、毛坝坝漆工艺、根雕工艺等传统民间手工艺，已被列入国家级和省级非物质文化遗产。

恩施州的电影作品自觉地担负起传承和弘扬恩施土家族民间艺术的使命，本文接下来就对反映鄂西土家族民间艺术的恩施州电影作品进行一些简单的梳理。

恩施巴东籍导演郑克洪导演了一系列影片，包括剧情片《男人河》（1998）、战争片《丛林无边》（2005）、人物剧情片《我的教师生涯》（2007）、人物传记片《沉默的远山》（2008）。

除了郑克洪导演的作品外，还有很多在恩施州创作的电影作品，如《毕兹卡的年轻人》（2000）、来凤方言剧《打把剪刀送姐姐》（2006）、《山乡书记》（2006）、《小城之冬》（2010）、《签手》（2012）、《我的渡口》（2012）、《大花》（2012）、《雷不雷人》（2013）、黄梅戏歌舞电影《妹娃要过河》（2013）、《拐杖》（2013）、《我不是贼》（2014）、《缺失的爱》（2017）等。

本文主要以霍建起导演的电影《1980 年代的爱情》（2015）和《漂洋过海来爱你》（2016）为研究对象，来探讨这两部影视作品中所展现的土家族民间艺术和民俗风情，并围绕影片中土家族民间艺术所呈现的审美张力展开评论。

《1980 年代的爱情》由著名导演霍建起执导，根据利川籍知名作家野夫同名小说改编，讲述了一段 20 世纪 80 年代末期的纯真而又凄美的爱情故事。电影的男主角关羽波在大学毕业后，被分配到鄂西利川的土家族山寨公母寨工作，在那里与中学时期的初恋丽雯偶遇，两人在公母寨这一特定的空间里重新开始了一段浓烈而又克制的爱情。这段感情因为羽波回城工作而终结。时隔多年，在一次同学聚会中，两人再次邂逅，丽雯看到颓废的羽波，决定用爱情让他重拾对生活的信心。短暂的相聚后，羽波重新北上，去奋斗自己的事业。在城市打拼多年后，他依旧对丽雯念念不忘，于是返回公母寨向同学打听丽雯的消息，然而得到丽雯已过世的消息的羽波，只能在"撒叶儿嗬"的丧葬舞蹈和丽雯留下的遗物中，缅怀那段已经逝去的爱情。

《漂洋过海来爱你》也称《神龙溪之恋》，是由鄂西本土编剧田苹创作的剧本，在鄂西巴东县拍摄。影片中展示了神龙溪纤夫文化、土家舞蹈"撒叶儿嗬""哭嫁"等土家族元素。该片改编自20世纪90年代发生在神农溪的真实事件，主要讲述了爱好画画和摄影的日本少女纯子，爱上中国神龙溪的纤夫谭大志，随后漂洋过海来到神龙溪追求爱情的故事，该片获得第29届东京国际电影节中日合拍交流贡献奖。

在这两部优秀的电影作品中，导演并没有直接把土家族民间艺术在影视作品中进行生硬的植入，而是巧妙地让土家族民间艺术在影视作品中焕发出自己独特的民族性，通过参与叙事、构建视听语言、呈现诗性美学空间，在影视作品中构造出新的审美张力。

二 土家族民间艺术民族性内涵在电影中的嵌入

（一）公母寨：爱情悲剧

公母寨又名鸳鸯峰，位于恩施利川市忠路镇老屋基境内，距利川城区40公里，海拔1000多米，2015年因野夫编剧的电影《1980年代的爱情》一度成为热门旅游打卡地。其山云雾缭绕，仙气朦胧，登至此地，如临仙境。公寨和母寨分别为两个高耸入云的小山峰，两峰对立，有如牛郎织女遥遥相望，故又名"鸳鸯峰"。关于公母寨，还有一个流传甚广的民间传说。相传，在老屋基的土家寨山下，住着一家姓覃的土司。他家有个女儿，名叫覃兰芝，年方十八，长得十分漂亮。距覃家不远，有一小户人家姓曾，家有一子叫曾仙娃，年方十九，给别人家当放牛娃。他喜欢吹笛子，笛声格外动听。两人后来相爱："誓死要做白头鸟，活要活在一起，死要死在一起！"但是，两人的恋情却遭到兰芝父亲的极力反对。两人在私奔的途中从山上跳下，死后显灵，在山顶上化成了一对耸入云霄的"石人"，人们管它叫"鸳鸯峰"，又叫公母寨。土司女儿与放牛郎的凄美爱情故事在当地广为流传，每逢农历二月十九、六月十九、九月十九，公母寨上鞭炮齐鸣，香客云集，四面八方的善男信女来此烧香敬佛，祈福还愿，香火极旺。电影《1980年代的爱情》的开头，是第一人称的旁白："这辆宿命的破车，就这样，把我带到了一生难忘的公母寨。"公母寨清新秀丽的风景不仅是故事发生的背景，也为男女主人公的爱情故事奠定了悲情的基调。

（二）"哭嫁"：以悲托喜

有这样一种风俗，清江流域的姑娘在出嫁之前，需身着嫁衣，邀请姐妹们一起，边哭边唱一首首曲调悲戚、情感悲怆的歌曲。关于"哭嫁"风俗的起源，史料并无确切的记载，但据推测，"哭嫁"风俗源于改土归流的历史突变，是经过漫长历史演变形成的一种民族文化习俗。出嫁，对于普通人来说，是"人生四大喜事"之一，内心应是快乐和欢喜的，但是在武陵山区土家族的民族文化里，土家姑娘们却用"哭"的形式来表达"喜"的内涵，既表达了对亲人的眷恋和不舍，也唱出了对新生活的期盼和美好憧憬，情真意切，哀婉动人。表现形式是"悲"，情感内核是"喜"，以悲托喜，表现了土家人淳朴的人性美和人情美。其实"哭嫁"的婚俗，在世界各地都曾出现过，但是，鄂西土家族的"哭嫁歌"持续时间之长、传唱空间之广，内容之丰富、音乐之精妙，都极有代表性。据《利川市志》载："'哭嫁'时间一般3—7天，多则长达一月之久，每天傍晚开始，半夜方休，哭时一般都有九个未婚少女陪伴，俗称陪十姊妹。"[①] 土家姑娘十一二岁便开始学"哭嫁"，唱得动听，哭得悲戚，而且乡民们一边流泪，一边还会评议姑娘们"哭"的水平。不过，当下"哭嫁"这一民间艺术已逐渐式微，逐渐退出生活的舞台，影视作品和舞台表演成为它的新的传播领地。

在电影作品《漂洋过海来爱你》中，纯子初到神龙溪，就遇到待嫁的叶真，也是大志的妻子，她正和闺中的另外九位姐妹，哭唱娘亲，歌声悲切，哀婉动人。纯子为新娘叶真拭去眼泪，满脸不解。电影《1980年代的爱情》在丽雯和羽波的第一次分别前，插入了土家族"哭嫁"的民间艺术场景。"高山下雨低山流，今夜配歌我开头。新打剪子新开口，剪出牡丹配绣球。哎呀，妈呀，青草绿草花。哎呀，妈呀，女儿要出嫁。哎呀，妈呀，养我这么大。哎呀，妈呀，舍不得离开家。"这段哭嫁歌的唱词充分表现了即将出嫁的女儿对家乡和亲人的不舍。电影中的这个桥段可谓旋律优美，情真意切，悲喜参半。"哭嫁"歌在此不仅作为民间艺术得到了奇观化的呈现，也是作为一段抒情的单元进入电影叙事之中，既是刻画男女主人公心理活动和表达情感的手段，也为电影作品带来了浓烈的民族色彩和深厚的文化内涵。

（三）"撒叶儿嗬"：以喜寄哀

"撒叶儿嗬"亦称打丧鼓，它起源于清江中游地区的土家族，是土家族一种传统的民间艺术，也是一种非常独特的丧葬仪式。据文献记载，

---

① 湖北省利川市地方志编纂委员会编：《利川市志》，湖北科学技术出版社1993年版，第152页。

"撒叶儿嗬"的历史渊源可以追溯到唐代。唐《蛮书》载:"夷事道,蛮事鬼。初丧、鼙鼓以为道哀,其歌必号,其众必跳,此乃盘瓠,白虎之勇也。"①巴人后裔土家族亦崇拜白虎,"撒叶儿嗬"乃巴人遗风。土家族"撒叶儿嗬"最大的特点,是把丧事当作喜事来办。在"撒叶儿嗬"的现场,前来参加的舞者,所着服饰色调没有忌讳,乡亲们也可以尽情说笑和欢跳。土家人泰然地面对死亡,用欢歌曼舞的形式陪伴和送别亡人,这种以喜寄哀的歌、乐、舞一体的民间艺术,体现出土家人达观的生死态度和朴素的生命哲学。土家人"高高兴兴办丧事,欢欢喜喜送亡人","撒叶儿嗬"也寄予了土家人对未来生活的美好愿景。越是热闹,孝家后人才越是感到对得起亡人;来客跳得越是尽兴,才越能安慰孝家。清江土家的生命观念,与庄子"鼓盆而歌"的思想极为相似;土家族跳"撒叶儿嗬"时所唱的"生贺喜,喜贺死",与庄子所讲的"善吾生,善吾死"不谋而合。土家族"撒叶儿嗬"民间艺术承载了土家族人民积极的人生态度、健康的民族心理和豁达的生死观念。

在电影《1980年代的爱情》的结尾部分,男主人公羽波参加女友丽雯的葬礼,影片用镜头展现了土家族"跳丧"这一民间艺术。电影以羽波第一人称旁白的形式对"撒叶儿嗬"进行了描述:"跳丧,是我家乡的习俗。我一直觉得这种方式有种独特的美丽,人们用狂欢歌舞来让远去之人灵魂飞升,逃离疾苦。"电影画面中,镜头以击鼓拉开序幕,身着深色民族服饰的村民们扎着白色的头巾,循着特定的节奏和舞步,绕着棺椁载歌载舞送别亡人。影片采用远景和特写交叉剪辑的手法,结合俯拍视角还原了土家族"撒叶儿嗬"这一独特的民间艺术。与载歌载舞的欢快场面不同的是,灰黑色的色调,庄严肃穆的场景,与男主人公羽波悲痛的表情相呼应,呈现出压抑沉重的情感基调。民间艺术在影视作品中的插入,既符合

---

① 参见刘启明、田发刚、沈阳编著《清江流域撒叶儿嗬》,湖北人民出版社2006年版,第1页。

剧情发展的需要，也强化了独特的视听效果，更极大地丰富了电影文本的民族文化意蕴。电影作品通过对土家族民间艺术"撒叶儿嗬"进行渲染式的呈现，自觉负载起传承土家族民间艺术的功能。

三　电影中土家族民间艺术的审美张力

审美张力，强调艺术创作者的"矛盾意识"，是艺术作品的内在构成。土家族民间艺术在电影作品中参与场景和情节叙事、构建东方化民俗奇观、呈现诗性美学空间，为电影作品带来了独特的审美张力。

（一）参与叙事：作为场景和情节的民间艺术

土家族民间艺术在影视文本中参与叙事的方式主要有两种。一种是为故事情节提供独特的叙事场景，为人物的出场、故事的发展设定民族风俗性的背景。在电影中，故事发生的地点通常就是情节展开的地点，电影的开场（begin）已经铺垫了电影后来的内容以吸引观众进入剧情[①]。不论是《1980 年代的爱情》中有着凄美爱情传说的公母寨，还是《漂洋过海来爱你》中承载纤夫文化的神龙溪，民间艺术发生地都为人物的出场和故事的推进提供了独特的文化环境，正是这些自然神秘的故事场景，塑造出故事人物淳朴善良的美好品格。电影《1980 年代的爱情》中，羽波一下客车，就来到了有着凄美传说的公母寨，这一场景不仅突出了女主人公丽雯温婉的性格和清新的气质，也作为男女主人公爱情的发生地和悲剧结局的故事环境发挥着作用。影片《漂洋过海来爱你》选择了神龙溪作为故事发生的背景，故事的主人公是在神龙溪以拉船为职业的纤夫。神龙溪在恩施巴东县境内，发源于神农架南麓，溪流全长 60 公里。该地区因为山高水急，河

---

① 〔美〕大卫·波德维尔、克莉丝汀·汤普森：《电影艺术——形式与风格》，彭吉象译，北京大学出版社 2003 年版，第 88 页。

面狭窄，滩头有较多的礁石，靠船出行抑或托运货物都很不方便。秀丽的风景和艰苦的环境，造就了以拉船为职业的神龙溪纤夫。生于斯长于斯的纤夫们，用自己勤劳的双手和艰苦的劳动，与恶劣的自然环境展开斗争，表现了土家族人民不畏艰辛、勤劳智慧的生活态度，构成了鄂西土家族民族文化的精华。

另一种参与叙事的方式是民间艺术作为叙事情节链条中的关键节点，直接织就了电影的故事情节，成为电影故事的重要组成部分。情节叙事是电影叙事学中的重要研究对象，电影所讲的故事打破了事物的自然发展顺序，创作者会根据故事发展的走向设定相关的情节，在情节中设置戏剧冲突从而形成叙事的美学张力，最终引导故事和人物走向编剧和导演设定的故事结局。在恩施州的电影作品中，土家族民间艺术作为电影叙事中的"情节"，直接参与电影叙事，并推动故事的发展，其中比较典型的是"哭嫁"和"撒叶儿嗬"。

"哭嫁"在《漂洋过海来爱你》中直接参与了电影的情节叙事。影片讲述了不谙世事、身患绝症且被父亲过度保护的少女纯子，三次来到神龙溪，寻找她的爱人——裸体纤夫大志。当纯子从日本出发，在翻译的陪同下第二次来到神农溪时，刚好遇到当地的土家族婚礼上的"哭嫁"仪式活动。身着红色嫁衣的新娘眼含泪水，正在和其他姐妹们一起唱"哭嫁"歌。纯子看到这一幕，便认定新娘不喜欢自己的丈夫，不愿意嫁给他，所以才哭得这么伤心。因此当她知道这位新娘正是自己所喜欢的大志的新娘时，便误以为叶真不喜欢大志，而自己才是全心全意爱着大志的那个，所以才有了接下来纯子对大志执着而热烈的追求以及日语版中的大胆表白。

而在另一部电影《1980年代的爱情》中，"哭嫁"情节在影片中也带来了叙事张力。在影片的第54分钟，丽雯说她要去参加当地女孩的婚礼，并且还要一起唱"哭嫁"歌。

丽雯："龙洞村的覃幺妹出嫁，今晚请我去陪哭。"

羽波："那你嫁人的时候，谁陪你哭啊？"

丽雯："自己陪自己哭吧！"

人物的正反打镜头配合上述对白后，画面随后接入悲伤的"哭嫁"场景。丽雯满眼泪花，与其说她是被"女儿们"唱"哭嫁"歌的悲情所打动，不如说是目睹此情此景，想到自己和羽波没有结果的爱情而伤心泪目。此时羽波喝着苞谷酒，也出神地注视着人群中的爱人丽雯。虽然我们在这时还不知道影片故事的结局如何，但是导演已经通过"哭嫁"歌这一土家族婚俗情境，委婉地向观众道出了男女主人公爱情悲剧式的结局，可以说"哭嫁"场景提前预示了后续的故事走向和情节发展。

"撒叶儿嗬"这一传统的土家族丧葬习俗在这两部电影中也都有展现，值得欣喜的是，导演不是在影视作品中将民俗进行肤浅的复制和植入，而是在故事情节的推进中，自然而然地把"撒叶儿嗬"融入叙事发展和情感表现上。在电影《漂洋过海来爱你》中，大志在神农溪的河滩上用手扒开沙土，看到了贴有纯子照片的骨灰盒。大志眼泪顺着纯子照片滑下，与此同时，"大志，你可以在我死后为我跳撒叶儿嗬吗？"，纯子生前的旁白伴随画面出现。叶真——曾经和纯子处于对立面的人物，率先跳起了"撒叶儿嗬"。叶真表情肃穆，眼里噙满泪水，挥动的双臂和旋转的身体，与浑厚庄严的"撒叶儿嗬"伴奏一道，把观众代入对纯子的无限怀念中。村民们循着"撒叶儿嗬"的歌声陆续赶来，在篝火映衬下的神农溪河滩上，村民们一起为这个陌生的女孩儿唱着歌跳着"撒叶儿嗬"，大志随后也加入人群。过去所有的矛盾、纯子带给这对新婚夫妇的困扰、村民们对这个日本女孩的谈论，都无声地融在这原始而又神秘的"撒叶儿嗬"中，故事也自然进入了尾声。

相比《漂洋过海来爱你》，电影《1980年代的爱情》中对"撒叶儿嗬"

的处理就显得着墨不多。在羽波第三次回到公母寨去打听丽雯的消息时，影片只给出了羽波与别人交谈的远景，并没有提供对白。下一个画面中，我们看到丽雯的黑白遗像摆放在鲜花和棺木中间，音乐响起，身着黑白两色服饰的当地人开始边跳边唱。电影这门视觉艺术通过"撒叶儿嗬"这种丧葬舞蹈的民俗形式，向观众传达了丽雯离世的不幸消息，给予了影片悲伤肃穆的情绪氛围。

（二）民俗奇观：东方化的视听语言

在视觉文化时代，电影正在经历一个从叙事电影向奇观电影的深刻转变①。英国电影理论家劳拉·穆尔维率先指出了电影中的"奇观"现象。她依据精神分析学说，认为奇观与电影中"控制着形象、色情的看的方式"相关。② 民间艺术因其自身丰富的外在视觉形象语言，例如服饰艺术、舞蹈动作等，为影视作品提供了富有美学张力的视觉盛宴。

影像语言是由光影和色彩构成的视觉语言。色彩造型主要体现在影视作品的色彩基调和色彩构成上。色彩基调是指统领全片的总的色彩倾向和风格，它既是视觉造型，又是情绪氛围。色彩构成则是指在色彩基调上的色彩组合及其关系，它的重要功能是创造出具有鲜明视觉感的色彩特征，并蕴含着某种意味，成为抒情表意的视觉符号。③ 霍建起导演巧妙地把民间艺术的视觉美学特征融入影视作品中，通过民间艺术赋予了电影作品独特的审美张力。在电影《1980年代的爱情》中，"中国红"这一标志性的东方色彩，在画面中有了写意性的呈现。有一场戏是丽雯被邀请去参加同村闺友的"哭嫁"。导演先给了大景别的全景，其中红色的灯笼和红色的

---

① 周宪：《论奇观电影与视觉文化》，《文艺研究》2005年第3期。
② ［英］劳拉·穆尔维：《视觉快感与叙事电影》，载杨远婴主编《电影理论读本》，北京联合出版公司2017年版，第522页。
③ 彭吉象：《影视美学》，北京大学出版社2002年版，第275页。

新娘盖头在夜晚的吊脚楼中非常醒目，接下来推到新娘的近景，红色的盖头被掀开，"哭嫁歌"的同期声响起，镜头反打，丽雯站在被红色的绸带和红色的嫁妆装点的人群中间，红色的绣花鞋和红色的新娘嫁衣获得了特写。陪哭的姐妹们哭得真切，唱得哀伤，在这动人的音乐中，丽雯满眼含泪，正反打镜头里羽波看着丽雯，然后丽雯离开人群。在这两分钟的"哭嫁歌"片段中，霍建起导演运用了"中国红"这一标志性的色彩符号，构建了一幅土家族"哭嫁"的民俗奇观，产生了与西方电影和中国主流电影中不同的视听语言审美张力。

首先，在西方电影的婚礼场景中，新娘一般着白色婚纱，与白色新娘手捧花、白色鸽子等物象一起，象征了爱情的高洁和神圣。例如电影《教父》（1972）中的室外白色婚礼场景，基耶斯洛夫斯基的电影《白》（1994）也用了白色婚纱、白色鸽子和教堂，来展现女主人公的婚礼场景。而在电影《1980年代的爱情》和《漂洋过海来爱你》这两部电影中，"哭嫁"作为土家族民间艺术的浓缩，用的都是"中国红"的色彩，红色灯笼、红色新娘嫁衣、红色盖头、红色绣花鞋，就使得电影呈现出与西方电影婚礼场景中迥然不同的视觉风格，从而形成东方化的视听语言，在色彩上形成东方化的美学张力。

"中国红"作为东方美学的色彩符号，在中国电影中得到了广泛运用，但是在表现土家族民间艺术的恩施电影中，"中国红"所呈现的审美意蕴有所不同。红色是代表中国的颜色，中国的国旗五星红旗的底色是红色，中华人民共和国国徽底色是红色，中国共产党党旗底色是红色，红领巾也是红色。在主旋律电影中，影片会有很多红色的物象和场景，例如"我和我的"系列电影，《建国大业》（2009）、《建军大业》（2017）等。在表现英雄的电影中，红色也被广泛使用，例如《长津湖》（2021）、《长津湖之水门桥》（2022）、《一九四二》（2012）、《南京！南京！》（2009）等，红色讴歌了英雄们的牺牲精神和爱国情怀。红色还有一种功能是表现喜庆祥和的氛围，尤其是运用在过年时和结婚仪式中，第五代导演张艺谋的《红高粱》（1988）、《大红灯笼高高挂》（1991）、《菊豆》（1990）、《我的父亲母亲》（1999）等影片把"中国红"这一色彩用到了极致，也向西方世界展现了具有神秘东方色彩的中国电影。作为少数民族题材电影，《1980年代的爱情》和《漂洋过海来爱你》中，除了出现了红色灯笼、红色盖头、红色"喜"字等物象，土家族民间艺术西兰卡普也和"中国红"进行了巧妙的融合。我们在电影中所看到的"哭嫁"十姊妹和新娘叶真，她们身穿的红色嫁衣，在衣服的袖口和领口处都采用了土家族民间手工艺西兰卡普，红色的醒目颜色和西兰卡普的手工元素相得益彰，共同参与"哭嫁"这一少数民族民俗活动，提升了恩施电影的辨识度，从而营造出不同于其他中国电影的审美特色。

在恩施电影中，"哭嫁"中运用了"中国红"，而丧葬舞蹈"撒叶儿嗬"则把黑白颜色作为主色调，为影片带来了肃穆庄严之美。在电影《1980年代的爱情》中，头戴白色头巾、身穿深色亚麻的村民，合着鼓声在丽雯的棺木和黑白遗像前边唱边跳，人们希望用狂欢歌舞让亡人的灵魂得到飞升，远离尘世的疾苦。大景别的俯拍镜头和缓慢的剪辑节奏，让这场极具仪式感的丧葬舞蹈具有更多的悲壮和肃穆之美。沉重压抑的视听语言和狂欢化的歌舞场景形成反差，衬托出羽波内心的悲伤和绝望。而在电影《漂洋过海来爱你》中，村民们听到"撒叶儿嗬"的歌声和鼓声后，自发地赶到神龙溪河边，围着篝火，一起为日本女孩纯子送行，用土家族民间歌舞"撒叶儿嗬"表达对纯子的怀念和祭奠。

"哭嫁"和"撒叶儿嗬"都是土家族民间歌舞艺术的代表，这些土家族民俗的呈现，不仅给观众带来视听上的奇观化享受，也使得中国电影在全球化背景下，贡献出更多的东方化色彩，向世界展示了中华民族的美学精神。

（三）二元对立：质朴诗性的空间美学

电影是视觉的艺术，更是表现空间的艺术，大卫·波德维尔在《电影艺术——形式与风格》一书中，就特别强调空间对于电影的重要性。在电影中，摄影机的镜头和电影银幕的边框决定了电影的空间环境和空间美学。马赛尔·马尔丹强调："建筑、雕塑、戏剧与舞蹈都是空间中的艺术；相反，电影却是一种空间的艺术——这种区别是十分重要的。电影是相当现实主义地重新创造真实的具体空间，但是，此外它也创造一种绝对独有的美学空间。"① 不论是《1980 年代的爱情》中所展现的武陵山区，还是《漂洋过海来爱你》的神龙溪，都赋予了影片质朴而又诗性的空间美学气质，这种烟雾缥缈、宁静悠远的山水环境和车水马龙、浮躁喧嚣的工业文明城市环境形成了强烈的反差和对比。

空间不仅承担了画面造型的基本功能，也奠定了电影的审美气质。地理空间生产的本质是诗意空间的找寻，由空间到语言的隐喻化表意所生成的正是影像本身的美学特质②。《1980 年代的爱情》，取景于风景优美的武陵山区，电影一开头，便以全景镜头的大景别方式，如同打开一幅绮丽的山水画轴一样，展现出错落有致、连绵不绝的群山，雾气环绕、烟雨朦胧的景观，蜿蜒曲折的公路，错落有致的梯田，澄净清澈的溪水，沿水而建的土家吊脚楼，青苔覆盖、枝蔓缠绕的古桥，潮湿而又古朴的小石子路。观众跟随镜头一道，走进这静谧质朴的世外桃源。缓慢的摇镜头，大景别的俯拍镜头，舒缓的剪辑，有着"诗人"导演之称的霍建起，将故事的环境和人物的出场捕捉到这样一个富有诗意的画内空间中。故事的男女主人公在梯田、小镇、山间行走时，使用的是大景别的远拍镜头，好像把人物

---

① ［法］马赛尔·马尔丹：《电影语言》，何振淦译，中国电影出版社 2006 年版，第 8 页。
② 王士霖：《空间·景观·诗性：中国电影空间谱系中的南方镜像》，《电影评介》2020 年第 1 期。

还原成自然环境的一部分。人物性格和人物情感与所处的诗性质朴的影像空间环境融为一体，和谐共处。而当男主人公羽波被放逐，影片的空间环境也从山间切换到城市，人物精神的颓废、内心的匮乏，在城市灯红酒绿的浮华和水泥建筑的冷峻中一览无余。乡村的"缺席"和"不在场"间接地成为人物痛苦和空虚的来源，代表城市空间的"咖啡厅"也与土家族乡村的标志性建筑吊脚楼形成了鲜明的对比。当男主人公羽波在武陵山区与城市之间奔波游走，人物的情感变化和命运起伏也跌宕在这二元对立的空间环境中。羽波在城市生活中的彷徨无措和无所适从，反衬出他在武陵山区寄情山水和怡然自得的生存状态，在这美丽的山景中，他与丽雯的爱情也显得清新自然，人物性格的美好善良与美妙的自然环境和谐共存，融为一体。

在电影《漂洋过海来爱你》中，崇山峻岭，青山绿水，"寄蜉蝣于天地，渺沧海之一粟"，镜头从秀美的大远景逐渐推近到刚劲有力的纤夫，随着纯子主观视点的进入，高亢浑厚的号子声和健美雄壮的纤夫特写镜头，构建了既神秘又震撼的影视空间。而纯子所爱慕的男子大志就生活在这神奇而又自然的空间环境中。虽然纯子所追寻的爱人已经结婚，但是电影为纯子塑造了一个"乌托邦"式的乡土空间，这个乡土空间对于日本女孩儿纯子而言，是一个陌生的他者化的空间，而生活在这个空间里的土家族人民，例如大志和妻子叶真，都葆有着美好又善良的人性，他们用善意包容纯子，用土家人的热情来照顾纯子，为纯子人生的最后一段旅程构建了一片心灵净土。

在恩施所拍摄的电影作品中，鄂西山区山清水秀、云雾缭绕的地理环境，掩映在山水间的土家族吊脚楼，蜿蜒在青山中的神龙溪，它们一道构成了影像语言中的美学空间。鄂西巴楚文化的浸润，土家族民歌和舞蹈的融入，一起建构了鄂西土家族电影的诗性气质。作为观者，不仅能通过这些影片感受到鄂西少数民族电影的诗性空间，也能在观影过程中释放工业化和全球化背景下快节奏生活带来的紧张和焦虑。

结　语

电影通过对土家族民间艺术进行镜头聚焦和影像化叙事，为民间艺术的影像化呈现和媒介化传播提供了行之有效的路径，体现了电影传承少数民族民间艺术和民俗风貌的文化自觉。在消费文化的语境下，民间艺术也为电影艺术奇观化的视听语言、民族性的影像叙事、质朴诗性的空间美学融入了东方美学的内在张力。本土编剧、导演等电影创作人才的培养，评论者对少数民族文化和民俗内涵的深刻理解和切实体验，国家和政府对少数民族电影事业的扶持，只有依靠上述途径，民间艺术和少数民族电影才能实现深层次的嫁接和良性的互动。

中国舞蹈人类学研究热点透视
（2017—2021）

朱　奕　谈瀚镁

（湖南师范大学）

[摘要]"舞蹈人类学"是继"西方民族音乐学"形成后建构而成的一个舞蹈研究学科。同时它还受到"文化人类学"理论流派的影响，也即将舞蹈本体的生成过程置于特定的文化语境进行考察，并且将舞蹈作为一种文化现象进行研究。国内"舞蹈人类学"研究主要聚焦于以下几个热点问题：其一，"民族舞蹈学"跨学科的理论建构；其二，后现代主义视域下的"舞蹈人类学"民族志书写范式；其三，不同表演情景中的舞蹈身份重建与文化变迁研究；其四，表演语境中的舞蹈文化身份认同研究；其五，舞蹈身体与民俗现象的互文性研究；其六，舞蹈文化与政治的互动关系；其七，从本体论走向认识论的舞蹈身体美学思考。总之，跨学科研究为国内舞蹈学理论研究提供了一个新的学术增长点，成为当下中国舞蹈人类学的主要研究趋势，并在此基础上形成了集田野工作、教学与舞台艺术实践、跨学科思维、学术研究为一体的理论与实践相结合的研究范式。

[关键词]舞蹈人类学；民族舞蹈学；舞蹈民族志；后现代主义；身份重建；文化认同

　　"舞蹈人类学"是一门强调文化中的舞蹈的研究学科，它主要关注特定（民俗）表演语境中的舞蹈动作语汇与其文化象征之间的勾连关系，通过对舞蹈结构的考察，洞察民俗、历史等背后的社会结构与文化逻辑。也就是说，对舞蹈的研究不再局限于对其本体结构形态的分析与描述，学者们越来越关注到舞蹈背后的文化意义，将其涉及的文化、习俗、传统、社会问题、生态等一一纳入研究，在表演语境中探寻舞蹈形式背后的文化观念，思考舞蹈呈现的形态及出现该形态的文化缘由。近年来受到"文化人类学"与"民族音乐学"的影响，中国的舞蹈人类学研究开始成为一个学术热点，在理论与方法研究、田野个案考察方面积累了不少学术成果。本文将对 2017—2021 年国内艺术类刊物发表的舞蹈人类学研究成果的总体特征进行梳理、总结，并对研究趋势做出展望。

一　中国舞蹈人类学的研究趋势

（一）"民族舞蹈学"学科建构成为关注焦点

　　近五年来，关于"民族舞蹈学"的学科讨论已成为舞蹈学理论界的热点话题。如音乐学一样，舞蹈学界对"民族舞蹈学""舞蹈民族学""舞蹈人类学"等学科的概念界定、研究范畴、研究属性等问题进行了一系列较为深入的分析讨论，特别是对"民族舞蹈学"（Ethnochoreology）与"舞蹈人类学"（Dance Anthropology）概念的相似性做过许多分析。实际上，"舞蹈人类学"更接近于人类学的研究体系，是人类学研究的分支之一，而"民族舞蹈学"则来源于"民俗学"和"舞蹈学"。江东《Dance Anthropology 与 Ethnochoreology》① 一文对"民族舞蹈学"研究的缘起、"民族舞蹈学"和"舞蹈人类学"二者的关系进行了探讨，认为这两个学

---

① 江东：《Dance Anthropology 与 Ethnochoreology》，《民族艺术研究》2016 年第 6 期。

科彼此交融，源于它们在研究对象与研究方法上的相近与趋同。作者援引美国舞蹈人类学家库拉斯于 1960 年发表的《舞蹈民族学概论》中论述的"舞蹈人类学"的理论和方法论，认为随后发展起来的国际舞蹈人类学和民族舞蹈学的研究走向和方法都沿用了这种思路。王建民在《舞蹈人类学的概念辨析与讨论》① 中对"舞蹈人类学""舞蹈民族学""民族舞蹈学"等概念的内涵、范畴等进行了追溯，并对它们的研究途径、学术定位等展开了讨论，认为"舞蹈民族学"的主要特征是在一个特定的族群文化中审视舞蹈，是用舞蹈媒介表达文化和社会形势的研究，而"民族舞蹈学"则偏重用不同学科理论方法对舞蹈做出研究，重在通过舞蹈的延展研究，去探索人们为什么舞蹈以及舞蹈意味着什么的问题。相较而言，民族舞蹈学更强调舞蹈本身，舞蹈人类学属于人类学的分支学科，更强调将舞蹈视为一种传达信息的模式。除此之外，舞蹈人类学研究还关注社会，不仅关注舞蹈表演的社会空间，还需要从一个特定族群的社会组织结构与关系中去发现它们与舞蹈的关联。

一部分学者提出，"民族舞蹈学"的学科建构可借鉴"民族音乐学"。如江东的《Dance Anthropology 与 Ethnochoreology》文章认为"民族舞蹈学"可依照"民族音乐学"进行学科界定，也就是将民族音乐学学科理念嫁接到舞蹈学领域。他还提出"民族舞蹈学"的研究对象和范围包括了各部族的非欧洲舞蹈研究、欧洲民俗舞蹈研究、东方高等文化的舞蹈研究、舞蹈人物研究。于平在《"民族舞蹈学"学科建构的若干思考——从"非遗名录"舞蹈"进校园"谈起》② 中提到其姊妹学科"民族音乐学"的建构过程，认为民族音乐学在学科定型时，历经了早期"比较音乐学"的发展演变，结合了"音乐人类学""音乐文化学""音乐民俗学""音乐民

---

① 王建民：《舞蹈人类学的概念辨析与讨论》，《民族艺术研究》2015 年第 5 期。

② 于平：《"民族舞蹈学"学科建构的若干思考——从"非遗名录"舞蹈"进校园"谈起》，《民族艺术研究》2018 年第 1 期。

族学"等相近的社会学科，这给当下"民族舞蹈学"学科建构过程中的积极整合提供了镜鉴。虽然舞蹈学界似乎尚未形成成熟的"舞蹈人类学""民族舞蹈学""舞蹈民俗学"等，但可从"中国民间舞蹈文化""中国原生态舞蹈文化"等"生态学"的学理来弥补"民族学"和"人类学"的欠缺与不足。作者由此将"民族舞蹈学"的学科定位转向更为宏观的对舞蹈艺术与自然和社会环境之间相互关系、相互作用的考察，以此来揭示舞蹈的本质。

也有学者认为，应从本土民族舞蹈实践出发，用中国的话语体系构建"民族舞蹈学"。如朴永光在《"民族舞蹈学"建构再思考》①《关于"民族舞蹈学"的概念钩沉》② 中主张结合文化人类学、民族学及舞蹈学等相关学科理论，以中国民族舞蹈实践为研究对象，构建具有中国特色的"民族舞蹈学"学科。作者偏向于将"民族舞蹈学"纳入舞蹈学的分支学科。于平将民族舞蹈学与中国古代舞蹈史进行"联通共治"，认为这样的研究思路"不只是舞史治学方法的一种倡导，更是舞史研究沉积的一个钩沉"。不过作者也强调"民族舞蹈学"的研究虽然面对的是历史传承现象，但仍需要学者具有一定的时代意识。③

在上述文章中，学者们虽承认两个学科研究侧重点有所不同，但对两者之间的关系界定始终持一种含糊不定的态度。笔者认为，"民族舞蹈学"与"舞蹈人类学"虽都来自美国学界，两个学科之间相互交叉、彼此交融，但美国发展至今仅两百多年历史，美国音乐学界对于继承、发扬本民族古老音乐文化遗产的使命与责任并不突出，而中国则具有数千年悠久历史，有着丰富的音乐文化遗产，我国音乐与舞蹈学界都面临着如何继承、发扬各民族古老音乐舞蹈文化的使命。为了完成这一任务，不深入研究和了解各民族、各地区音乐与舞蹈的本体形态是不行的。因此，学者们需要

---

① 朴永光：《"民族舞蹈学"建构再思考》，《北京舞蹈学院学报》2021 年第 1 期。
② 朴永光：《关于"民族舞蹈学"的概念钩沉》，《舞蹈》2018 年第 2 期。
③ 于平：《古代舞蹈史与民族舞蹈学研究的联通共治》（下），《民族艺术研究》2021 年第 2 期。

避免"去音乐化""去舞蹈化"的研究取向，而要从我国的实际情况出发。学者们应结合跨学科思维，在"民族舞蹈学"的学科建设中不以设立清晰的学术范式和学科边界为目标，而是要在这样一个本身就具有交叉属性的学科中，充分借鉴民俗学、舞蹈学、人类学等多学科领域的理论与方法，去捕捉身体语言背后所隐含的深层文化逻辑。

（二）后现代主义舞蹈民族志书写

"民族志"是人类学家解释和理解某一文化的重要研究工具，"舞蹈民族志"是关于舞蹈的民族志，即与舞蹈相关的调查、记录、描写[1]。舞蹈人类学在 20 世纪 80 年代进入中国，一开始就在强调舞蹈民族志书写的重要性，同时也强调了将舞蹈置于场景中的整体性。在近年的研究中，舞蹈民族志关注"在场"，深入思考"谁在场"的问题。质言之，后现代舞蹈民族志质疑研究者所谓的客观的主体姿态，拒绝服从以元话语为中心的宏大叙事与知识等级制度。研究者从主体退位，使研究对象成为主体，这增加了舞蹈民族志的客观性，实现了从单方面记录研究对象，到描述研究的过程，即将调查对象作为主体的行动展示出来的转变。正如王超《田野中的舞蹈——对舞蹈民族志的思考》[2] 中所言，应"从细微的舞蹈身体语言入手，关注不同文化场景下舞蹈实践的缘由与过程，蕴含的情绪情感及动作语汇表达的意图和功能等，了解当地人的观念和对特定行为的阐释，以此来还原和解读不同场景中身体语言的本意，探寻身体象征的深层意义，撰写出细致、深刻的舞蹈民族志"。刘柳《当代西方舞蹈民族志历史化转向的三种路径》[3]，通过对三个当代西方舞蹈民族志个案进行分析，发现西

---

① 邓佑玲主编：《艺术研究方法论学术讲座文集》，中央民族大学出版社 2016 年版，第 65 页。

② 王超：《田野中的舞蹈——对舞蹈民族志的思考》，《云南民族大学学报》（哲学社会科学版）2019 年第 4 期。

③ 刘柳：《当代西方舞蹈民族志历史化转向的三种路径》，《北京舞蹈学院学报》2020 年第 4 期。

方舞蹈民族志正在转向对民族志中主体的主观能动的强调以及对"传统"进行新的阐释。当代民族志作者追求以另辟蹊径的方式切入历史的侧面与社会生活的脉络，不再以西方特有的傲慢来操纵其他民族之话语，而是巧妙地结合"地方性知识"和"主体书写"来为长时期被遮蔽和边缘化的他者发声。刘姝曼与王建民的《舞蹈民族志的撰写与反思——基于人类学的视角》①中，作者结合西方舞蹈民族志理论范式与自身田野经验，提出了国内舞蹈民族志撰写的注意事项：身体力行的观察与体验，包含真情实感的感知与体悟，紧密联系多主体的互动（强调主体间性），客观与结构性地描述与记录舞蹈。王昕的《从〈论传统〉与〈传统的发明〉反思中国民族民间舞蹈传统》②，探讨了美国"传统舞蹈人类学"与"后现代舞蹈人类学"研究方法的不同。作者认为，传统的"田野调查"是对"他文化"的探究，而后现代人类学则对传统人类学"民族志现实主义"提出了质疑和批判，将此称为"表述危机"。作者还认为后现代人类学的"实验民族志写作"范式有三个特点：第一，对于"本土化"的重新审视（即打破地域、空间的界限）；第二，对于"自文化"与"他文化"的理解（避免专制写作、权威写作、不以研究者角度理解当地文化）；第三，田野调查中不能忽视研究者本身的"主观经验"。同时作者认为，当今舞蹈民族志研究正逐渐转向对舞蹈主体——人的实践的研究，关注舞蹈中各主体的能动性以及相互之间的关系，以此来探寻舞蹈文化的社会建构。可以看出，今天舞蹈民族志书写强调一种具有"地方性知识"的"主位书写"，关注以局内人的视角来理解当地的舞蹈文化。后现代主义观念下的舞蹈民族志书写应采用一种"主体间性"的表述方式，打破权威性的学术书写，更加关

---

① 刘姝曼、王建民：《舞蹈民族志的撰写与反思——基于人类学的视角》，《北京舞蹈学院学报》2017年第6期。

② 王昕：《从〈论传统〉与〈传统的发明〉反思中国民族民间舞蹈传统》，《北京舞蹈学院学报》2017年第5期。

注用他者文化价值观理解他者的舞蹈文化逻辑。当下的中国舞蹈民族志书写，不再是一种传统意义上的客位观察与描述，而是使用基于"地方性知识"的"文化持有者"的主位观念去理解他者的文化逻辑。

（三）舞蹈文化功能的变迁与身份的重建

1. 广场舞文化功能与表演者身份重建

广场舞运动的异军突起，为与其长久联姻的民俗舞蹈研究增添了许多热度。首先，民俗舞蹈表演语境与文化功能变迁问题的思考已经成为国内舞蹈人类学研究关注的焦点。学者们对民俗舞蹈在民间仪式信仰与城镇广场两种表演语境进行对比考察，并对文化多重功能的变迁问题进行深入思索，从而揭示出传统与现代舞蹈在社会性、仪式性、象征性、娱乐性等文化特性上呈现的不同特点。如杨敏、孙嘉辉《少数民族舞蹈的功能与形式在广场舞蹈中的演变——基于云南省中西部地区的调查研究》[①] 认为，随着城市化进程的加速，在广场舞蹈中，少数民族舞蹈告别了传统的仪式功能与祭祀节庆功能，转而强调健身娱乐功能。审美功能从对自我本质力量对象化的审美快感，转变为在自由随性的舞蹈活动中表达自我、获得自由的审美体验。黄际影、李琼《城镇化背景下广场舞与传统舞蹈的互动、互融与共生》[②] 认为传统舞蹈为广场舞提供了素材，广场舞以舞台表演的逻辑重塑着乡村舞蹈的样貌。传统舞蹈所蕴含的地方化、乡土化、个体化的独特身体经验，通过对空间、节奏、律动等的编排，在城市广场舞中被逐渐消解。李北达《传统与当代：两种广场舞的形态与功能》[③]，借用舞蹈生

---

① 杨敏、孙嘉辉：《少数民族舞蹈的功能与形式在广场舞蹈中的演变——基于云南省中西部地区的调查研究》，《北京舞蹈学院学报》2019年第5期。

② 黄际影、李琼：《城镇化背景下广场舞与传统舞蹈的互动、互融与共生》，《北京舞蹈学院学报》2019年第5期。

③ 李北达：《传统与当代：两种广场舞的形态与功能》，《北京舞蹈学院学报》2019年第5期。

态学"舞体"与"功能"的概念，分析了传统和当代两种广场舞的形态与功能。传统舞蹈与民间祭祀仪式相关联，具有仪式性、象征性的特点，而经过身份重建后的当代广场舞具有更多生活性、娱乐性、健体性的文化功能。

其次，关注广场舞表演者身份重建的问题。广场舞的表演实现了对主流舞蹈审美的跨界，不但塑造了表演主体——中老年女性的身份归属感并建构了她们的社区文化认同，还为她们提供了健身、娱乐、沟通等方面的功能。朴永光《场景视野下解析广场舞空间》① 中，作者认为广场舞的空间为中国中老年女性填补了退休后对"集体空间"的需要，为她们提供了在集体中寻找归属感的平台，不但为她们提供了平等、开放、和谐、包容的空间结构，而且为她们带来了宣泄、自娱、健身、沟通、体验、形塑等多重功能。陈若菡和罗斯·马丁《当代广场舞实践的社会语境、混杂性和虚拟参与——一项基于中国广场舞实践者访谈的研究》② 中，作者借用福柯"越界生存"的理论，提出跳广场舞是"初老女性"对自己逐渐衰老的身体以及对由社会规范定义的主流舞蹈审美的超越，是她们归属感和社区认同建构的主要途径。戴阿宝《从群女性到第四空间：中国大妈们的广场舞演绎》③，作者结合福柯"个体治理"、列斐伏尔"空间理论"探究广场舞表演与"中国大妈"个体与群体身份重建问题的关联。作者认为：第一，大妈们正是通过广场舞建立一种脱离个体而转向社会化主体、脱离母性特征与家庭角色而转向社会的非母性的群女性社会形象；第二，广场舞为中国大妈们开辟了一个公共生存的"第四空间"，这个空间为退休后的女性群体找寻社会存在感提供了一个路径。总之，中国舞蹈人类学不但关

---

① 朴永光：《场景视野下解析广场舞空间》，《北京舞蹈学院学报》2019 年第 5 期。

② 陈若菡、罗斯·马丁：《当代广场舞实践的社会语境、混杂性和虚拟参与——一项基于中国广场舞实践者访谈的研究》，《北京舞蹈学院学报》2021 年第 1 期。

③ 戴阿宝：《从群女性到第四空间：中国大妈们的广场舞演绎（上）》，《当代舞蹈艺术研究》2017 年第 4 期；《从群女性到第四空间：中国大妈们的广场舞演绎（下）》，《当代舞蹈艺术研究》2018 年第 1 期。

注广场舞文化功能的变迁问题，同时也聚焦于广场舞蹈的应用人类学议题，包括养老、健身、娱乐、和谐社区构建等领域的内容。随着城市化进程的加速，舞蹈人类学家逐渐将目光投向了城市舞蹈文化的社会性、应用性研究。它的产生不但建立在民俗舞蹈表演语境的现代转型上，也与其文化身份与象征功能的当下重构密不可分。

2. 民俗仪式舞蹈的文化变迁与当代重构

在商业化与旅游文化背景下，民俗仪式舞蹈经历了从原生性表演语境到现代舞蹈展演语境的转变，它不但涉及文化功能的变迁，而且舞蹈本体形态也经历了当代重构。和璇《以勒巴-塔城热巴舞为案例的族群艺术边界研究》①，认为勒巴-塔城热巴舞在不同民族、不同地域的展演中加入了创新，原先的族群边界越来越模糊，新的边界在社会资源与各方面利益的撕扯下被重新建构。王晓兵《钱鼓舞的舞蹈形态变迁与当代传承》② 中发现，随着现代化进程，钱鼓舞的原初形态如故事内容、表现形式、伴奏、表演场地、舞蹈动作等均在发生着改变。岳月、贾安林《节日文化创造中的梁河阿昌族舞蹈文化变迁》③，认为"窝罗节"是梁河阿昌族发明的传统节日。"窝罗节"创造后的阿昌族舞蹈在表演程式、器乐伴奏、脚下动作、编舞等方面经历了一系列本体和文化内涵上的变迁。传统"窝罗舞"的动作被解构，取而代之的是相对更有韵律和节奏感的舞蹈组合动作。李卿的《现代性理论视阈下的山东鼓子秧歌现当代变迁》④ 中认为，山东鼓子秧歌早已脱离民间遗留下来的自然形态，随着中国现代性的发展，它成为在

---

① 和璇：《以勒巴-塔城热巴舞为案例的族群艺术边界研究》，《北京舞蹈学院学报》2018 年第 1 期。

② 王晓兵：《钱鼓舞的舞蹈形态变迁与当代传承》，《北京舞蹈学院学报》2018 年第 3 期。

③ 岳月、贾安林：《节日文化创造中的梁河阿昌族舞蹈文化变迁》，《民族艺术研究》2021 年第 4 期。

④ 李卿：《现代性理论视阈下的山东鼓子秧歌现当代变迁》，《北京舞蹈学院学报》2020 年第 2 期。

"专家在场"指导下所建构的现代化产物。萨出拉《社会变迁与传统安代的现代重构——基于库伦旗安代传承人和地方学者的口述与田野》① 中，作者认为安代经历了传统歌舞仪式—民间歌舞—舞台歌舞—校园安代健身操—广场舞的阶段性变迁，它的现代重构是七十余年来内蒙古社会文化变迁的结果。由此可见，民间舞蹈"濡化"与"涵化"的过程无论是被动吸收还是主动接受都受到来自内部和外部各方面因素的影响。在变迁的过程中，文化得以融合、进化、被发明、创造，最后达到传播的目的，被赋予新的文化特性，本土文化在此过程中得以重建。学者们不约而同地选择对舞蹈的文化变迁给予关注。在社会文化的洪流下，舞蹈并非静止不变的，而是随着社会与不同语境的变迁而不断变动的。随着历史的不断发展，绝大多数带有祭祀功能或宗教意义的民族舞蹈逐渐演变为具有娱乐性或表演性的社会舞蹈。目前，国内少数民族舞蹈的研究主要集中在对仪式的记录，对其舞蹈功能、生存语境、社会关系的分析，以及对民俗舞蹈在现代化进程中的文化变迁及转型等方面的研究。学者们侧重从文化视角展开论述，在对民族舞蹈文化变迁的研究中，不仅对其变迁结果进行描绘与总结，还特别强调变迁的过程与途径，关注其在"涵化"与创新过程中舞蹈实践主体的主观能动性。

（四）民俗舞蹈的族群文化认同研究

1. 舞蹈传承人的身份认同与变迁

当下中国舞蹈人类学研究者热衷于关注不同历史时期（如"非遗"运动）舞蹈传承人身份重建与文化认同问题。吴丹《湘西苗族花鼓舞"非遗"传承人的身份认同》② 中，将传承人身份与其身体动作形态结合进行

---

① 萨出拉：《社会变迁与传统安代的现代重构——基于库伦旗安代传承人和地方学者的口述与田野》，《北京舞蹈学院学报》2021 年第 4 期。

② 吴丹：《湘西苗族花鼓舞"非遗"传承人的身份认同》，《北京舞蹈学院学报》2018 年第 2 期。

分析，认为湘西苗族花鼓舞传承人在不断变换的场景中呈现的动态身体形态被赋予了时代的特征，打上了民族、地域以及个人的印记，承担了传播当地文化能量的重要作用。王海涛、傅兰媚《重庆跳端公"非遗"传承现状研究》① 中，首先探讨了跳端公仪式中舞者身份的转变，即端公身份经历了从"巫"文化代言人，到"文化大革命"中被批判的对象，再到作为"非遗"传承人负责向外界展示当地传统文化的三重文化身份的变迁。其次，文章还关注到跳端公文化功能的变化。作者认为随着当代人们的思想祛魅，大家从关注巫术的功能转向了关注表演人的表演技术，从而有了审美上的要求；人们也通过对跳端公的欣赏获得地域认同和文化归属感。最后，文章还发现在传统表演形式的外壳下，跳端公驱鬼祭祖的传统内容淡化，表演性与观赏性的大大增强，让民间的传统民俗节日得到了生动的保留与延续。

2. 民族仪式舞蹈的族群文化认同

学者们在研究中将抽象的舞蹈动作纳入具体的仪式空间，将仪式舞蹈视为当地族群的文化表达。他们将舞蹈动作视作"具身化"（embodiment）的社会行为，并赋予其神圣含义。学者们反复强调，民族仪式舞蹈有助于建构族群边界与维系社会认同，重点研究了民族舞蹈究竟是如何在族群边界认同的形成与维护中发挥重要作用的。舞谱、舞蹈体态、舞者性别等都被作为理解、建构舞蹈族群与群体认同的研究路径而被重新加以审视。舞者通过特定民俗仪式中的舞蹈动作、舞谱符号来表达特定族群舞蹈的民俗性、仪式性、象征性特征，以及鲜明的族群文化认同。雷斯曼《云南省宁蒗县油米村东巴舞谱研究》② 认为东巴舞舞蹈形成了以族群为核心的社会组织群体，强化了族群认同感。陈正府《反排苗族木鼓舞的仪式过程与象

---

① 王海涛、傅兰媚：《重庆跳端公"非遗"传承现状研究》，《北京舞蹈学院学报》2017 年第 2 期。

② 雷斯曼：《云南省宁蒗县油米村东巴舞谱研究》，《北京舞蹈学院学报》2019 年第 1 期。

征表述——以舞蹈人类学为视角》① 认为，反排木鼓舞强化了当地的祖先崇拜、历史记忆与集体认同，反排将人的身体语言与苗族当地的传说、神话与迁徙历史结合在一起，投射着当地的生态认知、族群认同与价值体系。张远满《土家族民间舞蹈的民俗文化研究——基于清江流域人生仪式的调查》② 分析了土家族诞生仪式中的"花鼓子"和丧葬仪式中的"撒叶儿嗬"两种民族舞蹈，认为舞蹈在"仪式—舞蹈—人"三者之间的互动关系中强化了血亲家族的联结与民族认同。张林《新宾满族秧歌的变迁与文化适应》③ 将秧歌置于当地"撵鬼"的仪式结构、伴奏音乐、舞蹈特征、角色扮相中，展示出满汉两个族群高度融合的文化，以及满族与汉族间的双向认同。

（五）"身体"与"民俗"的互文性研究

舞蹈人类学关注的"身体"承载了动作美学的意涵，而且"身体"在传统文化语境中又是"民俗"的一种文化表征。对于舞蹈文化的研究不但需要关注身体动作的叙事符号，还要将其置于特定的民俗仪式的表演语境中，对身体动作符号所体现的民俗学表征问题进行一系列追问。身体是运载舞蹈语言意义的工具，舞者通过具有表征意义的符号——身体来传递文化信息，或是利用肢体来表征一种由集体建构的文化和社会认同，而观者也通过这种舞蹈语言接收信息。挖掘身体在传统文化中的角色、功能与价值，探究中国民族舞蹈中特有的身体观如何被塑造，是当今舞蹈学家们的使命。目前国内学者对身体的研究取得了一定的进展，不少学者从民俗学的角度研究身体，构建了"身体民俗"的研究视角，即不局限于对身体的

---

① 陈正府：《反排苗族木鼓舞的仪式过程与象征表述——以舞蹈人类学为视角》，《贵州民族研究》2020 年第 4 期。

② 张远满：《土家族民间舞蹈的民俗文化研究——基于清江流域人生仪式的调查》，《北京舞蹈学院学报》2019 年第 1 期。

③ 张林：《新宾满族秧歌的变迁与文化适应》，《北京舞蹈学院学报》2021 年第 2 期。

研究，而是将其与民俗、仪式等文化现象相结合。周星《舞者的身体民俗与越境的舞蹈》①认为，在现代社会中，民俗舞蹈的"越境"越来越频繁，即不再满足于乡土地域或族群社会，而是反复通过民俗主义创编手法，诸如舞者的肢体语言和身体民俗（身体技法）将舞蹈转变成大众舞蹈。曾希卓《基于"身体民俗"视角下的民俗舞蹈研究》②，认为民俗学的研究应该从对静态物的观察发展转到对身体实践与感知的关注。"身体"是一种技术行为的表征，民俗仪式中的舞蹈可以被视作身体的规训途径，即让身体得到一种技术化的改造。民俗舞蹈也经历了一种从身体的体验到身体的经验再到身体的记忆的转换过程。毛毳《身体观、宇宙观与民间舞蹈文化研究》③，强调以当地文化中的宇宙观和身体观来理解当地民间舞蹈行为与文化，认为只有对身体动态进行细致入微的感知和体验，才能对民间艺人身体形态上的细微变化进行深入的文化阐释。金涛《身体、教育与政治：20世纪二三十年代都市流行歌舞的兴起》④，认为20世纪30年代至40年代流行歌舞中的女性身体，一方面被塑造成追求现代性、健康美的城市物质文化载体，另一方面在现代都市文化中被"商品化"，成为被追逐的、满足男人们欲望的物质对象。这一年代的女性身体臣服于商业包装和政治规训中，在社会性别教育和都市文化的相互交织中建构出的不同于传统礼教伦常的权力体系。作者结合舞蹈与政治权力的互动关系，认为女性身体是20世纪二三十年代权力与话语争夺和角逐的场域。刘柳《缺失的身体与丢失的感受——艺术人类学舞蹈研究之现代主义方法论反思》⑤，认为研究者应

① 周星：《舞者的身体民俗与越境的舞蹈》，《北京舞蹈学院学报》2021年第3期。
② 曾希卓：《基于"身体民俗"视角下的民俗舞蹈研究》，《北京舞蹈学院学报》2019年第3期。
③ 毛毳：《身体观、宇宙观与民间舞蹈文化研究》，《北京舞蹈学院学报》2017年第6期。
④ 金涛：《身体、教育与政治：20世纪二三十年代都市流行歌舞的兴起》，《北京舞蹈学院学报》2017年第3期。
⑤ 刘柳：《缺失的身体与丢失的感受——艺术人类学舞蹈研究之现代主义方法论反思》，《北京舞蹈学院学报》2019年第1期。

关注舞蹈行动者的能动性，呈现"个体"在舞蹈事件中的即兴化表述，特别是个体在舞蹈过程中所体现出的创造力、情动力和能动性，即采用人类学家所倡导的"深描"法。这类研究身体的视角探寻的是身体如何在被动的形塑和能动的创造中传承与书写历史。综上，笔者认为，国内舞蹈人类学研究关注身体与民俗的互动关系，尤为重视考察舞蹈身体实践者如何以"社会性身体"符号表征一个族群、特有群体、特定历史时期的民俗、历史、政治等文化特征，即聚焦"身体"表达与民俗、政治、社会、权力等元素的互动关系。

（六）舞蹈与政治的互动关系

舞蹈与政治之间互动关系的研究成为近几年的学术热点。为了庆祝建党100周年，中国舞蹈人类学研究者非常关注"红色舞蹈"与中国革命的历史进程的互动关系，尤其是"红色舞蹈"创作与表演为中华人民共和国成立所做出的巨大历史贡献。譬如2020年至2021年发表的相关课题与论文，不但注重对"红色舞蹈"百年发展历程进行历时性的考察，而且关注了"红色舞蹈"文化在不同历史时期做出的巨大贡献。江东《"红色舞蹈"的百年印记》[1]，以1921年、1949年、1978年为节点，将"红色舞蹈"的历史分为三大时期，并结合各时期中国共产党在文艺工作上制定的方针政策，概括总结出每一时期"红色舞蹈"的发展情况及代表作品，进而总结归纳出"红色舞蹈"的艺术特征。史红《映照、表现与修辞：建党百年与舞蹈》[2] 分析了红色舞蹈与建党百年历程间的内在关联，分别从"历史化运行逻辑下的事实与精神映照""革命内容主导下的表现模式与形态""情感与理念诉求下的艺术修辞"三个方面，阐释了"红色舞蹈"的反映机

---

① 江东：《"红色舞蹈"的百年印记》，《当代舞蹈艺术研究》2021年第2期。
② 史红：《映照、表现与修辞：建党百年与舞蹈》，《当代舞蹈艺术研究》2021年第2期。

制、创作形态与艺术加工方式。石裕祖、李永惠的《云南"红色舞蹈"的历史与传承》[①]，认为自 20 世纪 20 年代始，中国共产党领导的中国工农红军红七军、云南地下党组织、红色革命根据地军民，在土地革命战争、抗日战争和反内战运动的危急关头，在事关国家存亡的危急时刻，紧扣时代脉搏，植根于民间土壤，创作出了《快当放下你的枪》《生产舞》等"红色舞蹈"。这些具有进步意义的舞蹈为时代讴歌、为现实服务，树立了新的文艺里程碑。以上可以看出，在"红色舞蹈"文化的研究上，学者们结合了中国近百年来的舞蹈历史文献，着重关注"红色舞蹈"的创作、表演与艺术内涵的呈现为中华人民共和国成立所做出的巨大历史贡献。笔者认为，"红色舞蹈"的创作表演与其所处的不同革命历史时期语境的互动关系，也应该成为中国舞蹈人类学研究者关注的另一个问题。

（七）从本体论走向认识论的舞蹈身体美学思考

通过对舞蹈本体结构与其文化象征意义的互动研究去探索舞蹈呈现的历史、社会、政治、宗教的文化表达，是舞蹈人类学研究的学科属性。该学科不但关注舞蹈的身体美学表征，还特别留意到超越本体论观念下的舞蹈身体实践的认识论美学属性。或者说，国内舞蹈人类学研究从保守的本质主义视野下的关注舞蹈身体动作的形态，转向非本质主义思维下的对身体美学意义构建与权力、话语、全球化观念之间的互动关系的思考。

首先，学者们从对舞蹈本体论的深刻关注走向了对舞蹈动作结构背后深层文化逻辑的探讨，即走向了舞蹈认识论的观念思考。在刘柳《超越本体论的舞蹈实践观——从权力关系、身份政治和能动者的实践谈起》[②] 中，

① 石裕祖、李永惠：《云南"红色舞蹈"的历史与传承》，《当代舞蹈艺术研究》2021 年第 3 期。

② 刘柳：《超越本体论的舞蹈实践观——从权力关系、身份政治和能动者的实践谈起》，《北京舞蹈学院学报》2018 年第 1 期。

作者通过列举舞蹈中的权力关系、舞者身份的转变和舞者能动性三个方面的例子，不但提出实践的舞蹈文化观，从实践的角度鼓励国内舞蹈理论研究去留意舞蹈实践的能动性，而且建议应结合全球化的跨国语境去考虑舞蹈复杂变动的历程以及随之更新的文化观。作者提倡国内学者应打破舞蹈本体论研究的局限，多观察身体文化背后的操纵者和调配者、舞蹈背后的意识形态和权力关系等内容。

其次，学者们不但聚焦于舞蹈动作结构与文化意义的考察，而且从认识论角度更加关注舞蹈动作意义的生成过程与表演语境的阐释，即从分析舞蹈动作的本体特征（能指），走向考察舞蹈文化象征意义的生成过程并对表演的语境进行深度阐释。王阳文《从"语义"到"语用"：民间舞蹈研究方法的转换》①，结合语用学理论关注民间舞蹈研究，从探寻动作意义转而关注意义产生的过程和语境，从对具体符号所指的聚焦转向对象征结构的阐释。作者以白马藏人的舞蹈为例，提出不应单纯地记录舞蹈动作本身，而应该探寻各种动作背后的意义，从这些不同的舞蹈身体语言中寻找到"家族相似"，探索其背后的象征结构。可以看出，舞蹈人类学研究观念从本体论转向认识论的过程中，既有本质主义思维下的回答舞蹈身体美学"是什么"的问题，又有基于非本质主义反思与解构思维中的对"为什么"的思考，即十分注重对舞蹈身体动作形态结构及其背后文化意义的探求。

二 中国舞蹈人类学研究的未来展望

近五年来，中国舞蹈人类学立足跨学科思维，在舞蹈田野民族志、舞蹈族群文化认同、舞蹈政治学、舞蹈经济学、民族舞蹈学等方面的研究上呈现出逐步深入的趋势，给国内舞蹈学理论的整体性研究奠定了良好基

---

① 王阳文：《从"语义"到"语用"：民间舞蹈研究方法的转换》，《北京舞蹈学院学报》2019年第 4 期。

础。随着学科的深度融合，笔者认为中国舞蹈人类学在问题意识、研究对象的拓展等方面还有待加强：

第一，加强田野考察工作力度，注重田野舞蹈民族志的"深描"书写。舞蹈民族志研究建立在文化人类学田野工作的基础上，会针对舞蹈表演的生成语境与其文化表征进行描述与阐释，同时关注舞蹈表演过程中身份语言究竟如何展开身体叙事。国外舞蹈人类学的舞蹈田野民族志成果较为丰富，主要原因是他们非常重视田野考察工作，而中国舞蹈人类学的研究才刚刚起步，长期居住式的田野考察工作亟待加强。

第二，扩大舞蹈形态学研究深度。对舞蹈形态的分析是从微观角度关注舞蹈表演及社会实践，从表演的角度对舞蹈本体进行观照。国内学者的民间舞蹈形态分析基本围绕舞蹈动作与形态、历史与文化成因、文化价值三个方面展开。舞蹈人类学研究者始终不放弃学科本位的研究思想，尤其强调对舞蹈动作、语汇及舞蹈文本的深入研究。目前学者们对舞蹈形态的分析较多地集中在外部肢体动作的呈现上，缺少田野民族志的"深描"研究，未能讨论舞蹈背后的文化成因，这种分析囿于舞蹈身体语言，并未突破外在的身体呈现这一视野。所以对舞蹈形态学研究应通过对舞蹈语汇本体结构进行分析与描述，观照身体和社会、身体与民俗、身体与政治等关系。由此可见，如何逃离囿于舞蹈本体研究的困局，将舞蹈行为作为文化实践进行研究，是当代舞蹈人类学家面临的挑战。

第三，关注"非遗舞蹈"应用性研究。受应用人类学理论研究的影响，当下的"非遗舞蹈"研究不但强调保护文化生态多样性基础上的传承研究，而且重视将舞蹈人类学与舞蹈民族志的研究成果应用于地方经济社会文化建设与民俗舞蹈生态的可持续性发展研究。目前中国舞蹈人类学研究只关注到田野民族志考察，在有关"非遗舞蹈"的系统理论研究如何为社会服务方面的应用性研究较少，暂时还未有较成熟的理论研究的社会化转化个案。因此有关"非遗舞蹈"的应用性研究是中国舞蹈人类学研究不可缺失的部分。

第四，聚焦舞蹈表演语境变迁研究。在非遗保护体系的影响下，民俗舞蹈在政府、民间艺人、学者等多种主体的综合作用下，逐渐建构成一种"非遗舞蹈"。这不仅是民俗舞蹈身份的重构，也是其表演语境经历的历史变迁。早期依附于民俗存在的仪式舞蹈发展为以展演娱乐为目的的"非遗舞蹈"。

第五，重视舞蹈人类学与舞蹈创作实践相结合的研究。在舞蹈人类学田野工作与舞台艺术实践的互动关系研究中，应将舞台艺术实践与田野舞蹈民族志研究相结合，多运用田野的第一手民间舞蹈素材来充实舞台艺术实践。当下很多舞蹈艺术作品大多为依托二手资料的再创作，缺乏基于田野舞蹈民族志上的对原始资料与民俗文化现象的综合考察，导致对舞蹈艺术作品的分析只停留在身体动作语汇的表达上，面对舞蹈的身体意涵与深层文化叙事方面的研究不够深入。

第六，注重舞蹈的社会功能研究。当下舞蹈理论研究只将舞蹈作为一种艺术存在的方式来进行研究，未能将其作为一种社会功能进行系统考察。到了今天，民俗舞蹈在不同的表演语境中承载的文化社会功能发生了显著变化，如大街小巷都能见到的广场舞有许多是由区域性民俗舞蹈改编而成的，从参与者的身份来看，从专业性舞蹈表演者到普通民众的变迁，显示出的不但是表演者身份的转型，而且是舞蹈社会文化功能的转变，即从审美娱乐走向健身休闲功能。

第七，应关注民间舞蹈表演术语的研究。民族音乐学表演术语研究成果丰硕，相比之下，舞蹈表演术语研究目前仍有不少空白。结合田野舞蹈民族志考察，针对民俗舞蹈表演中的术语所展开的系统研究，是依据局内人的表述来建构民俗舞蹈的身体语汇与意义叙事技巧。目前诸多高校中的民族民间舞蹈专业教学术语多是由专家学者建构的产物，缺少对原生语境中的具有"地方性知识"表述特征的舞蹈表演术语的系统搜集、整理与研究。

　　第八，加强舞蹈人类学的历时性研究。西方的田野舞蹈民族志强调活态的田野考察，注重对共时性的舞蹈表演过程的关注，但对舞蹈历时性发展变迁方面的研究重视不足。目前中国舞蹈人类学研究在对传统历史文献与民间口述历史文献的搜集整理上所做的工作也很薄弱，尤其缺乏对当下活态的舞蹈田野民族志与传统的口述历史文献之间勾连关系的思考，所以，在舞蹈人类学的历时性研究方面还需继续深挖。

　　第九，应用性舞蹈教育研究。在舞蹈人类学研究中，不仅应将舞蹈作为一种文化来进行考察，更要在田野舞蹈民族志的基础上，关注舞蹈教育与中国传统舞蹈文化传承与保护之间的互动关系，同时还要强调舞蹈教育民族志思维。在研究舞蹈文化语境时，需要加强对"非遗舞蹈"课程教学中的教育过程、课程设置、教育行为等方面的系统研究，以及关注学校民俗舞蹈教学为"非遗舞蹈"的保护与传承提供了哪些应用性策略。

　　总体来说，受到西方民族音乐学与舞蹈人类学、文化人类学等诸多理论的深刻影响，中国舞蹈人类学在跨学科研究的基础上，逐渐增加了对舞蹈人类学以及民族舞蹈学学术话语的"中国实践"的考察研究。学者应结合中国传统文化特色，利用交叉学科的研究特点，在将舞蹈作为一种艺术形态进行研究的同时，还要更多地将其视为一种文化现象将其放置在社会和自然中进行系统的田野民族志考察，形成集田野工作、教学与舞台艺术实践、跨学科思维、学术研究为一体的理论与实践相结合的研究范式，为中国传统乐舞文化多样性的保护与传承做出自己应有的贡献。

鄂西土家族丧仪舞蹈的审美阐述

杨雅洁

（湖北艺术职业学院）

[摘要] 鄂西土家族丧葬习俗的形式，既有坐丧，也有转丧，又有跳丧，且尤以跳丧最具特色。跳丧即土家族丧仪中的舞蹈——"撒叶儿嗬"，又称"打丧鼓""打绕棺"。现在"撒叶儿嗬"仍然在一部分地区流行，包括巴东县、长阳土家族自治县、五峰土家族自治县以及建始县和恩施的少部分区域。本文从内容美、形式美、距离美、民俗美、自然美五个方面对丧仪舞蹈进行审美阐述，总结出其"包罗万象、和而不同、古风遗韵、共感共通、向死而生"的审美特点。

[关键词] 鄂西土家族；丧仪舞蹈；撒叶儿嗬；舞蹈审美

跳丧，即跳"撒叶儿嗬"，它是鄂西清江流域土家族丧葬仪式中所独有的民间歌舞形式。2006 年由湖北省宜昌市长阳县政府申报，"撒叶儿嗬"荣登首批国家级非物质文化遗产名录；2014 年，宜昌市五峰县、恩施州巴东县"撒叶儿嗬"被纳入第四批国家级非物质文化遗产扩展项目名录。"撒叶儿嗬"集歌、舞、乐为一体，表演时由两男或四男在棺材前对舞，高潮时，少则上百人，多则上千人观看和参与跳丧。演唱形式是由一人执鼓领唱，众人和而歌之。执鼓者是有声望的长者，同时也是擅长歌舞的能手，他以鼓点变换曲牌，以鼓点指挥舞蹈。舞蹈动作特点可以总结为——顺边、屈膝、颤步、绕手。除"跑场子"和"四大步"等基本套路外，其舞蹈动作多模仿山中飞禽走兽和日常生活、农事活动等，如燕儿衔泥、幺姑姐筛箩、猛虎下山、虎洗脸、虎抱头、美女梳头、栽秧、牛擦痒、观音坐莲等。鄂西土家族人民用这种独特的形式来举办丧事、悼念亡者，不仅体现了他们积极向上、旷达乐观的死亡观，更体现出他们强烈的生命意识和豁达的人生观。

一 包罗万象："艺术即生活"的内容美

土家族"撒叶儿嗬"是集歌、舞、乐于一体的综合艺术形式，从它所展示出来的包罗万象的生活内容来看，表现出典型的复合型文化之美。其丰富的内容包括先民开拓疆土的民间传说、回忆民族历史的叙事诗歌、反映农事生产的劳动歌、荤俗无忌的五句子情歌、宣扬孝义礼教的"受恩歌""十二月三字经""十请庄子老师尊"等。"撒叶儿嗬"俨然是一幅土家生活的全景写照，这些内容真实反映且保留了土家族民族的历史记忆，及其长期以来形成的道德意识和是非观念，也将和谐包容的民族性格渗透在歌词舞蹈内容的方方面面。

关于"撒叶儿嗬"舞蹈所表演的动作内容，最多的还是动物拟态。从凤凰展翅、犀牛望月、牛擦痒、狗吃月、燕儿衔泥、猛虎下山等舞蹈动作的命名和表演，无一不形象逼真地表现了他们的生活，这些舞蹈动作是巴人对他们祖先劳作、生活和娱乐的高度概括。如"凤凰展翅"，二人背对背，双臂展开，上下扇动，恰似凤凰振翅欲飞。"牛擦痒"，二人背靠背，双手叉腰，左右擦晃，腰胯以下做小幅度颤动，稳健明快。"燕儿衔泥"是一个高难度动作，一人丢一手帕（或其他物件）下地，另一人叉开双腿站立，随着鼓点的急骤加快，慢慢弯下腰，但双腿要直，最后以嘴近地衔物，双手后翘作燕儿翅膀扇动状，反复数次。最为壮观的是"猛虎下山"，在午夜过后人们疲倦欲困时，醉酒的舞者跳着跳着，忽听鼓点一变，二人中的一个猛然跳跃腾空，然后两人躬身相对逼视，忽而击掌、撞肘，一跃一扑，模仿猛虎捕食的各种动作，口中还发出一阵阵虎啸声，最后一人被另一人挽着从头顶后方翻跃过来，动作形象逼真，给人以其祖先为粗犷雄壮的虎的崇敬感受。其他动作和表演，有不少是模拟先民掷镖渔猎、厮杀械斗的动作，如"打上二十一"中的击掌、"幺姑姐筛箩"，都是土家族生产和生活、娱乐等事件的再现。另外，如"大王下山"通过模拟老虎的各种威武形态，表现了对传说中的土家先祖廪君死后化虎升天的崇敬。"白虎当堂坐，白虎当堂是家神"的歌词，反映出土家人世代以虎为图腾的崇拜意识。

由上文来看，"撒叶儿嗬"虽在祭祀的场合跳，但其所表现的内容大多与死者个人关联不大，也不像道坛法事那样有固定的程式和文辞。可由执鼓者随兴致所至，任意叫出一个曲牌，临时配唱歌词、改变唱腔，舞蹈者亦根据掌鼓所示，变换舞蹈步伐，做出各种动作造型，因此它的表现力强，内容丰富，同时也具有很大的灵活性。在跳丧的舞场上，舞者观者虽丧而不伤，不避任何禁忌，大家通过舞和唱，尽情欢娱，实际上是一种顽强的民族意识的特殊表现形式和传承方式。因为土家人世代生活在溪洞纵横、崇山峻岭的石岩山区，长期越涧过水、攀岩背负的生活和劳作方式，形成了跳丧舞独特的表现风格。不管用什么节奏，不论多少人表演，舞蹈动作都必须对称，动作姿态一般都是哈腰、屈膝、八字步、摆胯、绕手，身体按节奏上下或左右颤动，手、脚、胯向同一方向呈"顺边"运动。舞蹈音乐唱腔有高腔和平调之分，旋律节奏有 2/4、4/4、6/8 拍，以 6/8 拍为主要节拍。舞蹈时，执鼓者在鼓心、鼓边、鼓沿击出各种富于变化的鼓点，边击鼓边领歌。舞蹈者"脚跟鼓点鼓跟脚"，和歌而舞，随着击鼓者的指挥，不时改变舞蹈姿态和节奏。激越时似山风呼啸，舒缓时如清流荡漾，有张有弛，古老质朴。

当"撒叶儿嗬"锣鼓敲起,歌声响起,艺人们一招一式舞动起来,舞蹈动作与歌声鼓点相互配合、协调统一,歌声或高亢激越,或悠扬婉转,在一起一落之间,曲折地勾勒出希望自己民族繁荣的美好愿景。"生活即艺术""艺术即生活",土家族人民超前的美学思想与超脱的审美意识,使得这种丧仪上独特的歌舞形式成为土家族民间艺术的奇观。

二 和而不同:多文化交融的形式美

(一)道教

土家族原始"巫"文化深深受到了道教的影响。关于这一点,陈湘峰有过较为允当的论述:"它们(指佛教、道教和儒学)对土家族的原始自然宗教发生过重大的影响。其中又以道教的影响尤为显著。"[1] 邓红蕾的专著《道教与土家族文化》也对"土家道教化"与"道教土家化"进行了深入、翔实的研究[2]。

《庄子·至乐》云:"庄子妻死,惠子吊之,庄子则方箕踞鼓盆而歌……杂乎芒芴之间,变而有气,气变而有形,形变而有生。今又变而死,是相与春秋冬夏四时行也。"意指"庄周改妻,不悲不哭,反倒鼓盆而歌、怡然自乐。因为在他看来,人由生到死,就如四季嬗替、草木荣枯,莫非自然,故应通命达生,所谓'故善吾生者,乃所以善吾死也。'即生足可喜,死亦可歌。"道教的庄周,正是因其盆鼓而歌的故事与"撒叶儿嗬"旨趣趋同,而被普遍认同为土家人的知己。"撒叶儿嗬"丧歌中有关庄子的内容,几乎遍布各地。五峰在开场歌结束后会接唱《十请庄子老师尊》,"刹鼓"时则唱:"歌郎送出门,庄子返天堂,亡者安葬后,孝眷万年兴。"长阳榔

---

[1] 转引自彭万廷、冯万林主编《巴楚文化源流》,湖北教育出版社 2003 年版,第 248 页。

[2] 邓红蕾:《道教与土家族文化》,民族出版社 2000 年版。

坪剎鼓词也有相关内容："开场跳丧要剎鼓，此时此刻想庄周。庄子为妻击瓦盆，只为其妻太风流。"现在五峰、长阳及巴东的野三关三地，还有跳丧源自庄周鼓盆而歌之说。

（二）佛教

清江流域的土家族对道佛之分的概念是模糊的。他们将僧道统称为"道士先生"。在"撒叶儿嗬"丧歌歌词中，"大慈大悲"观音形象被世俗化、滑稽化了的形象所替代。例如，巴东丧歌："观音胡子生得青，我是皇帝的亲外甥……观音胡子生得红，师傅骑马我骑龙。"《十绣天子城》中的"四绣一朵莲，绣在河面前，绣下观音倒坐莲。"《十字》："七字下来左脚挑，安安玉女哈哈笑。余下壮公穿白袍，观音修行坐水牢。"董珞在《巴风土韵》中如此感叹："在跳丧中，佛教的痕迹若有若无。说'若有'，是因为在某些开场的唱词中讲到'佛祖'；说"若无'，是因为一开始跳丧就把佛祖忘个一干二净了。"① 其实，不是他们把佛祖忘了，而是佛教自传入的那一刻，就被当地接纳吸收并本土化了。

另外，"撒叶儿嗬"歌舞中还有宗教内容混融的现象，即在一段歌词中同时出现儒、释、道、巫诸教杂糅并用的现象。长阳榔坪丧歌《十二月带三字经》："正月里、从头看，人之初、性本善，观音修行普陀山……四月里、是立夏，夏传子、家天下，斩将封神姜子牙……七月里、是月半，百而千、千而万，我祖修行福地间。八月里、是中秋，诗书易、礼春秋，观音勒马望荆州……腊月里、梅花开，梁灭之、国来改，八个神仙去过海。"佛教的观音、道教的八仙，还有巴人始祖，可谓群英荟萃！

由此可见，土家族丧仪文化中所反映出宗教信仰是以古代巴人原始的巫文化为基底，全方位吸收汉民族及其他民族的宗教信仰，形成巫、道携

---

① 董珞：《巴风土韵：土家文化源流解析》，武汉大学出版社 1999 年版，第 217 页。

手，以祖灵崇拜为核心，儒、释、道、巫合一，神系广、杂，神、灵无界而各有所司的区域性混融型宗教信仰结构。于是，在这种复杂文化背景中形成的丧仪舞蹈"撒叶儿嗬"，既融合各文化成为一个浑然如一的整体，又兼具各自不同的功能，各文化交融互鉴又和谐共生，如此"和而不同"的形式之美，体现土家族人包容与豁达的人生观、生死观。

三 古风遗韵：跨越时、空、域的距离美

古代巴人与楚、蜀为邻，由于历史上各文化长期交融互鉴，"撒叶儿嗬"歌曲和舞蹈因此而浸染楚、蜀之风。

巴人崇虎。《后汉书·南蛮列传》云："康君死，魂魄化为白虎。"唐《蛮书》记载："巴人祭其祖，击鼓而祭，白虎之后也。"巴人先祖廪君死后曾化为白虎，因此巴氏部落联盟的图腾崇拜对象为白虎，这一信仰至今仍广泛存在于土家族的各种文化事象中。在"撒叶儿嗬"丧歌丧舞中，也有虎图腾崇拜内容。长阳丧歌《十梦》中有："三梦白虎当堂坐，当堂坐的是家神。"五峰丧歌中有"三梦白虎当堂坐，无灾又无祸"。巴东县清太坪"撒叶儿嗬"歌词还唱有"坐堂白虎是家神"。"撒叶儿嗬"舞蹈中也有关于"虎"的仿生动作，如猛虎下山、虎抱头等。虽然这些动作在各地的跳法有所不同：如"虎抱头"在五峰是双拳紧握于自己双耳边，两人面对面而舞；在长阳是两人背对背而舞，双手自然手形置于头顶，做双人抱头状；而巴东则是一人从另一人上方翻过去。尽管"撒叶儿嗬"舞蹈有地域差异性，但有关"虎"的内容却是必不可少的。

楚人崇凤。汉《白虎通》云，祝融"其精为鸟、离为鸾"。楚人因"凤"是其始祖祝融的精灵所化，而尊"凤"为图腾。在迄今为止楚地的出土文物上绘饰精美、形态各具而又栩栩如生的凤鸟图案俯拾即是，不胜枚举。"撒叶儿嗬"丧舞中也有凤，如"凤凰展翅"，两人背对背，双手击掌后，经上弧线分至平开位置，身体随之下蹲，模仿鸟翅上下扇动，手心

向下。"凤凰落窝",同样两人背对背,左肩相对。双手于胸前击掌后经下弧线至"双山膀"位,向里双绕手的同时双腿下蹲。双臂后夹,手心向下。

"撒叶儿嗬"的唱词和舞蹈中的"虎""凤"同台,让那古代巴楚舞蹈之遗风,带着能让所有观者感动的传统积淀,穿越千年,越过鄂西土家族地区的重重山岗,吹向我们,吹向所有的"在场",吹到今天,依然让人无限神往。那遥远又古老的距离所带来的神秘感,消除了现代快节奏生活中所追求的实用价值与功利态度,也许正是"撒叶儿嗬"与我们的距离之美感的来源。

四 共感共通:群体认同下的民俗美

民俗是一个国家或民族中广大民众所创造、享用和传承的生活文化。民俗一旦形成,就成为规范人们的行为、语言和心理的一种基本力量,同时也是民众习得、传承和积累文化创造成果的一种重要方式。因而,民俗作为兼具物质和精神双重性质的生活文化,既是一种物质的实际存在,又是一种精神的文化和信仰。它借助音乐、舞蹈、文字、仪式等形式,言说着人类历史的变迁、探寻着生命的智慧,也表达着广大民众对"美"的追求从未停歇。

在土家族丧葬仪式的审美环境中,其舞蹈的民俗之美来源于它的群众参与性与感染性,用富于张力与表现力的动作组合,直击人的心灵。在这样一场区域性的狂欢性质的审美实践里,确认了审美主体的精神存在,是人的本质力量的显现。将不可感知的深远的文化内容以可感知、可参与的方式呈现出来,使得在场的每个人共同沉浸其中,将心灵寄托于群体的某处,从而进一步确认本质精神的存在方式,实现有限生命的无限超越,这样的审美活动并不是单纯又孤立的个体审美活动,而是民族群体众人共同参与,从而实现共感共通的集体性审美活动。虽然在观看或参与转丧和跳丧时,也许不同的审美个体会短暂地游离于群体的共有思维之外,进行单独审美感受，但从整体民俗审美活动来讲，个体的审美活动及体验恰恰是群体审美活动的重要组成部分，或者说，正是无数个体的游离才为群体性审美活动带来更丰富的审美体验。此时，既可以说个体游离于群体之外，也可以说个体完全融入了群体。随着审美活动的发展，在民族认同的共同审美理想的召唤之下，鄂西土家族人民也不断被其所共同欣赏的民俗之美所浸染，其群体性的本质力量在一次又一次得到确证之后，终于获得了身心的愉悦和自我精神价值的肯定。

五 向死而生：合"天地人"之道的自然美

跳丧这种传统的丧礼民俗集中蕴含了鄂西土家族独特的生死观和价值观念。土家族人民认为人的死亡并非生命的真正绝灭，而是换一种形式的"生"，即转换为灵魂形式的生，所以死亡在他们看来，仅仅是对肉体生存形式的告别，它并没有切断灵魂与生者之间的种种联系，反而加固了这些联系。依据这种"以死为生"的生死观，人的生与死是一个连续的过程，只是生命存在的不同形式。生、死之间是循环轮回的，生是死的开始，死是生的必然，没有什么可大悲大哀的，死生的交替像寒来暑往一样合乎天地的至道。"灵魂不朽"的观念可以说在一定程度上解决了肉体死亡带来的困惑，实现了生命的延续与永恒。死亡不仅让土家族人敬畏，还给了他们希望。"灵魂不灭、生命永恒"的观念使土家人形成"死了是福"的生死观，造就了土家人面对死亡的乐观、坦然与豁达，是这种以歌娱亡、以舞慰亡、以戏送亡的跳丧民俗的重要观念蕴含。

土家族人民把享尽天年的老人死亡看成是在走"顺头路"，意即人人都愿意走的道路，是值得祝贺的"白喜事"。据《补辑石柱厅新志》记载，"土家族人认为：死亡不从凶而从吉，家家燕乐闹丧"。这种与某些地方把丧礼视为"凶礼"迥然相异的民族心态，显然与土家族人的生死观息息相关。既然丧事为白喜，那么丧葬仪式中就会喜热闹、多歌舞。游俊引《隋书・地理志》载："其左人（指居住在僚人聚居地附近的土家族先民）无衰服，不复魄。始死，置尸馆舍，邻里少年，各持弓箭，绕尸而歌，以箭扣弓为节。其歌词说平生乐事，以至终卒，大抵亦犹今之挽歌。"

土家族丧仪中的舞蹈鲜明地反映了土家族人民旷达通脱的生死观，体现了"欢欢喜喜办丧事，热热闹闹陪亡人"的特点。土家族人民认为，只有"走顺头路"的人，亦即寿终正寝的、父母皆已过世且尚有子女的老年人，才有资格享受跳丧的资格。因为他们已经走完了人生的各个阶段，完成了生命延续的任务。甚至，有些地方的丧仪场合会出现唱情歌和男女情爱的表演，表演内容包括谈恋爱、定终生等，这是土家人种族繁衍和绵延愿望的反映。

由此可知，在土家人的观念中，正常的死是生的自然而然的结局，就像一张纸的正反面相生相依，亡者只是顺应自然之道，向死而生，生者不必过分地悲伤。通过丧葬仪式上近乎狂欢的舞蹈，向人们传递出顺应天地的自然之美，同时将土家人的生死观念表现得淋漓尽致。正如"撒叶儿嗬"歌词中所唱的"生死都是一首歌"，这也是在告诉人们，死亡并不是绝对的虚无和寂灭，借由跳丧等一系列具有象征性的仪式活动，亡者开始以另一种形态延续其生命。

石柱县土家族舞蹈"玩牛"田野调查与研究

罗　岚

（广东技术师范大学）

　　[摘要] 石柱土家族舞蹈"玩牛"是第四批国家级非物质文化遗产代表性项目之一，具有较高的历史价值、文化价值、艺术价值。本文在田野调查的基础上，从"玩牛"舞蹈的文本呈现、传承现状、文化解读及传承与保护建议四个方面描述了该舞蹈的大致情况，旨在使该舞蹈在新时代得到更好的传承。

　　[关键词] 土家族；"玩牛"舞蹈；田野调查

　　重庆市石柱土家族自治县地处长江上游南岸、重庆东部、三峡库区腹心。其地东接湖北省利川市，南连重庆市彭水县，西南临重庆市丰都县，西北靠重庆市忠县，北与重庆市万州区接壤。全县总面积 3014 平方千米，下辖 3 个街道、17 个镇、13 个乡。户籍人口 54.86 万人，常住人口 37.80 万人。有土家族、汉族、苗族、独龙族等 29 个民族，以土家族为主的少数民族人口占 79.3%，是全国 4 个土家族单一民族县之一。① 石柱县目前有 3 个项目列入国家非物质文化遗产名录，分别是石柱啰儿调、土家族吊脚楼营造技术、土家族"玩牛"舞蹈。

---

① 石柱县志编纂委员会编：《石柱县志》，四川辞书出版社 1994 年版，第 37 页。

　　说到"玩牛"这项传统舞蹈，学术界目前对其研究较少，仅有曾金等《石柱"玩牛"——一头会跳舞的公牛》、何敏《石柱土家族"玩牛"的传承保护》、石林等《石柱"玩牛"》三篇文章，这三篇文章分别从不同角度介绍了石柱"玩牛"的现状，并对保护传承的策略提出了一些建议，但在研究的深度与整体性上还有不少欠缺。本文拟从"玩牛"舞蹈的文本呈现、"玩牛"舞蹈的传承现状、"玩牛"舞蹈的文化解读等方面结合自己的田野调查，对"玩牛"舞蹈进行全面的立体的描述与解释，并结合田野调查实际，对该项文化遗产的传承保护提出了自己的思考，力求使"玩牛"舞蹈在新时代能更好地得到传承。

一　历史的回响："玩牛"舞蹈的文本呈现

（一）"玩牛"舞蹈的历史追溯

　　关于"玩牛"起源于何时、出于什么原因诞生，从文献和传承人的口述来看主要有以下两种说法：

　　1. 牛王节的传说

　　据史料记载，石柱土家族先民在农耕时代就有敬牛神、祭祀牛王的习俗了。相传民国时期，每年的农历四月十八日，农户不让牛干活，让其休息，喂它好的草料。此后人们纷纷去牛王庙烧香，祭祀牛王。在开展"牛王庙"祭祀活动时，召集本族人员，唱牛王戏，跳"玩牛"舞，以求消灾避邪、六畜兴旺。1951—1952 年，由于县境内的牛王庙被毁，祭祀牛王的习俗自此消失。①

　　2. 人们对"耕牛"的爱护

　　据传承人江再顺口述，石柱县地处三峡腹地，土地较多，水源丰饶，

---

　　① 中共石柱土家族自治县委宣传部、石柱土家族自治县文化委员会编著：《石柱文化概览》，重庆出版社 2017 年版，第 18 页。

但由于交通不便，农耕机械无法运入该地，该地就一直保持了传统的农耕生活方式，生产力水平相对较低，对农业生产的依赖性较大，于是"牛"就成为当地农户生产劳动的"必需品"。至今当地还流传着"半路怕丧妻，春来怕死牛"的民间谚语，可见当地的百姓对"耕牛"有着特殊的情感。于是，以"玩牛"舞来倡导大家爱护"耕牛"也就顺理成章了。

上述两种说法都体现出人们通过"玩牛"表达对五谷丰登、人畜平安的美好愿景。

（二）"玩牛"舞蹈的场景表达

1. "玩牛"舞蹈的人员构成

传统的"玩牛"班子由八人组成，他们的分工是：两人扮牛，一人扮放牛人，四人为乐队演奏者（打锣打镲），一人统筹兼喊彩（喊祝贺词）。今日的"玩牛"跟过去有所不同，现在有时用两头牛（四人扮演），有时用三头牛（六人扮演），人数有增加。

2. 喊彩及打击乐队

喊彩，通常是指用当地方言即兴地说一些祝福的话（也称说吉利）。喊彩词没有书面文本作依托，都是临时即兴说的（当地人称见子打子），主要是用来配合现场的表演和情节展开，起到活跃气氛的作用。现在有些场合"玩牛"还配合了当地民歌"啰儿调"的演唱。打击乐队通常有一人打鼓、一人打铜锣、一人打镲、一人打钹。

3. 道具

过去"玩牛"表演的道具通常只有扎制的牛头、牛身，如今的"玩牛"表演的道具还加入了牛饮水的水盆、放牛人的背篓、稻草、犁等。有时根据剧情表演的需要还会增加一些其他的道具。

4. 动作及表演程序

"玩牛"表演通常会模仿牛在生活、劳作、休息时的动作以及牛跟人在嬉戏、玩耍时的动作，表达人与牛间的情感交流。通常的表演程序为：A. 解说（喊彩）；B. 牛出场表演（牛出场—牛滚水—啃草—喝水—翘放牛人—跳坎—擦背—犁田—人骑牛）；C. 谢幕（喊彩）。

5. 服装

传统的"玩牛"表演通常着土家族生活服装，随着当地土汉文化的交融，今天当地人"玩牛"也开始穿着汉族人的生活服装了。在表演时不同的成员会穿上不同的服装，如：放牛人穿土家族服装；扮牛人穿黑色或黄色的衣裤、鞋子，力求与牛身的颜色保持一致；打击乐队穿土家族服装，头上会裹着土家族头巾。

二 现实的关照："玩牛"舞蹈的传承现状

（一）传承人

传承人是非物质文化遗产核心技艺的持有者，是非遗保护的主要对象。"玩牛"这项文化遗产现有国家级传承人一人（江再顺），省级传承人两人（马兹美、余长英），县级传承人若干。国家级、省级传承人分别居住于石柱县西沱镇、三河镇、下路镇。传承人目前会定期开展培训活动。传承人身份得到当地社会的认可，每逢文艺调演他们常被邀请参与。传承人除了进行演出外，平时还在当地务工以补贴家用。传承过程中的传承主体的作用在一定程度上有所发挥。

（二）"玩牛"班子

"玩牛"演员是以班子的形态进行组织的，据不完全统计，整个石柱县现有"玩牛"班子二十余个，"玩牛"活动能覆盖全县所有乡镇、街道。除了正常的任务性演出外，该地民间"玩牛"活动主要在红、白喜事及商铺的开业庆典上进行，演员男女都有。据传承人江再顺口述，中华人民共和国成立初期的时候，"玩牛"班子的成员全由男性构成，女性只能当观众，改革开放后，女性逐渐参与进来，与男性一起"玩牛"，扮演其中的角色。如今三位传承人所带的班子中均有女性演员，传承人余成英所带的班子所有演员均是女性，且年龄都在30—45岁，其主要原因是：年轻人嫌工资少都不愿做这个，这些30—45岁的女性有不少是因为孩子小，文化程度不高，没有什么特别的技能，所以留下来干这个。该县疫情之前"玩牛"班子较少，因为适龄青年都外出打工，如今大量外出务工人员返乡，"玩牛"班子数量增加，同行业间竞争加剧，价格战也此起彼伏。

（三）政府

在非遗传承中群众是主体，政府是主导。在引导社会进行非遗保护中，政府发挥了一定的作用。石柱县文旅委每年都不定期组织该县"玩牛"传承人开展集中学习，进行工作汇报，在申报"玩牛"非遗名录时提前谋划，积极组织各方力量广泛参与，使这个人口不多的土家族自治县拥有了三项国家级非遗。2017年全县还组织了一次千人"玩牛"大赛，来自全国各地的"玩牛"高手云集一堂，相互竞技，有效地扩大了"玩牛"的社会影响，提高了"玩牛"舞蹈的竞技水平。此外，政府每年及时给各级传承人兑现传承补贴，激发了传承人的工作积极性。

（四）当地群众

当地群众对"玩牛"都有一定的了解，尤其在乡村，几乎人人都知道有这一文化事象。当问到会不会"玩牛"时，他们大多数都表示不会。问到是从哪里看到"玩牛"的呢，当地人大多数都说是从红白喜事上看到的，还有的人说是在早些年的全县"玩牛"比赛上见到的。当问起"玩牛"舞蹈起源于什么时候、表达什么文化内涵的时候，他们都表示不知道。由此可见，当地群众对"玩牛"有一定的感性认识，但对"玩牛"文化内涵的了解还非常有限。

（五）当地学校

"玩牛"走进了当地中小学校，但参与学校的数量还不多，活动频率也不高，范围也不广。在西沱镇，传承人江再顺自述他每年都参与了"玩牛"进校园的活动，平均每半年就有一次进校园进行宣讲或表演的活动，已开展过活动的学校有西沱中学、西沱小学、玉石小学。当地教育局、校方的相关领导、教师表示支持"玩牛"舞蹈进校园，因为它能让孩子们切身体验当地的文化遗产，增强对当地文化的认同。就在访谈的当天下午，重庆市南开中学的师生一行来到西沱镇观看传承人江再顺组织的"玩牛"班子表演。

三 田野的反馈："玩牛"舞蹈的文化解读

（一）传承人与"玩牛"班子的维系

传承人是该项文化遗产技艺的掌握者，本人通过访谈得知，他们对传承人这个身份非常看中，究其原因主要有以下几个方面：第一，"传承人"是一种身份，是一种荣誉，能提高他们在当地的影响力、知名度；第二，"传承人"这个身份每年能获得政府给予的传承补贴；第三，传承人能向外人展示他们土家族的文化身份。所以在经济并不活跃的乡村，非遗传承人的身份对于传承人来说意义重大。

"玩牛"舞蹈是通过于"玩牛"班子来开展活动的。新中国成立初期"玩牛"班子主要依托于家族，改革开放后"玩牛"班子除了家族以外还依托于地缘（同村）关系，现在"玩牛"班子除了依托于家族、地缘关系外，更多还是"业缘"（同行业）关系。"玩牛"班子的活动主要是在各种场合演出，以获得相应的报酬。班子成员偶尔也会排练，但每次排练都只是在演出前抽空配合着练一下，这主要因为"玩牛"无论是喊彩还是舞动都具有很强的即兴性。

由此可见，新中国成立初期的"玩牛"体现出当地人对土家文化、家族文化的认同。随着时代的变迁，"玩牛"逐渐成为"玩牛人"维持生计的方式。随着当地古镇旅游的开发，西沱镇"玩牛"班子现在每天驻场演出，一天两场，班子成员每人每月有3000元的收入。这个班子是当地最为稳定的演出班子。三河镇、下路镇的班子除了参加政府安排的任务性演出外，更多参与的是当地的红白喜事及店铺开业庆典的表演。

(二)"玩牛"舞蹈的文化表达

1. 祭"牛"

石柱县地处长江上游三峡腹地，该地传统的农耕活动是以土地资源为基础的，这种"靠山吃山"的生存模式孕育了石柱特有的文化样貌，如吊脚楼、啰儿调等。据史料记载，在农耕时代，当地有农历四月十八日祭祀牛的习俗，在这一天人们会去牛王庙办牛王会，唱牛王戏，不让牛下地干活，让牛吃好、休息好。[①] 新中国成立后由于县城的牛王庙被拆除，在牛王庙举行的牛王节的民俗活动也随之消亡。如今从"玩牛"舞蹈的动作形象及场景表达中，我们仍然可以看到有关传统社会对"牛"的追祭的文化表达。

2. 人与牛的和谐共生

作为传统农耕社会家庭中必不可少的劳动工具，牛与当地人生活有着密切的关系，人与牛之间也有着深厚的情感。在进行田野调查过程中，传承人江再顺多次提道："玩牛"是用来表达"冬来护牛，春来耕田的"美好愿景。同时他也提到，在改革开放以前当地每家每户都饲养牛，一来牛

---

① 石柱土家族自治县民俗图志编纂委员会编：《石柱土家族自治县民俗图志》，方志出版社2016年版，第91页。

可以为农业生产提供肥料，二来如果哪一家没有牛，这个家庭在当地就被视为"困难户"，是被人瞧不起的。当时很多的吊脚楼都是上面住人、下面养牲口（牛）。此外，我们从今天的"玩牛"舞蹈动作中可以看出，大部分动作表达的都是牛与人的嬉戏、玩耍与劳动的场景，传达出"人与牛的和谐共生"的文化主题。

四 "玩牛"舞蹈文化保护存在的问题与对策建议

（一）存在的问题

1. 该文化遗产的生存环境受到冲击

"玩牛"舞蹈是山地文化的表征，表达着人与牛的和谐共生的愿景。近年来，由于受到城镇化迅速发展的冲击，当地传统的生产生活方式发生了巨大的变革。当地土家族已由传统的农耕生活转向城镇生活，钢筋混凝土楼房已逐渐取代传统的吊脚楼，农村人口逐渐转变为城镇人口，大量青年男女都外出打工或经商。近年来随着公路、高铁的开通以及旅游的发展，与过去相比，这里的生活条件有了很大的改善。当地人过去"靠山吃山"的生产生活习惯逐渐被现代的生活方式所取代，使得源于传统社会的"玩牛"舞蹈失去了赖以生存的外部环境。

2. 人文环境不利于传承队伍的培养

传承人是文化遗产保护的主要对象，只有传承人发挥能动性，非遗的各项技艺才得以保存。当今互联网、手机、流行文化、机械文明冲击着当地的文化环境，极大地影响了当地人的生活方式、价值观念等。大多数农村已经用上了机械化耕作，牛这一劳作工具已经不复存在。丰富的娱乐方式与便捷的信息共享，使该地的文化土壤受到严重影响。很多年轻人不太喜欢"玩牛"舞蹈，甚至认为"玩牛"有点"土里土气"，"玩牛"表演很大程度上沦为传承人表演给游客看的"谋生之道"。当地青年人对本地、本民族的文化缺乏认同，文化环境不利于传承人的培养。

（二）对策建议

1. 保护"玩牛"舞蹈的生存环境

土家族自古以来都是与山地共生的。"人与自然和谐共生"是土家族文化的重要组成部分，体现出土家人对自然界最朴素的认知。要使"玩牛"舞蹈更好地传承，首先就要保护好该舞蹈赖以生存的环境。

土家族作为山地民族，其历史与文化与"山"有着较深的关联。木制的吊脚楼、土家啰儿调、土家腊肉、西兰卡普、"玩牛"舞蹈，都是土家人在历史的长河中与自然环境相伴相生过程中形成的独特的文化景观。一旦当地土家人所依附的自然环境遭到冲击，那么留存在此的文化记忆就会消失，这与土家族舞蹈的"活态传承"是相背离的。在推动"玩牛"舞蹈的活态保护的过程中，需要将其与自然景观融为一体，建立多个保护基地试点村寨。将一部分有传统地形地貌的村寨进行保护，将吊脚楼、土家梯田、西兰卡普、"玩牛"舞蹈、土家啰儿调融入其中，进行整体性保护。当地政府应出台相应的保护政策，从自然遗址、地形地貌、建筑遗址、土家绝活等入手，对土家自然文化生态环境进行抢救、保护，使当地土家族生态环境充分展示出山地文化"独特性与多元性"的特点。对于当地群众而言，"玩牛"不仅是他们的精神家园，还可以与当地旅游业结合起来，形成拉动当地经济的一个"抓手"。

此外还可以在当地的旅游景点增设一些宣传土家族相关文化知识的手册，如印制一些土家族的神话传说、民间故事。还可以让游客参与土家族打糍粑的活动、观看"玩牛"舞蹈，从而加强游客的文化体验，丰富当地的旅游内容，为当地非遗提供活态保护的平台。

2. 注重传承人队伍的建设

首先，强化当地年轻人对"玩牛"舞蹈的认同。石柱县目前建立的

"玩牛"舞蹈文化传承基地有两个（西沱镇江再顺传承基地、三河镇余成英传承基地），两个基地目前开展传承活动的频率较低，进学校的频率不高、活动范围也非常有限。政府要注重引导土家族青少年对当地传统文化的认知，可以针对适龄青少年安排"玩牛"舞蹈文化的学习活动，加深他们对"玩牛"舞蹈内涵的了解，增强他们对土家族文化的认同。此外，还可以在一些景点安排驻场演出，引导年轻人将其作为职业，这样一来，一方面当地的民族民间舞蹈传承后继有人，另一方面能促进当地人就近就业，带动武陵山片区乡村振兴。

其次，形成表演机制。注重"玩牛"的表演，加强当地各种大型演出的整合，每年定期举行传统文化艺术汇演，展示当地传统文化艺术的内涵。同时也要加强对外交流，推动"玩牛"舞蹈走出石柱，扩大其传播范围。虽然"玩牛"舞蹈曾上过电视，但其影响还非常有限。要积极协助传承人录制相关的视频、电影、电视，为传承人提供更多的展演机会，让更多的人了解到土家族文化特色，吸引更多的人来石柱旅游、体验当地特有的土家文化。在条件允许的情况下还可以积极引导电影、电视制作人走进石柱拍摄相关的电影电视专题片，将土家族传统民居、节庆活动、传统舞蹈等文化习俗生动地展示给大众。同时文化部门还要积极推动"玩牛"舞蹈的数字化录制、存储，实现动态文化的数字化保存。

最后，积极推动传承人进校园。要把学者的话语与传承人的知识有效结合，在保障传承人主体地位的同时激发传承人的热情，进一步推动"玩牛"舞蹈进校园。传承人应制定明确的课程目标，有针对性地在当地中小学校、幼儿园推出素质文化教育课程，尽量做到本地学校全覆盖。

3. 积极发展当地旅游、推进"文旅融合"

黄水是石柱的避暑胜地，近年来，来该地避暑的游客数量以每年 20% 的速度递增，但该地在旅游业上还有较大的发展空间。当地要努力推广"土家风情游"等旅游产品，把石柱当地的非遗代表性项目融入当地的旅游产品中,使其与当地特有的地形地貌、建筑物等有机融合起来。推出景点实景演出,丰富旅游产品体系,做长旅游产业链,强化旅游相关产业的支撑能力,将游客留下来,引导游客在旅游中品味当地土家美食、体验土家文化、目睹土家传统表演,努力探索全域旅游发展的新途径。

结　语

石柱县位于重庆市渝东南地区,具有"老、少、边"的特点。当地土家族舞蹈"玩牛"的文化内涵丰富,山地民族的生产生活方式、宗教信仰、家族观念等都融合在其形态中,"活态保护"是这项非遗保护的最佳手段。在实施活态保护的过程中应注重其文化价值,适当发挥其经济价值,培养其教育价值。在具体实施过程中要整合其特有的文化内涵,遵循回归生活文化、回归舞蹈本体的理念,尽量实现土家族文化保护与"活态传承"相适应。同时要积极推动文化创新,在保护的过程中努力实现"原生形态""课堂形态""舞台形态"的统一,不断赋予"玩牛"舞蹈新内涵,在"守正"的前提下实现"创新"。

评榕江县乐里镇的斗牛文化

李聚刚

（贵州安顺学院）

［摘要］斗牛作为黔东南地区侗族群众重要的传统活动之一，承载着浓厚的民族精神文化，如"和谐""自强""感恩"等。榕江县乐里镇"七十二寨"斗牛文化即其代表。随着经济社会的不断发展，乐里镇的斗牛活动也随之发生变化。深入探讨榕江县乐里镇斗牛文化的历史变迁、发展现状及其背后蕴藏的丰富的民族文化精神，既有助于加深社会对侗族民族文化的认知，也可为传承、发展优秀民族文化提供借鉴。

［关键词］斗牛；和谐；自强

一 乐里镇斗牛文化概述

斗牛盛行于我国西南地区的侗族、苗族、壮族等少数民族聚居区，主要分布在云南、贵州、广西等地，不同的民族或是地区的斗牛文化不尽相同。榕江县乐里镇位于贵州省黔东南州东南部，境内属丘陵地带，山势平缓，溪流纵横，山峰耸立。这种独特的地理风貌塑造了乐里镇现有的聚集方式，几十个大大小小的民族村寨自然聚集，"乐里七十二寨"也因此得名。

乐里镇是典型的多民族杂居地，其中又以侗族人数最多，汉族其次，苗族第三。而"斗牛"一直以来都是侗族、苗族人所喜爱的一种室外娱乐活动，这种活动以其极强的刺激性和观赏性而闻名。自 2018 年以来，乐里镇大力传承和发扬斗牛文化，致力打响"乐里七十二寨——斗牛小镇"的名号。

（一）乐里镇斗牛的起源

乐里镇斗牛的起源，多是以民间故事的形式流传，这与侗族没有属于自己的文字有着很大的关系。有关斗牛的起源，乐里镇有如下表述：很久以前，生活在大山里的七十二个侗寨的村民，冥顽不化，各个村寨因水源、山界等纠纷争吵、斗殴不断，人员时有死伤。这触怒了天庭，天庭派遣牛神夔（又名雷兽）下界，以大旱三年惩罚七十二侗寨。七十二寨之地仙（有山神、土地神之意）不愿看到生灵涂炭，便通灵告知七十二寨圣女溪飞平。大旱将至，为保护自己热爱的村寨，圣女溪飞平联合各寨寨老（即村子里最德高望重的老人），在地仙的引领下赶往圣山娥坡祈求天庭，愿以身祭天庭息怒火。天庭为圣女的虔诚祷告所感动，但又不愿轻易宽恕七十二寨村民的恶行，于是天庭命雷公电母降大雨于七十二寨并击杀圣女，同时命牛神夔监守各寨。七十二寨各寨寨老为感谢溪飞平用牺牲换来的大雨，立寺于圣山之上，供后人祭拜。牛神夔下界，地仙护其左右。夔来到七十二寨后见此处民风彪悍，好勇斗狠，恐难以好言相劝，便想到个办法，将耕牛点化为斗牛，组织各村寨参与斗牛。此举逐渐化解了七十二寨之间的纠纷械斗，改变了野蛮陋习，七十二寨形成了"牛斗人和、牛斗人奋、牛斗人乐"的良好氛围。自此，七十二寨各家各户自发出钱买牛，形成寨寨有牛、村村敬牛、以牛为神的传统。在激烈的斗牛角逐中脱颖而出的那头牛则被称为"牛王"，代表着实力及荣耀。此后，每逢农历三月三、六月六、九月九及侗年，七十二寨的村民们都会用牛竞斗、共同联欢，经过历史的沉淀之后便形成了今天的斗牛文化。在这个过程中还衍生了七十二寨"爬窗探妹""行歌坐月"(一种侗族特有的婚恋民俗,与斗牛文化息息相关)等独特的恋爱婚俗。各村寨因斗牛加强了联络,斗牛成了七十二寨各项事务的民俗纽带。

(二)乐里镇斗牛的组织形式

乐里镇的斗牛分为娱乐性斗牛和竞技性斗牛两类。娱乐性斗牛即几个村寨商量好后自行举办的活动,没有名次、奖金之争,并且没有固定的时间。竞技性斗牛又名牛王争霸赛,参与范围因级别不同而有所变化,比赛分为计时和不计时两种,比赛机制采取淘汰制,存在名次与奖金之争。本文将注重阐述竞技性斗牛活动的组织形式。

举行一场竞技性斗牛一般要经历三个阶段。

首先是挑牛。七十二寨侗族人对挑选斗牛十分讲究,他们要从牛的全身、前身、后身、四膊、四脚、蹄爪、皮毛、牛旋、头、眼、角、鼻、尾巴等部位仔细观察。侗族养牛人认为,牛不仅可以从其叫声分辨优劣,而且从它的各个部位可以看出牛是否能斗善斗,正如马卫红等人在《黔东南州斗牛的传统养殖技术》中所提及:"能战、能碰、耐打、善斗的水牯牛具有很多特征,反映在牛的眼、额、角、腰、腿及毛旋等各个部位。"[①] 特别是牛角最值得注意,如果牛角过大,牛在相斗时会被自己的牛角刮伤,如果牛角过小则会在两牛相撞时处于下风。所以,什么样的牛才能成为好斗、善斗、能斗的斗牛,这就要靠各村寨会识牛的寨老去精心挑选。挑牛成为乐里镇斗牛文化不可或缺的组成部分。

其次是斗牛。在牛进场前,双方工作人员都会用石灰或蜡笔在牛背写上其代表的地区名及牛的称号。大多数时候,双方斗牛刚进场,便会向对方猛冲过去,以牛角相撞,不过有时两牛也会在场中闲逛,没有相斗的欲

---

① 马卫红、李卫鹏等:《黔东南州斗牛的传统养殖技术》,《现代畜牧科技》2018 年第 10 期。

望，这时就需要人为助其擦出火花，如在两牛牛鼻的铜环上系上绳，又或者用木棍将两牛赶至一处，迫使其相斗。有的撞上一撞便会分出胜负，有的则是势均力敌，或顶住相持，或一来一往，不分胜负。这时，为了避免因牛的伤亡而造成损失，双方的工作人员就会出动，用一根系有粗绳的长棍套住牛后腿，将其往后拉直至两牛不再相斗。出现这种情况往往会被判为平局，双方斗牛暂时休息，等下轮再斗。在经历了一天的缠斗后，若是牛已战完则开始宣布名次，若是尚有牛没有分出胜负，则会有各寨村民自发燃起火把或打起手电为场地提供照明，直至比赛结束。

最后是处理牛斗后事。若在斗牛过程中，牛出现死亡，村民们就会将其送回家、选处风景优美的宝地将其厚葬，其葬礼规格甚至比人的还高。在这一过程中，村民们并不会因牛的离去而感到伤感，反而会因为牛的英勇无畏、战死沙场而感到自豪。若天晚了，大家不能回家，就相互邀约到附近村寨亲戚家留宿，这些亲戚们也早已备好了米酒和饭菜来热情款待他们。

（三）乐里镇斗牛文化的发展变迁

毋庸置疑，乐里镇的斗牛随着地方乃至国家经济社会的发展而变化。自中华人民共和国成立以来，乐里镇斗牛活动经历了三个发展阶段。

第一阶段：中华人民共和国成立至"文化大革命"结束，乐里地区斗牛活动渐趋消沉。这一阶段由于受到各种因素的影响，乐里民众迫切需要考虑的是如何解决温饱问题，而斗牛活动的开展则成为极其次要的问题。尤其是在人民公社化时期，随着供销合作社与信用合作社的出现，牛成为公社的公共财产，而且集体劳动也占用了当时人们绝大部分的闲暇时间，斗牛活动难以开展。在"文化大革命"中，斗牛还被视为"不轨"活动而受到禁止。这些都导致斗牛活动几乎销声匿迹。

第二阶段：改革开放至 20 世纪末，随着社会经济的活跃，乐里镇的斗牛活动逐渐恢复、发展。《榕江县志》所列数据显示："1957 年全县农民人均纯收入 94.68 元，农民人均口粮 284.9 公斤，而 1980 年全县农民人均纯收入 140.97 元，农民人均口粮 250 公斤，农民食物结构由大米、蔬菜逐渐向大米、肉食、蔬菜、水果结构转化。"[①] 同时，农村剩余劳动力逐渐增多，地区生产力得到发展，农民得以从劳动中解放出来，精神需求也逐渐增多，乐里镇的斗牛活动正是在这种大背景下逐渐得到恢复、发展，斗牛活动已经基本上保证每年举行一次或两次。每次举行斗牛比赛都会吸引全寨村民前去围观，但由于交通以及基础设施的不健全，这一时期斗牛活动的特点表现为规模小、非正式、无保障，对地方经济的发展也没有起到明显的助推作用。

第三阶段：21 世纪以来，随着经济水平日益提高，提升文化软实力已经成为我国重要的工作目标，2010 年后，斗牛文化开始大范围地活跃起来。特别是 2018 年以来，我国重视保护和弘扬非物质文化遗产，乐里镇斗牛活动也举行得越来越频繁，相关基础设施建设如火如荼，如乐里镇修建了世界上最大的斗牛场——七十二寨斗牛场，斗牛场占地面积 41000 平方米，观众坐台总长 25080 米，可同时容纳 50000 余人观看。七十二寨斗牛场还制定了一系列的斗牛比赛规则，使乐里镇斗牛比赛进入了快速发展时期。

二 乐里镇斗牛文化的文化底蕴

斗牛文化即是侗族的民族文化，无论是家庭生活习俗还是婚恋习俗，都与斗牛文化息息相关，其中"拦路歌"无疑是最具有代表性的。每逢斗牛比赛结束后，举办地区的村民就会自发地组织队伍在路中央设置关卡，关卡前摆满侗家人自酿的美酒，准备拉牛回村的人们只有喝上一轮才会被放行。在关卡前，侗族同胞畅所欲言，总结过去，展望未来，交流思想。

---

① 贵州省榕江县地方志编纂委员会编：《榕江县志》，贵州人民出版社 1999 年版，第 373—374 页。

村民们边谈边饮，其间不乏年轻姑娘前来劝酒，各个村寨的男女青年有不少是通过这样的平台相互认识，最终喜结连理的。乐里镇斗牛文化的最精彩之处在于"斗"，这与侗族祖先恶劣的生存环境不无关系。艰苦的生存环境造就了侗族自强不息的性格特点，这一点尤其凸显在侗族自古生性好斗、崇尚力量之上，这里的"斗"已经完全转换为一种不屈不挠的体育竞技精神，体现在侗族酷爱举办的各种竞技项目中，如在新年之初举办的全镇篮球比赛，或是在三八节时各村寨自发组织的拔河比赛等，当然最能体现出"斗"的还要数斗牛比赛。这也印证了侗族在经过夔教诲前的好勇斗狠确实保存了下来，只不过到今日已经转换成为一种自强不息的民族精神。

乐里镇的斗牛文化的精彩之处在于"斗"，但核心却在于"和"，侗族以"斗"为"和"，这一点可以从乐里镇斗牛以牛代人竞斗的起源中得到体现，而在现实生活中，侗族的和谐文化主要体现在两个方面：与自然的和谐，与村落社会的和谐。侗族传统文化强调人与自然的和谐共存和互利共荣，把自然环境视为一个生命有机体，并为其赋予了灵魂的观念。对自然环境的破坏，即是对生命的不尊重，就会引发生存的危机。因而，在侗族地区，自然环境得到了很好的保护，人们与生态和谐相处，呈现出一派宁静祥和的景象。村落的和谐则集中体现在斗牛文化上，牛斗人和、牛斗人乐、牛斗人奋，"和"便是乐里镇斗牛文化的灵魂，由此也延及人与人、人与社会的关系。为了纪念溪飞平、夔，侗族开始在每年的农历四月初八举行牛王节，又称敬牛节，侗语称之为"脱生尼"，意为牛的生日。"在牛王节这天不准斗牛、更不准宰牛吃肉，也不准牛劳动。"① 如果说"和"是乐里镇斗牛文化的灵魂，那么"斗"便是其血肉。没有"和"的乐里镇斗牛文化只是一副空壳，缺乏一个传统文化所应该具有的底蕴，而没有

---

① 贵州省民族事务委员会编：《侗族文化大观》，贵州民族出版社2016年版，第121页。

"斗"的乐里镇斗牛文化，则缺乏必要的表现形式，灵魂再有趣，没有血肉作为其承载也是徒劳。乐里镇的斗牛文化是"和"与"斗"的辩证统一，二者的有机交融才造就了侗族喜闻乐见的斗牛文化。

在七十二寨侗族地区，斗牛在很大程度上反映了七十二寨侗族群社的组织形式，代表的不是个人的意志，而是一个家族或者一个村寨的意志。在过去，牛是七十二寨侗族同胞财富的象征，只有家底殷实的人家才能拥有这种财产。对于那些养斗牛的人家来说，斗牛更是家庭条件良好的体现。此外，斗牛已经成为七十二寨侗族节日文化中不可或缺的活动形式。斗牛文化反映了七十二寨侗族群体在政治、经济、文化等方面的社会生活。同时，七十二寨侗族斗牛文化对于榕江县侗族地区可谓是社会的活"化石"，它记录着七十二寨侗族社会发展的历史。

三 乐里镇斗牛文化传承中存在的问题及对策

在现阶段乐里镇的发展仍然有许多困难，就如黄梅、钱正安、王惠等人所言："对于少数民族地区而言，由于其多处偏远山区，生产落后、交通不便、信息闭塞，在很长一段时间内，少数民族地区新农村建设的首要目标仍然是脱贫致富。"[①] 笔者在乐里镇进行调查中发现，虽然目前斗牛在乐里镇愈加活跃，但是仍存在一些问题，可将其概括为"两个不足，一个问题"，即对斗牛文化的研究与宣传力度不足、乐里镇斗牛文化遗存的调查与保护力度不足和斗牛的商业化问题。如何让斗牛文化带动村寨发展，这是当前学术界，更是政府、社会亟须解决的问题之一。

对于乐里镇斗牛文化现阶段出现的一些困难，笔者在查阅资料之后结合科学发展观得出了以下几条建议：

---

① 黄梅、钱正安、王惠：《少数民族地区推进社会主义新农村建设的困境与突破途径——基于贵州省榕江县乐里镇的调查分析》，《凯里学院学报》2015年第4期。

（一）加强对斗牛文化研究与宣传力度

七十二寨各村寨在校大学生或是毕业生，应加大对本村寨斗牛文化的研究力度。在当今构建和谐社会的大背景下，争取发掘斗牛文化中的"和"文化，与时代挂钩，并在取得一定的研究成果后，加深村民以及导游对于斗牛文化内涵的理解，避免斗牛文化在传播过程中被过度加工、曲解或篡改。除此之外，对于斗牛文化的宣传也要加大力度，现阶段斗牛文化面临的最大问题便是知名度不高、活跃范围小，这些问题都是宣传力度不足所致。对此，乐里镇居民可以发动群众并联系当地政府，建设斗牛主题公园、举行观牛赠礼品活动、对外地游客给予适当的门票减免等来吸引更多的人关注斗牛文化并将其发扬光大。在一些特定的节日可以进行分时段免费开放，让死古董变成活教材，以此来丰富文化底蕴。

（二）避免斗牛文化过于商业化

现今的文化旅游大多存在过于商业化的问题。对于斗牛文化而言，商业化就是一把双刃剑，既有利也有弊。有利之处在于它可以给斗牛产业带来更加丰厚的利润，随后会增加斗牛文化研究与宣传的资金投入，并让斗牛基地的基础设施得到完善，从而让游客们得到更优质的服务，进而提升斗牛文化的知名度与品牌效应。而商业化的弊端也是显而易见的，如斗牛节日的庸俗化，导致斗牛文化开始出现失真、斗牛文化的灵魂"和"与"斗"也消失不见，久而久之，斗牛文化只会变成披着斗牛外衣的牟利工具。面对商业化，我们应有所取舍，在保证斗牛文化的精髓不被歪曲的前提下，可以适当地采取一些商业化的手段，以促进当地斗牛经济的蓬勃发展。

（三）划定历史保护区

对于乐里镇斗牛文化遗存较多的区域，地方政府应积极出台政策，对其加以保护，使之成为独具历史风貌的文物保护区，而不是孤立的景点。在斗牛专题博物馆的建设上，要进行严格的评估，并注重科学性修复，更要注重历史性、真实性、艺术性和实用性的统一。加大对斗牛文化相关的历史遗存与文物的保护力度，将其收藏于专题博物馆内，并定期免费对外开放，这样才能使乐里镇的斗牛文化得到更好的保护。

"斗牛文化是村寨旅游的灵魂，村寨旅游是斗牛文化的载体。"① 我们要努力发掘斗牛文化内涵，丰富斗牛文化旅游底蕴，开发斗牛文化旅游产品，保护斗牛文化旅游地区，这样才能更好地促进村寨旅游的发展。

结 语

斗牛乍看起来可能只是侗族人民业余时间的一种娱乐活动，但在"娱乐"的背后，却蕴含着人们深厚的文化需求。它已经渗透到当地侗族的物质文化和精神文化生活中，并在侗族社会中发挥着重要的功能。在经济高速发展的今天，快节奏生活已经成为大众的一种生活常态，这也导致越来越多的人开始逐渐忽视对传统文化的传承。斗牛文化作为侗族人民的一种极其重要的传统文化，如何为它谋求更好的传承和发展至今仍然是七十二寨侗族人民亟须解决的问题。

---

① 张帆：《发掘文化内涵 促进旅游发展》，《政协天地》2005 年第 21 期。

兼具竞技与艺术价值的赤水独竹漂

李聚刚

（贵州安顺学院）

［摘要］赤水独竹漂已有上千年的历史，是赤水先民在山丘交错、水系众多、植被遍地的地理环境中慢慢发展出来的一种有当地特色的交通方式，这体现了当地先民"靠山吃山，靠水吃水"的智慧。后来，独竹漂由运输活动慢慢演化为一项体育运动，还成为节目中的表演活动。赤水的水系发达，竹类品种众多，因此才会创造出这样一个独具地方特色的文化现象。在大力发展旅游业的同时，人们还需要兼顾当地独特的地方文化。推广赤水独竹漂运动，打造出属于自己的独特品牌、旅游名片，可以更好地推动当地经济的发展。

［关键词］赤水独竹漂；气候；地形；独特文化

赤水独竹漂作为一项有上千年历史的黔北民间的独特体育运动项目，以其自身的独特文化，吸引了众多人的关注。赤水当地先民因为躲避战争来到这个与世隔绝的地方，在这个山丘多、水系多、交通不便的地方扎根并繁衍后代。因此地陆路交通不便，只能依靠水路交通从外面运来生活必需品，先人们就使用当地盛产的竹子制作出独属于这个地方的交通工具竹筏，随后在漫长的生活实践中，竹筏慢慢地演变为独竹，独竹漂便随之诞生。这充分体现了"靠山吃山，靠水吃水"的智慧，这一在当地独特的地理环境中诞生的绝技，不仅是一种属于贵州的独特文化，也是中国文化的一部分。因其表演的独特性，它还入选了 2011 年第九届少数民族传统体育运动会运动项目。不仅如此，独竹漂还被收录在 2009 年贵州省第三批省级非物质文化遗产名录中。

一　赤水独竹漂简介

　　赤水独竹漂，在当地称为划竹竿。在当地进行表演或是比赛时，表演者需要两根竹子，一根拿在手中掌握平衡和进行划水，另一根放在脚下作为承载工具。拿在手里的竹子需要细一些，同时也要坚韧。长短会根据使用者的情况作调整。在脚底下的那根是楠竹（或者是菜竹），因为楠竹普遍比其他竹类轻，并且直径也要比其他的竹类大。楠竹在水面的接触面比较大，承重性也相较其他竹类更好。在当地的许多中年人，只要是会游泳的，基本上都会划竹竿。使用的竹子也不一定都需要晒干，也可以是新鲜的。人在进行独竹漂的时候，会有一种"一苇渡江""水上芭蕾"的感觉。运动员表演独竹漂的时候会带来一种独特的观赏性与刺激性，能够吸引群众视线随着运动员的前进而移动。独竹漂在当地已经有上千年的历史，1998 年时在贵州赤水市复兴镇马鞍山发现了一座汉晋时期的古墓群，里面就有一幅关于独竹漂的壁画，其中对当地先民划竹竿的过程进行了描绘，足见独竹漂的历史之悠久。到了今天，独竹漂作为全国少数民族体育运动项目，以其独特的运动方式，吸引了国内众多体育爱好者的目光。

二　赤水独竹漂产生

（一）自然条件

复杂的地貌，雨热同期的气候，为独竹漂的产生提供了自然条件。据

《赤水市志（1986—2006）》记载，赤水市地处四川盆地南缘，东北邻川东南褶皱带。受黔南径向构造体系和横行构造体系的交错影响，当地的地势极其复杂。当地地貌地形为："地层倒陷，剥蚀强烈，既有背斜成山、向斜成谷的顺构造地形，也有向斜成山、背斜成谷的逆构造地形。"① 因赤水市地处贵州高原和四川盆地的过渡地带，又有境内的河流从东南向西北贯穿全境，致使境内的大小溪流纵横交错，侵蚀地面，形成峡谷山地的地形。赤水市地处亚热带温暖湿润气候区，具有明显的大陆性季风气候特征。因此，赤水市水热同季，无霜期长。初夏和晚秋多阴雨，水资源储备丰富。赤水市内有两条主要河流，一条是赤水河，另一条为习水河。除了这两条主要的河流外，还有其他大大小小的河流溪流遍布整个赤水市，这些河流常年不干涸，有利于航运。另外，赤水市土壤肥沃、降雨量大，让当地的森林覆盖率达到了76％以上，其中又以竹类占多数。独竹漂是由当地独特的地理环境造就的，是人们在探索自然、依靠自然、利用自然、人与自然和谐相处的过程中的创造产物。当地先民居住在山地，交通多有不便。水系的发达，漫山遍野的竹子，二者创造出了具有当地特色的水路交通方式——独竹漂。因为当地气候炎热，水系遍布全境，当地的居民在每年炎热的时候都会在河流湖泊里洗澡、游泳，用水降温，而基本上会游泳的都是会划竹竿的。

（二）历史发展

独竹漂在赤水当地有悠久的历史，传说独竹漂起源于秦朝，当地的木材当时是作为贡品上供朝廷，用于修建宫室。1998年，赤水复兴镇马鞍山出土的汉晋时的古墓里有一幅关于独竹漂的壁画。独竹漂的相关史实明确

---

① 贵州省赤水市地方志编纂委员会编：《赤水市志（1986—2006）》，方志出版社2012年版，第48页。

记载在《遵义府志》中："四川马湖、永、播而下产楠木，历代南中不宾，斧斤不得而入焉。明洪武初年，建置城郭都邑，册封蜀王。营建藩府，皆取蜀材。"[1] 赤水地区的树木多长在无人居住的深山，采伐木材容易，交通运输困难。赤水市境内的河流湖泊众多，相较于陆路运输，水路运输更为方便和快捷。又有《仁怀文献辑存》载："明永乐四年，少监谢安以采木至石夹口十丈洞，亲冒寒暑，播种为食，二十五年始还。"[2] 文献中提到的"十丈洞"就在现在赤水辖区内，可以证明赤水正是明初皇木采集的区域之一，明朝初年修建宫室的木材正是当时的人们利用当地数量众多的竹子作成竹排运输出去的。据《赤水市志（1986—2006）》载："明代至清初主要是木材排筏。随着楠竹生产的发展，至清代中期，除木筏运输外逐步发展竹筏运输。民国时期，竹木排筏运输形成专业，并建立排筏运输工会。"[3] 这种脱胎于独特的历史地理环境的地方文化，展现出黔北地区老百姓的生活智慧，体现了人们巧妙地利用自然、依靠自然、与自然和谐相处的情形。划竹竿比赛在每年端午节都会上演，每一年的比赛在程序上都是近似的，可以说每年端午节划竹竿比赛的记忆，都镌刻在每一个赤水人的骨子里，成了他们不变的历史、永远的传承。

1935年，红军"四渡赤水"时，就以当地遍地的竹子为材料，制作出竹排抢渡赤水河。20世纪70年代，赤水独竹漂成为纪念"毛泽东畅游长江"和红军长征"四渡赤水"的群众性水上体育活动的表演项目。原计划在每年的7月16日以"纪念毛泽东畅游长江"为名，举办独竹漂比赛。在1977年后，当时的领导认为比赛在水上进行不安全，便取消了每年的比赛，会划竹竿的人数也因之骤减。20世纪末，独竹漂热度渐渐回升，成为

---

① （清）郑珍、莫友芝编纂：《遵义府志》，巴蜀书社2013年版，第50页。
② 仁怀政协学习文卫委编：《仁怀文献辑存》，中国文史出版社2009年版，第827页。
③ 贵州省赤水市地方志编纂委员会编：《赤水市志（1986—2006）》，方志出版社2012年版，第368页。

在节日期间必选的民间体育活动，并且成为端午节期间与赛龙舟齐名的必备展演项目，被各大媒体誉称为"中华一绝"。独特的红色历史背景，以及为纪念屈原而举行的端午节比赛，让这个世世代代的交通方式退出了历史的舞台，变成了节假日期间的纪念活动，富于表演性的比赛同时也让赤水市的端午节区别于其他地方的端午节，形成了自己独特的文化。在 20 世纪末以前，也有独竹漂比赛，但因为当地经济尚不发达，此地的政府对此不重视，因此，知晓并参与的人也不多，比赛也多数是在一个村子内进行的一种小团体的娱乐。之后，此地区的经济飞速发展，赤水市的知名度提升，比赛慢慢地吸引了外地人来参加，市里也出现了许多因为兴趣来学习独竹漂的人。

三　赤水独竹漂的现状

（一）端午节比赛

1976 年后，当地政府在大力发展经济时，忽略了当地的文化建设，使得独竹漂的技艺近乎灭绝。后来随着赤水旅游业的发展，当地的文化部门注意到了这个独属于赤水的地方文化，为突出赤水旅游业的独特性和提升知名度，才大力地推广和发展独竹漂，从而让这个独特的地方文化又焕发了新的生命力。

现在，独竹漂在赤水居民的日常生活中并不常出现，更多是在端午节作为一种娱乐性的比赛项目出现。因为独竹漂比赛具有独特性和刺激性，很容易吸引人们的目光，我们看到在每年的农历五月初五这一天，人们都会聚集在某一段河流的两岸观看比赛。又因为独竹漂比赛赛场需要设置在一个河面平缓、没有湍急水流以及没有暗礁的地方，所以在每年的端午节这天，比赛场地基本都会位于从大同古镇到赤水市甲子口之间的一段较为平缓的地带。运动员在比赛的时候会使用手中的竹竿奋力向前划，比速度的同时也要注意脚下的楠竹是否平稳。这是一项考验运动员的心理素质和身体素质的比赛,因为运动员不仅要兼顾身体平衡与脚下楠竹的走向,还要关注对手的情况。因此独竹漂比赛兼具竞争性和趣味性,常能让台下的观众看得热血沸腾,激动不已,许多外地游客还会专程前来观看比赛。目前,端午节的独竹漂比赛已经成为赤水的一个旅游名片,吸引了更多的人来了解赤水的独特文化。不仅如此,端午节的独竹漂比赛,也让当地的人更多地了解了属于自己家乡的非物质文化遗产,为继承和发扬非物质文化遗产做出了一个比较好的贡献。

(二)少数民族体育竞赛项目

之前,赤水独竹漂作为一种区域性的比赛形式,知晓的人并不多。直到1998年第四届贵州省民族运动会的召开,才让除了赤水地区以外的人们了解到这个独特的体育运动。不仅如此,在此次民运会中,赤水独竹漂获得了银奖。在这之后,许多人对这一独特的运动项目有了更多的了解。在1999年的全国少数民族传统体育运动会上,独竹漂取得了表演类项目金奖。2000年,赤水独竹漂表演团创下6000米长距离独竹漂的吉尼斯世界纪录。在接下来的时间里,赤水独竹漂又在贵州省内运动会中斩获了多个金牌。真正让独竹漂闻名全国的,还是2011年全国第九届少数民族传统体育运动会,该运动会将赤水独竹漂作为一种正式比赛项目列入其中。只要是比赛项目,就会吸引许多人来练习它、研究它,因此除了在赤水当地有独竹漂练习场所以外,全国的各个地方也都陆续建起了训练场。同时,关于独竹漂的研究越来越多,不过大部分的研究都是与运动相关。

(三)独竹漂表演

独竹漂在赤水当地并不常见,因为人们的日常出行不再以独竹漂作为交通方式。近几年,贵州省在全力进行基础设施的建设,特别是修建了许多的桥。毕竟人们出行的时候，相较于水路，陆路交通更为便捷。当地政府重视经济发展，却忽略了地方独特文化的传承和发展。现在，只有没有大桥的高山地区才能看到作为交通工具的独竹漂。除此之外，还可以在景区里不定时的表演中见到，比如在贵州省赤水市的四洞沟、十丈洞等风景区里面，还可以见到独竹漂的表演。赤水独竹漂独特的表演形式和体验感让其很容易博得游客的好感。赤水市组建了独竹漂表演队，在近几年里，表演队逐步将表演的地点从贵州遵义扩展到广东广州、肇庆，贵州都匀，四川成都等地，吸引众多外地游客前来观看，每年创造的经济效益高达近百万元。随着独竹漂知名度的提升，表演队所创造的收益逐年提高。赤水在全力打造旅游城市的过程中，不断提升独竹漂的知名度，将其旅游业的独特性展示出来。将独竹漂作为本市的宣传名片，可以表现出赤水市的旅游业区别于其他地区的特点，从而能更好地发展旅游业。

四　赤水独竹漂的传承和推广

（一）传承

赤水独竹漂在 2009 年被列入第三批省级非物质文化遗产名录。非遗与古代人民的生活息息相关，依托于封建王朝的小农经济得到发展。随着时间的流逝，工业革命诞生，小农经济瓦解，非遗所依托的经济基础崩塌。如果希望非遗重新焕发活力，就需要为非遗在现在的经济模式中找一条发展道路。

赤水独竹漂作为非物质文化遗产，体现着黔北人民生活历史的真实演变，是人民生产生活智慧的体现。独特的交通方式代表着赤水当地的独特文化，是当地百姓历经上千年的生产生活创造出的地方文化。独特的地方文化是区域文化的一部分，更是民族文化的一部分。因此，独竹漂需要人们去学习它、了解它，并传承发扬它。在经济飞速发展的当下，在传承非遗文化的时候，人们需要思考其独特性，发掘出一条独属于赤水独竹漂的传承道路。在其发源地学习非遗文化具有其他地区不具备的优势。首先，相较于其他地区，本地区的学生更容易理解和学习该文化。其次，学习工具随处可见，学习的地理环境良好。最后，老师数量充足。当地居民年龄在 45 岁以上的居民，会游泳的大部分都会划竹竿，可以进行一对一的教学。赤水地处偏远地区，经济落后，日常所需要的健身器材很少，当地居民常利用划竹竿来达到强身健体的目的。同时，竹子属于年生植物，随处可见，学习工具唾手可得。在日常生活中推广赤水独竹漂，有利于本地居民了解自己生活地区的历史文化，也可以在学习中增加对文化的认同感。

（二）推广

独特的地方文化的传承离不开宣传。独竹漂表演的艺术性很强且难度大，在学习时，可以锻炼身体的柔韧性和灵活性。又因为独竹漂表演能让观众体会到"轻功水上漂"的感受，可以让人们实现心中的武侠梦。互动式的表演可以增加他人参与的积极性。宣传独竹漂，提升其知名度，除了制作一些关于赤水独竹漂的电视节目以外，还可以在景区表演时增加宣传力度，尤其是在传统节日的时候。运动员表演独竹漂时，可以邀请游客一同表演，这样既可以提升游客在赤水旅游时的新鲜感，又可以促进游客对独竹漂文化的了解，既吸引了游客，又推广了独竹漂。在进行独竹漂的互动表演时，需要做好游客的安保工作，让游客在玩得刺激的同时，又不用担心自己的生命安全。举全市之力，提高赤水独竹漂的知名度，既可以为独竹漂的传承出一份力，又可以为赤水市的旅游业创收。

结　语

因为自然的原因，赤水市成为一个地形复杂、多山多河流的地方，还因为气候的原因，赤水的每一条河流在全年都不会干涸，此外，那里栽种的竹子，种类众多，也为独竹漂的产生提供了一个条件。赤水自秦以来就是朝廷的楠木供应地，人们在运输木材的过程中，逐渐总结经验，创造出了人利用竹子在水中划行的交通方式，随后它逐渐演变为现代人所知晓的体育运动项目独竹漂。独竹漂的产生，是自然与人互动的产物。古时候的人们利用自然改善生活条件，与自然和谐相处。随着时间的推移，独竹漂已不再作为一种交通方式存在，而是作为一种独特的体育项目以及传统节日中的独特文化存在。作为非物质文化遗产，它也为中华民族文化的丰富性献出了一份力。

作为一个独特的地方文化，传承和推广独竹漂有助于当地经济的发展。在传承和推广时，可以让独竹漂运动员在学校里教授学生，带着学生做实践活动，让学生在小的时候就对自己居住地的独特文化有所了解。同时也可以利用互联网来推广独竹漂，或者学习其他地方，以比赛、办文化节等方式来推广独竹漂。学生在学校学习和传承，成年人在互联网上以各种形式来推广，这样既可以让独竹漂得到更好的传承，也可以提高赤水的知名度，打造出更好的旅游城市。

工艺之道

"工艺之道"

——兼论南方少数民族民间工艺美学观

熊清华

（中南民族大学）

[摘要] 民族民间工艺因与人们日常生活的密切相伴而显得平凡，中国民间知识体系就是在这样的物质性社会生活方式基础上逐渐积累构筑而成，其中蕴含了关于宇宙、自然、环境、材料、技艺、造型、功用的实践认知和智慧，同时铸造了民间的"工艺之道"，后者可概述为民众之道、物心之道、无我之道，具体表现为实用之器、参与生活、量多价廉、自然至上、质朴寻常等美的意识。以上突出展现在南方少数民间工艺造物观念之中，集结为"众生"之心，表现为"他力"之美。在民族化与现代化交融之路上，"自力"与"他力"的审美张力最终带来了文化自觉。民族民间工艺需融入现代生活并为之服务，让生活成为工艺创作灵感的来源。

[关键词] 工艺美学；器以载道；南方少数民族；民间工艺；民众之道

工艺文艺自原始造物艺术延续而来，从一开始便与社会生活有着密切的联系，具体器物所体现出的技艺与尺度，构成了"天、地、人、神"之间的和谐空间关系，规范和调整了人们在社会生活中的思维方式和行为方式。中国传统工艺造物文化与其他传统文化一样具有复杂的先在历史语境和时代发展的必然要求，只有了解了工艺文化观念的核心范畴、概念体系，才能认识到传统民族工艺造物文化的精粹所在，也才有可能在一个更高的层面上达到传统与现代视野的融合。

一 民族工艺造物观念的基本范畴

（一）民间工艺概念的界定

工艺（craft）与艺术（art）有着天然的"血亲"关系，我们通常把艺术分为"时间艺术""时空艺术""空间艺术"三大类。时间艺术是以时间为基础的艺术，往往是无形的，如音乐和文学。音乐是以声音为媒介的听觉艺术，由乐器或人发出的声音构成；文学是语言的艺术，是通过文字来阐述艺术形式。时空艺术则是指以空间为界限并融入时间的概念的艺术，例如舞蹈、戏剧等。它们以空间动作为主，但同时包含音乐、文学等时间性的艺术形式。人们在欣赏舞蹈、戏剧时，既有服装、舞台背景构成的空间性，又有文学、音乐、诗歌等所演绎出的时间性。空间艺术则要依赖空间而产生，是有形的、看得见的、摸得着的艺术门类，通常也被称为"造型艺术"（formative arts），可分为四类——建筑、雕塑、绘画、工艺，前三类可称为"美术"（fine arts）。其中建筑本身就是造型艺术的综合体，其形式由不同地域的地理气候、文化历史等要素决定。建筑材料，例如古代常用的石、木、砖、土等，往往是决定建筑构造、形态和工艺的最重要的元素。绘画则是由色彩、线条、明暗关系构成的平面空间艺术，由于绘画者使用的颜料、材质、工具的不同，绘画作品会呈现出油画、漆画、版画、素描、水墨画等不同的类型。如果说绘画是在二维空间里表现虚拟的三维空间，那么雕刻就是实实在在的三维空间艺术。工艺则是区别于以上三类纯美术的门类。当下的工艺包含手工艺和机械工艺两类，其中手工艺又分为贵族工艺、个人工艺、民众工艺。贵族和个人的工艺大部分功能是用来欣赏的，而民众的工艺则侧重于质朴与实用，因而也称为可"用"的造型艺术——"生活工艺"，学术界常常称其为"民间工艺"。与手工艺相对立的机械工艺是工业革命下的产物，随着机器大生产代替手工劳动，工艺品进入批量生产阶段并且变得价格低廉，也被称为"资本的工艺"。如果说纯美术是"以人为中心"的产物，那么工艺美术则是"以自然为中心"的产物。工艺属于物质文化（material culture）的研究领域。

传统工艺有其独特的造型理念、创造心态、视觉模式和构形规律，从而构成了造物美学的观念。另外，形象发生学范畴讲求的"意""象""技"，这些要素也是工艺之道讨论的范畴。"意"的含义是想象、创意；"象"则指形质、相貌或者想象之相；"技"指技术、技巧。《说文解字》以"技，巧也"来解释"技"。古代观念有"技艺相通"的说法，因此，技艺美也是构成工艺本质美的重要因素之一。可以将工艺美学范畴归纳为意匠美、器型美、色彩美、材质美、形式美等五种，后文在具体讨论民族民间工艺种类时将对其加以阐释。

（二）工艺文化造物观念的基本范畴

传统工艺造物文化的基本范畴是讨论"工艺之道"的基石。以上对艺术形式的分类梳理，旨在明确本文着重讨论的"工艺之道"中"工艺"的内涵。中华各民族手工技艺中的民间工艺的部分，包括传统的建筑、制陶、织绣、编织、烧造、雕刻、印染、木作、髹漆等技艺类型，这些技艺显示了民族民间文化的鲜明个性，也是中华民族文化多样性的表现。学者梅映雪在《传统工艺造物文化基本范畴述评——传统工艺美学思想体系的再思考》一文中以图文结合的方式梳理了传统工艺文化造物观念的基本范畴（见图 1）。他提出传统工艺文化造物观念的本体论范畴可以分为天人、理气、道器、文质四个方面①，这也为本文讨论"工艺之道"提供了理论基石。

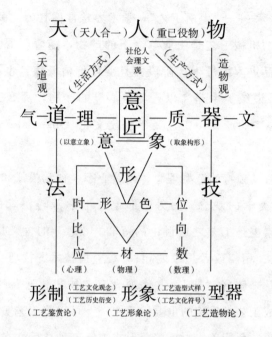

图 1　传统工艺文化造物观念的本体论范畴

（图片来源：梅映雪《传统工艺造物文化基本范畴述评——传统工艺美学

思想体系的再思考》，《美术观察》2022 年第 12 期）

"天人"涵摄了"天—人—物"三者之间的关系。《管子·五行》中说"人与天调，然后天地之美生"，故而，师造化而"自然天成"、尽人技而"巧夺天工"，形成了工艺之美的两大类型。建筑工艺最能体现人、自然与物三者的和谐统一。许多少数民族建筑工艺都能证明这一点，比如，南方

---

①　梅映雪：《传统工艺造物文化基本范畴述评——传统工艺美学思想体系的再思考》，《美术观察》2002 年第 12 期。

少数民族多居住在潮湿多雨、毒虫猛兽频出之地，那里的民居便以"干栏式"结构为主，这也是人类早期的建筑形式，南方少数民族中的土家族、苗族、壮族、侗族、黎族等居住的传统建筑都源于这种形制。云南壮族形成了"积木而栖，位居其上"的居住模式。壮族村落往往选址在山脚向阳、通风良好、距离水源近的地方，后山和屋边均栽植果树。居住建筑形式在发展过程中形成了全干栏式、半干栏式和平房三种，有时候也会因地形的原因而出现半干栏、半平房的混合结构。全干栏式主要是人类早期为了防止猛兽或者盗贼进入而采用的"上人下畜"的结构，随着社会发展进步，人畜逐渐分地而居，出现了半干栏的形式，楼上住人、楼下储存农具，便于劳动生产生活。

"理气"是指凡造物须"审理定则"，即要符合物理、物性和规矩法度。理即条理、准则，如《诗经》所言："天生烝民，有物有则"。气是宇宙和生命的化生之元，是一种生命力的象征，如《庄子·知北游》中说的"气变而有形，形变而有生"。传统工艺造物也讲究"气韵生动"而传神，可以说是一种独具特色的概念范畴。《考工记》是中国最早的关于手工业各种制造工艺、营建制度、生产管理和设计规范的专著。书中记载了木作、陶艺、金玉器工、礼乐之器等工艺制作的法则。另一部古籍《天工开物》是明代科学家宋应星所著，记载了农业和手工业的制作技术，其中收录了陶瓷、机械、砖瓦、兵器、火药、染织、纺织等器物的生产工艺。《清代匠作则例》中将建筑工艺的相关营造法则、准则归类记载，包括了各种器物的尺寸、限用工时、耗材数量、制作要求、运输费用等，成为有章可查的法则和定例。在南方少数民族中，侗族的鼓楼是侗族村寨的标志和聚落灵魂所在，作为人们公共议事、节庆娱乐、信息传递、文化交流的物质场所，是提供族群文化认同、文化象征、精神庇护之所。鼓楼与"侗款"制度有着密切联系，后者发挥着维系民族团结和提升凝聚力的制度性功能。鼓楼的平面图所示，它是一个由四根主承柱与十二根檐柱组成的

"回"字形建筑，火塘位于回字的正中心位置，鼓楼的中上部呈现出以雷公柱为中心的四边形或六边形、八边形（见图 2）。①

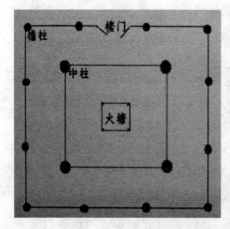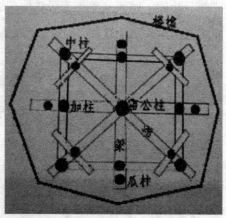

图 2　典型侗族鼓楼底部平面图和中上部截面图

（图片来源：万辅彬、韦丹芳、孟振兴《人类学视野下的传统工艺》，

人民出版社 2011 年版，第 166—167 页）

　　"道器"原属中国哲学的范畴，《周易》中记载："形而上者谓之道，形而下者谓之器。"工艺美术史论家张道一曾在论著《造物的艺术论》中说道，"道"与"器"的关系就是抽象理论与具体事物之间的关系，固有"道寓于器""器以载道"之说。中国古代制器也讲究"载礼释道"。"器"为既定的社会提供着等级制度的象征及合法性的支持。南方少数民族许多日常生活器物中，都包含象征或隐喻。例如花竹帽，毛南语称为"顶卡花"，即在帽底下编制花纹的意思，它常被用作毛南族青年的定情信物，象征着吉祥和幸福。其编制技艺十分复杂且具有美感。它用薄如纸片的竹片和细如发丝的篾丝编制，破竹时不能用刀、必须用手，破竹裁条要依照规定的形制。据老人说，以前的花竹帽的直径是 50—60 厘米，随着历史变

---

① 万辅彬、韦丹芳、孟振兴：《人类学视野下的传统工艺》，人民出版社 2011 年版，第 166 页。

迁，其直径可划分为大、中、小、微四种规格，每种规格对竹段的长度都有具体的要求。例如40厘米的帽子需要约110厘米竹段，55厘米的则需要140厘米。1节竹段一般可做12—15根篾条，而1根金竹可裁成3段，供得篾条40根。编成的帽子既可遮阳，又可挡雨，配以绒花，美观大方。毛南族的姑娘平时也十分珍爱花竹帽，这或许是因为她们珍视其制作过程中竹篾上凝结的温柔、细腻、勤劳与智慧，正是这些品质赋予了器物朴素又醒目的美，这是任何天然材料难以企及的品质，故而花竹帽又被称为毛南族的"族宝"（见图3）。

图3 毛南族的竹编斗笠花竹帽

（图片来源：2022年7月29日，作者拍摄于中南民族大学博物馆）

"文"与"质"是对立统一、相互依存的关系，正如孔子所言"文质彬彬"。对工艺造物而言，就是要做到形式与内容的统一，功能与装饰的统一。中国最早记载漆器工艺的古籍《髹饰录》中提出，工艺造物要"质则人身，文象阴阳"，即要求器物以人自身作为内在的尺度，外在形式要有阴阳调和之美。正如东方美写道："质之朴素无文者犹是粗物，必也雕琢成象、晖丽彩润，然后人之观察之者，始可照烛心智、滋生理解、摇荡性情、粲溢美感。"① 工艺文化之中的"文质"指的就是图案、色彩、线条的交叉组合结构所呈现出来的形式美的统一。《考工记》有载："天有时，地有气，材有美，工有巧，合此四者然后可以为良。"可以说"文质合一"是中国古代工艺传统中的一个深刻的造物原则或价值标准。最能体现文质

图 4　瑶族南丹白裤女装

（图片来源：中南民族大学博物馆公众号文章
《南丹白裤瑶女装》）

之美的那就是传统的民族服饰，中南民族大学博物馆藏有一套民国时期所制瑶族南丹白裤女装，它于1952 年征集于广西南丹县。上装为绘有刺绣图案的背心，下装为蜡染百褶裙。背心材质为黑色棉布，胸前素净无花纹，背部缝有方形白底绣花片，形同印章，据瑶族民间传说，此为瑶王印，后人为纪念祖先而绣。下身百褶裙由白底蓝花蜡染布做成，裙角镶嵌黄色布条围边，装饰纹样简洁，错落有致（见图 4）。这套服装，无论从造型美、意匠美、色彩美、材质美还是形式美的方面来看，都是无可指摘的。

二　民族工艺是民间大众的生活美学

中国的民族民间工艺是中华文化"多元一体"格局不可或缺的组成部分。每个民族的审美观念都是在特定的文化背景、思维模式、生存方式、哲学观念等的影响下形成和发展起来的。民族民间工艺是一种服务于大众

---

① 方东美、李溪：《生生之美》，北京大学出版社 2009 年版，第 194 页。

的、属于平凡生活世界的工艺。物质文化首先是生活文化，工艺存在于人们的生活，人们的衣食住行都有工艺品相伴，人们会因身着衣物而感到温暖，会用成套的器物安排饮食，会通过陈设家具器皿来丰富生活的内容。柳宗悦提出："工艺应该是民众的工艺，工艺是公道，是万民之公道……只有与民众相交融的工艺，才能体现美的真谛。"① 器物不限于欣赏，它还深深地扎根于生活之中，只有把美与生活统一起来的器物才可实现民族工艺的价值。

（一）"用"即是美——实用之美

这里的"用"并非简单的"使用"之"用"，还包含"物心"之"用"，只有把美与生活统一起来的工艺品才是真正的民族工艺。民族工艺首先是必须满足民众生活需要的物品，换言之，民族工艺很大部分是"生活工艺"，涵摄了该地区民众的生活文化。民众的工艺大绝大部分是"生活工艺"，"用"意味着为生活服务。不过，器物不仅仅是供人使用的，也可以供人观赏和把玩，器物如果只有使用功能，那么美就不再必要，从审美出发的色彩、纹饰就都可以去除了。器物只有用心去做，"用"才是必要的，同时绘画、雕刻等美术的技巧都可以使器物在用起来更赏心悦目且得心应手。换言之，"用"产生美，美也会进一步促进"用"的实现，"用"并不妨碍美感，美的器物也一定不乏可用之处。

因此，"用"之美才是工艺之美的体现。由于日常用品的使用功能较为显著，因而它们才是工艺的主要领域。民众的日常用品中存在适度、自由的生命之美是不言而喻的，民间工艺上所蕴含的深层意义并不只是自然的，更实现了社会理念和审美价值的调和。服务于民众的普通用品，是满足人类最低限度生存功能的器物，也是渗透社会理念最少的器物。轻视"用"或者放弃"用"，那就是纯美术性的器物或者说是无用的器物，从与

---

① ［日］柳宗悦：《工艺之道》，徐艺乙译，广西师范大学出版社 2011 年版，第 54 页。

"用"相交融的深层美的意识出发,"用"之美的形象化就是工艺美的本质。"用"之美阐释了"天—人—物"三者之间的关系,也就是设计学领域中常常提到的"天人合一"的设计原则。无论是"自然天成"还是"巧夺天工"表达的都是这样一种境界。

"用"还表现为"亲近"之美,器物与人日夜相伴共生,自然会产生亲近之情,和那些崇高的、伟大的审美感受不同,亲近之美是温润的、柔和的,让生活充满温情且富有意趣。如果说纯欣赏性的艺术品常悬挂于高墙之上,那么日常生活中的器物,则会在触手可及之处。概言之,"用"使器物产生了亲切的"生生之美"。南方少数民族生活器物品类众多,比如我们熟悉的竹器背篓,它曾是古代苗族、土家族、瑶族等民族的主要运载工具,是用来搬运生活物资的工具。直至今天,湘西土家族"赶场"集市上随处可见的背篓是土家人日常出行的必备工具(见图5)。

图 5　湘西土家族日常用的背篓

(图片来源:中南民族大学博物馆公众号文章《民族传统:土家族赶场》)

(二)量多价廉——平凡之美

民间工艺是与该地区的传统生活方式联系在一起,与当地的民风民俗、宗教信仰、自然环境、物产资源、工艺原料及匠人技艺都息息相关。工艺体现在日常用品之中,而日常用品则需要大批量生产制作。少量生产的器物往往属于贵族所有,常出自名匠之手,仅为少部分人使用。这就涉及工艺与美术之间的区别了,前者往往是工匠大批量的制作,而后者往往是美术师个性化的定制。如果说"个性美"是美术的特征,那么"共性美"则是大众民间工艺的特征。工艺之美既不是特殊之美，也不是专供贵族欣赏的美。大量制作的器物并不意味着平庸与俗套，器物正是因为"多"次的使用和在此期间的不断革新，才能让工艺真正地回到"工艺"本身，成为日常生活的"归趣"。南方少数民族大量使用竹器。傣族和黎族以竹筒制作出别具风味的"竹筒饭"。黎族的捕鱼工具是抓鱼篓、深水鱼篓，他们在农业生产和日常生活中还会使用到簸箕、竹篓、竹刀、藤凳等（见图6）。根据使用功能的不同，编制技法也会有所不同。一些民族还会以竹制成各种狩猎工具，如竹箭、竹矢等。此外，竹还可制成竹桌、竹椅、竹席、竹床、竹扇等生活用具。这些器具通常都是大量制作，往往没有固定的尺寸，大小会根据制作者的技艺和个人喜好而定。这些平凡又普通的"寻常物"，正因其数量众多、物美价廉而得以流传到后世。可以说，民族民间工艺属于民众的世界，是大众在生产劳作中集体智慧的呈现。

图 6 黎族的竹篓、藤凳

（图片来源：2022 年 7 月 29 日，作者拍摄自中南民族大学博物馆）

（三）"匠人精神"——劳动之美

民族民间工艺器物往往带有制作者的文化印记，是制作者智慧、人格、审美观、人生观、艺术修养的集中体现。张道一在《造物的艺术论》中提出："假如一定要问，究竟谁是真正的'造物主'和创物的'圣人'，我们可以毫不犹豫地说：是古代的劳动者。待到农业和手工业有了初步分工之后，也就是从事手工劳动的艺人。"① 勤劳、努力的劳作组成了工匠的日常生活，而器物是一代代匠人的信仰、热情与勤劳的结晶。在经年累月的重复劳作中，匠人已经获得了技艺上的自由，他们创造出的与其说是人的作品，不如说是"自然之作"。

理想的工匠必须心无旁骛地专注于技艺本身，一方面有一种超然物外、毫无功利之心的独立精神，另一方面有一种精益求精、精雕细琢的坚持，这也是当下我们常常呼吁的"匠人精神"。譬如广西苗族的蜡染工艺就需要严格依照其标准的制作流程，其中主要有画蜡和染色两道工序：画蜡需要制作者有成熟的绘画技术，在制作时才能胸有成竹且全神贯注；染色还需要经过检查染液—软化布料—染色—脱蜡四道工序②。壮族织锦是中国四大名锦之一，以其精巧的构图、生动的图案造型和丰富的色彩变化以及厚重的质地而展现出独特的风格，其纺织技艺也反映出壮族人们的劳动智慧与"匠人精神"。相关学者在书中记载了宾阳壮族织锦的工序流程：纺线—染色—浆纱—绞线—牵线—卷机头—装机—上机制造。可见，需经过一系列复杂的工艺，方可得到这举世闻名的壮锦。③

（四）"自然至上"——健康之美

自然的材料、自然的工艺、质朴的心境，是产生工艺之美的本质性的动力，正如柳宗悦在《工艺之道》中谈及的"正宗的工艺以天然为上"④。

---

① 张道一：《造物的艺术论》，福建美术出版社1989年版，第30页。
② 万辅彬、韦丹芳、孟振兴：《人类学视野下的传统工艺》，人民出版社2011年版，第137页。
③ 万辅彬、韦丹芳、孟振兴：《人类学视野下的传统工艺》，人民出版社2011年版，第154页。
④ ［日］柳宗悦：《工艺之道》，徐艺乙译，广西师范大学出版社2011年版，第69页。

敬重自然主要表现在工匠在制作时必须心中有自然、制作工序中有自然、材料源于自然，尤其重要的一点是"材料源于自然"，这也是传统工艺制作者一直秉承的创作理念。人们因地制宜，就地取材，体现出人类生产、生存中的生态智慧。例如，竹材是我国南部地区盛产的自然资源，南方许多少数民族都发展出了竹编工艺，将其制成生活中的各种器具，大到用于收纳的箱笼，小到日常生活用具竹篮、竹筒、竹衣、竹椅等。竹材天然的韧性与纹理为多种工艺提供了操作的可能性。竹材也是南方少数民族"干栏式"建筑常用的材料，通过它搭建出了别具特色的竹楼，其中以傣族竹楼为代表。在这就地取材用竹子建造成的幽静雅致的竹楼中，共有24条主柱，以粗竹为骨架，以编织的竹篾为墙体，楼板用竹篾或木板，屋顶铺草。黎族的传统建筑"船型屋"也以竹子制作屋顶，以编织的竹篾作为围墙隔断。另外，我国古代南方少数民族重要的水上交道工具有竹筏、竹船、竹排。西南少数民族在长期的农业生产中还充分利用了当地的染色植物，用提取的染料创造出了丰富的蜡染、扎染、蓝印花布的工艺。自然之物必然也是"健康"之物，即具有生态性，生态"健康之美"也是工艺之美的构成部分。

（五）"物心素朴"——单纯之美

柳宗悦认为"单纯是美的主要因素"①，这里的单纯之美不是指单调或是简单，而是指用最普通的方法、最单纯的技术、最质朴的心境在器物上展现出的美。器物的造型、纹样、色彩如果过于复杂，将会破坏它的功能。过于漂亮的颜色会破坏器物与周围环境的协调感。制作程序如果过于复杂，对技术的要求就会过高，这往往会导致器物出现瑕疵。材料如果使用得过于复杂，也容易产生堆砌之感而破坏整体的统一性。只有追求

① ［日］柳宗悦：《工艺之道》，徐艺乙译，广西师范大学出版社2011年版，第75页。

"文"与"质"和谐统一的素朴之心，才能创造出单纯之美，这也是服务于民众的工艺之美的要求。海南黎族制陶距今已有六千年的历史，制陶是黎族家庭手工业的主要组成部分。制陶技艺向来"传女不传男"，因而制陶工作一般由妇女承担。陶具的种类主要有釜、甑、瓮、碗、罐、蒸酒器、蒸饭器等。在制作时，首先要选好制陶的陶土，将其粉碎后进行筛选，随后掺水和成泥巴，以泥片制成器物形状。除了制作材料取自自然，制作工具亦如此，在制作陶坯时，工匠会利用简易的木杆、木拍、木刮、竹刀、蚌壳、钻孔竹棍、竹垫等工具进行创作器型的塑形，口部用泥条盘绕，用工具旋转磨光成型。陶坯在阴凉处晾10—15日后，工匠会择吉日用露天柴草将其焙烧，最终成型。黎陶的器型比例匀称，古朴敦厚，结构细密严实，器物表面光滑无沙粒感，有红、黑、褐、紫等颜色，装饰纹样也以黎族传统纹样和图案为主，表现出原始的抱朴见素的造物观念（见图7）。

图7　黎族制陶工艺

（图片来源：中南民族大学博物馆公众号文章《民族技艺/黎族制陶技艺》）

白族的扎染工艺在南方少数民族民间工艺中独树一帜。白族人用来自苍山的板蓝根、艾蒿、蓼蓝等天然的植物制成扎染的染料，在制作布匹时利用扎缝时宽窄、松紧、疏密的差异来形成色彩的深浅变化并构成图案纹样。扎染色彩以蓝色和白色为主，白色在白族地区是吉祥的象征，蓝色也称为青色，象征着希望、淳朴和真挚，青白结合的扎染工艺是质朴单纯的白族人"清清白白，光明磊落"的人生理想的外在体现。又如中国四大名锦之一的壮锦，其装饰图案常给人一种天真、古朴和亲切之感，体现出一种自然、粗放、纯朴的民间艺术风格。

三 "自力美—他力美"张力下民间工艺的未来走向与文化自觉

（一）"自力"与"他力"的融合

"自力美"和"他力美"是柳宗悦工艺美学思想中居于核心地位的一组概念。"自力"是基于工艺创作者个人的创作理念和个体体验而进行工艺美术制作的一种模式，这种由个性所创造出来的美被称为"自力美"。而"他力"是基于工匠群体的共性和群体"无意识"、遵从自然而进行的工艺美术制作的一种模式，这种模式下创造出来的美被称为"他力美"。[①]如果说个体工艺美术家所走的道路叫作"自力之路"，那么匠人群体所走的道路就是"他力之路"。柳宗悦所创造的"自力美"和"他力美"的概念来自禅宗思想，这种思想强调只有放弃了"小我"的约束，突破自我局限，才能进入一种禅悟的境界。他对大众美学的坚守，与他的实用主义工艺美学的价值立场密不可分。他认为，如果美离开了实用，那就意味着放弃了民众。他倡导的"他力美"因而也可以等同于实用之美、民众之美、

---

① 王曙光：《工艺之道与文化自觉：美学、社会学与经济学的探究——论柳宗悦工艺美学思想》，《艺术评论》2022年第1期。

遵从自然之美、遵循秩序之美、继承传统之美。

民族民间工艺品大部分是民众生活所用的器物，它们产量大且物美价廉，这也常成为匠人们被轻看的理由之一。中国古代文人常有此认知："形而上者谓之道，形而下者谓之器"，崇尚"道"而鄙视"器"，不愿以正眼看待日常生活器物及制作器物的工匠，这种意识作为文人传统一直影响到近代①。民间工艺的创作者是匠人，往往不具备美术家的修养。由于匠人们所受的教育、经济能力以及社会地位等原因，他们不可能以一己之力来完成某一工艺的传承，而需要借助传统的、群体的、社会的力量。在"机械工艺"生产方式占主流的今天，作为民族民间传统"手工艺"的传承者，如果能和独立的美术师达成协作，为民族民间工艺创造出多种发展途径，这也是传承的题中之义。

（二）民族民间工艺的未来发展走向与文化自觉

当下，许多少数民族的传统工艺类型正在慢慢消失，有不少工艺品只能在博物馆见到。有学者提出，民族工艺品的博物馆化既是"出路"，也是"末路"，因为它会使传统工艺成为"化石"。只有适应新的民众生活方式，传统工艺才能成为一种"活的"存在。那么如何才能进行"活态"传承呢？

民族民间工艺的制作技艺源于生活，"用"于生活，这些民间工艺品，它们原本的生存场景就是"大众的生活"：被置于民众家中的火炉边、灶台和饭桌上，存在于老百姓的饮食起居之间。这些民间工艺品是属于生活的，故而是有生机的、充满活力的，是实用的、刚健的，而不是纤弱的、病态的。它们经受得住平凡甚或是苦难生活的磨砺，因而这些民间工艺品带给人的美感总是那么自然、素朴、坚实。生活的美学呼吁实用与审美兼

---

① 韩超：《"道者器之道"——由"道""器"之辨论张道一的造物艺术观》，《南京艺术学院学报》（美术与设计版）2011 年第 1 期。

具的工艺，就必然特别强调工业文化与产业文化背景下工艺美学审美走向的引导。日常生活的审美化让凡俗之物也能成为具有审美属性的客体，民族民间工艺品的地位正因之而发生着改变：从过去的难登大雅之堂，到当下的被高雅艺术圈所接纳。在功能上，它作为实用与审美的结合体，从过去的以实用为主转变为今天的实用与审美的兼顾。在消费者的地域范围上，从地方走向了更广大的区域。民族民间工艺具有很强的地方性，这种地方性与独特的地理环境、生活方式、人文传统交织在一起，现代语境的变迁使得这种地方性变得具有普世性，这种普世性既包含了由于"同"而普世，也包含了因"不同"而普世，或者说，民族与民间艺术恰恰是由于它的与众不同而被广泛接受。

追寻民族工艺之道，守护民间工艺之美，不仅意味着需要将大量的古代工艺珍品、传统图案或某种风格式样用心保存，还意味着要激发出传统工艺文化发展的"内趋力"——民族文化自觉。其核心就是传承并发展传统工艺美学思想，让民族民间工艺融入现代工艺美术，为现代生活服务，还要破除个体艺术与民众工艺的观念壁垒，这对于构建具有中国特色的物质文化具有重大的意义。

结　语

中国少数民族民间工艺是中华文化"多元一体"格局的重要组成部分，其中蕴含了独具特色的"工艺之道"，可概述为民众之道、物心之道、无我之道，具体表现为实用之器、参与生活、量多价廉、自然至上、质朴寻常等美的意识。在民族化与现代化交融之路上，艺术家们的"自力之道"与工匠们的"他力之道"并存，民间工艺文化可在二者融合带来的审美张力中走向文化创新。此外，民族民间工艺需融入现代生活，并为之服务，民族工艺的传承人、艺术家、美学家们都有责任关注民族工艺的未来走向，并积极促其迈入"活化"之路。

民族民间因素与现代艺术形塑

——以"贵州美术现象"中的现代性问题为中心

韩文超

（遵义市美术馆；遵义画院）

[摘要] 发生发展于 20 世纪 80 年代的"贵州美术现象"，从"传统"再造到走向"现代"共历十年的探索，一度被美术界视作立足于地域性民族民间传统的艺术现代性发展的一次成功的实践。文章将"贵州美术现象"置于 20 世纪 80 年代贵州美术发生发展的"十年"限定时空，以及中国现代艺术转型发展的近半个世纪的历史时空，在这两个叠置并行的时空中展开对比考察。文章探讨了"贵州美术现象"是如何成为地域性美术现代转型的典范的。在突破传统艺术本体并进一步通过创造形成现代性审美张力的过程中，民族民间因素发挥了极为重要的作用，它提供了一种打破固有身份、观念、样态，打破传统艺术样式，形塑现代的审美的可能。它遵循了一种现代性的生成逻辑，在传统、前现代、现代、后现代的艺术发展进程中，作为困境的"传统"也在相应的阶段中转换行进。当"现代"成为新的"传统"，冲破困境的"现代"又转化成新的困境。而作为艺术家需要努力的方向是：携着民族民间的多元性与新观念的可能，不断地进行着一种动态的调适与转换，在传统与现代之间，探寻艺术形式与艺术观念的自

洽，主观情感与艺术表达的自洽，继而构建自个体到群体、自地方到全域的综合艺术生态。

[关键词]"贵州美术现象"；民族民间；现代艺术；现代性；审美

少数民族民间艺术作为少数民族审美文化极为重要的载体，承载了少数民族地域日常性的审美经验。与此相对应的是，在现代社会的发展进程中诞生的审美文化，也成为各艺术形式的承载对象。对于具有一定文化共性的地域性少数民族审美文化而言，这主要体现在对审美类型上的自然生态之美、物质实存之美、人文风俗之美，到审美特征乃至审美心理等多个层面进行的转换，且因各层面之间的关联，它们还具有无可分割的审美共通性。以有着十余个世居少数民族的贵州地区为例，高原山地与喀斯特地貌的自然之形，很自然地反映到当地的器物、建筑等物质文化的日常制作与构建当中，而在人文风俗方面的民族节日、图腾崇拜、文化艺术活动与行为中则体现得更为直观。在审美特征上，贵州高原多山的崎岖地形带来了狂野、粗粝、怪异、刚猛的原始审美经验。这种原生性的审美体验，深蕴着浓郁而鲜活的生命力量，在给人以陌生与野性的视觉、心理观感的同时，还营造出了一种贵州"山地文明"少数民族民间文化所独有的"异文化"审美体验。

正是在这样的审美生态下，在 20 世纪 80 年代近十年的时间里，在贵州这片土地上，形成了以少数民族民间艺术样式为主要表现形态的美术"贵州现象"，并成为中国地域性民族美术发展历程中的经典个案。从现代艺术和后现代艺术的发展进程来分析"贵州美术现象"的形成及其获得全国性的广泛影响的根本原因，需从其所受到的内外多元因素的综合性影响着眼。"贵州美术现象"是一种成功的现代艺术的地方性实践，在实地创作过程中，艺术家们多将贵州原生性的审美文化融入个人化的艺术创造过程中，实现了民族民间因素从民族性到现代性的当代转换，并成为极具现代性审美的艺术样态，此种"现代性"的获得及其背后转换的路径与方法是本文讨论的重点。

一 "贵州美术现象"：民族民间因素与地域性的前现代

先来回顾一下整个 20 世纪，尤其是从 70 年代末到八九十年代的中国美术发展历程。从 20 世纪上半叶开始，以林风眠、颜文樑、常玉等为代表的一批留法艺术家群体，受到西方现代派艺术的影响，开始进入具有现代性观念的中西融合的艺术创作中，中国现代艺术的萌发以此为始。此后，曾一度滞后甚至中断的中国现代艺术思潮在 20 世纪七八十年代再次阔步前进，且在西方多种艺术流派和表现形态纷纷进入中国的情况下，呈现出高歌猛进和交织发展的特殊现象："西方现代艺术几十年中所走过的路程，我们在短短几年中就匆匆忙忙地走了一遍。"① 就这一时期全国范围内的艺术生态来看，从"'八五新潮'到'八九现代艺术大展'时期是现代艺术与后现代艺术交织发展的时期，这时期出现了中国的厦门达达、新达达、超现实主义、抽象艺术等现代与后现代艺术的艺术类型"②。而同一时期，在中国地理位置相对闭塞的西南腹地出现的美术"贵州现象"，无疑会因为包含了以民族民间传统审美文化为核心的更多样的形态质素，而无法被简单地类归到这一序列当中。

美术"贵州现象"，首先是对一种"艺术现象"所做的概念界定。这一现象称谓的来源，是 1990 年第 6 期的《美术》杂志所刊载的"'贵州现象'面面观"专题。作为中国最为人所关注的主流美术刊物之一，当期《美术》杂志以专题的形式，刊载了 20 世纪 80 年代以来关于美术"贵州现象"从源流、发展到艺术家个案的一系列研究和评论文章，在学理背

---

① 罗强烈：《"贵州现象"启示录》，人民美术出版社 1993 年版，第 18 页。
② 张海涛：《现代艺术、后现代艺术与当代艺术的关系》，https://www.artda.cn/view.php?tid=9493&cid=39。

景和历史脉络上做了梳理和总结，引起艺术学界的广泛讨论和关注，推动贵州地域美术在全国范围内成为一时之典范。美术"贵州现象"的概念也由此成型。

"新时期以降，文化氛围、政治氛围和经济的发展，使蓄势已久的贵州画家，以明确的志向，正视底薄人少，珍惜年华，经顽强探索、大胆创造和奋发竞争，历十年酸、辣、苦、甜的实践，分别在北京和一些省市推出不同画种的个展、联展和群展共 35 次，还走出国门，举办贵州民间艺术和中国画展览，10 年来在国内外各类美术评奖中共获 82 个，近千件作品分别被收藏。二十余位画家被专题介绍和研究出版画册 35 集。所有这些，特别是人才的成长和作品的问世，引起了社会较强烈的反响，被理论家视为一种'贵州现象'。"[①]

美术"贵州现象"内涵的界定，主要是以一个中国地理方位上的相对边缘的地域、一段形成持续影响的历史时间、一批具有现代美术创作观念的艺术家群体，以及一系列融入民族民间因素的艺术作品为核心，而建立起来的具有审美统一性的集群概念。这四个具有限定性的质素，亦是对美术"贵州现象"这一概念在时间、空间、主体、对象上的界定。正如罗强烈在论"贵州现象"的文化意义时所用的文章主标题"高原神话"所示，既突出其时间的定位又包含了地域上的异文化意味[②]。广义的"贵州现象"概念，学界在不同时期都有提及，且涉及贵州社会经济发展的诸多层面，比如以 20 世纪 90 年代中期中国科学院胡鞍钢等为代表的一批学者，在一系列文章中提出并讨论了贵州在特殊的自然地理、发展环境、体制背景下成为中国最突出的欠发达地区的现象[③]。而美术"贵州现象"后来多称为"贵州美术现象"，相对而言后一种表述在概念的界定与传达上显得更为准切。

---

① 杨长槐：《花发高原二月红——新时期贵州美术概观》，《美术》1990 年第 6 期。
② 罗强烈：《高原神话——论"贵州现象"的文化意义》，《美术》1990 年第 6 期。
③ 胡鞍钢：《"贵州现象"启示录》，《民族团结》1995 年第 1 期。

如此来看，美术的"贵州现象"相对于社会经济领域的"贵州现象"的概念在时间上提出得更早，且展现为一种更为积极正面的姿态。除却暗含褒贬的不同，他们的相似性也有许多，如均指向"地域""传统""民族民间"等关键词。"贵州美术现象"常被认为是在民族美术和现代艺术两个维度上取得的成功，是中国民族美术发展史上可资借鉴的一个独特范本。而当时（1988）身处贵州兴义高校的本土美术评论人管郁达则在其评论文章中表示，这一时期的中国艺术整体上都处在一种"前现代主义"的发展阶段。贵州艺术家在做着解构民族民间传统的"翻译"行为——一手握着传统内容的"材料"，一手持着拆解形式的"剪刀"。① 显然，他的这种解读如今看来确实有失偏颇。从艺术历史的发展规律上来看，这一论断虽然有其合理性，且在一定程度上也与其时的贵州艺术的发生状态相吻合。但是，如果将观察的视野放大到同一时期整个中国的艺术版图中，无论是艺术家的出身及其所接受的艺术教育，还是这一时期贵州艺术家的作品面貌及其所呈现的艺术理念，其中的现代性的质素是切实可见的，甚至游离其间的突破现代艺术样式的后现代痕迹亦有所见。在这一点上，"贵州美术现象"与马克斯·韦伯所指的以古典为精神气质的前现代主义是截然不同的。在整个"贵州美术现象"发生发展的时空内，艺术的阶段演进在历史的时间轴上得以展开。

回到当时贵州艺术家群体的艺术创作理路上来，不管是作为接续传统转型时期时代断层的前现代尝试，还是向着现代艺术、后现代艺术积极推进的艺术创造，"贵州美术现象"既然携着深厚的民族民间因素，那么在这批某种程度上可谓成功的现代美术作品中，这些民族民间因素究竟扮演了何种角色，又起到了什么样的作用？在贵州民族民间艺术因素进入现代艺术创造的过程中，最"土"的民间传统因何具有了现代性？这些都

---

① 管郁达：《困境中的贵州当代美术》，《美术》1990 年第 6 期。

是值得思考的议题。同时，还要追问这些美术作品"现代性"的生成逻辑：面对这种从原始传统向现代的颠覆式转换，需要循着怎样的一条脉络去追溯？

二 现代艺术形塑："传统"再造与走向"现代"

从文化地缘和中国主流艺术的发展走向来看，贵州艺术的历史传统应当被看作是一种"非传统"的传统。相对于受深厚历史积淀与文脉滋养的主流艺术，贵州艺术更多地体现在以少数民族艺术为特征的民间传统。"异军突起"一词常被用以形容"贵州美术现象"亮相中国主流美术界时的态势。循着这出自西南地域的"异军"这个被普遍认可的定义展开，与原生的民族民间传统所显示的审美文化形态不同的是，在这样一个特殊的历史时空中被构建起来的"贵州美术现象"所走的是一条立足贵州民族民间艺术，并借此来突破传统艺术固有形态的现代艺术形塑之路。

作为有着突出的地域性特征的艺术现象，"贵州美术现象"中所蕴含的民族民间因素，势必是被研究和讨论的重点。在此，我们可以假设一种可能——既然"现代性"的审美张力确然是在打破和重塑的转型过程中获得的，那么，对民族民间艺术因素如何产生现代性的讨论，是否存在其特定的方式与路径，即可否从一种可供梳理探讨的现代艺术发展方向，探索构建从"传统"走向"现代"的艺术实践理路。此刻，在传统向现代的转型中，主体的作用开始显现其巨大的能量，即艺术家个体的现代创作观念开始走向理性自觉。"贵州美术现象"中艺术家的创作世界，呈现出的不仅是现代艺术发展的历史自觉，也是艺术家自身的创作自觉。以"贵州省学习民间工艺美术新作展"为起点，"蒲国昌绘画艺术展""董克俊版画展""田世信、刘万琪雕塑展"等近20个贵州艺术家个展、群展在中国美术馆、民族文化宫等重要美术场举办。贵州艺术家这种高频次、多门类、持续性的主动亮相本身就带有极强的自觉性，更遑论从这些展览作品中所呈现出来的创作热情。

以"贵州美术现象"重要旗手董克俊的作品为例，其完成于 1980 年的代表作《雪峰寓言木刻插图》曾在 1981 年第 1 期刊出的《美术》杂志上有专版介绍。《人民文学》《新华文摘》《新观察》《人民日报海外版》等也都对其进行了广泛报道，在全国产生了极大的影响。提及这套插图，就不得不提著名湖畔派诗人、作家冯雪峰写作的寓言故事。冯雪峰曾先后出版《雪峰寓言》和《雪峰寓言》（续编）两辑并配以插图，一位诗人与两位画家因此而形成交集。1953 年，外文出版社出版《雪峰寓言》时找到画家黄永玉创作插图。到 1980 年，人民出版社再版《雪峰寓言》；得到著名版画家王琦推荐，董克俊为新版《雪峰寓言》创作了插图，在不足两个月时间里他完成了全套约 100 幅插图。两次版画插图的创作时隔近三十年，却均成为中国插图艺术作品的经典。从现代插图艺术的角度分析，对比前后两组插图，黄永玉的作品更多地还原了寓言故事中的内容，画面情节的真实性和寓言的隐喻意味成为画家追求的重心。而董克俊的插图则与其《太阳雨》《春返苗山》等代表性版画一样，能够让人清楚地看到画家在表现形式、艺术语言方面的个性探索。"董克俊的《雪峰寓言》组画不仅是一组纯真美感的绘画，也是 1980 年代艺术家的形式启蒙，这个时期的作品及他的其他作品，也都呈现出了艺术家对待艺术的纯真心灵。"[①] 评论家张建建如此评述。

实际上，寓言故事这一体裁本就带有天然的民间因素。因而，我们自然也能够在《雪峰寓言》的字里行间，窥见某种从民间向现代审美转换的影迹。冯雪峰在寓言《魔鬼与镜子》和《老妖妇与美女》的故事中分别写道：

---

① 赵红薇：《中国现代黑白木刻经典之作——"董克俊黑白木刻集"开展》，《贵阳日报》2021 年 4 月 21 日第 A07 版。

　　难道一切丑恶的人都反对镜子的么，加入镜子反而证明了丑恶的优美与权威？①

∙∙∙∙∙∙∙∙∙∙∙

　　没有人能够确信地说：世界上就从未有过所谓丑的压倒美的事情。而且，假如人们的眼睛，在骤不及防的强迫之下，谁都会暂时失去抗拒丑恶东西的能力，那么，比丑的事情又为什么不可以当作一种战斗的手段去使用呀？②

　　这样的文字在书中还有很多，并成为文学作品民间性和现代性相交织的审美触点。

　　再回到前文的案例对照中，可以进一步延伸并回应关于民族民间因素的话题讨论。作为祖籍湘西凤凰的土家族艺术家黄永玉，在这组《雪峰寓言》的插图中选择了更为原生、写实的创作方式，画面中全然看不到作为少数民族画家的民族民间气息。与之形成清晰对照的是董克俊的"寓言百图"，无论是《被选为王的驴子》《蟹、蛇、龟和知行学说》，还是《狐狸与农民》《三个爬山的人》《豹和它统治的走兽们》《猫的大选》等作品，在图式、内容、语言上都或多或少带有民族民间的审美因素，但系列作品的整体却又呈现出一种现代性的审美倾向。正如版画家本人所理解的寓言插图创作：

　　对于"寓言"这种特殊的文学体裁表现出的深刻思想，通过自己的体会，以造型艺术的手段使之形象化，这便是我面临的创作任务。首先我必须确立与自己对寓言感受相适应的形式和风格的构思。为

---

①　冯雪峰（文），董克俊（图）：《雪峰寓言》（续编），人民文学出版社1981年版，第34页。
②　冯雪峰（文），董克俊（图）：《雪峰寓言》（续编），人民文学出版社1981年版，第36页。

此我研究了优秀文学作品的插图，尤其是寓言插图逐渐形成了我的想法。

我认为，插图的风格特点虽与文学作品精神有直接的关系，但更重要的是个人的特殊感受在绘画语言上的刻意追求。风格的出现是主观探索的结果。这种探索，一方面是对传统的借鉴吸收，另一方面则是对生活的发现创造。

在我国古老的传统艺术遗产中……这些都是我创作插图时探索风格的源流。这些民族的精髓丰富了我的想象，形成了我搞寓言插图的艺术构思：它应单纯简洁，具有抽象美的特点；它要有强烈的民族风；它不被具体情节所约束而具有独立的美学价值；它应具有装饰美感。[①]

此处，可以清楚地看到董克俊的寓言系列插图，是一种建立在内生性的个人审美基础之上的民族民间艺术形式风格的表达，而非传统民族民间形态的直接呈现。其以锋锐刻刀所塑造的苍茫原始且富于生命力量的木刻世界，积蓄了自身浓烈的情感，体现出对社会与人民生活的关注，以及对生命内在深层精神的呼唤。这也是"贵州美术现象"的艺术家最为真诚的一面，展现出他们对民族民间艺术养分的深度吸纳，以及对艺术创作本身的虔诚之心。

从"我思故我在"到"我能认识什么？我应做些什么？我要期待什么？"笛卡尔、康德构建了涵括审美、伦理层面的自主、自足、外向的主体，从而实现了从古典的前现代主义到现代主义的转向。由此来看，"贵州美术现象"的艺术家群体，携着一批极具地域个性和民族民间因素的艺术作品，集中亮相于北京中国美术馆等中国艺术的中心地带，以突起的"异军"姿态打破了中国主流艺术现场平静的生态。在艺术带给人的直观

① 董克俊：《插图风格探索》，《美术》1981年第1期。

感受上，"最原生"与"最现代"的艺术样式杂糅相生，激荡起令艺术界瞩目的层层波澜。"贵州美术现象"这种引入民族民间传统的艺术再创造，其实是在寻找一种打破固有身份、观念、样态的可能：打破固有的传统艺术样式，形塑现代的审美文化样态。倘若以最为简洁的语言来描述这种现象，绝不可简单地以"土"与"洋"的易位来称之。深藏于贵州高山大川间的民族民间审美因素，在这样一批有着艺术理想的画家手中，以一种不曾有过的高昂姿态进入现代艺术的创造之中，并借此转换过程而具有了深刻的现代性。仅就此而言，几乎可以认定"贵州美术现象"是一种突破传统的现代艺术创作趋向。如此，通过对"贵州美术现象"的一番梳理，可以看到，在从前现代向着现代发展的历史阶段中，有多元化的主观艺术再造，有外来观念的冲击影响，有走向主流艺术舞台的共同理想。这种以对贵州民族民间艺术的取学、借鉴为特征的地域性艺术面貌，是贵州艺术创造性地走向现代的核心内容，亦是贵州艺术向现代发展的历史必然。有关民族民间因素之于现代艺术的角色、作用，至此我们也就理清了最重要的头绪。

三 "新传统"的藩篱：突破现代的创作自觉

"向前，向前，在不断的探索中向前"，在肯定和褒扬的声音中，必然也不乏相应的质疑或者否定。但是，对于"贵州美术现象"而言，所能看到更多的是对这条牵系着"传统"与"现代"两极的发展进路的回溯与反思。事实上，从 20 世纪 80 年代全国的艺术生态中反观贵州艺术，对于夹杂在众多的"主义"和"现象"之间的贵州艺术界，现代主义以及后现代主义对其所产生的影响是无法回避的问题。在"八五新潮美术"声势浩大地展开、现代派艺术的影响遍及全国的年代，贵州美术家在"出镜"的动作上先行一步，以一种地域集群的形式，在 20 世纪 80 年代初期就开始向全国美术界发出自己的声音。沐浴在现代主义的"主光源"中的"贵州美术现象"，冲破了民间或传统艺术固有的保守，虽然没有达达、抽象、超现实主义的激进姿态，却也开始能够窥见后现代主义的一缕微光。依靠着这缕后现代主义的"微光"来照亮前述冯雪峰《寓言》故事中图像与文本之间的关系，可以得出这样的理解：寓言的民间性和董克俊寓言插图创作的自主自我的民族性风格之间，在审美上很好地形成了一种紧密连接。

接下来，本文将"贵州美术现象"置于贵州美术 20 世纪 80 年代的"十年"发生发展的限定时空，以及 20 世纪七八十年代至当下中国现代艺术转型发展的近半个世纪的历史时空，在这样两个叠置并行的时空中进行对比考察。贵州是中国现代艺术版图中的重要一块，有着依循中国艺术整体发展脉络的共性，也有其特殊性、典型性。毫无疑问，"贵州美术现象"正是少数民族民间因素进入现代艺术创作中而形成的一枝奇葩。作为"贵州美术现象"艺术家的重要代表，版画家董克俊、雕塑家刘万琪、画家尹光中等先后离世，但"贵州美术现象"风雨兼程走过的四十年的创作道路，带给中国美术界的却是极具地域性特征的美学因素，以及来自少数民族民间的风格样式，它代表了贵州美术家集群化的审美理想——各有不同的风格面貌被统一在民族的、地域的艺术范畴下，而民族的、地域的文化风貌又被现代的绘画语言传达出来。这一点，正是"贵州美术现象"现代性探索弥足珍贵的地方。

推及当下，在近年来的各大美术展览和创作活动中，数量众多的少数民族题材美术作品不断涌现，俨然成为当下美术界的一种潮流。与此同时，一种带有明显地域特征的样式化创作风气也在其间逐渐泛滥，照片式的画面与人物元素的拼凑堆砌，流于形式化、风情化的浅视觉表现，成为一种常见现象。相对而言，同样是带有少数民族民间元素的艺术创作，"贵州美术现象"的艺术家群体则显示出全然不同的创作面貌。对于"贵州美术现象"的艺术家而言，历十年之功而确立的地域性的艺术群体样态，在突破传统艺术本体并进一步形成现代性审美张力的过程中，民族民间因素发挥了极为重要的作用。一言以蔽之，创作的自觉与民族民间因素的结合，是为艺术本体提供现代性审美张力的基础。从审美文化的角度来看，这种内生张力的源头来自少数民族地域审美文化因素的融入，并体现为对少数民族民间艺术审美的形态特征（包括但不限于技法、符号、图式、风格等）的化用。也即是说，当民族民间审美文化进入现代艺术创造的行进轨道之上时，现代性的转化也就开始了，一个多元合一的现代审美通路也就诞生了：其一，传统的现代化；其二，外来的本土化；其三，民族（地域）的世界化。而最后一点"民族（地域）的世界化"正是全球化语境下现代性的突出体现。"贵州美术现象"所践行的创作观是：以对贵州地域性特征的民族民间艺术传统的取鉴为基础，以现代观念观照自我的艺术创造，以清醒的意识面对涌入的西方现代、后现代艺术思潮，以极具探索精神的艺术集群的形式积极地"走出去"。

进一步说，传统与现代的交汇这种主动地打破传统的方式，最终演变为"传统"（民族民间）与"现代"的双重介入过程，即以传统的民族民间为主体的在形式语言上的介入，以及以艺术家自我理性为中心主导的现代创作观念对民族民间因素的运用，正是这两者间形成的交互关系构成了现代性的审美表达。这个似乎与前文论述相互矛盾的现象，确确实实地在"贵州美术现象"中出现了。因为时代与历史的巧合，前现代、现代、后现代的审美在此交织，突然潮水般涌入的艺术思潮也在极短的时间内产生了剧烈影响。最终，两个不同时空范畴里的现代性问题，也都归并到这里。一方面，以 20 世纪 80 年代的"贵州美术现象"与"八五新潮美术"两相对照，在这历时十年的限定时空中，"贵州美术现象"这一代艺术家群体更多地以自觉的审美创造为方法，以传统（民族民间）的现代化为取径，而在表现上与"八五新潮美术"显示出不同的艺术面貌。另一方面，在 20 世纪七八十年代以来中国现代艺术转型的近半个世纪的时空中，伴随着中国现代化的高速发展，改革开放的步伐使得对外交流更为频繁，全球化的发展趋势愈发凸显，外来文化的本土化发展与民族文化"走出去"的世界化成为其中最为重要的两极。殊途同归，无论是前现代、现代、后现代，乃至当代艺术，现代性的答案就蕴藏在这条多元合一的审美通路之中。

如曹琼德的版画《城市镜像系列》中，摩天大楼、城市空间、飞机、信号灯等内容被置于牛、马等自然生灵的目光之下，作品充满了对现代都市文明的思考与诘问，直面观者的观念表达清晰可辨。曹琼德在其近期《溪山翰迹·纸上生》展览上阐述：《城市镜像》系列是对"贵州美术现象"时期《岜沙》系列的突破，是对城市生活中温馨感缺失的一种内心情感抒发①。包括后来的《甲骨文》等系列作品，都带有强烈的个人色彩。在这一点上，自"贵州美术现象"中一路走来的贵州艺术家们似乎有着共同的认识："现代艺术的魅力就在于它不断地向传统挑战，这些年东西方文化的冲突、融合使我进一步明白，艺术是需要民族的、独特个性的，这样世界才会丰富多彩不至单调乏味。再说，我们也不需要完全照搬西方的模式，作为艺术家，我们只需要一种自由的、互通的交流渠道，这就够了。路，还是得自己走!"② 对于自己的创作路径，版画家王建山做出这样的阐释。

艺术家实质上是在做着这样的努力：不断地进行着一种动态的调适与转换，在传统与现代之间，探寻艺术形式与艺术观念的自洽、主观情感与艺术表达的自洽，继而构建起自个体到群体、自地方到全域的综合艺术生态。

结　语

在社会的跃迁发展中，必然也伴随着审美现代化进程的展开。突破传

---

① 黄浩、赵亮、舒畅：《曹琼德的40年"纸上生"》，《贵州都市报》2022年7月21日第8（A5）版。

② 黄浩、赵亮、舒畅：《曹琼德的40年"纸上生"》，《贵州都市报》2022年7月21日第8（A5）版。

统与走向现代的路途中，必会历经从传统到现代、后现代的转型。当现代、后现代也逐渐成为新的传统，再看民族民间艺术进入现代艺术创造的历史发展进路，立足当代的现代性之间的答案，似乎已经揭开了它朦胧的面纱。冲破八九十年代从"贵州现象"到"85新潮"所构筑的"新传统"的藩篱，在创作的自觉与民族民间传统的探索中，应以完成互鉴共融的审美现代性转换为契机，找寻新观念供给的可能性。而在突破传统与走向现代的艺术历史中，民族民间因素所起到的作用正在于独特的"个性"。在艺术家自觉的创作追求和"灵感"与"神思"的闪现之间，民族民间艺术的多元个性提供了一种"间性"的审美牵系，一条在艺术与艺术家的主体间沟通交流的坦途。

传承人眼里"灯"的流变

——以非遗《利川灯歌》为例

谭琴琴

（恩施利川柏杨坝镇永兴居委会）

　　[摘要] 迄今至少已有 300 多年历史的利川灯歌是我国的一项宝贵的非物质文化遗产，所唱之歌多数是巴人及其后裔土家人竹枝歌的重要遗存，在中华民族的民间音乐中应该占有重要地位。目前学界对利川灯歌中歌的研究非常广泛而深入，但是对其中的灯文化的重视程度却不够。俗话说："三十晚上的火，十五晚上的灯。"在利川本地传统中只有民歌＋花灯＋锣鼓三者结合，才称得上是"灯歌"。灯是不可或缺的一部分，如果只有歌那就是民歌，不叫灯歌了。作为利川灯歌的重要组成部分，灯文化的传承与保护同样需要受到人们的重视。

　　[关键词] 非遗传承人自述；花灯；灯歌；灯调；龙船调

一　利川灯歌简介

利川灯歌确切的产生时间早已无从考证，不过从利川柏杨现存灯歌第17 代代表性传承人全友发所保存的传承谱系和辈分的记载（"朝、福、久、远、艺、康、永、长、德、高、年、乐、九、田、美、佐")看，其师为汪安佐，师爷为姚泽美，师祖为李祖田，开山祖师爷为清康熙时的谭功朝（鼓师）。另外参考一些清代墓碑上关于灯歌的浮雕，完全可以认定：早在明末清初时期，灯歌这一艺术形式就已经在现如今的利川柏杨坝一带流行，迄今至少有300多年历史。俗话说："三十晚上的火，十五晚上的灯。"利川灯歌在过去是和春节时期的各种习俗有着紧密联系的。在清朝末年到民国的这一时期里，利川灯歌的表演达到了空前的规模。

利川灯歌的传统表演形式是"划地为台"，也就是不论表演者走到哪里，只要观众在这个地方围成了一个圈，这个地方就自然而然地成了戏台。打一遍锣鼓，就是"咚不隆冬呛"；划一遍船，就玩个车车灯；或者是跳一遍扇子舞，唱一遍歌。根据尚未考证的民间传说，在清初流落到今柏杨龙河农村的落第秀才谭功朝和吐祥人乔国富是最早的灯歌艺人，他们开始只是在农忙的闲暇时间唱歌、打锣鼓。后来，随着越来越多表演者的加入，灯歌表演中逐渐加入了各种各样的花灯，并且在逢年过节时，更是有艺人大张旗鼓地沿街沿村演唱，形成了我们现在所看的利川灯歌。

二 利川灯歌的研究进展

近年来，利川的交通日益发达，对利川灯歌的传播和发展起到了很好的推动作用。谢亚平、冉红芳发表在《大众文艺》上的《利川灯歌的艺术特色及美育功能》，文章说明了利川灯歌的起源，从广泛性、通俗性、相融性三个方面阐述了利川灯歌的艺术特色，又从传媒功能、社会功能和文化功能探讨了利川灯歌的美育意义。谭宗派在《恩施日报》上发表的《利川灯歌的生态、源流及特点探析》，对利川灯歌产生的原因以及利川灯歌产生所受到的其他艺术形式的影响进行了分析说明，给后人提供了权威的参考资料。除了上述文章，作为利川的民俗专家，谭宗派还在《广播精选》上发表了《〈利川灯歌〉的表演形式与形成脉络》，将利川灯歌的表演形式和形成脉络通过多年的研究由实践转化为理论。

杨匡民主编的《中国民间歌曲集成 湖北卷》、恩施文化局编印的《恩施地区民歌集》、中国民间歌曲集成编委会编《湖北民间歌曲集成 恩施地区分卷》、甘武搜集整理的《恩施市民间歌曲集》、黄家济主编的《利川市民间歌曲集》、徐开芳主编的《恩施土家族苗族自治州民间歌曲集》等，这些歌曲集按演唱内容进行收录，分为情歌、劳动歌、生活歌、时政歌、历史传说歌、仪式歌、儿歌、盘歌、叙事歌、杂歌等，其中收录了利川灯歌部分曲谱。

王一芳的《鄂西南土家族灯歌的特点及演唱艺术初探》，在鄂西南土家族灯歌的基本情况介绍的基础上，对灯歌音乐的形态特征进行了较为详细的论述，并对灯歌的语言特色、演唱技巧、演唱风格等演唱艺术特点进行了重点的论述。

张卫民、张敏等人的《困境与突破：基于利川灯歌的生存现状和发展对策》，论述了利川灯歌不容乐观的生存状况和在学校教育中缺失的困境，并提出了传承和发展利川灯歌文化的对策。谭宗派的《〈利川灯歌〉的表演形式与形成脉络》中与唐代的竹枝歌进行对比来论述利川灯歌的表演特征和形成脉络。牟联文的《穿越时空的歌——利川灯歌申报"国家级非物质文化遗产"纪略》介绍了利川灯歌的发展及申报非遗工作的艰辛历程。另外还有新闻简讯《心口相传湖北利川灯歌》《利川灯歌肉连响亮相恩施州女儿城》等。

目前关于利川灯歌的各类研究文献非常丰富，这对利川灯歌的传承起到了非常重要的作用。但是在这些文献中，多数是关于《利川灯歌》的音乐曲调、歌词结构、声腔韵律和衬词衬句的研究，却少有对花灯、灯道具、"灯"文化的研究，更别说由传承人执笔的《利川灯歌》里对"灯"文化的研究了，后者在目前几乎是一片空白。身为《利川灯歌》的传承人，笔者主要结合非遗传承过程中的切身感受和对文献资料的搜集和梳理，来调查研究利川灯歌的传承，进而传播和弘扬民族文化。

三 利川灯歌之"灯"的文化意义

正如上文所提到的："三十晚上的火，十五晚上的灯。"利川灯歌是利川群众逢年过节、喜庆集会时的一种花灯表演形式。表演时划地为台，演员走到哪里，大家围一个圈即为舞台，就可以开始唱灯。利川花灯包括"前八出""后八出"以及"杂灯"等多种剧目和表现形式。"前八出"通常是由牌灯、花钵、财神、天官、灵官、观音等组成的大灯；"后八出"的内容通常是经典的戏剧故事，花灯包括龙、狮子、麒麟、白象等神兽形象；"杂灯"一般是以人物歌舞为主，花灯包括彩龙船、车车灯、莲湘、蚌壳精等。由于这些"杂灯"中的人物妆造、表演和传统戏剧存在很多的相似之处，而且杂七杂八、形式多样，队伍又夹杂在"前八出"与"后八出"之间，所以过去人们又称"杂灯"为"跳灯"或是"灯夹戏"。利川灯歌在上九出灯，十五收灯，其间烟花竞放，鼓乐喧天，十分热闹。

现如今，利川灯歌的演唱者大多是土生土长的当地农民，虽然没有受到过正规的艺术教育，但是他们在灯歌中所展现出的专业能力以及热情是非常高的。灯歌的表演内容极其丰富，很多传统的灯歌唱段还包含即兴的部分，个别表演者甚至还会唱一点《诗经》中的内容。已故的"土家歌王"凉雾乡散水村的老人牟奇祥，他从小学习唱歌，并将唱歌视为其第二生命。在利川，过年过节是当地人民玩灯唱灯的时候，各乡镇的文化馆会从当地不断地挖掘出一些优秀的灯歌作品，进行一些加工排演后，将其搬上舞台，然后聚集在市里的广场上进行比赛。每年的灯歌比赛都是最受利川人民喜爱的活动。逢年过节，当地人民经常见面就问："今天有没有去看耍灯？"利川灯歌利川人民已唱了几百年，利川人已经把看灯玩灯变成了一种习俗，这是他们表达和抒发感情的一种重要方式，也是年轻人维系感情的纽带。

花灯表演汇聚了利川各民族丰富的历史文化，通过戏剧本身的历史文化寓意发挥了社会教化的功能。花灯剧作具有历史性，是传统文化的一种，是特定民族在历史的生产生活中创造出来的，拥有特定地方文化色彩，是世代传承且至今仍然留存的文化现象总体。花灯发挥着其他传统文化所具备的作用，具有研究价值和历史文化价值，成为新时期文化发展的一种参考。从花灯艺术要素的源流上看，它是利川布依族、水族、苗族、汉族等民族的日常生活的艺术化表现，吸收、融合了外来文化而逐渐发展并形成自己独具特色的花灯特征，拥有深刻的民族历史文化联系，显现出一种历史文化价值。

利川灯歌中的花灯文化发展至今，其丰富性体现了它独特的历史环境背景，民族文化大融合即为其中一个突出的因素。它从民间零散的耍把戏发展到戏剧团队组建，再到殿堂式的花灯剧组的成立，这一切是建立在特定历史文化的基础之上。花灯文化活动更是一种承载和弘扬历史文化的表现方式。

现代花灯文化活动中加入的舞狮既是吉祥的象征，也有驱鬼辟邪的寓意。近年来，大小乡村寨子都喜欢邀请花灯团队进行表演，以此添喜纳福、庆贺新年，不得不说花灯文化已经成为新年活力的一种象征。从各团队表演的节目来看，它具有民间的艺术形式，人们喜爱之，以其欢娱。民间文化崇尚祥瑞，这是历来就有的一种祈福文化，而狮子是吉祥的象征，是威武和送祥瑞的标志，花灯文艺队的节目结合舞狮来迎客，这自然受民众喜爱和认可。

此外，花灯团队演出时，人们都带着愉悦和欣赏的心情去观看演出、参与集体活动的相应环节。无论是花灯小戏，还是大型歌舞剧，抑或逗乐的花灯小品，花灯团队作品不仅给村民们带来了精神文化享受，还激发了每一位观众的热情，活动中也为他们留下了美好回忆。只有参与其中，才能感受、感知并收获心灵的共鸣，而旁观则体会较浅。花灯文化活动与当地百姓传统习俗同在，这也与整个县域地理位置、生态环境的特点有着千丝万缕的联系，是一种人们改造自然、适应自然、与自然相处过程中历史文化积淀的结果。从乡村集体活动可以看出，花灯戏有其特定价值，大大小小文化事象，各有象征意义。

四 传承人眼里《利川灯歌》之"灯"的传承与流变

(一) 利川灯歌之"灯"的传承

在以前，利川灯歌用的灯是用竹条扎成的各种各样的灯笼，有八卦灯、鼓鼓灯，有像庄稼的一些玉米、茄子、黄瓜灯，以及各种动物形状的灯等。灯笼里面要烧蜡烛，否则晚上演出就没有灯光，这样的灯既能照明，又别有一种风味，与现在用电灯做的灯笼的情调是不一样的。灯火璀璨，心有所盼。一个又一个花灯之上，承载的也是人们一个又一个的愿景。既有对自然、动物、图腾的崇拜，对光明的需求，以及对美好生活的渴求，也寄托着人们对美好生活的想象与希望，还有战胜邪恶的勇气。

在1949年以后，由于国家思想文化建设的需要，扮演神仙鬼怪的花灯和大量以歌唱爱情为内容的灯调灯歌被取消，但"后八出"中的龙灯、狮子和"杂灯"中的彩龙船、车车灯却得以幸存。而在"文化大革命"中，灯歌的表演被迫中止。改革开放以来，利川灯歌中彩龙船、车车灯的演出虽然早已失去了它昔日的辉煌，但其演出却从年节逐渐扩展到了一切喜庆集会和休闲表演中，从一种节日才有的民间习俗逐渐变成了一种随时都可以进行的群众文化歌舞活动。

时至今日，由于电力的普及，传统的花灯逐渐被淘汰，取而代之的是更加容易制作和操作、在色彩上也更加鲜艳和绚丽的电灯，再加上年轻人更加倾向于去大城市寻找工作机会，而不是留守家乡学习和传承传统文化，因此利川灯歌中的花灯文化在发展中一步步走向衰落。作为传承人，笔者对这样的现象感到十分痛心，非常担心有一天，利川灯歌中的花灯会彻底消亡，到了那一天，即便灯歌的名号依旧响亮，但再也不是在利川大地上传唱了几百年的灯歌了，而只是一具没有灵魂的空壳。

身为传承人，在笔者看来，在现代环境下对利川灯歌中花灯文化的传承，最重要的一点就在于一定要保留其中最传统、最原汁原味的内容。作为一项文化遗产，其中最重要也是最有价值的部分一定是文化，除了"歌"，不论是花灯的制作技艺还是花灯所展现的传统形象，都需要被最大化地保留下来。现代的制作技术以及电灯的使用固然带来了很多的便利，但是在我眼里，过于现代化的元素总是会让花灯失去应有的神韵，会让花灯失去历史传承的厚重之感，而使用传统方式制作出来的花灯，会让人产生一种亲切的感觉，这种花灯表演也仿佛在进行一场穿越时空的历史对话，让人获得一种触摸历史的感知。

利川花灯传统文化具有多方面的特征。一是具有独创性。它自成体系，融合了多民族智慧，是在利川县域生态环境中发展起来的以演出为表现形式的特定生活圈的社会文化活动，具有强烈的民族意识。二是具有和合的人文情怀。它直接传播了谦虚、礼让、和合观念，是和谐文化价值观的一种表现方式。三是具有很强的包容性。花灯歌词中有很多汉族历史故事、帝王典故历史，传承了以汉文化为重要内容的中华文化，同时自身文化特色不褪，是包容性强的体现。但即便它具有诸多特质，却没有适合的平台对它加以打造和弘扬，这也是传统花灯文化容易受到冲击重要原因。

（二）利川灯歌之"灯"的创新

在花灯外形的传承方面，笔者偏向于持开放的态度。随着时代的不断发展，越来越多的新鲜文化元素出现在我们的生活中，灯歌的歌曲以及舞蹈也出现了越来越多的新主题，如果花灯依旧保持着年复一年不变的造型，难免会显得与歌舞格格不入，而当人们年复一年地看到造型毫无新意、一成不变的花灯，也难免会产生厌倦的心理，这一点我是深有感触的。因此对传统文化进行传承时，制作者也要适当地考虑文化发展的规律，将新鲜的文化元素融入花灯艺术之中，让人们在每一次的表演中都能够发现令人耳目一新的艺术元素，从而对灯歌表演充满期待。相信在这样的环境下，灯歌艺术的传承环境一定会越来越好，也会有越来越多的年轻人喜欢上灯歌文化，灯歌以及其中的花灯文化也一定会得到发扬。

在我看来，关于"灯"的创新有两个方面的含义。一方面，涉及狭义上的灯，其本质在于对灯的表现形式进行创新，这种创新主要是通过视觉体现的。就像上文所说的，创新与传承之间有着密不可分的关系。作为灯歌表演的道具，花灯在形式上的创新需要在保留原有的制作技艺的基础上，加入更多的现代化元素，比如把"灯"转移到道具、服装上，以荧光线条、LED灯勾勒彩龙船轮廓线条、少数民族服装线条……既守古又不拘泥于古，既坚持传统艺术文化又能适应现代社会审美，只有这种能适应新的生活的艺术才是活的存在。

另一方面，从广义上来说，对"灯"的创新，涉及一种文化层面的创新，在中国的传统文化中，灯象征着温暖，象征着家和情谊。一灯一世界，我国多民族文化的融合，期待集大家之力守正创新，创作出更多富有家国情怀的灯歌文艺作品，将先进的社会主义核心价值观融入群众的日常生活中。作为一名传承人，我也很愿意成为一名文化传播与融合的使者，将灯歌以及其中的花灯文化提升到一个更高的水平，让灯歌不仅是一种起娱乐作用的文化产品，更能够发挥出文化教养的作用，为社会主义文化事业的建设奉献出自己的绵薄之力。

此外，还可以把花灯文化与文化产业结合起来，合理利用，获得收益。一方面，可以促进当地的经济社会发展；另一方面，能提升人们在当地其他非物质文化遗产保护工作上的积极性。花灯戏的开发利用，可以带动地方特色经济的发展。随着经济的飞速发展，旅游产品已经成为人们的一种基本需求。在当前旅游项目的开发上，花灯文化得到县委、县政府的重视，因此不妨以花灯文化保护热潮为契机，开发出具有体验性、参与性的花灯文化旅游项目来增加游客的游兴，同时提升他们的鉴赏能力和满意度。只要开发合理、方法得当，这会带来一个双赢的结果。

利川灯歌中花灯文化的传承需要按照"保护为主，抢救第一，合理利用，传承发展"的方针，推动花灯文化产业的创新和发展。以利川各民族的文化和风俗为基础，建设适合作为旅游景点开放的花灯场地，而后邀请花灯进入文化传承的阵地，在打造好的乡村特色旅游镇中引入花灯文化。花灯戏的融入，将给景点文化单一性问题的解决提供一臂之力。实际旅游中，一个景点只有一两个与节日相关的活动是不足以留住游客的。花灯文化如果发展得好，将为利川旅游发展提供开发文化项目的资源。

结　语

利川灯歌是我国宝贵的非物质文化遗产之一，在新时代的语境之下，传承利川灯歌以及其中具有极高艺术价值的花灯文化，也即是在振兴非物质文化遗产，这是我国社会主义文化建设中一个重要内容。利川灯歌文艺队的歌舞、戏剧编排以及对花灯文化的传承与创新，不能生搬硬套原有的剧本和样式，照搬照念相关部门制定的保护性文件内容，而是迫切需要将人民群众喜闻乐见的文化内容融入灯歌节目中，利用"时髦"而"接地气"的花灯，于其中嵌入生活式的灯歌话剧、戏剧歌舞、娱乐民歌……把"规划"内容演"活"、演出味道。还可以将表演的内容通俗化，达到能让村民围观者定睛而看、深刻入心的境界；让观者震撼，传播才是成功的。至于最后的传播结果，还要靠政府给予多方面的支持和制定切实的优惠政策，为利川灯歌以及其中所包含的花灯文化的传承与创新注入源源不断的动力。

傩戏与能剧鬼神面具的民间情怀

谈太辉

（湖北工程学院）

[摘要] 傩戏与能剧从古老的祭祀演化而来，虽处不同国度和文化中，但都经历了从民间走向庙堂，又从庙堂回归到民间的历程。面具作为戏剧演出的重要组成部分，有着独特的文化内涵。鬼神面具不仅承载着原始先民的鬼神崇拜、神灵沟通、情感表达等功能，还展现了大众的民间情怀，表达了民间的朴素信仰，体现出民间的善恶设定，抒发了民间的情理观念。

[关键词] 傩戏；能剧；鬼神面具；民间情怀

面具艺术作为一种独特的文化形式和古老的文化现象，有着比较特殊的表意性质和悠久的历史渊源。傩戏和能剧作为面具艺术的戏剧样式，有着相同的源头。傩戏从上古驱逐疫鬼的原始宗教活动中发展而来，吸收了民间舞蹈与戏剧的成分，其面具保留着原始先民最古老的记忆。中国古代的傩戏传入日本后，在发展中定型为能剧。能面作为能剧的重要组成部分，具有独特的文化内涵。傩戏和能剧经历了从原始崇拜、娱神到娱人的发展变迁。傩戏和能剧的鬼神面具，在各自的剧目中占有很大的比例，"能剧剧目中有70％都是由逝去的灵魂戴着面具讲生前的故事"①，所以能面中鬼神面具较多，更不用说从远古祭祀演化而来、目前主要功用还与祭祀相关的演出活动傩戏。

一 民间信仰的朴素表达

傩戏和能剧产生的时候就有着重要的祭祀功能和强烈的宗教情怀，在民间信仰中，傩戏与能剧鬼神面具的驱疫、驱鬼、通神之功能是原始先民朴素和共性的表达。这种驱疫、驱鬼、通神功能不仅表现在民间，也表现在我国和日本古代各个时期每年定期举行的宫廷傩祭、寺庙祭祀等活动中。

（一）鬼神面具驱疫

《周礼》中有记载："方相氏掌蒙熊皮，黄金四目，玄衣朱裳，执戈扬盾，帅百隶而时难，以索室驱疫。"② 由此可以看出，在周代，就有由方相氏戴着黄金四目面具主持的、有众多隶人参与的大规模的驱疫傩戏，而方相氏就是古时候民间普遍信仰的驱疫避邪的神。在湖北省随县擂鼓墩出土的战国时期曾侯乙墓内棺漆画上就有方相氏的"傩仪图"③。据范晔《后汉书·礼仪志·大傩》以及张衡《东京赋》等的记载，"在每年岁末的时候，宫中都会举行大型傩仪"④，方相氏（这里的方相氏已经成为一种掌管祭祀的职务）"以木面为傩""黄金四目，掌蒙熊皮"，率傩仪队伍中的十二神兽驱邪逐疫，而且"持炬火，送疫出端门；门外骑骑传炬出宫，司马阙门门外五营骑士传火弃雒水中……百官官府各以木面兽能为傩人师讫，设桃

---

① 张欣主编，李玲著：《雕刻灵魂的表情》，人民邮电出版社2017年版，第51页。
② 杨天宇撰：《十三经译注 周礼译注》，上海古籍出版社2004年版，第451页。
③ 中央工艺美术学院学术委员会编：《装饰艺术文萃》，北京工艺美术出版社1996年版，第201页。
④ 民族文化宫、贵州省民族文化宫、国家大剧院编：《中国傩戏面具艺术》，学苑出版社2012年版，第25页。

梗、郁櫑、苇茭毕,执事陛者罢。苇戟、桃杖以赐公、卿、将军、特侯、诸侯云。"①

在汉代民间就出现了倛头逐疫现象。据郑玄注《周礼》之"方相氏掌蒙熊皮"中说,所谓的蒙熊皮,是以惊吓驱赶疫疠之鬼,即如东汉的倛头。而所谓倛头,是一种面貌丑恶的面具,傩人戴了并且以其驱疫逐鬼。就如《说文解字》说:"倛,丑也,从页其声,今逐疫有倛头。"② 这种面具在后世的傩戏中大多出现在丧傩中。同时在贵州德江贵州民族文化宫博物馆还藏有关羽面具。关羽被神化后,其面具在贵州傩堂戏中,就被用来替代"将军"驱鬼逐疫。在江西的傩神系统中,王灵官负责送神逐疫。同时,傩戏撮泰吉里驱逐的对象也是"灾难与瘟疫"。

日本鬼神系飞出、應见等由追傩面演变而来的面具,以及天神面具等也具有一定的驱疫功能。古代日本引入了中国的追傩驱疫的习俗,辟邪开口、魅头闭口的两副面具传到日本后被叫作"赤鬼"和"黑鬼",并逐步变化为张嘴的飞出面具和闭口的應见面具。张嘴与闭口,在佛教教义里代表的是宇宙的初始与终结的阿吽,例如寺庙护法金刚哼哈二将,一个怒颜张口,另一个愤颜闭唇,而能面造型就与之相仿。天神是"天满大自在天神"的简称,日本的天满神社遍布各个城镇乡村,祭祀的是诗歌学问之神——菅原道真。道真因受政治迫害而死,人们都认为他的亡灵在作乱京城,并且引起火灾、落雷、疫病等天地异象。所以,人们纷纷建神社镇魂,而菅原道真被敬为雷神、天神。

(二) 鬼神面具驱鬼

秦汉至隋唐,驱傩久盛不衰,但也有形式上的变化。汉代宫廷傩变成

---

① (晋) 司马彪:《续汉书》,中华书局 2003 年版,第 3127 页。
② (汉) 许慎:《说文解字》,中华书局 1963 年版,第 184 页。

了由 120 个儿童扮饰的保子队伍，还增加了成人身披皮衣、头戴兽形面具、扮成"十二兽"，同时一起唱"食鬼歌"。唐代十二兽被改成十二执事，执事挥动麻鞭，呼叫十二兽名，使之前来吞食各种鬼疫。此时保子增至 500 人，脸上均戴面具。不论是汉代还是唐代的宫廷傩，方相氏仍是驱逐疫鬼的主角。

中古时期因战乱频发，宫廷傩一度被废，但民间傩流行。梁朝荆楚一带，驱鬼的主角方相氏被佛教护法神金刚和力士等取代。唐代在陕西等地民间，出现了傩公、傩母两个角色。驱傩活动这种世俗化、娱人化的倾向，在宋代进一步得到发展。在对照文献时发现，元代跳师婆巫仪是由师婆请五狱、太尉等神，师婆附身则必有装扮，或戴面具，或装扮面部以象神，并由其带领众人舞刀驱鬼。整个仪式的目的就是驱赶疫鬼，其表演的就是一个比较完整的驱鬼故事。

就傩堂戏面具而言，为了镇妖逐鬼、驱疫祛邪，有很多角色都是以凶神的面貌出现的，如开山猛将、勾簿判官、山王、灵官、二郎神等。他们都被塑造成眉如烈焰、双眼暴突、巨鼻阔嘴、獠牙如戟的形象，或头生尖角，或额间生有"纵目"（如二郎神面具）。先民觉得，如果不是这样得狰狞、勇猛、凶悍，便不足以威镇傩堂和令妖魔鬼魅见之丧胆，如殷郊的面具就是赤发花面。

在佛教文化的寺院傩中，最突出的就是藏族地区佛教中的羌姆和汉族地区佛教里的目连戏，它们的共同特点都是请神驱鬼、祈福禳灾。在四川及甘肃的白马藏族中流传的曹盖也承担了驱鬼逐疫、迎神纳福的职责。

此外，民间传说中有不少猪神驱鬼辟邪的故事。广西有叫"猪元帅"的傩神，江苏有叫"猪子精"的神灵，江西称之为"猪嘴神"。

同样，在能剧中，能面鬼神面具也具有驱鬼的功能。作为能剧早期形态，在日本各处神社中奉献给神道的歌舞统称为"神乐"，日本各地的神乐面具种类繁多，造型夸张，在宫廷内部的称为"御神乐"，在民间神社所表演的称为"里神乐",主要功用是镇魂驱邪。

(三)鬼神面具通神

傩是世界范围内的一种文化传统,其本质是鬼神信仰,其核心目的是戴着面具利用仪式与鬼神达成共识,表达了人类寻求与自然神秘力量的沟通并与之和谐相处的愿望。

先秦时期,傩就已经成为国家级的重要文化现象。作为一种可能影响社稷兴衰存亡的"通神"之举,宫廷傩祭在中华传统文化中长期居于正统地位,由于受到了帝王和官府的重视及推行,它对整个传统文化都产生了深远的影响。[1]

元僧人释圆至在《晋陶将军庙化傩疏》中记载:"神旗彩仗,扬土行千载之灵;画袴朱衣,屏水帝二雏之迹。添满座胜幡喜色,回阼阶朝服青眸。薄技如小巫大巫,尽堪吓鬼;此兄无多助寡助,皆可通神。"[2] 从文献看,这是指当地庙祝或傩仪举办的驱傩仪式,它通过祈神、媚神的方式礼送其远离,希望从此不再有灾旱、疫疠。

藏族萨满巫师通神也离不开面具,当萨满戴上面具时,便能与神鬼沟通、与精灵低语,便成了神灵的化身、祖先的代表。他们透过面具窥见的是千百年来人们对自然万物的信仰、对与古老法则对话的向往。

撮泰吉也是由"撮泰"扮演祖先完成,其舞蹈过程中,还伴有歌唱或讲故事,以此来通神、请神、降神与象神。

傩戏的鬼神面具和能剧的鬼神面具在通神上具有相同的功能。作为连接生死、贯穿来世与现世的媒介,能面提供了一种神圣化途径,让主角变成了由远方走来的神灵。

---

① 民族文化宫、贵州省民族文化宫、国家大剧院编:《中国傩面具艺术》,学苑出版社 2012 年版,第 8 页。

② 转引自章军华《中国傩戏史》,上海大学出版社 2014 年版,第 63 页。

能剧主角能乐师全身装扮完毕，在与舞台有幕布相隔的"镜之间"落座。在这里，他们凝视面具并凝神静气地佩戴面具，完成一种倾注自我于能面的暗示，进而变身神灵。①

能剧《翁》的主角会在舞台上佩戴面具，让观众成了神灵"变身"的见证者。演能戏《翁》之前，有一套严格的祭礼，演员需朝放置白式尉面具的箱笼行礼。所有上台的能乐师在完成祭礼后，才可以触碰白式尉面具。在得知将要出演《翁》的主角时，表演者需要精进清修、别火（不与妇孺同灶而食）。也有人提出，能剧中神灵附体的人呈现为一种写实与抽象的混同、失神与放松的交织、人神合一的状态。

二 民间理想的善恶认定

自人类走过蒙昧的原始社会、产生了文明之后，"人之初，性本善"作为一种价值尺度，深植于我们的文化基因中，传统文化的向善与佛教思想中的向善深深地影响着民众的心理。善与恶这两种抽象的价值观念成为民众对事物进行判断的依据。

（一）傩面和能面中的善面神

在傩戏中，有不少因为善良或是善行被封为神的人物，如：歪嘴秦童，因心地善良，被太上老君封为傩神；玉皇大帝因李龙心地十分善良，就封李龙为傩神，让他来替愿主消灾减难。

傩堂戏面具具有神性和世俗性的双重品格，神性是主要的，因为傩堂戏本质上属于宗教戏剧。为了在傩堂戏中营造一种轻松、活泼的氛围，以取悦神灵和吸引观众，角色设置上主要是正神，如先锋小姐、唐氏太婆、甘生八郎、梁山土地等，他们被塑造成秀目慈眉、长耳丰颐、面带

---

① 张欣主编，李玲著：《雕刻灵魂的表情》，人民邮电出版社 2017 年版，第 45 页。

微笑、善良温和等生活中常见的"好人"形象，而不是高高在上的神祇形象。

在傩堂戏中，乡民们特别尊敬土地神，因其面具造型慈眉善目、善良可亲。如在《武先锋》中，土地出谋划策，赠送宝物捆仙绳，帮助先锋小姐。傩堂戏中鞠公面具以古代老人造型为基础，面容亲切和蔼，有时面具更被雕刻成咧嘴大笑的喜庆造型。唐氏太婆成神后的面具则着重塑造了其作为正神的端庄平和的神情。

在师公戏中的功曹因其司职与乡民们十分亲近，形成了一种善解人意的性格人设，因而其面具的造型也十分具有亲和力，或慈眉善目，或面带笑容，或是夸张的丑角造型。

此外，三界是毛南族最为敬重的一位善神，其面具造型平和威严。瑶王妻与瑶王同是毛南族跳神中的重要善神，其面具的雕刻相对简约，人物笑容可掬、亲切和善。另外，江西南丰傩舞城隍作为正面善神，其面具轮廓大气流畅，眼神中透出平静安详之气。

在能剧中，翁面具白式尉是智慧、吉祥、和平的象征，其面具微笑中透着温厚与慈爱。三番叟的面具被称为"黑色尉"或"黑式尉"，其面具能带来五谷丰登、风调雨顺。父尉是白式尉的父亲，是神灵之祖，延命冠者则是白式尉的子息。三代同舞时，是在祝愿家门繁荣、子孙昌盛，并能增加祈祷仪式的喜乐、欢庆成分。虽然能面表情中很少有明显的微笑，但在注视延命冠者面具时，你会发现他确实在向你微笑。

（二）傩面鬼神："面"恶"行"善

钟馗是民间传说中有名的捉鬼、吃鬼、斩鬼大神，但江西南丰傩舞中所用的钟馗面具，在造型上黑面宽口，表情凶狠慑人，但用金色的花纹点缀的唐朝式乌纱官帽则很好地将其不同于凡俗大神的"驱魔帝君"身份彰显了出来。

马头明王是观音为修行者降魔除障时忿怒相的化相。其面具造型凶恶，呈忿怒相，其背后是观音对众生的大慈悲心。

下洞娘娘是一位代表着不祥与家门不和的凶神，在傩舞中要被送离。相传田氏为了分家终日在家吵闹，烫死家中的摇钱树，致家庭破裂，但其为民请命，求得朝廷赈灾粮解救百姓，自己却饿死于途中，终而被封为下洞娘娘，是一位让乡民们又敬又怕的神明。游家五娘也是一位要送走的瘟神，在傩戏《划干船》中，人们将其送走，来表达乡民们送瘟神、迎吉祥的美好愿望。

吉祥天母是忿怒佛母，她行走于血海，身穿人皮，头戴人头骨冠，手捧着盛有人心和人血的头盖骨。面具呈暗红色忿怒相，三目，龇牙，张口，卷舌，口角悬吊人头，形象极其凶恶。后来被塑造成"功德天女"即吉祥天母，成为佛教的护法神。

咕噜乍波为忿怒莲师，为护法神。他一面二臂三目，张口咧嘴，赤面卷舌，火发上冲。头戴的五骷髅冠，立于莲花日轮，坐在大般若烈焰中，颈挂五十鲜人首，他是藏传佛教的鼻祖，也是藏密"羌姆"金刚舞的传播者。

张龙作为伸张正义的凶神，刚正不阿、疾恶如仇。其面具吊眼，烈眉，双角，颌有獠牙。

贵池傩戏《章文显》中的招魂使者也是一位凶神。其面具有火红额冠、火焰横眉。

傩堂戏中的孽龙也是凶神角色，面具凶恶，是一切灾难凶邪的化身，是被驱赶消灭的对象。

（三）能剧鬼面的善恶形象

能戏剧目内容大都是由逝去的灵魂讲述生前的故事：武士在怀念生前征战的功绩，悲痛人生短暂与无常；美人追忆生前的所爱，哀悼岁月流逝的愁苦与哀伤。[1]

平太是久经沙场的贵族武将,其面容毫无脂粉气,正气凛然,其目光暗含悲戚,似在夸耀壮烈与勇气的同时,也哀叹杀戮。能剧中关于武将的故事被称为"修罗物",讲述了光荣与悲伤并存的矛盾。

蝉丸是专用面具,用于能《蝉丸》。作为天皇的第四个皇子的蝉丸天生失明,被父亲抛弃在山中,然而,他毫无自怜之意,反而认为父亲这样做是出于慈悲之心,让他远离宫廷争斗。

能面中除了人相面以外,还有相貌特殊的异相面,它们的分类非常复杂,有瞪眼珠的飞出、闭嘴巴的應见、天神、狮子口以及恶尉系列等,这些都属于鬼神系面具。还有灵系面具,可分为神灵和怨灵,如生成、般若和蛇的本体虽然是女性,但因为怨恨深重化为活鬼,所以成为怨灵。

瘦女刻画的是地狱中受苦的女性灵魂。她们通常是因为执念过盛,或者怨恨过度而身亡,直至落入地狱还在遭受寂寞、痛苦,如《黑塚》里著名的吃人女鬼婆婆,是因为住在荒凉不毛之地、受尽凄凉才走上邪路的。

能面中泥眼女面代表了神奇超能力的存在,从而在表情上展现出一种出神的恍惚、纷乱和悲惨。如能戏《葵上》《铁轮》等前半场均使用能面泥眼,后半场女主角就会因怨恨化作活鬼。

般若为女性怨灵,其面容选型夸张。面具透出了怨恨、妒忌、悲痛和企图复仇的气焰。金属的眼睛、犄角和獠牙刻画出恶从心生、使活人变作厉鬼的人物形象。透过面具,人们能看到其眼睛里入骨的执念、伤心和恐惧,以及无法自控的悲伤。

三 民间观念的情理选择

中国传统思想中的生存智慧经常用"寓理于情"来化解人与社会、人

---

[1] 李玲:《日本能面 中间表情的无限光与影》,《世界遗产》2016年第5期。

与自然、人与人、人与自心，乃至人与各种文明之间的矛盾。民众在对理想的追求中，不敢或是不能触动阻碍理想实现的社会制度和伦理秩序[①]，所以在情感选择上出现情理合一的价值取向，从而把人类遇到灾难时的悲剧感全力降低到最低的限度。

日本民族是一个思想上背负着极为沉重的宿命观、心中怀有悲剧气质的民族，而幽玄和物哀都体现了日本民族的生命意识和生死观念[②]。日本人在体会到生活动荡不定、极易毁灭、无常而又可哀的时候，在感受世事的变幻无常、美好的事物常常在一瞬间毁灭的时候，更多是进行情感上的宣泄和抒发，在情与理的选择上体现出一种重情轻理的现象。

（一）情理合一的傩戏鬼神面具故事

戏曲的教化特性，是戏曲的众多特性之一。在"不关风化体，纵好也徒然"这一价值观的引导下，民间戏曲的教化与劝善追求格外明显，所以这些鬼神面具所承载的民间故事在抒发民间感情的同时，还积极发挥着社会教化的功能，善恶有报的观念也在积极规范着民众的行为。

如土家族秋报祭祀舞蹈《杀虎将》中的牛是善的象征，代表着广大的普通农民。在《杀虎将》的舞蹈中，牛不畏凶狠，勇敢地与虎、猴打斗厮杀，场外的观众们上场助战，帮助英雄降服老虎，舞蹈被带向胜利的结局。

又如傩堂戏正戏《武先锋》的主角先锋小姐，在《大王抢先锋》的戏中，崔良玉路经二龙山，用捆仙绳将山大王崔洪捆住，经过反复盘问发现他竟是自己曾经失散多年的兄长。兄妹二人遂烧了山寨，一起返回桃园洞。在《武先锋》中还出现了一位慈眉善目、友善可亲的土地神，他出谋

---

① 彭修银：《中西戏剧美学思想比较研究》，武汉出版社1994年版，第26页。
② 彭修银：《东方美学》，人民出版社2008年版，第168页。

划策，赠送宝物捆仙绳，帮助先锋小姐绑得山匪。

另外还有梓潼被赐封为文昌帝君的故事。相传四川梓潼人张瑞亭，从小父母双亡，孤苦伶仃，与凤凰山头领王龙等人结为义兄义妹，下山时受人陷害，张瑞亭因对王龙等人怀有愧疚而拔剑刎颈，众山寨头领也随之自杀。此事惊动天庭，张瑞亭被赐封为"九天开化七曲文昌宏仁大帝"。

此外，还有雷公的故事。雷公在《山海经》中为人头龙身。而民间说法则来自孝子辛兴的故事：辛兴的母亲欲杀一只自称雷神的公鸡，却被公鸡施法吓死，辛兴准备杀公鸡报仇，其孝心感动了雷神，被赠予仙丹，辛兴化为兽头喙嘴神灵，被天帝封为"雷门苟元帅"。

最后，还有柳毅的故事。柳毅是正戏《柳毅传书》的主角。相传柳毅在18岁赴京应考，不料名落孙山。返家途中，他在河边碰到嫁入金家饱受虐待的龙女。龙女请他带信给父亲东海龙王而获救。龙女为报恩与柳毅结为夫妻。

（二）重情轻理的能剧鬼神面具故事

一个民族的心理是其审美心理形成的源头活水。细腻敏感是日本民族心理的一个鲜明特征。自然地理环境是形成这一心理特点的最根本的决定因素。自然灾害经常就在瞬间降临，使家园废毁，美好生活不复存在。在对幸福和悲苦的反复品尝中，形成了日本民族悲剧性的心理特征。

能面十六也称为"敦盛"，是平安末期武将平敦盛的面容。在1184年的春天，源氏与平氏家族在濑户内海的须磨海岸附近展开了对战，被称为"一之谷之战"。16岁美貌的平敦盛是这些故事中最动人的主角。平敦盛是平氏家族贵公子，也是传世的笛子名手。平家战败，损兵折将，敦盛为取回遗落在后方的心爱笛子，在策马逃向赶来接应的船只时，被源氏一方的猛将熊谷抓住。熊谷掀开敦盛头盔，正要砍头之际，发现敦盛是个面敷薄妆的美少年，并且与自己儿子年岁相当，于是不忍杀戮，问其姓名，敦盛回答："无需报吾名,斩我首级即刻立功勋,待我死后再问生前姓。"最终,熊谷忍泪取下敦盛美丽的首级,也因之心生无常之念。后来他将甲胄中所藏笛子送还给了敦盛的父亲,自己则于高野山出家。

而俊宽面具则展现出极度的失落和憔悴。人物经历了艰难的流放生活导致营养不良、精神受损,日晒雨淋使肤色暗黄,反映在脸上的特征是深陷的眼窝、凸出的颧骨和张嘴却几乎失去语言能力的落魄。古往今来,俊宽的悲伤被文人不断改编、重写,近现代作家菊池宽、仓田百三、芥川龙之介都写过俊宽。不同的是,中世能戏强调俊宽的哀伤,强调他在经历了世间荣华与落魄、希望与绝望后的悲怆;近代则改编成俊宽将"船票"让给了流放同事在孤岛上的妻子,自己选择继续孤独,因为浮世之舟已经不是他的愿望所在。

日本太阳神天照大神被骗神话曾讲,古代太阳神天照大神隐藏于天之岩户,世间顿时陷于昏暗,昼夜不分。这时天界神仙商量对策,其中一位仙女且歌且舞,摇动作法的纸串和枝条,后又佯作神灵附体而袒胸露乳,引得众神仙哄然大笑,天照大神禁不住好奇,在向外张望时被请了出来,天地重现光明。

结　语

傩戏与能剧面具中的鬼神形象之多是其他戏剧和艺术样式所不能比拟的,从这里也体现出傩戏与能剧的鬼神戏数量同样众多。这些相似的面具、作品和表演集中地反映了东方民族在鬼神信仰上的一些共通性,以及在审美特质和善恶观念上的相似之处。这些鬼神面具所蕴含的独特功能、物我形象以及面具背后反映的故事虽然体现出一定的文化差异,却也透露出相似的民间信仰、相通的民间理想和相类的民间喜好。

侗族太阳纹的形成及其审美特征探析[*]

金 枝

（广西科技大学）

［摘要］世界上所有的民族都有崇拜太阳的历史。太阳纹最早在新石器时代早中期以岩画的形式出现，先后历经了以岩壁、彩陶、青铜器、帛等为载体的发展阶段，直到今天，它在刺绣、织锦、建筑中还能见到。本文从侗族太阳纹的历史溯源出发，主要介绍侗族神话传说中射太阳、救太阳和萨天巴三个故事，展现太阳纹在刺绣、织锦及建筑上的三种表现形式，总结侗族太阳纹所体现的三种物质性的形态美和三种精神性的内涵美。

［关键词］侗族；太阳纹；刺绣；织锦；建筑；美学特征

侗族是我国南方的一个少数民族，其历史源远流长，具有丰富的传统文化底蕴和强烈的地方民族特色，主要分布于中国的西南部湘、桂、黔交界处，以及鄂西南一带。我国侗族人数已近30万，在中国少数民族人口数量排行中位列第十。黔东南苗侗自治州、广西壮族自治区三江侗族自治县

---

* 本文系2018年度教育部人文社科规划基金项目"广西三江侗族刺绣服饰艺术及其应用研究"（18YJAZH037）的阶段性成果。

和湖南省通道侗族自治县是中国侗族分布人数较多的地方。侗族还拥有相当多的国家级非物质文化遗产，如侗族大歌、侗族服饰、侗族刺绣、侗族织锦、侗族戏剧、侗族萨玛节、侗族琵琶歌、侗族月牙铛、侗族摔跤、侗族芦笙舞等。侗族大歌作为无伴奏、无指挥的多声部民歌还被列为世界级非物质文化遗产。

侗族太阳纹是侗族人民感恩太阳给人类带来的光明与温暖而产生的，是一种太阳崇拜的产物，它将太阳化作各种纹样形式放入侗族服饰、刺绣、织锦乃至建筑装饰中。

一　侗族太阳纹的源起

（一）太阳纹的形成背景

太阳崇拜是一种宗教信仰，几乎存在于世界上所有的民族，它伴随着人类文明的进化和人类历史的发展而发展。它在全球有五大发源地：中国、埃及、印度、希腊和南美的玛雅地区。"中国新石器遗址中发现的太阳崇拜之遗迹有七八千年的历史。"[①] 在人类还没有诞生时，太阳就已经存在，在原始社会早中期，在严酷的生存环境及落后的生产方式下，人们还不能理解太阳的奥秘，但能感受到太阳给世间万物带来的光明与温暖，也意识到了太阳对人类生存的影响，因此就产生了对太阳的崇拜。后来随着人类的进化与发展，农业和畜牧业开始发展，人类也更进一步地认识到太阳对于人类生存的影响，这个时期的人类开始较多地对太阳进行观察和思考。太阳在不同时节、不同气候下的变化让他们觉得神秘。他们还将本民族图腾和太阳形象进行结合，希望太阳能更好地庇佑他们。所以在这一阶

---

① 高福进：《太阳崇拜与太阳神话探源：一种原始信仰的世界性透视》，《青海社会科学》1999年第 5 期。

段出现了很多太阳与动物、植物相互结合的图案，这便是太阳纹最初的形态。

（二）太阳纹的历史渊源

考古资料显示，中国进入新石器时代后，太阳纹就开始出现，最早是在岩画中以各种不同的符号形式出现，如内蒙古桌子山的岩画太阳纹（表1中1号），宁夏贺兰山岩画中的太阳神图案（表1中2号）。随后还有广西崇左花山岩画中出现的被拥簇在一群蛙形人纹中的太阳纹（中国第一处岩画世界文化遗产）（表1中3号）。此外，太阳纹还在各种彩陶片或陶壶文物中出现，如在陕西出土的仰韶文化时期刻在彩陶片上的太阳鸟图案（表1中4号），甘肃马家窑文化彩陶壶上的太阳纹（表1中5号）。在湖北和河南出土的商周时代青铜器上也出现了各种囧形变体的太阳纹（表1中6、7、8号）。表1中9号是现存于湖南省博物馆的在马王堆一号汉墓出土的T型帛画。其右上方绘有一个里面有金乌的较大的红色太阳，下方绘有8个小太阳，分别藏于扶桑树的枝干中。

表1 　　　　　　　中国先秦至汉时期典型的太阳纹图案

编号	纹样	艺术形式	地域	时代	出处与备注
1		岩画太阳纹	内蒙古桌子山	新石器时代	https://baike.so.com
2		岩画太阳神	宁夏贺兰山	新石器时代	https://image.so.com
3		岩画蛙纹与太阳纹	广西花山	战国到东汉时期	https://www.sohu.com/a/140896956_691058

续表

编号	纹样	艺术形式	地域	时代	出处与备注
4		彩陶太阳岛图案	陕西	新石器时代	《图说中国图腾》，王大有、王双有著①
5		彩陶壶太阳纹	甘肃马家窑	新石器时代	《中国图案大系 1》，张道一主编②
6		青铜器囧形太阳纹	湖北	商代	《中国古代青铜器造型纹饰》，陈震裕主编③
7		青铜器囧形太阳纹	河南	春秋	《中国古代青铜器造型纹饰》，陈震裕主编④
8		青铜器囧形太阳纹	湖北	战国	《中国古代青铜器造型纹饰》，陈震裕主编⑤
9		T 型帛画中的日中金乌	湖南马王堆	西汉	《马王堆 T 型非衣帛画图像文化研究》，田镇著⑥（右边是依据帛画中的金乌设计的文创产品）

　　太阳纹也是自周代以来帝王服饰中用以象征等级的"十二章纹"之首。帝王礼服上绘绣的十二种纹饰，有日、月、星辰、群山、龙、华虫等。"日"

----

① 王大有、王双有主编：《图说中国图腾》，人民美术出版社 1998 年版，第 107 页。
② 张道一主编：《中国图案大系 1》，山东美术出版社 1993 年版，第 85、107 页。
③ 陈震裕主编：《中国古代青铜器造型纹饰》，湖北美术出版社 2001 年版，第 70 页。
④ 陈震裕主编：《中国古代青铜器造型纹饰》，湖北美术出版社 2001 年版，第 70 页。
⑤ 陈震裕主编：《中国古代青铜器造型纹饰》，湖北美术出版社 2001 年版，第 70 页。
⑥ 田镇：《马王堆 T 型非衣帛画图像文化研究》，硕士学位论文，湖南工业大学，2007 年。

即太阳,取其光明之意。太阳当中常绘有金乌,这是汉代以后太阳纹的一般图案,取材于"日中有乌""后羿射日"等一系列神话传说。

图1 绘绣有"十二章纹"的帝王冕服①

(上衣用绘,下裳用绣,其中太阳位于服装最重要位置——肩部,

表示穿着者品行光明磊落。)

二 侗族太阳纹的神话传说

侗族"太阳纹"在侗族纹样中占有非常重要的地位,是侗族先辈们用劳苦血汗护卫出来的。在侗族历史上流传着一些感动后人的神话传说故事,本节从文献中收集了三个与侗族太阳纹相关的传说故事,转述如下:

(一)传说一:姜良、姜妹射太阳

相传雷公雷婆被四兄弟捉回给母亲看病,逃回天上煽动天王舀天河之水倾洒,见未能淹死四兄弟,便放出十二个太阳以晒干洪水。后面草木、

---

① 徐仂、龚振宁主编:《中外服装史》,南京大学出版社2019年版,第75页。

大地都晒干裂开了，人们无法正常生活。姜良、姜妹兄妹为了人们的幸福生活决定射下多余的太阳。姜良连射十箭，射落十个太阳后被姜妹阻止，要求留两个太阳，一个照哥哥犁田，一个照妹妹纺纱，它们就是今天的太阳和月亮。①

（二）传说二："广""闷"兄妹救太阳

从前有一个叫商朱的恶霸，因惧怕太阳便用大铁棍将太阳从金钩打落，天地间变得一片黑暗，人们过着暗无天日的生活。"广"和"闷"兄妹同众人想办法救太阳。他们分别带领男人和女人摸黑砍树造天梯和扯麻藤制麻丝，花了 33 天做成了 999 庹长的天梯和麻绳。"广"拿着麻绳的一端沿天梯到天上寻金钩，"闷"持绳的另一端在地上找太阳，他们约定，找到太阳和金钩后摇铃提示对方。"广"从东找到西，从南找到北，最后在天宇的正中找到了金钩；"闷"拉着长绳，翻山越岭，涉江过河，终于在肯亚山找到了太阳。"闷"用长绳拴住太阳，摇动铜铃，并高兴地笑了起来。商朱闻听，循声而来将"闷"吃掉了。"广"听到铃声，用长绳将太阳挂在金钩上。霎时阳光普照大地，商朱因惧怕而无法动弹，被众人打死，从此人们过上了安居乐业的日子。②

（三）传说三：萨天巴

在侗语中，"萨天巴"意为侗族的祖先，是天魂。有两种事物也叫作"萨天巴"，分别是天上的太阳和地上的蜘蛛。侗族人认为天魂在天为太阳，在地时就化为金色大蜘蛛。蜘蛛在侗民心中有不可取代的位置，他们认为崇拜蜘蛛就是在表达对太阳最高的敬意。蜘蛛网是天魂意志的体现，

---

① 曹廷伟编著：《广西民间故事辞典》，广西教育出版社 1993 年版，第 607 页。
② 曹廷伟编著：《广西民间故事辞典》，广西教育出版社 1993 年版，第 7 页。

如同太阳光辉洒向大地，可以护佑人们。在侗族地区，蜘蛛还被认为是灵魂物，伤害它们就是伤害魂魄。侗族太阳鸟的形象来源于农耕，那时农民需要通过观察候鸟来把握农时从而更有利于水稻生产。侗族的原始图腾崇拜中就有仙鹤、金鸡、龙、凤等，在侗家鼓楼、风雨桥等建筑上随处可见这些形象，由此产生了禁止伤害蜘蛛、鸟等，并把这些行为规范写入"侗款"①。

这些传说故事生动地反映了侗民族的太阳崇拜的源起，同时也反映了侗族文化中人和太阳、人和自然的关系。侗族人认为太阳是天的主宰，无太阳则无天，无天则无地，无地则无万物和生灵。

三 侗族太阳纹的表现形式与载体

（一）侗族太阳纹的表现形式

太阳纹的表现形式分为具象形太阳纹和抽象形太阳纹两种。

1. 具象形太阳纹

具象形太阳纹是对自然界太阳的一个写照，其基本造型是围绕太阳自身散发出来的光和热展开，具体表现形式是以圆形的太阳为中心，外围画有代表太阳光芒的放射状曲线。具象形太阳纹在侗族刺绣中应用较多，有基本形式和演变形式两种。

基本形式是圆形太阳纹轮廓内部空白或者只有简单的图形，这种造型在早期的器皿或服装上较为常见（图2）。

具象形太阳纹的演变形式，是在圆形轮廓内部填充了各类纹样，这种纹样在侗族刺绣作品中占据一定的比例。填充纹样的题材主要有花、鸟、虫、鱼等动植物纹样和各种文字或几何图形。图3就是具象形太阳纹演变出的各种形式，从左到右、自上而下依次是凤鸟纹、龙纹、蝴蝶纹、生肖

---

① 马本立主编：《湘西文化大辞典》，岳麓书社2000年版，第331—332页。

兔纹、清浊二气纹、花卉纹。

图 2　具象形太阳纹

（左为器皿上的具象形太阳纹，右为彝族服装上的具象形太阳纹）[①]

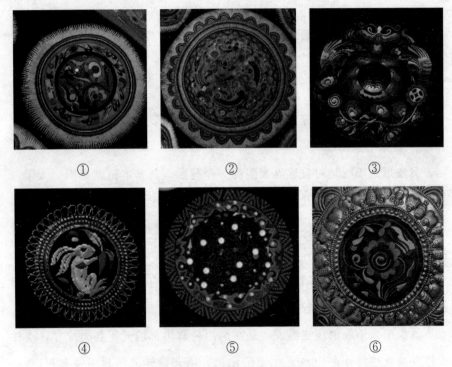

图 3　太阳纹内部的各种填充纹样

（图片来源：①②⑤出自"纹藏"——侗族纹样库，

③④⑥为 2020 年 12 月笔者摄于三江侗族博物馆）

[①]　王婷婷、施建平：《彝族太阳纹样的设计分析与应用》，《丝绸》2014 年第 3 期。

2. 抽象形太阳纹

抽象形太阳纹是从原有的太阳具体图案中，提炼出点、线、面等几何元素来表现太阳的形态特征，具体视觉符号有十字形、卍字形、米字形等。

十字形太阳纹是将具象形太阳纹进行艺术加工、提炼简化为十字交叉的两条线，图案是由不同颜色的"十"字形太阳纹连续排列形成。有学者讲道："十字日神较为普遍存在，它体现了最原始而简洁的意义：十字是阳光四射的简化，代表东南西北四个方向，与昼夜及四季更替有关。"[①] 卍字纹是由十字构成主体，再以短线与十字垂直交叉而成。在上古时代，人们经过长期的实践认识到太阳对作物生长的重要性，用十字形象表现了太阳光照的场景，而卍字纹可看成是十字纹的变体，形象地描述了光照的场景并富有动态的美感。米字形是对太阳形象的夸张式摹写，在史前时代称为"花"，即"华"，指太阳的光芒。米字形纹又叫"八角纹"，是在十字形的基础上构成的，经过了民间艺人创造性的设计而演变形成。图4为织有抽象形太阳纹的侗锦图片，其中每个图片都包含了太阳纹的多种形式。

图4 抽象形太阳纹〔（左）十字形太阳纹（中）卍字形太阳纹（右）米字形太阳纹〕

〔图片来源：（左）王婷婷、施建平《彝族太阳纹样的设计分析与应用》，《丝绸》2014年第3期；
（中、右）出自"纹藏"——侗族纹样库〕

（二）侗族太阳纹的表现载体

现有的侗族太阳纹一般通过侗族刺绣、侗族织锦和侗族建筑等表现出

---

① 高福进：《太阳崇拜与太阳神话探源：一种原始信仰的世界性透视》，《青海社会科学》1999年第5期。

来，它们为太阳纹的表现载体。

1. 侗族刺绣

太阳纹在侗族刺绣中主要是以具象形太阳纹的演变形式存在的。太阳纹在侗族刺绣中的应用，一般分为生活起居和日常穿戴两类。生活起居类主要包括母亲背小孩时使用的背带、居家用的抱枕以及装饰用的茶席和杯垫等。日常穿戴类主要有衣服、裙子、包包和儿童帽子等。

生活起居类中的侗族背带是侗族太阳纹最具代表性的表现载体。侗族母亲喜欢在背带盖上刺绣太阳纹，以心中的神来护住孩子最为关键的头部。有时单独绣一个圆形的太阳纹，周边绣有四株繁茂的向外发散的榕树纹（图 5 左）；有时是中间一个硕大的圆形，周围八个环形围绕的太阳纹组合，俗称"八菜一汤"纹样（图 5 中），这九个圆形太阳纹内可以自由设计纹样，只要符合美学原则即可；有时又是四五个同等大小的太阳纹根据不同的排列组合形成一定的审美样式（图 5 右）。背带盖刺绣纹样的题材虽相近，细节却绝无雷同，体现着不同女性的精工巧思，寄托着每位母亲对孩子的疼爱和祝福。

  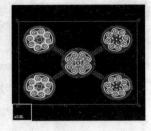

图 5　（左）榕树花太阳纹背带盖（来源于"纹藏"——侗族纹样库）

　　　（中）侗族"八菜一汤"太阳纹背带盖（2020 年 10 月，笔者摄于广西美术馆）

　　　（右）侗族太阳纹背带盖（来源于"纹藏"——侗族纹样库）

日常穿戴中的圆形太阳纹的设计就非常多了。图 6 中的服装均来自广西三江侗族在 2022 年 6 月非遗文化节中的参赛作品。设计出现在服装中的围腰、腰带、胸兜以及服饰配件的挎包、提包中。设计师还可以将其用在非侗族传统服装的任何部位。

图 6　2022 年非遗文化节三江侗族创意服装展示

（图片来源：2022 年 6 月 18 日，笔者摄于 2022 年"文化和自然遗产日"第二届侗族服饰大赛）

2. 侗族织锦

侗族神话中，姜良射下雷婆造出的多余的太阳后，日月正常运转，万物复苏。侗族人民为了表达感谢之情，将"太阳"作为纹样织进锦布中，或者用在被面上，或者用在服装围腰或童帽、童鞋上，这体现了侗族人民对美好生活的企盼，也显示了侗族妇女的勤劳聪慧。

太阳纹在侗族织锦中主要是抽象形几何纹样，包括卍字纹和米字纹（八角星纹）（图7）。

卍字读作"万"，原为梵文，佛教认为佛陀胸部出现卍，是佛的三十二瑞相之一①。所以，研究者认为卍源于印度佛教文化。唐朝有一位名叫慧苑的沙门，其撰写的《新译大方广佛华严经音义》中写道："卍本无字，周长寿二年权制此文，音之为万。谓吉祥万德之所集也。"从此以后，卍遂成为汉字，读音同"万"，并被赋予了含义。许悦在《"卍"字纹研究》中介绍，学界对卍的象征寓意解释的第五点是：卍纹样有可能从太阳图案演变而来，故说此纹样象征着"太阳崇拜"②。

侗族人民认为太阳是天的主宰，动植物和人的生长都离不开阳光，太阳是生命的象征。因此侗族织锦中的太阳纹与卍字纹所表达的意义有重合的地方。侗族姑娘陪嫁的织锦背面、新娘服装，第一个孩子满月时外婆赠送的背带、百家衣，平时穿的服装等上面都常常织有十字纹以及卍字纹，目的是得到太阳神的庇护。

米字纹又称八角星纹。八角星是古代苏美尔文明的一个重要符号，它每两角平行指向一方，因此，八角实际上标示的是东南西北四方。相传八角星纹是意指苏美尔天神的楔形文字，而苏美尔天神与空气神和水神并列为众神之首。同时，古埃及人认为，阳光、空气和水是生存必不

---

① 许悦：《"卍"字纹研究》，《三峡大学学报》2008年第8期。
② 许悦：《"卍"字纹研究》，《三峡大学学报》2008年第8期。

可少的三大要素，因而有学者推测，代表苏美尔神的八角星图案应该与太阳有关。八角星太阳纹中间呈正方形或圆形，周边伸展出八个三角形，也称八角星纹或八芒太阳纹，也可看作是正十字与斜十字的叠加变化。我国新石器时代的马家窑文化、大溪文化和良渚文化等都出现了八角星太阳纹。

（左）侗锦中的卍字纹　　　　　　（右）侗锦中的八角星纹

图 7　侗锦中的太阳纹①

3. 侗族建筑

在侗族的建筑中，侗寨在构造上将承担着集会和款待宾客的重要场所的鼓楼作为中心，其他建筑都是围绕着鼓楼这个中心层层辐射地建设。鼓楼就像太阳一样具有强大的凝聚力和号召力，从鼓楼四面发散而出的青石板小巷似乎代表着太阳放射出来的无限光芒。

除了侗寨的建筑构造，侗寨的装潢上也处处体现了侗民的太阳崇拜情结。如广西三江鼓楼（被称为"世界第一鼓楼"）室外坪的中央出现了用扁圆形鹅卵石铺设成的太阳图像：中间一个大圆形，圆形四周对称地向外放射出四根射线，射线之间组成了一个个放射状的扇形（图 8 左）。鼓楼室内的地面也跟室外一样出现了太阳图案。室内抬头就能看到一圈圈相互交错的纹样（图 8 右）。圆圈、射线、扇形，构成日晕之状，这就是古代侗族

---

① 左汉中主编：《湖南民间美术全集　民间织锦》，湖南美术出版社 1994 年版，第 130 页。

崇拜太阳、崇拜天魂所创造的日晕图案。室内外两个太阳图像一小一大、一里一外交相呼应，似乎在向世人宣读着本民族的太阳神话传说，也时刻提醒着侗族后人不能忘记本民族对太阳的崇拜与信仰。①

图8　广西三江鼓楼室外及室内顶部

（图片来源：2020年12月，作者拍摄于广西三江广场）

四　侗族太阳纹的审美特征

太阳崇拜是在原始社会生产力较低的情况下，人们把太阳的形象人格化，并赋予它一种想象中的超能力，而太阳纹作为太阳崇拜的产物成为一种保护本民族人民的图案符号。侗族太阳纹在不同承载物上演变出的多种表现形式，无论是具象纹样还是抽象纹样，都是先民原始信仰实体化的表现，也正是通过太阳纹样的这些表现形式，侗族的原始宇宙观得到了生动表达。本节旨在透过侗族太阳纹的外在形态和构成要素来揭示其深刻的文化内蕴。

（一）形式美法则

"形式美"作为设计与美学理论中的一个专有名词，是人类在创造美

---

① 陈一凡：《侗寨传统建筑装饰图像研究——以广西三江侗族自治县为例》，硕士学位论文，东华大学，2013年。

的过程中对美的形式规律进行的经验总结和抽象概括。形式美法则是一切视觉艺术都应遵循的美学法则，贯通于绘画、雕塑、建筑等众多的艺术形式之中，一般涉及变化与统一、对比与调和、对称与均衡、比例与尺度、节奏与韵律、强调与夸张等方面。掌握形式美的法则，能够使人们在设计作品时，能更自觉地运用基本法则来进行表现，使作品达到美的形式与美的内容的高度统一。

侗族纹样无论从整体构图、局部线条使用还是色彩表现上都符合形式美法则。侗族人长期以来对生活和自然的理解，与个人对美的独特想法相结合，从中诞生出许多关于侗族纹样创作的形式美法则。这些法则没有形成固定的设计语言，但在侗族妇女的创作观念里已经根深蒂固。她们不需要绘制草图，也无须在心中多次构思，就能拿出针线绣出心中理想的纹样。侗族太阳纹在形式美方面符合以下几种原则：变化与统一、对称与均衡、节奏与韵律、比例与尺度等。

下面两幅侗族太阳纹刺绣（图9）便很好地诠释了上述形式美法则。左边"八菜一汤"太阳纹背带盖刺绣纹样符合形式美法则中的变化与统一、对称与均衡、强调与夸张等多项。首先，变化与统一之"变化"体现在纹样内容、形体大小和构图方面的主次分明，"统一"体现在纹样造型、色彩和结构方面的相似但不雷同，局部的变化不会带来冲突而是统一于整体。其次，对称与均衡中的"对称"体现在整个方形背带盖刺绣完全是一个轴对称图形，对称轴为方形的对角线或每一条边的中线，而"均衡"体现在每个对称的纹样类型中使用的具体刺绣图案是不同的，或是对称的圆形太阳纹样，或是三角形纹样，又或是长条形的花草纹样，构图对称且富于变化。再次是强调与夸张：这幅刺绣强调突出了最中间的圆形太阳纹样，周边的八个小圆太阳纹、四周的三角形和长条形花草纹均是中间太阳纹的陪衬。

图9右边的图片来自"纹藏"——侗族纹样库。该图片收集了侗族各

种类型的太阳纹样，有榕树花太阳纹、混沌花太阳纹、蝴蝶花太阳纹、盘龙八卦太阳纹等。

图 9　侗族太阳纹刺绣

［图片来源：（左）"八菜一汤"太阳纹背带盖，2020 年 10 月，笔者摄于广西美术馆；

（右）侗族太阳纹合集，来源于"纹藏"——侗族纹样库］

（二）美学特征

侗族纹样具有鲜明的民族特征。男耕女织的生产方式给予了侗族妇女自由广阔的思维空间，她们以自然界的物体为模仿对象，一针一线勾勒出心中的期盼。她们并未接受过系统的设计训练，那些优秀的作品完全是她们在无意识间创造加工完成的，然而就是这样一种自然天成的创作过程，使得侗族纹样在民族纹样的领域里占有了一席之地。各种类型的太阳纹均具有一定的美学特征，其美学特征可以概括为物质性的形态美和精神性的内涵美。

1. 物质性的形态美

侗族太阳纹的物质形态属性蕴藏着以下三个特征：

（1）色彩明丽

侗族太阳纹刺绣多用明快的彩色丝线制作，配色清新淡雅，常用小面积的对比色,使纹样带给人的视觉感受非常丰富。纹样色彩丰富,以红色、蓝色和绿色使用率最高,它们与深色的底布形成强烈的色彩对比,给观者带来了强烈的视觉冲击,以及积极向上、愉悦欢快的视觉感受。

侗族织锦分为彩锦和素锦两种,在织机上操作手法分别为"通经断纬"和"通经通纬"两种。素锦是侗族传统织锦,主要采用黑白灰或蓝白灰的色彩组合。这种色彩组合的灵感来自自然界昼夜更替时天色的深浅明暗的变化,富于韵律美。

(2)结构严谨

无论是刺绣还是织锦或是建筑上的太阳纹样,大都具有主次分明、结构严谨的特征。

广西三江、贵州从江等地区小孩背带盖上的刺绣图案,有的是中间一个较大的圆形太阳纹、旁边为发散到四周的榕树纹或其他侗族花草纹,或者是中间一个大的圆形太阳纹(也有可能是其他混沌花纹)、周边围绕四个或四个以上的小的圆形花鸟纹(俗称"N菜一汤"的形式)。这两种刺绣形式主次分明,四周的刺绣纹样均是以最中间较大的太阳纹为中心,整个刺绣首先映入观者眼帘的必定是中间的太阳纹(图10)。

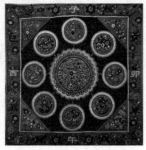

图 10　侗族太阳纹刺绣

(左:榕树花太阳纹,出自"纹藏"——侗族纹样库;

中:"八菜一汤"太阳纹,2020年12月,笔者摄于三江侗族博物馆;

右:混沌花太阳纹刺绣,出自"纹藏"——侗族纹样库)

（3）工艺精美

侗族刺绣是剪纸和绣艺的结合体。剪纸艺人不需要画稿就可以以剪刀代笔行云流水地剪出自己心中的太阳纹图案，通过剪纸来表现自己的设计构思和情感。刺绣的针法细密、布面平整、纹样精细，向观者展示着侗绣工艺的精致美。侗绣中的平绣、盘轴绲边绣、锁丝绣、挑花绣、打子绣等针法的精美程度无一不展示了侗族绣娘的鬼斧神工。

2. 精神性的内涵美

侗族同许多少数民族一样，在过去是没有文字的，侗族人民将一部分感情寄托在侗族纹样中。太阳纹作为物质性符号，是侗族民族精神的载体。

（1）农耕文化的产物

古越人是我国最早种植水稻的民族，三江侗族是古越人的后裔，故侗族刺绣太阳纹样的产生，与农耕文化有着密切的联系。比如，刺绣底布的生产离不开种植业，收获棉花后才能进行纺织、制成棉布。如果侗族妇女没有参加农业劳动，就不可能发现蓝靛草可以染布的神奇特性，圆形太阳纹样中就不会出现精美生动的花草鸟兽。侗族刺绣纹样丰富，却没有等级之分，只有老少之别、区域之异，这同样与农耕经济有关：长期的原始农耕经济，使人们形成了平等共处的思想意识。侗族刺绣太阳纹样从一个侧面反映了侗族农耕经济下人与人之间地位上的平等。此外，侗族刺绣品上出现的大量的几何纹样，如八角纹、方格纹、卍字纹、螺旋纹、圆圈纹等，也与人们的生产活动息息相关，是人们的生产劳动在刺绣纹样上的抽象化反映。

（2）天人合一、崇尚自然的观念

侗族是个乐观豁达的民族，人们世世代代在这片风景秀丽的土地上繁衍生息，他们与自然和谐共生，推崇传统哲学里的"天人合一"的理念。外在的自然现象与主体情感的互相渗透、融合，物我、主客的完美合一成为艺术设计的最高境界。自然是他们所有生活资源的来源，对自然的感激和敬畏之情使得侗族人热爱自然、尊崇自然、与自然相依相融。他们认为自然界各种生物和自然现象都有神灵主宰，并影响着人们的生产和生活。在侗族纹样中，龙、鸟、鱼、蜘蛛、花草等动植物都是很常见的，侗族人认为万物是有灵魂的，他们将其与太阳纹结合，并以刺绣的方式呈现出来，以此来表达他们对大自然的敬畏之情，同时也体现出人与自然和谐共处的中国传统哲学思想。

（3）祈福避祸、对平和美好生活的追求

消除灾祸疾病、期盼幸福安康是人们在追求理想生活的道路上重复不休的主题。生存繁衍、生命延续是人类最基本的愿望，这类主题的吉祥纹样在侗族刺绣中尤为多见。在很长一段时间里，侗族人民的生活比较清贫、艰苦，但豁达乐观的他们从不放弃对美好理想的追求与向往。在生殖崇拜上，他们通过榕树太阳纹、混沌花太阳纹刺绣把对生殖繁衍的追求以借喻、隐喻的方式表达出来，让子子孙孙认识人类的起源和生命的意义；他们用凤鸟太阳纹和盘龙八卦太阳纹刺绣暗示生育是神鸟进入妇女体内的结果，龙凤是生命之象征，表示生命之延续；他们用蝴蝶花太阳纹或鱼纹刺绣祈愿爱情双宿双飞、人民多子多福；他们用旋转的卍字纹及其变体太阳纹、八角太阳纹等符号化的太阳纹展示出一种永生的意识，表达了生者长寿和死者永生的愿望。无论是龙、凤还是花、鸟、蝴蝶、鱼，侗族都将它们作为图腾来崇拜，将其化作图腾图案展现在侗族刺绣纹样中。

结　语

侗族太阳纹是一定历史时期的产物，是当地自然界客观物象的主观映射，是我国民族文化的瑰宝。侗族太阳纹最早出现在新石器时代，以岩画的形式存在，后来又在陶器、青铜器、帛画中出现，今天则在侗族服装、刺绣及织锦、建筑等多种载体上呈现。侗族太阳纹样所表现出来的外在物质形态方面和内在精神方面的美学特征既是对大自然的折射，更是对人性的释放，具有一种原始粗朴、不加雕饰的独特美感。在传统文化与现代文化交流交融的当下和未来，侗族太阳纹会一直存在，它的美学特征将会被越来越多的人挖掘与传颂。

变与不变:三江侗族农民画的走向与思考

丁远亮

（玉林师范学院）

[摘要] 三江侗族农民画作为民间传统美术，入选了自治区级非物质文化遗产名录，是侗族人传统文化与集体记忆的载体。它在传统文化创新性发展与创造性转化过程中始终坚持文化传统审美经验的延续，是民族文化乡土性顽强生命力的活态呈现，有助于达成文化的共情和共享，对中华民族文化的认同具有重要意义。三江侗族农民画本真的文化性和民族情感的表达是其发展历久弥新的核心。其在新时代的发展需要根植民族文化、坚持面向市场、扩展多元的创作主体并对主体进行由自在到自为的思想提升，结合生产与协同性保护发展，从而助推三江侗族农民画的保护传承和创新性发展，赋能乡村振兴。

[关键词] 非物质文化遗产；三江侗族；民间美术；农民画

一 三江侗族农民画的发展概况

三江侗族自治县位于广西壮族自治区柳州市北部，位于湘、桂、黔三省交界处，是多民族聚居区，居住着侗、汉、苗、壮、瑶等民族，其中侗族人口占比 60% 左右。千百年的民族交往、交流、交融创造出了缤纷灿烂的民族传统文化。侗族的传统剪纸、刺绣、雕刻、绘画、银饰、鼓楼、风雨桥等民间艺术与建筑精湛独特,这些灿烂的侗族传统文化和丰富多样的民族生活方式,还孕育出了特色鲜明的三江侗族农民画。

三江侗族农民画历史悠久,其发展演进经历了四个阶段:萌芽阶段、成长阶段、成熟阶段和新发展阶段。萌芽阶段:相传在清朝中期就出现了侗布画,《三江侗族自治县民族志》记载了侗族人在鼓楼、桥梁和庙宇上的彩绘图案,内容基本为汉族人物故事和侗族人熟悉的各类花草、鸟兽等,多为工笔画,由此可知当地有农民绘画的传统,这也是三江侗族农民画发展的根基。20世纪70年代为三江侗族农民画的成长阶段:当时全国范围内开展了学习陕西户县农村美术创作经验的活动,三江侗族自治县文化馆在此契机下组织干部深入村寨开展农民画的创作辅导,由文化馆免费提供颜料、画纸、画笔等画材并给予相应工分,激发了农民的踊跃参与。参与的农民创作了一大批优秀的政治宣传农民画,得到了上级政府的肯定和表扬,参与创作的部分农民也在一定程度上满足了利益诉求并完成了身份转变。20世纪80—90年代是侗族农民画发展至成熟的阶段:三江侗族农民画在文化馆专业画家的辅导下淡化了政治宣传的题材,逐步转向符合市场需求的地域民族题材,并通过积极参加国内各种画展等形式,以独特的民族地域特色打出了三江侗族农民画的招牌。新世纪至今为三江侗族农民画的新发展阶段:经历了短暂的衰退期后,在国家相关政策支持和文旅融合背景下,三江侗族农民画以非遗的身份正在焕发新的生机,成为侗族人民推进乡村振兴的文化财富。

三江侗族农民画于2012年入选广西壮族自治区区级非物质文化遗产名录,县级以上传承人9位,保证了农民画的传承与发展,建有"农民画艺术馆"和"农民画传承馆",主要传承区域为该县的同乐、八江等乡镇。据相关部门统计,三江侗族农民画年产值达550多万元,已有2000多幅作品被作为国礼送各国使馆收藏,还在全国各种农民画画展和比赛中屡获奖项。三江侗族农民画已经成为与侗族木结构建筑、侗族大歌、侗族银饰、侗族刺绣、侗族服饰等同等重要的侗族优秀文化的代表符号。

二 三江侗族农民画的发展变化

传统民间美术和传统工艺作为几千年农耕文明的文化结晶，贯穿于人民物质生活和精神世界的各个领域，反映了劳动人民的思想情感和审美情趣，始终伴随着人类的繁衍生息而变化发展着。三江侗族农民画是我国优秀的民族民间传统美术，一直在与时俱进、适应社会发展需要而变化着，这种变化是创作主体根据新材料、新工艺、新时代的审美和人们的生活需要进行的自我活态调整，是三江侗族农民画自身生命活力的呈现。

（一）表现主题的变化

"艺术当随时代"，农民画以民族艺术为根基，以地域文化为土壤，以直观易懂的形式表现了不同时期的社会风貌和时代审美。中华人民共和国成立以来，我国农村发生了翻天覆地的变化，三江侗族农民画也跟随时代的步伐在单一的表现主题中增加了更为自由、更为多元的民族风情元素。

三江侗族农民画随着时代的演进发展在表现主题上发生了变化。萌芽阶段：壁画。这个阶段的创作以祈福纳吉、装饰美化为目的，图画画于鼓楼、风雨桥和庙宇等建筑上，题材多为汉族传统吉祥图案、人物故事及侗族人熟悉的花鸟野兽等，彰显了区域民族文化的认同和交融。成长阶段：宣传画。三江侗族农民画在国家文艺路线的指引下，遵循"文艺为工农兵服务"的方向，以政治内容与艺术形式相统一为要求，创作了大量歌颂时代的宣传画，如《油茶林里夸队长》《自觉学习》《绣上红日照侗乡》等。此时的作品以表现主题人物和事件为主，缺少装饰性，不过独特的民族文化元素开始出现。成熟阶段：农民画。国家实行改革开放政策以后，回归到以经济建设为中心，农民画开始向着市场需求的方向转变，文化部门的辅导者在创作题材上不作规定，鼓励创作农民选择身边熟悉的题材来表现。于是他们将鼓楼建筑、种地捕鱼、风俗节日、唱歌跳舞等民族生活主题绘入画中，创作出了很多优秀的作品，三江侗族自治县的民间绘画也正式改称为"农民画"。新发展阶段：侗画。作品中出现了更加多元的创作主题，将侗族民俗、节日和生活中的细腻情感均作为创作元素进行了形式化的表达呈现，展现了侗族优秀的民族风情。

（二）形式及市场需求的变化

发展需要创新，但创新则需要观念的引导。传统美术或工艺会依据新材料、新技术和新的审美需要而呈现不同的形式变化。侗族人开放包容和敢于创新的思想使三江侗族农民画在呈现形式上经历了由壁画、宣传画、农民画到侗画的发展变化过程，逐渐走向更加多元的形式，图画的功能也从自娱自乐变为展现民族文化和满足市场需求。表现形式由单一变得多样，从以国画为颜料、以工笔画和国画的技法表现为主，转向以水粉、丙烯为材料，以装饰画的形式进行呈现。至今除保持在不同纸和画布上作画以外，创作者在簸箕、陶瓷、灯具、家具和墙壁上也作画，形式越发丰富和多样。市场需求由过去的装饰壁画转为 20 世纪 70 年代的宣传画、改革开放创外汇的少数民族农民画，直到现在以面向国内旅游市场为主的侗画文创产品。三江侗族农民画作为文化遗产被保护，还成为地方的文化品牌，其生产的目的除了进行文化传播与弘扬还有面向市场创造经济价值，市场的需求决定了农民画的内容、风格和形式的变化，也是让侗族农民画得以有序发展的主要因素。在面向游客方面开发了系列文创产品，在乡村振兴方面出现了作为美化新农村的墙绘，在文化传播方面创作了与时代相呼应的侗家新气象，在教育方面走进校园使中小学生深切感受了民族文化的魅力，以上都带动了地域经济和文化的发展。

（三）从业者的变化

随着时代的发展，三江侗族农民画的从业者也发生了变化：一是从业者身份的变化，二是从业者群体的变化，三是从业者观念的变化。某种工艺或美术从萌芽到成长成熟的发展过程中，除了作品内容上会有变化之外，从业者的身份也会发生变化。从过去单纯的农民变成了既是农民又是业余画家，还出现了商人、专业画家、传承人等身份，这种现象在三江侗族农民画从业者中发生着。有些从过去为了多挣些工分业余画画到为了实现人生价值而成为专业的农民画家，有些则进入文化部门成为公职人员，还有些成为农民画传承人，从业者的身份变得丰富多样，促进了农民画的传播和传承。从业者身份的变化也带来三江农民画创新群体的变化，如农民群体、传承人群体、专业画家群体和爱好者群体等，每个群体的形成都是对三江农民画传承发展的有效促进，不同群体创作对象和视角的不同使三江农民画风格、主题和形式更加多样，一定程度上助推着农民画向着更高质量发展。

从业者身份发生变化以后形成了不同的身份认同，这些身份慢慢聚合形成各自的创作群体，从而使从业者在创作观念上发生着改变，一旦观念改变就会在农民画的创作上形成不同的风格、流派、表现形式和主题。如专业画家会更多地追求时代性、形式美和技法，画面细腻典雅；业余的农民画家则延续对真挚情感的传统表现，画面更加朴实单纯；农民画传承人则是继承传统和创新转化并举，不仅要表现民族文化，还要注重市场需要开发文创产品和体验式创作，来展示、宣传和弘扬农民画。从业者的变化有助于三江农民画的传承和创新，更有助于推动产业发展，带动村民文化致富，使三江侗族农民画焕发出新的生机和活力。

三　三江侗族农民画不变的本真性

本真是一件事物最具魅力和不变的本质，三江侗族农民画内在的本真性是其紧跟时代发展永葆生机的内生动力。一件事物发展的好与不好要看其是否能够满足时代发展的需要，三江侗族农民画的某些方面一直紧跟时代变化着，但其情感性、民族性和文化认同感等一直保持着不变。人类学家博厄斯指出："人类的一切活动都可以通过某种形式具有美学价值。"①三江侗族农民画生活化的民族题材与感性主观化的表现是一种民族情感认同和独特审美经验的呈现，其形式和内涵具有本真的乡土美学价值是其历久弥新的根本。

（一）生活化的民族题材

三江侗族农民画除了创作主体是侗族人之外，它表现的内容也是生活化的民族题材，画面中的元素源于侗族人现实的生活场景、节日庆典和民俗生活，这些是侗族人的情感寄托，他们用灵巧的双手和淳朴的心灵描绘出日常生活中的事情。这些与侗族人们相伴共存的农民画一定程度上成为记载民族文化和彰显民族精神的外在呈现，其无论是形式上还是内容上都具有非常明显的民族性、时代性和生活性。

三江侗寨中的吊脚楼、鼓楼和风雨桥是最具侗族民族风格的建筑，与侗族人民的日常生活息息相关，蕴含着侗族人的聪明智慧，成为三江侗族农民画描绘的对象。如农民画家杨丹的《抢亲之夜》和《织布图》、张泽安的《哆耶之夜》，都是以自己的民族建筑吊脚楼为背景。杨丹的《理沙》、杨共国的《侗寨之夜》、杨艳桃的《侗乡送新娘》等作品中，画面背景则是鼓楼。杨丹的《风雨桥下好梳头》、吴玉纯的《送新娘》和杨共国的《侗乡欢乐年》等画作中，均表现了风雨桥。"喝油茶"是三江侗族人的生活习俗，杨丹的作品《打油茶》描绘的就是侗族人其乐融融地喝油茶的生活情景。节庆活动是我国少数民族中另一种特色文化，也给能歌善舞

① 转引自倪建林《原始艺术》，重庆大学出版社 2007 年版，第 86 页。

的人们提供了展示的机会。侗族的"三月三"是最具特色的民族节日，包含唱侗歌、抢花炮、赛芦笙等内容。杨丹的《侗族芦笙舞》和杨艳桃的《赛芦笙》描绘的是侗家芦笙比赛的场景。杨丹的《侗族大歌赞侗乡》描绘了侗族人在鼓楼下载歌载舞的场景：侗族妇女手牵手唱着大歌，男子吹着芦笙伴奏伴舞，背景也是本民族的特色建筑风雨桥和吊脚楼。张泽安的作品《哆耶之夜》以哆耶舞为主题，描绘了侗族百姓围着篝火，手拉手跳起哆耶舞的场景。杨庆谊的《春米》、陈玉秋的《理纱》、吴述更的《捶年粑》、杨功存的《打鱼归来》、杨基艳的《晒谷子》等作品，生活气息浓郁，再现了侗族人原生态的生产生活。农民画展示了侗族的传统风俗、地域文化和日常生活等生活化的题材，为其增添了质朴的气息，有效传承了民族文化，激发了人们了解侗族人生活的热情。

（二）表现手法上的感性主观色彩

三江侗族农民画作为侗家普通民众的业余创作，其在各个发展阶段为适应不同的需要而不断调适自己，最初从本民族剪纸、刺绣等艺术中采借形式和汲取营养，而后又在专业队伍的指导下学习壁画、国画、水彩画、漫画、油画等的技法或风格。农民画在题材上紧紧围绕本民族的生活、风俗和乡村景观进行创作，体现出强烈的民族特色，这种特色是民族审美习惯的反映，使三江侗族农民画整体的表现形式为感性主观化，这种感性主观化一方面是诉诸心灵、情感和想象，另一方面是在探索和实践中逐渐形成，正如"民间文化和艺术由于其所处的地位和生存环境，具有天然的变异性，会为了自我需要而不断加以修正，成为广大民众喜闻乐见的表达形式"[①]。

三江侗族农民画家大多不是美术专业科班出身，没有接受过严格的绘

---

① 张世英：《美在自由——中欧美学思想比较研究》，人民出版社 2012 年版，第 216 页。

画训练，经常干完农活回到家，就拿起画笔凭着自己的直觉与大胆想象，描绘所看所感所想。鼓楼、风雨桥和吊脚楼几乎成为每一幅三江农民画的主题或背景。他们多采用全景式散点透视，创造出富有表现力的二维空间，色彩饱满，充满了视觉张力，不追求对现实的具体表现，而是崇尚想象与简约化的表达，形成了三江侗族农民画富于装饰性、抽象性、平面性与简约性的艺术特色。创作者创作心态格外轻松自由，主观意识非常强烈，想象大胆浪漫，擅长概括和简化形式，常采用简约的造型和纯色、亮色、对比色，不囿于物象的真实形式与色彩。

如侗族农民画家杨功存的《阿哥想妹今夜来》中，人物动作具有概括性，一众青年手提彩灯，足踏楼梯，载歌载舞。杨共国的《讲款》，以突出主体的构图方法，对画面群像里的主要人物进行夸张处理，其余人物尽量变小且以色块表达，用色鲜艳浓烈。三江农民画传承人吴凡宇和专业画家杨清利的《美丽乡村和谐侗乡》，描绘了众多人物和建筑，布局构图充满想象力，人物动静不一，建筑多而不乱，色彩浓烈，这些元素和造型均极具简化和概括性，展现了侗族农民画表现手法上的主观色彩。

（三）民族审美和情感的呈现

乡土性是中国社会的底色，是理解中国乡村、中国农民的基本概念。农民画呈现出一个意义丰富的乡土文化范本。[①] 农民文化的乡土性就潜藏在传统建筑、绘画和刺绣等传统艺术视觉形象上。"形象提供了一种方法，把一种想象的一致性强加给分散和破碎的经验"[②]，形象作为表征能够激活并维系人们的情感与观念，是民族共同审美、情感和习俗的呈现。

三江侗族农民画通过日常生活、建筑景观和节日习俗等以具有乡土性的

---

① 周星：《"萌"作为一种美》，《内蒙古大学艺术学院学报》2014年第1期。
② 徐赣丽：《当代民间艺术的奇美拉化——围绕农民画的讨论》，《民族艺术》2016年第3期。

视觉形象和审美来展现自我的价值和文化目标。从自娱自乐到自我文化表达，绘画将平凡日常事务和节日习俗以具有乡土性的视觉形象来展现自我的价值和文化自信，这种自信体现在表现主题和表现形式等方面。自三江侗族农民画发展至成熟期以来，其主题始终围绕自己本民族的生活场域、节日习俗和文化展开，诸如表现建筑的侗寨、鼓楼、风雨桥，展现农耕和收获场景的插秧播种、捉鱼、晒谷子，表现节日或嫁娶风俗的哆耶节、赛芦笙、大歌和出嫁等，这些物景和活动存在于每个三江侗族人年复一年、日复一日的生活中，农民画通过挖掘和表现在地性的文化，使三江侗族人产生了强烈的亲切感和认同感。在表现载体上，它以侗布画、墙绘画、簸箕画等侗族人喜闻乐见的形式呈现。侗布是三江侗族人自己织造的土布，墙绘画出现于鼓楼、风雨桥之上。簸箕画也是极具民族风情的表现形式。侗族人利用本地生长的楠竹，通过勤劳的双手编织成圆形的簸箕，农民画家在簸箕里面作画，不仅拓展了三江侗族农民画的表现形式，也使簸箕的经济和文化价值得到了提升，极大地促进了地域经济的发展，得到了当地民众的喜欢。三江侗族农民画与簸箕的巧妙融合，以新姿态和新形式出现在人们的视野中，拓宽了两者的功能，也赋予了簸箕更多的文化内涵，给予其新的生机与活力。

农民画创作主体自发地表现自己的生活和文化，自觉地向外学习和进行文化交流，结合本民族的审美喜好和主观肯定化的表现形式增强了民族文化的认同感。

（四）审美经验的向上向善

著名哲学家张世英认为："文艺作品必须体现人的高远境界，才是真正美的作品。高远的人生境界，应该是文艺作品的内在意蕴和灵魂。"[①] 对

---

① 胡绍宗：《历史折叠处的精微：中国农民画文化主体的自觉与成长》，《广西民族大学学报》（哲学社会科学版）2021年第1期。

于三江侗族农民画来说，画自己生活，表现本民族的建筑、节日和民俗，歌颂劳动等，体现了三江侗族人向上的人生态度。

侗族人能歌善舞，山歌成为各年龄段的人们社交生活里不可缺少的组成部分。杨清利的《侗族大歌》、梁治荣的《赛芦笙》、吴凡宇的《侗家芦笙踩堂舞》等作品主题鲜明地描绘了侗族人载歌载舞的场景，倾吐了他们对美好幸福生活的追求。歌颂劳动和收获的场景有杨庆谊的《舂米》、陈玉秋的《理纱》、吴述更的《捶年粑》、杨功存《打鱼归来》、杨基艳的《晒谷子》等作品，其中再现了侗族人的辛勤劳作，表现了积极向上、向善的人生境界。

四　对三江侗族农民画走向的思考

现代性的一个重要表征是社会分工的精细和社会需求的多元。面对市场的变化，是竭力迎合还是坚持固有的形式，是摆在各行各业面前的发展抉择。一方面，一味地跟随市场就会被市场牵着鼻子走，人们的喜好在快速发展的新时代时刻在改变，一味地跟随有可能疲于奔命而依旧无法满足市场需求。另一方面，坚持固有的形式则会使产品与时代审美脱节，无法满足新的消费群体的需求，导致无法生存。面对这种现象，三江侗族农民画究竟该何去何从？

（一）根植民族，面向市场

新时代农民画的消费市场由单一变得多样。在任何时代，求新求异都是人们审美上的需要，文化亲近感的保存又要求作品具有乡土性和怀旧感，这就要求三江侗族农民画一方面根植民族文化，坚持文化和情感的乡土性，另一方面通过创造的新形象和形式来满足市场需要。这种来自民族的本真性的文化形象能够满足人们对真实和情感的要求，满足个人精神寄托的需要。

变与不变:三江侗族农民画的走向与思考

非遗传承的核心不仅是技艺，更是其所蕴含的文化和情感价值，这文化和情感对于三江侗族农民画来说即是源于侗族人的生活场域。这场域历经千年始终是侗族人文化认同的源泉和民族情感的维系物，如侗寨、鼓楼、风雨桥、喝油茶、唱大歌、吹芦笙等。艺术来源于生活又高于生活，这些具有民族形象的特征元素是三江侗族农民画的核心，而表现形式能够根据市场的审美诉求和用途进行拓展。总之，只有根植民族文化才能阐释和表现好侗族文化，得到人们的欢迎和市场的认同。

（二）拓展多元的创作主体

改革开放以后，农民画创作主体开始变得复杂，创作者的职业更加多样，有些"亦农亦画"，有些专业画画，还有些人将其作为爱好。三江侗族农民画的创作主体和参与群体的身份越来越多元，带来的文化影响和观念变化也更加丰富。三江侗族农民画是以农民为主体的文化产物，加强和培育它的创作队伍建设十分重要，毕竟，一种技艺或者美术发展的好坏，主要看从事创作的主体数量和群体构成。新发展阶段农民的身份在变化，农民画的创作主体也应该更加多元化，在保持以农民群体为主导的情况下，应该吸收学生、工人、专业画家、旅游者和艺术团体等的共同参与，这样才能为农民画创作输入新鲜的血液。一种文化的发展需要多种人才和不同文化的交流交融，文化只有多元包容才能保持常青。

当前，我国非物质文化遗产的发展面临新的困境，某些传统技艺只能由特定的人员经过长时间的训练后才能从事。这对于技艺的传承无可厚非，但是这些从事技艺的人员受自身经验和文化的限制，很难帮助传统文化焕发出新的生命力，这时就需要外力的介入，比如艺术家、设计师等群体设计好作品后由传承人将其完成，这反映出技和艺的分离随着社会分工的细化应是一种趋势。对于三江农民画这种技艺上要求较低的非遗，应采取拓展多元的创作主体的办法，进行社会面的培训、引入大中小学，或者

385

通过体验等形式吸纳更多的人群来了解并传承农民画，这些人一旦喜欢上便是文化的推手和宣传者，在多元的文化背景中创作出来的农民画也将更加丰富多彩。

（三）构建由"自在"到"自为"的自觉与自信

新时代文旅融合和乡村振兴发展所表现出来的积极力量带给了三江侗族人憧憬和信心，并转化为一种高昂的社会情绪，这种情绪能够激发三江侗族农民画创作群体从自由自在的创作转变为有目的有作为的文化创造，增强三江侗族人的文化自觉与文化自信。三江侗族农民画的兴起靠的是当地文化馆组织辅导开展的以政治宣传为目的的群众性美术活动，发展至今基本摆脱了专业画家的辅导，告别了以政治宣传为目的的创作，走向了自主多元的创作道路。但除少部分农民画传承人外，更多的创作者是将其当作挣取报酬或参展获奖的手段，所画作品不是按照订单要求进行创作就是使用侗族文化元素进行堆叠，缺少自觉自发的投入和生活体验的融入，画面呈现出僵化和模式化的特点，看不到情感的脉动。

新时代人们的审美更加多元，农民在乡村振兴的背景下思想更加开放，农民在产业振兴的政策帮扶下也更加有奔头。农民画由过去的自娱自乐或者为了某一单一目的进行创作转变为今天的更具文化自觉的创作，创作者通过自身的体验和情感的融入创作出了更具侗族风情的作品，展现出了自我能力和民族文化，形成了创作主体的文化自信。创作主体的思想需要完成从"自在"到"自为"的提升，自在是一种思想和行动上的自由散漫状态，自为则是思想和行动上自律的有意识行为，来自主体内部的价值认同与行为抉择。只有当三江侗族人形成"自为"的农民画创作状态，主动地呈现文化创造和自我展示中的真性情，把农民画创作视为一种享受生活的有序、精神的完满和展现自我价值的文化活动，使其成为日常生活的一部分，才能更好地促进三江侗族农民画的健康有序发展。

（四）生产性和协同性保护发展

传统的民间艺术在过去主要以家族或师徒的形式进行传承与保护，由于传承受众少而且缺乏协同发展和及时的反馈机制，当前这种形式已经无法对其进行有效的保护。目前在市场经济下，传统技艺主要以生产性保护和传承为主。生产性保护是借助生产、流通、销售等手段，将非物质文化遗产及其资源转化为文化产品的保护方式。传统民间艺术既具有文化价值，又具有一定的商业价值，能够形成产业带来经济收入，事实证明，生产性保护自2012年提出以来，对传统民间工艺和美术的保护传承起到了一定的积极作用。但生产性保护对于三江侗族农民画来说能否作为一种有效的保护方式，关键在于其生产主体是不是侗家的农民，主体是不是有一定的文化自觉，是否与政府、企业和市场实现了有效协同并得到了反馈。

以迎合时代、面向市场为前提，将三江侗族农民画结合地域文化特色转化为物质形态产品，既注重保护又注重经济利益，是最具文化延续性与创造力的生产性保护方式。但是在具体的生产性保护中，企业或者农民画画家往往更多地关注经济利益，因市场需要而减少了工序、改变了内容与形式等，呈现出程式化的东西，一定程度上使传统艺术失去了本真性，这个时候就需要协同性保护的介入。协同性保护发展是指传承主体、企业、市场、高校和政府等几方面建立协同机制：传承主体根据企业的要求创作作品，企业面对市场生产销售日用性产品，高校通过帮扶传承主体提高产品的创意和文化性，政府部门通过监督和制定政策帮助企业与传承主体，并作为传承主体与高校间沟通的桥梁，落实传承主体及其所在社群作为三江侗族农民画的生产主体与保护主体的地位，高校和市场作为"他者"的介入会激发侗族农民画从业者主体的文化自信，他们所收到的反馈信息，会促使侗族农民画从业主体反观自身的传承方法和创新发展路径，更好地弘扬和传承自己的文化传统。

结　语

　　三江侗族农民画作为一种传统美术，入选区级非物质文化遗产名录，是传统文化与集体记忆的载体，对文化传承创新、民族文化交流交融、塑造文化自信与文化认同等具有现实意义。三江侗族农民画经历了从"用"到"美"再到"用"的功能转变，但其本真性始终是其发展的核心因素，在创新性发展与创造性转化过程中，它始终维持了文化传统的历史延续性和继承性。在新时代的发展中，三江侗族农民画需要根植民族文化，坚持面向市场，拓展多元化的创作主体，构建主体由"自在"到"自为"的创作境界，结合生产性与协同性保护，从而为其保护传承和创新发展提供助力，赋能乡村振兴。